Wissenschaftliche Untersuchungen
zum Neuen Testament · 2. Reihe

Begründet von Joachim Jeremias und Otto Michel
Herausgegeben von
Martin Hengel und Otfried Hofius

21

Die Krisis des Gottessohnes

Die Gethsemaneerzählung
als Schlüssel der Markuspassion

von

Reinhard Feldmeier

J. B. C. Mohr (Paul Siebeck) Tübingen

CIP-Kurztitelaufnahme der Deutschen Bibliothek

Feldmeier, Reinhard:
Die Krisis des Gottessohnes: d. Gethsemaneerzählung
als Schlüssel d. Markuspassion /
von Reinhard Feldmeier. – Tübingen: Mohr, 1987.
   (Wissenschaftliche Untersuchungen zum Neuen Testament: Reihe 2; 21)
   ISBN 3-16-144972-X
   ISSN 0340-9570

NE: Wissenschaftliche Untersuchungen zum Neuen Testament / 02

© J.C.B. Mohr (Paul Siebeck) Tübingen, 1987.

Druck von Gulde-Druck GmbH in Tübingen; Einband von Großbuchbinderei H. Koch KG
in Tübingen.

Printed in Germany.

Meinem wackeren Weibe

VORWORT

Bei der vorliegenden Untersuchung handelt es sich um die an einigen
Punkten überarbeitete und mit Registern versehene Fassung meiner im
Sommersemester 1986 von der Evangelisch-Theologischen Fakultät der
Universität Tübingen angenommenen Dissertation.

Dank schulde ich besonders Prof. Dr. Martin Hengel für sein leb-
haftes Interesse an dieser Arbeit und für die vielfältige Förderung,
die er mir angedeihen ließ. Prof. Dr. Otfried Hofius hat mit seinem
Zweitgutachten in einigen Punkten den Anstoß zu einer nochmaligen
Überarbeitung gegeben. Mit seinen Anmerkungen insbesondere zu meiner
Auslegung von Hebr 5,7 habe ich mich an entsprechender Stelle aus-
einandergesetzt, ohne dies dort eigens zu kennzeichnen. Außerordent-
lich hilfreich waren mir die Gespräche mit Prof. Dr. Bernd Janowski
und Prof. Dr. Hermann Lichtenberger. Als weitere wichtige Gesprächs-
partner seien genannt Pfarrerin Beatrix Selk-Schnoor, Pfarrer Dr.
Folker Siegert und Prof. Dr. Uwe Wegner sowie - last not least -
meine Frau, der ich dieses Buch widme.

Die nicht ganz einfache Arbeit, das Manuskript druckfertig zu
schreiben, übernahm freundlicherweise Frau Ursula Haenchen. Dankbar
bin ich auch den Freunden und Kollegen, die mir in der Zeit meines
Vikariats bei der Fertigstellung dieser Arbeit zur Hand gingen. Ver-
gessen sei auch nicht mein Mentor Pfarrer Christian Schmidt, der
besonders in der Zeit vor meinem Rigorosum mich mit viel Verständnis
entlastet hat.

Der Studienstiftung des Deutschen Volkes danke ich für ihre Förderung und dem Landeskirchenrat der Evangelisch-Lutherischen Kirche in
Bayern für seinen Zuschuß zur Erstellung dieses Manuskripts.

Kienfeld, den 20.11.1986   Reinhard Feldmeier

INHALTSVERZEICHNIS

Abkürzungen und allgemeine Hinweise

Die Abkürzungen folgen dem IAGT und dem ThWNT. Den Statistiken und Übersichten sind, wenn nötig, Legenden beigegeben. Darüber hinaus werden noch folgende Abkürzungen verwendet:

bis	:	zweimal
diff.	:	verschieden von
gg.	:	gegen
hi.	:	Hifil
hitpa.	:	Hitpael
hitpal.	:	Hitpalel
hitpo.	:	Hitpoel
ni.	:	Nifal
o.ä.	:	oder ähnlich(es)
pass.div.	:	passivum divinum
SG	:	Sondergut
term.tech.	:	Terminus technicus
Θ	:	Theodotion
v.a.	:	vor allem

In den Anmerkungen werden zumeist Kurztitel angegeben. Eine ausführliche Bibliographie befindet sich am Schluß der Arbeit.

EINLEITUNG

1. Hinführung zum Thema

(a) Kein Text des Evangeliums birgt eine so ungeheure Spannung
wie jene Erzählung von Jesus im 'Garten Gethsemane' (Mk 14,32-42).
Da ist gleich zu Beginn das jähe Entsetzen, das den Gottessohn hier
überfällt und das mit der bisher fraglosen Gewißheit seines Weges
ins Leiden schwer zu vereinen ist. Als träfen sie ihn völlig unvorbereitet, so fallen die Schatten des Kommenden auf ihn und füllen
alles mit ihrem Dunkel: "Und er fing an", so heißt es, "sich zu
entsetzen und in Angst zu geraten und sagt zu ihnen: 'Ganz voll
Trauer ist meine Seele bis an den Tod. Bleibt hier und seid wachsam'". Das erste und einzige Mal sehen wir Jesus den Trost menschlicher Gemeinschaft suchen. Alles Frühere scheint nicht mehr zu
gelten - selbst der in den Leidensweissagungen und noch eben beim
Abendmahl so klar erkannte und bejahte Wille Gottes wird zur Anfechtung: "Und er ging ein kleines Stück weiter, fiel auf die Erde
und betete langanhaltend, daß - wenn möglich - diese Stunde an ihm
vorüberginge. Und er sprach: 'Abba, Vater, alles ist dir möglich.
Laß diesen Kelch an mir vorübergehen.'" Zwar hält Jesus am Ende
des Gebetes fest: "Aber nicht ⌊entscheidet⌋, was ich will, sondern
was du ⌊willst⌋" und bringt so zum Ausdruck, daß er das Kommende
auf jeden Fall als des Vaters Wille anerkennen und annehmen wird.
Das ändert jedoch nichts daran, daß dieser Wille ihn schreckt, daß
er, wenn möglich, sich ändern soll.
Aber es erscheint kein stärkender Engel, wie wir es - aufgrund
einer späteren Einfügung in das Lukasevangelium -[1] von den meisten
bildlichen Darstellungen dieser Szene her gewohnt sind. Wir hören
auch keine Stimme vom Himmel wie am Eingang und auf dem Scheitel-
punkt des Markusevangeliums, bei Jesu Taufe und seiner Verklärung.
In anstößiger Sachlichkeit berichtet der Text von Jesu Rückkehr zu
den schlafenden Jüngern und deren Ermahnung, von seinem zweiten
Gebet und dem erneuten Auffinden der schlafenden Gefährten, und
noch ein drittes Mal wiederholt sich diese Bewegung zwischen einem
verschlossenen Himmel und den unbegreiflich teilnahmslos schlafen-

---

1 S.u. S.12-17.

den Gefährten - ein Hin und Her zwischen zwei Mauern des Schweigens,
beendet erst beim Kommen des die Häscher anführenden 'Verräters'
Judas.

Unvermittelt steht dieser völligen Trostlosigkeit, der Menschen-
und Gottverlassenheit Jesu, dessen Ja zu diesem Weg in den Tod
als Ja zu Gottes Wille gegenüber. Die Eingangszene zur eigentlichen
Passionsgeschichte schließt mit der Gewißheit, daß auch der Triumph
der Finsternis nach dem Willen des Vaters geschieht und deshalb
zu dem, was Jesu bisheriges Leben bestimmt hat, nicht in Widerspruch stehen kann, also dem Heil der Welt dienen muß.

(b) Aufgrund seiner besonderen Eindringlickeit hat dieses Bild
des zagenden, angefochtenen, mit Gott ringenden Christus einen
starken Einfluß auf die Frömmigkeit ausgeübt. Zahlreich sind etwa
die Gedichte, die sich - mit unterschiedlichem Geschick - dieses
Themas annehmen. Und in der christlichen Ikonographie, die als
'biblia pauperum' vielleicht mehr als alle literarischen Zeugnisse
Spiegel lebendiger Frömmigkeit ist, wurde 'Gethsemane' ein zentra-
les Motiv. Der 'Christus am Ölberg' konnte schließlich bei A. Dü-
rer[2] und in der Kunst der Reformation überhaupt[3] zum Inbegriff der
Christusdarstellung werden: Die 'Entäußerung von all seiner G'walt',
der 'Weg des Sohnes in die Fremde'[4] hat sich in dieser Szene der
Anfechtung geradezu urbildlich verdichtet. Und eben diese Urbild-
lichkeit der Anfechtung des Gottessohnes, dieses Zugleich von
tiefster Verzweiflung und äußerstem Vertrauen, von erschreckender
Gottferne und letzter Gottesgewißheit läßt diesen Christus hier
besonders nahe kommen: In der eigenen Not und der daraus erwachsenden Anfechtung kann man sich in dieses Gebetsringen des Gottessohnes hineinstellen und so aus der Zerrissenheit des eigenen Lebens
wieder zu Gott und zu sich selbst kommen.

(c) Dieser Hochschätzung der Getsemaneerzählung dort, wo man
sich ihr unmittelbar aussetzt, steht eine merkliche Verlegenheit
der Theologie gegenüber, die diesen Text im Zusammenhang der Christologie zu verstehen sucht. Jene Krisis des Gottessohnes scheint
nur schwer mit dessen einzigartiger Würde und Gottesbeziehung vereinbar. Entsprechend stellt sich, von wenigen Ausnahmen abgesehen[5],
die Auslegungsgeschichte unseres Textes als eine Geschichte seiner

---

2 Vgl. P.HINZ: Deus Homo II,123-126.
3 Vgl. R.HAMANN: Geschichte 451.453.
4 So die Überschrift eines Kapitels bei K.BARTH, KD IV,1 171ff, das diese Entfremdung zwischen Vater und Sohn als die Geschichte der Versöhnung auslegt.
5 An erster Stelle ist hier M.LUTHER zu nennen (vgl. WA 14,447,3ff; WA 49,8,20ff
  u.ö.). Ihm folgen lutherische Theologen wie J.GERHARD: Historie 36ff und N.GRAF
  ZINZENDORF: Reden, 4.Rede. Eine bemerkenswerte Auslegung findet sich auch bei
  K.BARTH: KD IV,1 290-300.

Verdrängung durch Uminterpretation[6] oder Reduktion auf - meist paränetische - Einzelaspekte[7] dar. Daß u.a. letzteres bis heute auch die
meisten exegetischen Beiträge zu unserem Text kennzeichnet, sollte
davor warnen, solche Schwierigkeiten leicht zu nehmen. Das Problem
ist durch das Evangelium selbst vorgegeben. Denn derjenige, der hier
so menschlich an einer verschlossenen Welt und einem schweigenden
Himmel leidet, ist ja derselbe, bei dessen Taufe der Himmel zerriß
und den Gott selbst als seinen 'geliebten Sohn' proklamiert und mit
seinem Geist ausgerüstet hatte (Mk 1,9ff), so daß mit Jesu Auftreten
Gottes Herrschaft der Welt nahegekommen war (Mk 1,14f). Warum ist der
Himmel jetzt verschlossen? Wo ist dieser nahegekommene Gott am Ende
des Evangeliums, in der Passion? Hebt sich damit das 'Evangelium Gottes' (Mk 1,15) nicht selbst auf? Wenn hier derjenige, der die gottferne
Welt zu Gott zurückführen wollte, nun von Gott selbst dieser Welt ausgeliefert wird - wird damit nicht auch der Anspruch Jesu durch die Sprache der Tatsachen widerlegt?

Man muß sich diesen Fragen stellen, wenn man dieser Erzählung gerecht werden will. Man muß deutlich machen, daß und wie die Anfechtung
des Gottessohnes und damit die Gottverlassenheit der Passion wesentlich
zur Frohbotschaft von der in Jesus Christus nahegekommenen Herrschaft
Gottes dazugehören. Dazu will die folgende Arbeit durch den Versuch
einer angemessenen Auslegung von Mk 14,32-42 ihren Beitrag leisten.

2. Zum Aufbau der Arbeit

(a) Die Erzählung von Jesu Gebetskampf vor seiner Verhaftung ist nur
bei den Synoptikern überliefert. Anklänge an 'Gethsemane' bei Johannes
und im Hebräerbrief lassen jedoch vermuten, daß beiden Verfassern ebenfalls eine entsprechende Erzählung bekannt war. Ob diese aus der synoptischen Tradition stammte oder sich paralleler Überlieferung verdankt,
ist ebenso umstritten wie die Frage, ob sich bei den Synoptikern der
Gethsemanebericht von Matthäus und Lukas einfach auf Markus zurückführen lassen. Besonders für die sehr eigenständige Fassung des Lukas,
aber auch für die matthäische Version werden nicht selten von Markus
unabhängige Quellen angenommen, wobei das Verhältnis dieser angenommenen Quellen zueinander wiederum auf verschiedene Weise bestimmt wird.
Im Rahmen der eingeschränkten Möglichkeiten eines unmittelbaren Text-
vergleiches soll in einem *ersten Hauptteil* versucht werden, diese
Fragen so weit als möglich zu klären.

---

6 Ein eindrückliches Beispiel, wie hohe Gelehrsamkeit und exegetischer Scharfsinn
  aufgrund theologischer Prämissen die Aussage des Textes völlig umbiegen, ist die
  Auslegung des ORIGENES: Comm in Mt 89ff.
7 Z.B. 'Gehorsam', 'vorbildlicher Beter', 'Menschlichkeit'.

Eher am Rande wird dabei auch auf den überlieferungsgeschichtlichen
Ort der verschiedenen Wiedergaben dieser Erzählung eingegangen werden.
Dies steht im Widerspruch zu meiner ursprünglichen Absicht, die Über-
lieferungs- und Wirkungsgeschichte dieser Perikope bis in die Mitte
des dritten Jahrhundert zu verfolgen und für die Auslegung fruchtbar
zu machen. Eine gründliche Auslegung des vermutlich ältesten und
theologisch wohl auch interessantesten Textes Mk 14,32-42 erwies sich
jedoch als wider Erwarten schwierig und zeitraubend, so daß sich die
vorliegende Arbeit in der Hauptsache auf die Exegese dieses Textes
beschränkt. Ich hoffe, die begonnenen Untersuchungen zur Wirkungsgeschichte später unter erweiterter Fragestellung fortsetzen zu können.

(b) Der *zweite Hauptteil* behandelt in erster Linie literarkritische
und formgeschichtliche Aspekte der markinischen Gethsemaneperikope.
Eine relativ ausführliche Behandlung dieser Fragen war nötig, da der
Text Mk 14,32-42 von den meisten Auslegern geradezu als Paradebeispiel
für die Notwendigkeit literarkritischer Dekomposition bzw. Quellenscheidung angesehen wird. Ich konnte mich dieser Ansicht nicht an-
schließen. M.E. beruhen diese Dekompositionsversuche weitgehend auf
unangemessenen Voraussetzungen. Dies habe ich zunächst in einer ausführlichen Auseinandersetzung mit den gegen die literarische Einheitlichkeit des Textes vorgebrachten Argumenten zu begründen versucht,
um dann in einem weiteren Teil die Eigenart dieser Erzählung aus den
bei ihrer Überlieferung bestimmenden Gesetzmäßigkeiten zu erklären
und dadurch den guten Sinn scheinbarer Unebenheiten und Unstimmigkeiten aufzuzeigen. In einem Exkurs wird hier dann auch zur Frage
der Historizität Stellung genommen.

(c) Der *dritte* und ausführlichste *Teil* dieser Arbeit erhellt durch
begriffs- und motivgeschichtliche Untersuchungen den traditionsgeschichtlichen Hintergrund der Perikope Mk 14,32-42. Entgegen der geläufigen Deutung dieser Erzählung als 'hellenistisch' geprägt oder
gar gebildet[8] wird sich dabei zeigen, daß sie ausschließlich auf dem
Hintergrund des AT und des palästinischen Judentums zu verstehen ist.
Die entsprechenden Einzeluntersuchungen werden dies deutlich machen.
Generell ist zu sagen, daß es gerade der Vergleich mit typisch 'hellenistischen' Schriften war, der diese Einschränkung nahelegte. Denn
ein Ausgangspunkt dieser Arbeit war der Vergleich der Anfechtung des
Gottessohnes mit den Motiven Tod, Todesfurcht, Klage und Trauer in
antiken Dramen und Biographien sowie in der Märtyrerliteratur heid-
nischer, jüdischer und christlicher Ursprungs. Durch diesen Vergleich
wurde immer deutlicher, daß es hier keine Beziehung gibt. Dagegen

---

8 Vgl. das Urteil von R.BULTMANN, Geschichte 333, Mk 14,32-42 "dürfte im hellenistischen Christentum paulinischer Färbung entstanden sein".

eröffnete die Untersuchung des alttestamentlichen und jüdischen Hintergrundes unerwartete, sich fortlaufend bestätigende und vertiefende
Einsichten.

(d) Die Arbeit wird abgeschlossen durch eine relativ ausführliche,
versweise Auslegung des Textes. In Auseinandersetzung mit den eingangs
aufgeworfenen Fragen wird das Erarbeite für eine theologische Gesamtauslegung fruchtbar gemacht. Teilweise werden dabei auch Erkenntnisse
aus den vorangegangenen Teilen der Arbeit wiederholt. Das geschieht
bewußt. M. E. bewährt sich eine Auslegung auch darin, daß sich das
in den Einzeluntersuchungen Erarbeitete in einer fortlaufenden Exegese für das Verständnis des biblischen Wortes insgesamt fruchtbar
machen läßt.

Bewußt verzichtet habe ich auf ein ausformuliertes 'Ergebnis' der
Untersuchung. Dem Geheimnis des im Leben Jesu Christi erzählbar gewordenen Gottes entspricht eine Auslegung am besten wohl dadurch,
daß sie im deutenden Nachvollzug der Bewegung des Textes folgt und
dabei etwas von dessen Wahrheit zum Leuchten bringt.

ERSTER HAUPTTEIL

MK 14,32-42 UND SEINE PARALLELEN IM NEUEN TESTAMENT

§1: DIE ÜBERLIEFERUNG DES GEBETSKAMPFES JESU BEI DEN SYNOPTIKERN

1.1 Überblick

Von einem nächtlichen Gebetskampf Jesu vor seiner Verhaftung wird
explizit nur in den synoptischen Evangelien berichtet (Mt 26,36-46;
Mk 14,32-42; Lk 22,39-46).

1.1.1 Markus und Matthäus

Dabei stimmen *Matthäus* und *Markus* weitgehend überein: Nach der
Einsetzung des Herrenmahls (Mk 14,22-25; Mt 26,26-29) und der Ankündigung der Verleugnung beim Gang zum Ölberg (Mk 14,26-31; Mt 26,30-35)
kommt Jesus zu einem Grundstück mit Namen Gethsemani. Dort heißt er
die Mehrzahl der Jünger sich setzen, um sich zum Gebet zurückzuziehen
(Mt 26,36; Mk14,32). Lediglich Petrus, Jakobus und Johannes nimmt er
mit, offenbart ihnen seine Not und trägt ihnen auf zu wachen (Mt 26,37f;
Mk 14,33f). Es folgen das Gebet Jesu und die Rückkehr zu den schlafenden Jüngern, die ermahnt werden, zu wachen und zu beten, um nicht "in
Versuchung zu fallen". Nach zwei weiteren Gebetsgängen, nach denen
Jesus jeweils wieder auf die schlafenden Gefährten trifft, mündet die
Erzählung in das sie abschließende Wort von der Preisgabe des Menschen-
sohnes, verbunden mit der Aufforderung an die Jünger, aufzustehen und
dem 'Überlieferer' entgegenzugehen (Mk 14,41f; Mt 26,45f).

In der Hauptsache unterscheiden sich Matthäus und Markus in der
Wiedergabe des Gebetes, die dann allerdings der ganzen Erzählung jeweils einen anderen Akzent verleiht.

Markus gibt das erste Gebet Jesu doppelt wieder, in indirekter und
in direkter Rede, während es beim zweiten Mal dann nur noch heißt,
daß Jesus 'dasselbe Wort' sagte. Beim dritten Mal endlich wird das
Gebet explizit überhaupt nicht mehr erwähnt, sondern kann nur noch aus
der Notiz einer dritten Rückkehr Jesu zu den schlafenden Jüngern erschlossen werden.

Dagegen erwähnt Matthäus ausdrücklich alle drei Gebetsgänge,wobei
er die ersten beiden Male ein Gebet in direkter Rede zitiert, während
es das dritte Mal - entsprechend dem zweiten Gebet bei Markus (14,39)
- heißt, daß Jesus τὸν αὐτὸν λόγον betet.

Im Gegensatz zu der Darstellung des Markus wollen die drei Gebets-

gänge bei Matthäus eine Entwicklung zeigen. Beim ersten Gebet bittet
Jesus - wie bei Markus - um das Vorübergehen des Kelches. Bemerkenswert ist jedoch, daß die Einschränkung der Bitte, die sich bei Markus
je einmal bei dem direkt und indirekt zitierten Gebet finden, bei Matthäus rahmend am Anfang und am Ende der nur einfach wiedergegebenen
Bitte stehen. Auch fehlt das - Gott durch die Berufung auf seine Allmacht
fast schon verpflichtende - πάντα δυνατά σοι, und statt des direkten
Imperativs παρένεγκε findet sich ein ehrfurchtsvoll indirektes
παρελθάτω. Dadurch wird von Anfang an bereits die Unterwerfung weit
stärker als bei Markus über die Bitte gestellt.

Die sich darin zeigende Tendenz zur Einschränkung des Bittens
setzt sich fort: Beim zweiten Gebet wird die Bitte um das Vorübergehen
des Kelches ganz zurückgenommen. An ihre Stelle tritt die Bitte, daß
- wenn der Kelch nicht vorübergehen kann, es sei denn Jesus trinkt
ihn - (darin) Gottes Wille geschehe. Diese Bitte wird beim dritten
Mal wiederholt[1], wobei jene Erwähnung des dritten Gebets in diesem
Zusammenhang - besonders durch das abschließende und die Deutung ein-
führende[2] τότε - nur noch wie der Auftakt zur Leidensweissagung wirkt.
"Aus dem Fragen (V.39) wird die Gewißheit um den Willen Gottes (V.42)"[3]
und daraus resultierend die Einwilligung in diesen Willen (v.a.
dann Vv.45f). Dominiert also bei Markus bis zuletzt die Bitte um ein
Vorübergehen der 'Stunde' bzw. des 'Kelches' und - statt einer Antwort
- die Verlassenheit Jesu, die dann in ihrer ganzen Härte in den abschließenden Worten als die nach Gottes Willen gekommene 'Stunde'
erkannt und vom Sohn angenommen wird, so schildert Matthäus die
schrittweise Einsicht und aktive Bejahung des göttlichen (Heils-)
Willens durch den Sohn, die an das programmatische πληρῶσαι πᾶσαν
δικαιοσύνην im matthäischen Taufgespräch (3,15) erinnert (vgl. 26,54).
Daraus resultiert dann auch bei Matthäus Jesu innere Überlegenheit
aufgrund der Gewißheit, daß der Vater ihn retten würde, wenn er es
wollte (26,53): ein 'ich kann', das sich so in der Markuspassion nicht
findet.

Dieser fortschreitenden 'Annäherung' Jesu an den Vater entspricht
nun aber bei Matthäus eine in gleicher Weise fortschreitende Entfrem-

---

1 Vgl. das vierfache πάλιν in den Vv 42-44 (Mk: zweimal), durch das die Identifizierung des zweiten und dritten Gebetes noch unterstrichen wird.
2 M.GALIZZI, Gesù 101f, hat gezeigt, daß Matthäus das τότε als Signal einsetzt,
  das einen Abschluß markiert (vgl. Mt 4,11; 16,12.20; 13,43; 17,13) und zugleich
  dem Bisherigen einen neuen Aspekt hinzufügt, in diesem Fall die Bedeutung des
  Geschehens für Christus und das Motiv für die Wachsamkeitsforderung: "Analoga-
  mente (sc. zu den vorher besprochenen Fällen) in 26,45 il τότε conclude la scena
  riassumendo ciò che in essa è stato detto dei discepoli, ma sviluppando quanto
  riguardava Cristo nella parte precedente e dando il motivo delle sue esortazioni
  ai discepoli."
3 J.SCHNIEWIND: Matthäus 262.

dung Jesu von seinen Jüngern. Zwar zeigt sich bei Markus im Blick auf
die Jünger dieselbe Entwicklung, doch Matthäus, der von Anfang an viel
stärker als Markus das Verhältnis Jesu zu seinen Jüngern und das der
Jünger zu Jesus betont[4] und damit das ganze Geschehen im Zusammenhang
der Nachfolge begreift, hat dies deutlicher herausgearbeitet: Aus
dem προελθὼν μικρόν des ersten Weggangs (26,39) wird ein ἀπελθὼν beim
zweiten (26,42) und endlich ein ἀφεὶς αὐτούς beim dritten (26,44)[5].
Beides, die Annäherung an den Vater im Gebet und die sich steigernde
Verlassenheit Jesu von den Jüngern, gibt zusammen dem Matthäustext
eine andere theologische Pointe: Während Jesus bei Markus zwischen
zwei Mauern des Schweigens hin- und herirrt und darin als der von Gott
Preisgegebene und von den Menschen Verlassene erscheint, dessen 'Stunde' am Ende gekommen ist, zeigt Matthäus Jesus als von den Menschen
verlassen, mit dem Vater aber durch das Gebet wieder vereint. Die theologische Härte der markinischen Perikope ist damit entscheidend gemildert: Im Zentrum steht nun Jesu vorbildhafter, durch das Gebet voll-
endeter Gehorsam, der sich scharf von den in der Nachfolge hier und
deshalb auch im Folgenden versagenden Jüngern abhebt.

Neben der dargestellten christologischen Akzentverschiebung[6] wird
damit auch die (schon bei Markus vorhandene) paränetische Dimension
verstärkt. Bei Markus bedeutet das Versagen der Jünger zunächst einmal eine direkte Verletzung Jesu, wie der persönliche Vorwurf an
Simon Petrus Mk 14,37b als erste Reaktion zeigt. Schon dessen Generali-
sierung bei Matthäus (26,40) macht sichtbar, wie das Schlafen der
Jünger hier die Kontrastfolie zum Vorbild des Meisters abgibt. So wie
dieser durch sein positives Beispiel die Nachfolgenden zur Nachahmung
einlädt, so dienen jene als abschreckendes Gegenbeispiel zur Warnung
der Gemeinde vor einem Nachlassen der Wachsamkeit in der scheinbaren
Ruhe der Nacht. "Matthew is exhorting the community."[7]

1.1.2 Lukas

Im Gegensatz zur Reihenfolge bei Markus und Matthäus berichtet
Lukas nach dem Passahmahl (22,14-20) von der Ankündigung des Verrats
(22,21-23), eine Umstellung, die wohl paränetische Gründe hat: "Thus

---

4 Vgl. Mt 26,36: ...μετ' αὐτῶν ὁ 'Ιησοῦς diff. Mk 14,32; Mt 26,38.40: μετ'
  ἐμοῦ diff. Mk 14,34.37; Mt 26,40.45: πρὸς τοὺς μαθητάς diff. Mk 14,37.41.
5 Vgl. J.W.HOLLERAN: Gethsemane 212.
6 Dem entspricht, daß das für Markus zentrale Motiv der von Gott gesetzten 'Stunde'
  (Mk 14,35.41) bei Matthäus keine Rolle mehr spielt; das 'Nahegekommensein' der
  ὥρα ist dort am Ende der Perikope (Mt 26,45) nur Äquivalent für das Nahen des 'Verräters'.
7 J.W.HOLLERAN: Gethsemane 76.

it is made clear that even presence at the Lord's table is no guaran-
tee against apostasy, and a warning is laid before the readers of
the Gospel"[8]. Das paränetische Interesse bestimmt auch das Weitere:
Zunächst folgen - bezogen auf die Mahlsituation - der Rangstreit der
Jünger und Jesu Worte über Herrschen und Dienen (22,24-27 vgl. Mk 10,
41-45a par. Mt 20,24-28), dann die Verheißung der zukünftigen Rolle der
Zwölf, weil sie mit Jesus in seinen πειρασμοί ausgehalten haben (22,
28-30). Mit πειρασμός ist auch das Stichwort gefallen, das das Folgende
bestimmt: Der Voraussage der Verleugnung des Petrus geht die Ankündigung voran, daß der Satan die Jünger sich zur Prüfung ausbedungen habe,
Jesus aber für Petrus eintrat, daß sein Glaube nicht aufhöre und er
dann seine Brüder stärke (V.31f). Petrus mißversteht jedoch den Ernst
der Situation und überhört die Warnung. Es folgt noch die rätselhafte
Schwertszene, die wohl hyperbolisch auf die mit Jesu Passion anhebende
Zeit der Verfolgungen hinweist.[9] Wieder verstehen die Jünger Jesus
nicht.[10]

In diese Bewegung zwischen Warnungen Jesu und Mißverständnissen
der Jünger ist auch die lukanische Gethsemaneerzählung eingespannt,
die sich jedoch in wesentlichen Punkten von der Darstellung des Matthäus und Markus unterscheidet. Zwar bittet auch bei Lukas Jesus um
das Vorübergehen des Kelches (22,42) und trifft bei seiner Rückkehr
die ('vor Trauer') schlafenden Jünger (22,45), doch all dies geschieht
nur einmal. Weiter fehlen die Aussonderung der drei Jünger sowie die
Schilderung der Trauer und des Entsetzens Jesu. Stattdessen findet sich
in zahlreichen Handschriften die bekannte Überlieferung der Szene von
"Engel und Blutschweiß" (22,43f); doch ist die Authentizität dieser
Verse äußerst umstritten. Ein weiterer Vergleich mit den beiden anderen
synoptischen Evangelien setzt daher die weitestmögliche Klärung der
Frage voraus, ob die Szene 22,43f ursprünglich zum Lukasevangelium
dazugehört hat oder nicht.

Exkurs 1: Zur Frage der Authentizität von Lk 22,43f

Die Herausgeber des Greek New Testament und des N[26] zeigen durch doppelte Klammern
an, "daß die beiden Verse nicht zum ursprünglichen Text des Lukasevangeliums gehört
haben"[11].
    Dennoch finden sich immer wieder Verteidiger der Echtheit dieser Verse[12], die
bis in die neueste Zeit hinein in Kommentaren Gehör finden[13].

8 I.H.MARSHALL: Luke 807.
9 Vgl. ebd. 825; weiter W.GRUNDMANN: Lukas 409f.
10 So die wahrscheinlichste Deutung des ἱκανόν ἐστιν Lk 22,38; vgl. I.H.MARSHALL:
   Luke 827; W.GRUNDMANN: Lukas 409.
11 B.ALAND/K.ALAND: Text 312.
12 Vgl. G.SCHNEIDER: Engel 112ff; die wichtigsten Verteidiger des Langtextes vor
   SCHNEIDER waren A.v.HARNACK: Probleme 86ff und L.BRUN: Engel 265ff.
13 I.H.MARSHALL: Luke z.St.

Der Kurztext wird bezeugt von p^{69} vid),p^{75},$\aleph^1$,A,B,N,R,T,W,579, 1071* sowie wenigen anderen griechischen Handschriften, von der altlateinischen Übersetzung f,
dem Sinai-Syrer, der sahidischen und einem Teil der bohairischen Überlieferung.
Die fraglichen Verse werden überliefert von $\aleph^{*\cdot2}$,D,L,θ,Ψ,0171,f^1, dem Mehrheitstext, dem Großteil der altlateinischen Übersetzungen, der syrischen Überlieferung
außer dem Sinai-Syrer und dem Rest der bohairischen Überlieferung. Einen Sonderfall
stellt die Minuskelfamilie f^{13} dar, die die fraglichen Verse hier ausläßt, sie
aber hinter Mt 26,39 einfügt.

Bemerkenswert ist allerdings, daß ein Teil der Handschriften, die den Langtext
bezeugen, durch textkritische Zeichen ihre Zweifel an der Ursprünglichkeit zum
Ausdruck bringen[14] und endlich, daß die Minuskelfamilie f^{13} und einige Lektionare
die fraglichen Verse hinter Mt 26,39 bezeugen. "Ein derartiger Positionswechsel
eines Textes in der neutestamentlichen Überlieferung ist einer der stärksten Hinweise
auf Nichtursprünglichkeit, die es gibt"[15].

Hinzu kommt das oft nicht genügend beachtete Übergewicht der äußeren Bezeugung,
v.a. durch p^{75} und B, aber auch durch $\aleph^1$ und p^{69}. Der einzige erstklassige Zeuge
für den Langtext ist die Urschrift und die Zweitkorrektur des Sinaiticus ($\aleph^{*\cdot2}$),
doch zeigen genauere Untersuchungen, daß $\aleph$ ab der Mitte des Lukasevangeliums (und
im Johannesevangelium) sich den Lesarten des Bezae Cantabrigiensis und der Altla-
teiner nähert und mit ihnen auch ganze Sätze einfügt[16], so daß er hier nicht
mehr als vollwertiger Vertreter des neutralen Textes beurteilt werden kann.[17]
Dadurch verliert auch die Übereinstimmung mit D an Gewicht.

Umgekehrt wäre - die Authentizität der Vv 43f angenommen - dies bei p^{75} und B
die einzige ausführliche Auslassung im gesamten Textbestand, - eine mit dem Charakter und der sonstigen Zuverlässigkeit dieser Zeugen schwer zu vereinbarende Annahme. Eindeutiger noch als auf den ersten Blick erkennbar, spricht also die äußere
Bezeugung für den Kurztext.

Die Verteidiger des Langtextes unterstreichen demgegenüber die Übereinstimmung
der beiden Verse mit der Sprache und den Anschauungen des Lukas, die frühe Bezeugung
der Verse durch die Kirchenväter[18] und die 'Dürftigkeit' des Kurztextes[19]. Auch
glaubt man in anderen neutestamentlichen Texten noch Widerspiegelungen dieser
Szene erkennen zu können. Für die Streichung werden dann - zumeist unter Berufung
auf Epiphanius, Ancoratus XXXI - dogmatische Gründe geltend gemacht.

Die Argumente sind von unterschiedlichem Gewicht. Daß der Kurztext 'dürftig'
sei, kann nicht anerkannt werden, denn ein solches Urteil entsteht aus dem Vergleich
mit Markus und Matthäus. Für sich genommen fügt sich der Kurztext völlig harmonisch
in den Zusammenhang ein und läßt nichts vermissen, wohingegen die Verse 43f den
dreiteiligen Aufbau Ermahnung (39f), Vorbild (41f), Ermahnung (45f) empfindlich
stören.

Die These von einer dogmatischen Korrektur[20] ist modern gedacht. Von Markion

---

14 Vgl. B.M.METZGER: Commentary 177.

15 B.ALAND/K.ALAND: Text 312.

16 Vgl. Lk 23,17 und besonders Lk 23,34.38, wo eine ähnliche Konstellation vorliegt -
   auch hier bezeugt $\aleph^1$ und mit p^{75} und B jeweils den Kurztext. Von Bedeutung ist
   hier auch das Urteil von B.F.WESTCOTT/F.A.HORT, New Testament II Appendix 64-66,
   daß die Übereinstimmung von $\aleph$, D. latt und syr "a frequent Western combination"
   sei, weshalb auch die fraglichen Verse hier als außerkanonische Tradition zu
   beurteilen seien.

17 Diesen Hinweis verdanke ich Prof. Dr. W.THIELE.

18 Bereits JUSTIN, Dial 103,8, und IRENÄUS, Haer 3,22, zitieren den Inhalt der
   beiden Verse als Bestandteil der Evangelienüberlieferung, während die Alexan-
   driner CLEMENS und ORIGENES die beiden Verse nicht zu kennen scheinen. Dies ist
   umso bemerkenswerter, als auch Kelsos, der sich diesen 'Leckerbissen' wohl kaum
   hätte entgehen lassen (vgl. dagegen PORPHYRIUS: Christ Frgm 62), um 170 diese
   Tradition nicht in seinen Handschriften vorgefunden zu haben scheint (vgl. dazu
   das Urteil von A.v.d.WEYDEN, Doodsangst 12, der - die Authentizität der Verse
   festhaltend - doch mit Erstaunen einräumt: "Merkwaardig is dat Celsus... de
   verzen niet misbruikt").

19 M.DIBELIUS: Formgeschichte 202 Anm. 1: "Aber was nach Streichung von 22,43.44
   übrig bleibt, ist ganz dürftig ... So kann der Evangelist Lukas nicht geschrieben
   haben!"

20 Meist nimmt man an, daß die drastische Menschlichkeit der Notschilderung sowie
   die Tatsache, daß der Gottessohn der Stärkung bedurfte, den Anstoß bildeten,

abgesehen (der auch das - von ihm als einziges als apostolisch anerkannte und deshalb übernommene - Lukasevangelium für teilweise verfälscht hält und daher ganz anders mit der Überlieferung umgeht) sind solche Korrekturen in Form von Streichungen ganzer Szenen nicht bezeugt. Orthodoxe wie Heterodoxe haben sich eher in abenteuerlichsten Auslegungen versucht als einen Text gestrichen. Bezeichnenderweise wurden Texte und Textpassagen wie Jesu Klage und Entsetzen oder sein Schrei der Gottverlassenheit - beides 'dogmatisch' sehr viel anstößiger als Lk 22,43f - von keiner Handschrift ausgelassen. Bei der Berufung auf Epiphanius sollte man vorsichtig sein. Generell ist es unwahrscheinlich, daß Epiphanius noch wirklich Kenntnis von den Hintergründen einer Textveränderung hat, die mindestens zweihundert Jahre vor seiner Zeit stattgefunden hat. Auch spricht der Text des Epiphanius selbst nicht von einer Streichung der uns hier interessierenden Verse, sondern nur von einer Streichung des ἔκλαυσεν (Lk 19,41). Lk 22,43f wird dem dann als das ἰσχυρότατον entgegengehalten (worauf, mit οὐ μόνον δὲ τοῦτο eingeleitet, noch weitere Beispiele folgen). Nun kann man mit K.Holl[21] aufgrund des uns vorliegenden Handschriftenbefundes annehmen, daß Epiphanius hier Lk 22,44 meine[22] - wenngleich man diese Vermutung nicht durch falsch gesetzte Anführungszeichen 'untermauern' sollte[23]. Eine solche Annahme gegen den klaren Wortlaut eines Textes ist jedoch immer zumindest hypothetisch und mindert die ohnehin nicht allzugroße Bedeutung dieser Notiz.

Abzulehnen ist auch jeder Versuch, das textkritische Problem mittels anderer Texte zu lösen:
- Das εἰσακουσθείς von Heb 5,7 hat - wie unten gezeigt wird, - mit einer Engelserscheinung nichts zu tun[24].
- Nicht überzeugend ist auch die Hypothese eines Zusammenhanges von Lk 22,43f mit Joh 12,27ff[25]. Die Tatsache einer 'Antwort' als solche ist lediglich eine Tendenzparallele und könnte mit gleichem Recht auch für die Annahme einer späteren Einfügung beansprucht werden (vgl. die Plazierung der fraglichen Verse hinter Mt 26,39 durch f[13]). Die φωνὴ ἐκ τοῦ οὐρανοῦ, die Jesus 'verherrlicht' (Joh 12,28), erinnert in jeder Hinsicht weit mehr an die (bei Johannes ebenfalls fehlende) Verklärungsgeschichte Mk 9,2ff par. denn an den stärkenden ἄγγελος ἀπ' οὐρανοῦ Lk 22,43. Gewaltsam ist es auch, das Mißverständnis des Volkes, das die **Himmelsstimme** für Donner oder einen Engel hält (Joh 12,29), wegen des Stichwortes ἄγγελος von Lk 22,43 herzuleiten[26].

Bleiben die Argumente, die die Übereinstimmung der fraglichen Verse mit dem Stil oder der Anschauung des Lukas behaupten, also die Redaktionsgeschichte in den Dienst der Textkritik stellen.
(1) ὤφθη δὲ αὐτῷ ἄγγελος begegnet im NT nur noch Lk 1,11. A.v.Harnack[27] sieht hier zudem ein für Lukas typisches Motiv: "Engelerscheinungen in der Geschichte

---

der die Streichung dieser beiden Verse verursacht habe.
Nicht überzeugen kann die These von A.DURAND, Agonie 618f, daß jene Verse als Reaktion auf einen übertriebenen Engelkult, wie er Kol 2,18 bezeugt werde, gestrichen worden seien. Zum einen fehlt der Nachweis, daß es sich hier wirklich um ein in der frühen Kirche so verbreitetes Phänomen gehandelt habe, daß sich hieraus die weitverbreitete Handschriftenänderung erklären läßt. Auch muß man den Text sehr pressen, um hier dem Engel eine eigenständige Bedeutung zu geben: Im Zusammenhang der Erzählung ist er einfach ein himmlischer Bote ohne eigenständige Bedeutung. Doch die Möglichkeit eines solchen Mißverständnisses einmal gesetzt, muß es doch als sehr fraglich erscheinen, daß die Großkirche als Reaktion auf ein (leicht widerlegbares) Textmißverständnis eine ganze Szene gestrichen haben sollte. Ein solches Vorgehen ist auch sonst nicht belegt.
21 Apparat zu EPHIPHANIUS: Ancoratus 31,4f (Z.10.15).
22 Der explizite Rückbezug auf IRENÄUS; Haer 3,22,2, dem EPIPHANIUS bereits in den vorherigen Beispielen gefolgt ist, könnte diese Vermutung bestätigen, da IRENÄUS Lk 19,41 nicht erwähnt, wohl aber dann Lk 22,44. Allerdings spricht IRENÄUS an derselben Stelle wie EPIPHANIUS von Jesu Weinen, wenn auch über Lazarus (Joh 11,35). Da es EPIPHANIUS nur auf die Tatsache des Weinens Jesu ankommt und er die näheren Umstände nicht erwähnt, könnte aber auch der (EPIPHANIUS vielleicht geläufigere) Beleg Lk 19,41 an die Stelle von Joh 11,35 treten.
23 Das καὶ vor γενομένος gehört bereits zum Zitat (so richtig bei MIGNE PG 43,73A).
24 Gegen A.FEUILLET: Agonie 185.
25 A.v.HARNACK: Probleme 90.
26 Ebd. 90.
27 Ebd. 88.

sind dem Lukas viel geläufiger als den anderen Evangelisten". Weiter weist G.Schneider darauf hin, daß die Näherbestimmung des Engels als ἄγγελος ἀπ'οὐρανοῦ ebenfalls lukanisch sei, da jenes ἀπ' οὐρανοῦ neben Röm 1,18; I Thess 4,16; II Thess 1,7 und I Petr 1,12 nur bei Lukas vorkomme: im Sondergut Lk 17,29 und Lk 21,11 diff Mk. "Die redaktionelle Wendung Lk 21,11 legt nahe, daß der dritte Evangelist auch 22,43 von sich aus so schrieb"[28].

(1) ὤφθη mit Dativ leitet in der LXX[29] und dann auch im NT[30] geradezu formelhaft himmlische Erscheinungen (v.a Gottes selbst) ein. Auch die Wendung ὤφθη αὐτῷ (oder sonst ein im Dativ genannter Empfänger) ἄγγελος κυρίου ist in den alttestamentlichen, apokryphen und pseudepigraphischen Schriften belegt[31]. Lukas spricht 1,11 also die 'Sprache Kanaans', was einen Rückschluß auf spezifisch lukanischen Stil erschwert. Dazu kommt, daß Lukas die beiden anderen Engelserscheinungen in seiner Vorgeschichte mit anderen Worten einführt (1,28; 2,9) und bei der Verklärungsgeschichte das formelhaft mit καὶ ὤφθη αὐτοῖς eingeleitete Erscheinen des Mose und des Elia (Mk 9,4 par. Mt 17,3) ebenfalls mit anderen Worten wiedergibt (Lk 9,30).

Daß Lukas Engelserscheinungen viel geläufiger seien als den anderen Evangelisten, wird man nur behaupten können, wenn man sein Evangelium und die Apostelgeschichte einfach zusammennimmt. Dies aber ist unstatthaft: Die Apostelgeschichte schildert die Ausbreitung der Kirche unter göttlicher Leitung und in diesem Zusammenhang auch immer wieder das Eingreifen himmlischer Boten. Sieht man immer nur auf das Evangelium, so beschränken sich die Engelserscheinungen auf die Vorgeschichte Lk 1+2, sowie auf eine kurze Erwähnung einer Engelserscheinung am Grab im Gespräch mit den Emmausjüngern (Lk 24,23).

Vielmehr muß, vergleicht man die Evangelien, Matthäus als derjenige gelten, dem Engelserscheinungen 'am geläufigsten' sind (Mt 1,20.24; 2,13,19; 4,11; 28,2.5). Auffällig ist auch, daß der irdische Jesus bei Lukas nicht mit Engeln 'in Berührung' kommt (anders Mk 1,13 par. Mt 4,11).

(2) Nicht überzeugend ist auch der Versuch G.Schneiders, das ἀπ'οὐρανοῦ als lukanische Redaktion auszuweisen:
– in der Apostelgeschichte sagt Lukas, wenn er 'vom Himmel' meint, ἐκ τοῦ οὐρανοῦ (2,2; 9,3; 11,5.9; 22,6).
– ἀπὸ τοῦ οὐρανοῦ (mit Artikel) kommt auch in den anderen Evangelien vor (Mt 24,29 diff Mk; Mk 8,11; Lk 9,54 SG; Joh 6,38), wobei noch bemerkenswert ist, daß Lukas Mk 8,11 in ἐξ οὐρανοῦ geändert hat.
– Sowohl im Evangelium wie in der Apostelgeschichte spricht Lukas bei Engelserscheinungen vom ἄγγελος κυρίου (Lk 1,11; 2,9; Act 5,19; 8,26; 12,7.23) bzw. θεοῦ (Act 10,3; 27,23; vgl. Lk 1,26), nirgends jedoch vom ἄγγελος ἐξ οὐρανοῦ (vgl. jedoch den ἄγγελος ἀπ'οὐρανοῦ Gal 1,8).

(3) ἐνισχύειν findet sich zwar im Neuen Testament nur noch Act 9,19, dort aber intransitiv im Blick auf die Genesung des Paulus durch Nahrung.

(4) Am bemerkenswertesten sind die Parallelen zu ἐκτενέστερον προσηύχετο in Act 12,5: προσευχὴ δὲ ἦν ἐκτενῶς γινομένη[32]), da es sonst im NT keine Parallelen mehr gibt. Doch warnt L.Brun[33] mit Verweis auf Parallelen in der Septuaginta[34] und im urchristlichen Schrifttum[35] zu Recht davor, allzu weitreichende Konsequenzen daraus zu ziehen, zumal ἀγωνία, ἱδρώς und θρόμβος neutestamentliche Hapaxlegomena sind und auch bei den Apostolischen Vätern lediglich ἱδρώς einmal bezeugt ist[36].

(5) Konstruktionen mit γίνεσθαι sind zwar Lukas "besonders vertraut"[37], aber – wie L.Brun zu Recht einwendet – "eine Parallele zum Ausdruck γίνεσθαι ἐν ἀγωνία findet sich doch nur Act 22,17: γίνεσθαι ἐν ἐκστάσει (vgl. als Gegensatz γίνεσθαι ἐν ἑαυτῷ

28 G.SCHNEIDER: Engel 114.
29 Vgl. Gen 12,7; 17,1; 18,1; 22,14; 26,2.24; 35,9; Ex 16,1O; Lev 9,23; Num 14,1O; 16,19; II Sam 22,11; I Reg 3,5; 9,2; II Chron 1,7; 3,1; 7,12; Jer 38,3 LXX u.ö.
3O Im NT vgl. Mk 9,4 par. Mt 17,3; Act 7,2.26.3O; 13,31; 26,16; I Kor 15,5.6.7.8; I Tim 3,16 u.ö.
31 Vgl. Ex 3,2; Jdc 6,12; 13,3; Tob 12,22; weiter Test Iss II,1.
32 Vgl. auch das Substantiv ἐκτένεια Act 26,7.
33 Engel 266.
34 Joel 1,14; Jon 3,8; Jdt 4,9.12.
35 I Clem 34,7; 59,2; insgesamt kommen ἐκτενής und seine Derivate im 1. Clemensbrief sogar 6mal vor.
36 Barn 1O,4.
37 A.v.HARNACK: Probleme 88.

12,11 auch sonst ἔμφοβος γ· Lc 24,5.37; Act 10,4; 24,25; ἔντρομος γ· Act 7,32; 16,29;
ἔξυπνος γ· Act 16.27)"[38]. L.Brun verwahrt sich daher dagegen, die Anwendung der
Formel γίνεσθαι ἐν als 'lukanisch' in Anspruch zu nehmen und verweist auf Röm 16,7;
Phil 2,7; Apk 1,10; 4,2; MartPol. 5,2[39]. Die von G.Schneider[40] darüberhinaus genannten Stellen Act 7,38 und 13,5 sind keine Parallelen, - ἐν hat hier lokale Bedeutung.

(6) Wenn G.Schneider weiter bei ὡσεί als Vergleichspartikel ein "leichtes lukanisches Übergewicht (4 von insgesamt 9 Vorkommen)"[41] registrieren zu können glaubt,
so nur, weil er 22,44 schon auf der Seite des Lukas mitzählt. Dies aber kommt einer
petitio principii gleich (zumal ohne Lk 22,44 auf der Seite des Matthäus dieses
'leichte Übergewicht' besteht). Dasselbe gilt für seine Argumentation im Blick auf
καταβαίνω[42], für das Lukas eine 'Vorliebe' haben soll.

Man wird abschließend im Blick auf den Stil nur urteilen können, daß in der Tat
die Vv.43f der Sprache des Lukas näher sind als der der anderen Evangelien. Eindeutige Lukanismen, die es erlauben würden, die sehr starke äußere Bezeugung in Frage
zu stellen, lassen sich jedoch nicht feststellen.

Einen anderen Versuch, die Ursprünglichkeit der beiden Verse zu begründen, hat
L.Brun in seinem ausgewogenen Aufsatz gemacht. Er geht aus von der "Tatsache ...,
daß Lc in der Leidensgeschichte *sonst nirgends die Darstellung des Mc ohne
irgendwelchen Ersatz kürzt*"[43]. Diese These sucht er durch den Nachweis zu erhär-
ten, daß Lukas in der ganzen Leidensgeschichte dort, wo er Perikopen kürzt oder
ausläßt, stattdessen anderes Material einfügt. Daraus folgert er, "daß der Gethsemanebericht des *kürzeren* Textes als Bestandteil der von Lc selbst herrührenden
Leidensgeschichte ein wirkliches Unikum sein würde"[44]. L.Bruns These einmal vorausgesetzt, kann von einer ersatzlosen Streichung schon innerhalb der Erzählung
wegen der Doppelung der Aufforderung keine Rede sein. Es kommt hinzu, daß Lukas im
Sinne der auch seine Gethsemaneperikope bestimmenden paränetischen Tendenz zwischen
'Abendmahl' und 'Gethsemane' reichlich weiteres Material, z.T. Sondergut eingefügt
hat (LK 22,24-38).

Ebenfalls auf redaktionsgeschichtlichem Weg haben G.Bertram[45] und H.W.Surkau[46]
die Ursprünglichkeit der umstrittenen Verse zu erweisen gesucht: Da die Erscheinung
eines stärkenden Engels (Dtn 32,43 LXX; Dan 3,49.92.95; 10,18f LXX) typisch für
die Märtyrerliteratur sei, sei auch diese Einfügung typisch lukanisch.

Nun kann von den angeführten alttestamentlichen Belegen lediglich Dan 3,49 (95)
LXX als Parallele zu Lk 22,43 gelten. Umgekehrt kommt der stärkende Engel als Motiv
auch außerhalb der Martyrien vor: So schon beim angefochtenen Propheten Elia 1 Reg
19 oder in Apokalypsen (Apk.Abr. 10,5ff). Man kann also bei jenem stärkenden Engel
nicht von einem ausschließlich, vielleicht sogar nicht einmal von einem typisch
martyrologischen Zug sprechen. Doch davon unabhängig ist weiter einzuwenden, daß
sich die Anreicherung gerade der dafür besonders geeigneten Lukaspassion mit martyrologischen Zügen auch sonst in der Textüberlieferung beobachten läßt: So Jesu Ver-
gebungsbitte für seine Henker Lk 23,34[47], das explizite Sündenbekenntnis des Volkes
mit seiner Weissagung des Untergangs Jerusalems (Lk 23,48 v.l.; vgl. das Martyrium des
Jakobus Eccl.hist. 2,23,19f) oder die 'Verherrlichung' des 'Herrn' durch Pilatus
(Lk 23,52 v.l.; vgl. das Motiv der Henkerbekehrung in Martyrien). Auch widerspricht
die drastisch geschilderte Not Jesu Lk 22,44 der im Lukasevangelium zu beobachtenden

---

38 L.BRUN: Engel 266f.
39 Ebd. 267.
40 Engel 114.
41 Ebd. 114.
42 Ebd. 114f.
43 Engel 273.
44 Ebd. 275.
45 G.BERTRAM: Leidensgeschichte 47.
46 H.W.SURKAU: Martyrien 93f.
47 Lk 23,34; für Stephanus: Act 7,60; für Jakobus: EUSEBIUS: Eccl.hist. 2,23,20ff;
   für die Märyrer von Lyon: ebd. 5,1. H.W.SURKAU, Martyrien 97, weist allerdings
   zu Recht darauf hin, daß dieses Gebet für die Feinde der Märtyrerliteratur keine
   Vorgänger, sondern nur Nachfolger hat. Hier dürfte allerdings Jes 53,12fin,
   der Schluß des vierten Liedes vom Gottesknecht, dem 'Urmärtyrer', die Vorlage
   sein.

Tendenz, die von Markus berichteten Gefühlsregungen zu tilgen[48], wie überhaupt
die Konzentration auf Jesu eigenes Ringen nicht der paränetischen Ausrichtung der
gesamten Erzählung bei Lukas entspricht.

Die Versuche, gegen das Übergewicht der äußeren Bezeugung die Ursprünglichkeit
der Verse aufgrund innerer Kriterien nachzuweisen, konnten nicht überzeugen, zumal
es wohl - gerade bei den Handschriften, die man als 'westlichen Text' klassifiziert
hat - zahlreiche Hinzufügungen ganzer Sätze und Szenen gibt[49]. Dagegen sind Streichungen in diesem Umfang bei dem neutralen Text nicht bezeugt[50].

Die sehr frühe Hinzufügung dürfte sich aus apokrypher Überlieferung erklären,
über deren Abhängigkeit oder Unabhängigkeit von der uns überkommenen Tradition kein
gesichertes Urteil möglich ist.

Klammert man also die textkritisch als vermutlich sekundär zu be-
urteilenden Verse Lk 22,43f aus und beschränkt sich auf den mit den
beiden anderen Synoptikern parallelen Text, so fällt auf, daß die lukanische Erzählung mit 88 Worten nicht einmal halb so umfangreich ist
wie die des Markus (185 Worte) oder gar des Matthäus (197 Worte). Die
einzige Erweiterung ist die Doppelung der Aufforderung, zu wachen
und zu beten, um nicht in Versuchung zu geraten - beidesmal allerdings ohne die zweite Hälfte 'der Geist ist zwar willig, das Fleisch
aber ist schwach'. Die bei Matthäus und Markus nach dem ersten Gebet
erfolgende, in die Erzählung eingebettete Ermahnung steht bei Lukas
markant am Anfang (V 40) und am Ende (V 46) des Geschehens und macht
so durch diese Rahmung die paränetische Ausrichtung der ganzen Erzählung
bei Lukas deutlich, welche auch schon das Bisherige bestimmte. Dies
gilt besonders für die aus dem Sondergut eingefügten Worte von den
πειρασμοί (22,28) und der Fürbitte Jesu für Simon (22,31ff), aber auch
für die Plazierung des bei Markus und Matthäus in anderen Zusammenhängen stehenden Lehrgesprächs (Lk 22,24ff) und die auf die kommenden
Verfolgungen hinweisende Schwertszene (22,35ff)[51]. So tritt auch in
Gethsemane Jesu eigene Anfechtung im Vergleich mit den anderen Synopi-
kern zurück. Zwischen die Mahnungen Vv 39f und Vv 45f eingebettet, ist
sein Verhalten nur noch Vorbild für das Bestehen in der nun anbrechenden Zeit des πειρασμός (vgl. Lk 22,35-38), Vorbild für die - wie es
betont am Anfang Lk 22,39 heißt - Jesus Nachfolgenden.

Dies entspricht der zentralen Bedeutung des Gebetes im Lukasevangelium sowohl

---

48 Vgl. die Zusammenstellung bei M.J.LAGRANGE: Évangile LXIf. Die einzige Ausnahme
   ist Jesu Weinen über Jerusalem Lk 19,41, vielleicht erklärbar aus Jer 8,18ff.
49 Vgl. die Markusschlüsse, Joh 7,53-8,11 sowie die zahlreichen Erweiterungen der
   Act.
50 Vgl. K.ALAND: Bedeutung 165 zu Lk 22,43f: "wer hätte diese Verse wohl gestrichen,
   wenn er sie im Text vorgefunden hätte?". Ähnlich lautet das Urteil von B.F.
   WESTCOTT/F.J.A.HORT; New Testament II Appendix 66, daß ein solcher Vorgang ohne
   Analogien wäre: "there is no tangible evidence for the excision of a substantial
   portion of narrative for doctrinal reasons".
51 Vgl. I.H.MARSHALL: Luke 825: "Rather the saying is a call to be ready for hard-
   ship and self-sacrifice."

im Blick auf Jesus selbst[52] wie im Blick auf Jesu Unterweisung der Jünger[53]. Daß
beides zusammengehört, daß Jesu eigenes Gebet zugleich Vorbild für das Beten der
Jünger ist, zeigt schon die lukanische Wiedergabe des Herrengebetes: "The Lucan
Jesus teaches the disciples how to pray by praying himself (Lk 11:1ff) in their
hearing."[54]

Das Versagen der Jünger ist kaum betont und richtet sich - dem
Fehlen der Klage entsprechend - auch nicht mehr in erster Linie gegen
Jesus selbst. Das milde τί καθεύδετε; wirkt nur noch wie eine Ermahnung[55], womit der durch das Gebet siegreiche Meister die Jünger auf
ihre Schwäche hin und auf dem Hintergrund seines Verhaltens erneut
zurechtweist[56]. Dadurch bleibt auch die bei Matthäus und Markus relativ abgeschlossene Erzählung zum Folgenden hin auffällig 'geöffnet'.
"C'est comme si l'évangéliste avait voulu suggérer que Gethsémani
n'est que le début d'une terrible épreuve: c'est pendant toute la
durée de cette épreuve que les disciples devront s'abstenir de dormir
et prier intensément."[57] Daß durch diesen Abschluß den Jüngern von
Jesus nochmals die Möglichkeit der Bewährung auch in der Passion eröffnet wird, paßt gut zur sonstigen Darstellung des Lukas, der jeden
Hinweis auf eine Jüngerflucht ausgelassen hat. Selbst bei der Kreuzigung sind - im Gegensatz zur Darstellung der beiden anderen Synoptiker - außer den Frauen noch πάντες οἱ γνωστοὶ αὐτῷ 'von ferne' als
Zeugen anwesend (Lk 23,49).

1.2. Synoptischer Vergleich und Quellenfrage

1.2.1 Vorbemerkung

Trotz der nicht endenden Kritik an der sog. 'Zwei-Quellen-Theorie'
die v.a. von den durch diese nicht erklärbaren 'minor agreements'
ausgehend versucht, dem Verhältnis der Synoptiker untereinander durch
komplexere Theorien Rechnung zu tragen, wird die 'Zwei-Quellen-Theorie'
bis heute von den meisten Neutestamentlern als diejenige Hypothese
angesehen, die den synoptischen Befund am besten klärt (zumal eine
überzeugende Gegenposition nicht in Sicht ist). Daran anschließend

---

52 D.M.STANLEY, Gethsemane 188ff, hat darauf hingewiesen, daß Lukas in besonderer
   Weise das Beten Jesu hervorhebt und an sechs entscheidenden Wegstationen (Taufe,
   Berufung der Zwölf, Petrusbekenntnis, Verklärung, Rückkehr der 72 und Herrengebet)
   Jesus betend zeigt.
53 Vgl. die Sondergutgleichnisse vom Freund in der Nacht (Lk 11,5-8), vom unge-
   rechten Richter (Lk 18,1-8) oder vom Pharisäer und Zöllner (Lk 18,9-14).
54 D.M.STANLEY: Gethsemane 215.
55 Vgl. J.H.H.A.INEMANS: Lukas-Evangelium 83.
56 Dies wird auch durch die Wortwahl nochmals deutlich gemacht: "While Jesus
   prayed, his disciples slept. His victory is accomplished - *anastás apo tês
   proseuchês* - whereas their trial lies still before them - *anastantes pros-
   euchesthe."* (J.W.HOLLERAN: Gethsemane 102).
57 A.FEUILLET: Agonie 150.

wird auch hier das Verhältnis der drei Synoptiker im Blick auf ihre
Quellen nur unter der Fragestellung behandelt, ob die verschiedenen
Fassungen des Gebetskampfes Anlaß geben, hier die Annahme der Markus-
priorität zu bestreiten oder doch zu modifizieren.

Damit wird die Beweislast einseitig den Bestreitern der ausschließ-
lichen Abhängigkeit der synoptischen Seitenreferenten von Markus
bei der 'triple tradition' aufgebürdet. Eine solche Relativierung
des folgenden Vergleichs ist nicht zu umgehen, da eine das ganze Material umfassende Quellenkritik im Rahmen dieser Arbeit nicht möglich ist. Die Untersuchung ist dennoch nicht überflüssig. Denn auch
aus dem unmittelbaren Vergleich der drei Fassungen der Gethsemaneperikope werden z.T. weitreichende Konsequenzen im Blick auf die
Quellenfrage gezogen. So hatte schon E.Lohmeyer[58] die matthäische
Fassung als die gegenüber Markus ursprünglichere zu erweisen gesucht.
Umfassender haben M.Galizzi[59] und A.Feuillet[60] in ihren Monographien
über die Gethsemanetradition die im unmittelbaren Vergleich gemachten Beobachtungen zum Ausgangspunkt einer Kritik der Markuspriorität
gemacht[61]. A.Feuillet hat hier sogar den Ansatz für eine Revision
der gesamten Quellenkritik finden wollen[62].

In anderer Weise hat der sehr eigenständige Text des Lukas immer
wieder die Annahme einer lukanischen Sonderquelle nahegelegt (die dann
nicht selten mit den Vorlagen des Markus in Verbindung gebracht wurde)[63]. Die zahlreichen Eigenheiten des Lukas in der gesamten Leidensgeschichte lassen diese Annahme als nicht unbegründet erscheinen.
Im Rahmen der oben gemachten Einschränkungen wird jedoch auch hier
nur untersucht, ob bzw. mit welcher Wahrscheinlichkeit hier eine
Sondertradition des Lukas anzunehmen ist.

1.1.2 *Synopse*

Mt - Mk - Lk

(Mt 26,30)	(Mk 14,26)	Lk 22,39a
Καὶ ὑμνήσαντες ἐξῆλθον εἰς τὸ ὄρος τῶν ἐλαιῶν.	Καὶ ὑμνήσαντες ἐξῆλθον εἰς τὸ ὄρος τῶν ἐλαιων.	Καὶ ἐξελθὼν ἐπορεύθη κατὰ τὸ ἔθος εἰς τὸ ὄρος τῶν ἐλαιῶν.

---

58 E.LOHMEYER: Matthäus 360.
59 M.GALIZZI: Gesù 248.254f.
60 A.FEUILLET: Agonie 64ff.
61 Aufgenommen von H.F.BAYER: Predictions 115-118.
62 A.FEUILLET: Agonie 69.
63 Vgl. K.G.KUHN; Gethsemane, der weithin Zustimmung gefunden hat (so in den Monographien von J.W.HOLLERAN: Gethsemane und D.M.STANLEY: Gethsemane). KUHN selbst
hat Vorläufer in der früheren Literarkritik vgl. O.PROCKSCH: Petrus 56f.

Mt 26,36-46	Mk 14,32-42	Lk 22,39b-46
36 Τότε ἔρχεται μετ' αὐτῶν ὁ Ἰησοῦς εἰς χωρίον λεγόμενον Γεθσημανί καὶ λέγει τοῖς μαθηταῖς· καθίσατε αὐτοῦ ἕως οὗ ἀπελθὼν ἐκεῖ προσεύξωμαι.	32 Καὶ ἔρχονται εἰς χωρίον οὗ τὸ ὄνομα Γεθσημανί καὶ λέγει τοῖς μαθηταῖς αὐτοῦ· καθίσατε ὧδε ἕως προσεύξωμαι.	39b ἠκολούθησαν δὲ αὐτῷ καὶ οἱ μαθηταί. 40 γενόμενος δὲ ἐπὶ τοῦ τόπου εἶπεν αὐτοῖς. προσεύχεσθε μὴ εἰσελθεῖν εἰς πειρασμόν.
37 καὶ παραλαβὼν τὸν Πέτρον καὶ τοὺς δύο υἱοὺς Ζεβεδαίου ἤρξατο λυπεῖσθαι καὶ ἀδημονεῖν. 38 τότε λέγει αὐτοῖς· περίλυπός ἐστιν ἡ ψυχή μου ἕως θανάτου· μείνατε ὧδε καὶ γρηγορεῖτε μετ' ἐμοῦ. 39 καὶ προελθὼν μικρὸν ἔπεσεν ἐπὶ πρόσωπον αὐτοῦ προσευχόμενος καὶ λέγων·	καὶ παραλαμβάνει τὸν Πέτρον καὶ τὸν Ἰάκωβον καὶ τὸν Ἰωάννην μετ' αὐτοῦ καὶ ἤρξατο ἐκθαμβεῖσθαι καὶ ἀδημονεῖν. 34 καὶ λέγει αὐτοῖς· περίλυπός ἐστιν ἡ ψυχή μου ἕως θανάτου· μείνατε ὧδε καὶ γρηγορεῖτε. 35 καὶ προελθὼν μικρὸν ἔπιπτεν ἐπὶ τῆς γῆς καὶ προσηύχετο ἵνα εἰ δυνατόν ἐστιν παρέλθῃ ἀπ' αὐτοῦ ἡ ὥρα, 36 καὶ ἔλεγεν·	41 καὶ αὐτὸς ἀπεσπάσθη ἀπ' αὐτῶν ὡσεὶ λίθου βολὴν καὶ θεὶς τὰ γόνατα προσηύχετο 42 λέγων·
πάτερ μου, εἰ δυνατόν ἐστιν, παρελθάτω ἀπ' ἐμοῦ τὸ ποτήριον τοῦτο· πλὴν οὐχ ὡς ἐγὼ θέλω ἀλλ' ὡς σύ. 40 καὶ ἔρχεται πρὸς τοὺς μαθητὰς καὶ εὑρίσκει αὐτοὺς καθεύδοντας, καὶ λέγει	ἀββᾶ ὁ πατήρ, πάντα δυνατά σοι· παρένεγκε τὸ ποτήριον τοῦτο ἀπ' ἐμοῦ· ἀλλ' οὐ τί ἐγὼ θέλω ἀλλὰ τί σύ. 37 καὶ ἔρχεται καὶ εὑρίσκει αὐτοὺς καθεύδοντας, καὶ λέγει	πάτερ, εἰ βούλει παρένεγκε τοῦτο τὸ ποτήριον ἀπ' ἐμοῦ· πλὴν μὴ τὸ θέλημά μου ἀλλὰ τὸ σὸν γινέσθω. 45 καὶ ἀναστὰς ἀπὸ τῆς προσευχῆς ἐλθὼν πρὸς τοὺς μαθητὰς εὗρεν κοιμωμένους αὐτοὺς ἀπὸ τῆς λύπης, 46 καὶ εἶπεν
τῷ Πέτρῳ· οὕτως οὐκ ἰσχύσατε μίαν ὥραν γρηγορῆσαι μετ' ἐμοῦ; 41 γρηγορεῖτε καὶ προσεύχεσθε, ἵνα μὴ εἰσέλθητε εἰς πειρασμόν· τὸ μὲν πνεῦμα πρόθυμον, ἡ δὲ σὰρξ ἀσθενής. 42 πάλιν ἐκ δευτέρου ἀπελθὼν προσηύξατο λέγων· πάτερ μου, εἰ οὐ δύναται τοῦτο παρελθεῖν ἐὰν μὴ αὐτὸ πίω, γενηθήτω τὸ θέλημά σου. 43 καὶ ἐλθὼν πάλιν εὗρεν αὐτοὺς καθεύδοντας, ἦσαν γὰρ αὐτῶν οἱ ὀφθαλμοὶ βεβαρημένοι.	τῷ Πέτρῳ· Σίμων, καθεύδεις; οὐκ ἴσχυσας μίαν ὥραν γρηγορῆσαι; 38 γρηγορεῖτε καὶ προσεύχεσθε, ἵνα μὴ ἔλθητε εἰς πειρασμόν· τὸ μὲν πνεῦμα πρόθυμον, ἡ δὲ σὰρξ ἀσθενής. 39 καὶ πάλιν ἀπελθὼν προσηύξατο τὸν αὐτὸν λόγον εἰπών.	αὐτοῖς· τί καθεύδετε; ἀναστάντες προσεύχεσθε, ἵνα μὴ εἰσέλθητε εἰς πειρασμόν.
44 καὶ ἀφεὶς αὐτοὺς πάλιν ἀπελθὼν προσηύξατο ἐκ τρίτου τὸν αὐτὸν λόγον εἰπὼν πάλιν. 45 τότε ἔρχεται πρὸς τοὺς μαθητὰς καὶ λέγει αὐτοῖς· καθεύδετε τὸ λοιπὸν καὶ ἀναπαύεσθε· ἰδοὺ ἤγγικεν ἡ ὥρα καὶ ὁ υἱὸς τοῦ ἀνθρώπου παραδίδοται εἰς χεῖρας ἁμαρτωλῶν. 46 ἐγείρεσθε, ἄγωμεν· ἰδοὺ ἤγγικεν ὁ παραδιδούς με.	40 καὶ πάλιν ἐλθὼν εὗρεν αὐτοὺς καθεύδοντας, ἦσαν γὰρ αὐτῶν οἱ ὀφθαλμοὶ καταβαρυνόμενοι, καὶ οὐκ ᾔδεισαν τί ἀποκριθῶσιν αὐτῷ. 41 καὶ ἔρχεται τὸ τρίτον καὶ λέγει αὐτοῖς· καθεύδετε τὸ λοιπὸν καὶ ἀναπαύεσθε· ἀπέχει· ἦλθεν ἡ ὥρα, ἰδοὺ παραδίδοται ὁ υἱὸς τοῦ ἀνθρώπου εἰς τὰς χεῖρας τῶν ἁμαρτωλῶν. 42 ἐγείρεσθε, ἄγωμεν ἰδοὺ ὁ παραδιδούς με ἤγγικεν.	Legende: Mt = Mk = Lk : ———— Mt = Mk ≠ Lk : ----- Mt = Lk ≠ Mk : ····· Mk = Lk ≠ Mt : """""

Die Zahl[64] der wörtlichen Übereinstimmungen aller drei Evangelien ist mit 21 Einheiten[65] erstaunlich gering: Bei 197 Worten des Matthäus und 185 des Markus macht dies bei beiden etwas über 10% des Wortbestandes aus, bei Lukas mit seinen 88 Worten knapp 24%. Dies ist fast ausschließlich durch Lukas bedingt. Mit 128,5 Einheiten (10,5 gegen Lukas) ist die Zahl der Übereinstimmungen zwischen Matthäus und Markus sogar relativ hoch: Sie beträgt immerhin etwas mehr (Mk) bzw. etwas weniger (Mt) als zwei Drittel des Gesamtwortbestandes ihrer Gethsemaneperikope.

Ausgesprochen wenig Übereinstimmungen bestehen auch zwischen Markus und Lukas gegen Matthäus:

(a) Das Gebet Jesu wird bei beiden mit dem (mit καί beigeordneten) finiten Verb προσηύχετο eingeleitet, bei Matthäus mit dem Partizip προσευχόμενος.

(b) In der Bitte selbst haben Markus und Lukas den direkten Imperativ παρένεγκε, Matthäus das indirektere παρελθάτω. Auch in der Wortstellung stimmen Markus und Lukas gegen Matthäus überein: Während letzterer das ἀπ'ἐμοῦ vorzieht, bringen es Markus und Lukas am Ende der Bitte.

(c) Mk 14,37b par. Lk 22,46 wird beidesmal vor der allgemeinen Mahnung zum Wachen und Beten der Vorwurf des Schlafens erhoben: Bei Markus nur gegen Petrus, bei Lukas gegenüber allen Jüngern. Bei Matthäus fehlt dieser Zug; er bringt stattdessen den bei Markus zweiten Teil des Vorwurfs (Mt 26,40), der bei Lukas fehlt.

Demgegenüber ist die Zahl der minor agreements mit insgesamt 8,5 Einheiten auf den ersten Blick auffällig hoch.

Es wurden dabei allerdings nur solche 'Übereinstimmungen' anerkannt, die größer sind als die Gemeinsamkeiten eines Textes mit Markus. So halte ich z.B. die Tatsache, daß bei Mt 26,36 ἔρχεται und bei Lk 22,40 γενόμενος in ihrem Singular gegen den Plural ἔρχονται Mk 14,32 übereinstimmen, für eine weit geringere Übereinstimmung als die gemeinsame Verwendung des Verbs ἔρχεσθαι durch Matthäus und Markus gegen Lukas. Gleiches gilt etwa auch für die Einleitung der Einschränkung der direkt zitierten Bitte mit εἰ (Lk 22,42: εἰ βούλει; Mt 26,39: εἰ δυνατόν ἐστιν), da Matthäus eindeutig die gesamte Eingangswendung dem indirekten Gebet Jesu bei Markus (14,35) entnommen hat[66].

Gegen Markus stimmen Matthäus und Lukas in Folgendem überein:

---

64 Jedes Wort wird als ganze Einheit gezählt, sofern auch die Form identisch ist. Bei abweichender Form oder bei Derivaten wird die Übereinstimmung als halbe Einheit gezählt. Ein solches Verfahren ist natürlich grob, weil weder die Stellung der Worte noch die semantische Verwandtschaft verschiedener Wörter noch das unterschiedliche Gewicht der verschiedenen Übereinstimmungen berücksichtigt werden. Für eine erste Bestandsaufnahme ist jedoch dieses Verfahren am geeignetsten; nötige Differenzierungen werden im Folgenden vorgenommen.

65 μαθηταῖς/μαθηταί (1½), λέγει/εἶπεν (½), λέγων/ἔλεγεν (½), καί προσηύχετο/προσευχόμενος (1½), λέγων/ἔλεγεν (½), πάτερ/πατήρ (½), εἰ (1), τό ποτήριον τοῦτο ἀπ'ἐμοῦ... ἀλλά (6), καί ἔρχεται/ἐλθών (1½), εὑρίσκει/εὗρεν αὐτούς (1½), καί λέγει/εἶπεν (1½), προσεύχεσθε, ἵνα μή ἔλθητε/εἰσέλθητε εἰς πειρασμόν (5½).

66 Vgl. F.NEIRYNCK, Agreements 173-175, der die verschiedenen Autoren aufführt, die an den genannten Stellen (und z.T. noch darüber hinaus) Übereinstimmungen erblicken wollen.

(a) Vor dem direkten Gebet haben Matthäus (26,39) und Lukas (22,42)
das Partizip λέγων, Markus (14,36) das Imperfekt ἔλεγεν.

(b) Bei Matthäus (26,39) und Lukas (22,42) wird Gott mit dem Vokativ
πάτερ angesprochen, Markus bringt das aramäische Wort und gibt aramai-
sierend den status emphaticus mit Artikel und Nominativ wieder (14,36):
αββα ὁ πατήρ.

(c) Die Zurücknahme der Bitte wird bei Markus durch ἀλλ'οὐ eingeleitet,
bei Matthäus durch πλὴν οὐχ, bei Lukas durch πλὴν μή.

(d) Bei Lukas schränkt Jesus seine Bitte ein mit den Worten: πλὴν μὴ τὸ
θέλημά μου ἀλλὰ τὸ σὸν γινέσθω (Lk 22,42), bei Matthäus zitiert er beim
zweiten Mal die 'dritte Bitte' des Herrengebetes, an die auch die lukanische Gebetsfassung anklingt: γενηθήτω τὸ θέλημά σου (Mt 26,42). Mk 14,36
heißt es dagegen (ähnlich wie Mt 26,39): ἀλλ' οὐ τί ἐγὼ θέλω ἀλλὰ τί σύ.

(e) Bei Jesu Rückkehr präzisieren Matthäus (26,40) und Lukas (22,45)
über Markus hinaus, daß er πρὸς τοὺς μαθητάς kommt.

(f) Die finale Begründung der Ermahnung lautet bei Matthäus (26,41)
und Lukas (22,45 vgl. 22,40): ἵνα μὴ εἰσέλθητε εἰς πειρασμόν, bei Markus dagegen ἵνα μὴ ἔλθητε εἰς πειρασμόν (14,38).

Da diese 'minor agreements' der traditionellen Annahme der Markuspriorität am meisten zu widersprechen scheinen, sollen sie hier zuerst
unter der Fragestellung untersucht werden, ob sie die gemeinsame Abhängigkeit der beiden synoptischen Seitenreferenten von einer anderen
Überlieferung neben Markus wahrscheinlich machen. Danach werden Matthäus
und Lukas je für sich mit Markus verglichen.

1.2.3 Die 'minor agreements'

ad a: λέγων (Mt 26,39 par. Lk 22,42) - ἔλεγεν (Mk 14,36)

Die Ersetzung der durch einfaches καί aneinandergereihten Verben bei
Markus durch Partizipien und damit eine Verbesserung des Stils findet
sich häufig bei beiden Seitenreferenten: Allein in unserer Erzählung hat
Matthäus den gleichen Weg in den Versen 36.37.39 (προσευχόμενος) gegen
Markus, in V.44 unabhängig von ihm beschritten. Lukas hat in freierer
Form in den Versen 41 (θείς), 45 (ἐλθών), 46 (ἀναστάντες) eine finite
Verbform durch ein Partizip ersetzt.

Es handelt sich also bei jener 'Übereinstimmung' um eine von beiden
synoptischen Seitenreferenten auch sonst vorgenommene stilistische Verbesserung[67], die keinen Rückschluss auf eine gemeinsame Quelle erlaubt.

---

67 Vgl. H.ZIMMERMANN: Methodenlehre 94f: "Wenn ... Matthäus und Lukas die paratakti-
   sche Darstellungsweise des Markus häufig durch das Partizip auflösen, so handelt
   es sich dabei um eine stilistische Verbesserung."

ad b: πάτερ μου (Mt 26,39) bzw. πάτερ (Lk 22,42) - αββα ὁ πατήρ
(Mk 14,36)

πατήρ/πάτερ μου als Gottesbezeichnung im Munde Jesu findet sich
bei Markus überhaupt nicht, bei Lukas 4mal[68]. Bei Matthäus hingegen
spricht Jesus 15 bzw. 16mal[69] von Gott als 'πατήρ μου', wobei Matthäus
es - 26,39 ausgenommen - 7mal direkt in seine Vorlage eingefügt hat
(in: Q: 7,21; 10,32.33; in Mk: 12,50; 20,23; 26,29.42). Weitere 3mal
findet sich diese Bezeichnung in Sätzen, die Matthäus in den Zusammenhang einer markinischen Erzählung eingefügt hat (15,13; 16,17; 26,53),
einmal in der Einleitung zu einem Gleichnis aus Q (18,10), 3 bzw. 2mal
im Sondergut (18,19.35; 25,34). Lediglich einmal ist es eindeutig traditionell (12,50 par. Lk 10,22). Der Vokativ πάτερ begegnet allerdings
außer Mt 26,39.42 nur noch Mt 11,25 (und dort ohne Possesivpronomen). Neben dem Schrei am Kreuz (Mt 27,46) sind dies allerdings auch die einzigen direkt zitierten Gebete bei Matthäus.

Dies zeigt, daß die Gottesbezeichnung πατήρ μου im Munde Jesu typisch
matthäisch ist und daher auch hier mit großer Wahrscheinlichkeit auf
den Evangelisten zurückgeht (vgl. weiter 26,42!), - zumal Matthäus gerne
die aramäischen Fremdwörter des Markusevangeliums vermeidet und daher
auch hier das αββα durch die (korrekte) Übersetzung πάτερ wiedergibt[70].
Dies hat Matthäus mit Lukas gemein, der konsequent alle aramäischen
Fremdwörter tilgt, also auch hier das αββα ausläßt. Auch erinnert
die Anrede πάτερ μου an das Vaterunser, wie überhaupt Matthäus auch
gerne von Gott als Dein/Euer Vater spricht, also die Vateranrede mit
dem Possesivpronomen verbindet.

Die 'Übereinstimmung' in der Gebetsanrede ist also nur zufällig und
erklärt sich aus den (z.T. unterschiedlichen) redaktionellen Motiven
des Matthäus und des Lukas bei ihrer Bearbeitung des Markusevangeliums.

ad c: πλήν - ἀλλά

πλήν ist insbesondere im Lukasevangelium häufig (15mal; Mt 5mal;
Mk 1mal), so daß man es als lukanisches Vorzugswort ansprechen könnte.
Trotzdem wurde es von F.Rehkopf[71] und - ihm folgend - von J.Jeremias[72]
als vorlukanisch behauptet, da sich das adversative πλήν nur in Nicht-
Markusblöcken finde und Lukas selbst πλήν sonst als uneigentliche Prae-
position (außer) und lediglich einmal als Konjunktion (mit ὅτι Act

---

68 In der Kindheitsgeschichte Lk 2,49 als wortspielartige Entgegensetzung zu dem
   πατήρ σου im Vorwurf der Maria 2,48, das Joseph meint. Ansonsten findet sich
   der Ausdruck nur noch Lk 10,22 (par. Mt 12,50); 22,29 und 24,49.
69 Fraglich ist, inwieweit man die Stelle im Gleichnis vom Weltgericht Mt 25,34
   dazuzählen kann, wo der erhöhte Christus vom πατήρ μου spricht.
70 Vgl. J.SCHMID: Matthäus 35: "Mk hat eine beträchtliche Zahl aramäischer Wörter,
   die meistens, Lk konsequent beseitigt hat."
71 F.REHKOPF: Sonderquelle 8-11. 19f.96.
72 J.JEREMIAS: Sprache 139f.

20,23) verwende. Inwieweit daraus schon folgt, daß Lukas das πλήν in
den Nicht-Markusblöcken *nicht* eingesetzt hat, sei dahingestellt - er
hat es zumindest so in sein Evangelium recht häufig übernommen, was
bei dem stilistisch recht eigenständigen Lukas mehr besagt als etwa
bei dem sehr viel konservativeren Matthäus; Lukas war also mit diesem
Sprachgebrauch vertraut.

Auch Matthäus verwendet gegenüber Markus das πλήν relativ häufig
(5:1), und er hat es zumindest einmal eindeutig in das Markusevangelium
eingefügt (26,64), wobei diese Einfügung (πλήν λέγω ὑμῖν) zusammen mit
Mt 11,22 gegen Lk 10,14 es wahrscheinlich macht, daß es sich auch bei
Mt 11,24 um eine redaktionelle Bildung handelt. Da auch die Herkunft von
Mt 18,7 unsicher ist, - der Vers ist in eine markinische Spruchfolge
eingefügt-, scheint lediglich einmal das πλήν eindeutig aus der Q-Tra-
dition übernommen zu sein.

Lukas wie Matthäus kannten und verwendeten also das adversative πλήν;
das für beide bestimmende Motiv, es hier einzusetzen, könnte die Vermeidung des doppelten ἀλλά bei Markus sein[73]. Gegen eine gemeinsame
Vorlage gegen Markus spricht hier auch, daß Matthäus im weiteren wörtlich dem Markus folgt, während Lukas eine andere Form der Bitte darbie-
tet.

ad d: τὸ θέλημα ... τὸ σὸν γινέσθω (Lk 22,42) - γενηθήτω τὸ θέλημά
σου (Mt 26,42)

Es handelt sich hier um die auffälligste Übereinstimmung gegen Markus. Zu beachten ist allerdings, daß Matthäus zunächst Markus folgt,
und die an Lukas erinnernde Formulierung erst im zweiten Gebet überliefert, sodaß man nicht von einer direkten Übereinstimmung reden kann.

Was Matthäus betrifft, so wurde oben bereits gezeigt, wie sich dieses
zweite Gebet in seine Gesamtdarstellung des Gethsemanegeschehens einfügt. Auch findet sich die einzige wörtliche Parallele überhaupt zu
Jesu Gebet in seinem eigenen Evangelium, in der 'dritten Bitte' des
Vaterunsers (Mt 6,10), die Lukas nicht überliefert. Bemerkenswert ist
weiter, daß jene Form γενηθήτω unter den Synoptikern nur im Matthäusevangelium vorkommt (5mal) und daher wohl als matthäisch zu beurteilen
ist[74]. Ist das Gebet Jesu bei Matthäus (wie die Bitte des Vaterunser)
positiv gemeint und bittet Gott darum, daß sich in Jesu Passion des Vaters
Wille vollziehe[75], so handelt es sich bei Lukas doch vorwiegend um einen
'Ergebungsschluß', wie die subjektive Negation μή und die Entgegensetzung
zu Jesu eigenem Willen zeigen. Solche (formelhafte) Schickung in Gottes

---

73 So J.SCHMID: Matthäus 47
74 Vgl. J.C.HAWKINS: Horae 4.30.
75 γενηθήτω bezeichnet bei Matthäus immer positiv den gewollten Eintritt eines Geschehens, sei es als Zuspruch (Mt 8,13; 9,29; 15,28) oder als Bitte (6,10).

Willen ist auch sonst im biblischen Schrifttum überliefert (vgl. I
Sam 3,18; I Makk 3,60); die nächsten Parallelen finden sich bei Lukas
selbst: So geben die Begleiter des Paulus, als dieser sich nicht von
der Reise nach Jerusalem abhalten läßt, mit den Worten nach: τοῦ κυρίου τὸ θέλημα γινέσθω (Act 21,14 vgl. weiter Lk 1,38).

Man wird angesichts dieser Unterschiede nur mit Vorbehalt überhaupt
von 'Übereinstimmung' reden können. Hinzu kommt, daß sowohl stilistisch wie inhaltlich beide Gebetsfassungen das Gepräge des jeweiligen
Evangelisten tragen. Es ist daher am wahrscheinlichsten, daß beidesmal unabhängig voneinander Gebetstradition im Verbund mit den spezifischen Interessen des jeweiligen Evangelisten auf die Ausformung dieser
Perikope eingewirkt hat. Verwunderlich wäre dies nicht: So wie das
Bild des betenden Meisters die Gebetstradition geprägt hat, so zeigt
sich dieses Bild seinerseits vom Herrengebet als dem Gebet der Christen-
heit schlechthin beeinflußt.

ad f: Diese Beeinflussung durch das Vaterunser erklärt auch das
Matthäus und Lukas gemeinsame εἰσέλθητε (gegen Mk: ἔλθητε), das wohl
auf die '6. Bitte' des Herrengebets zurückgeht.

ad e: Bleibt noch die Matthäus und Lukas gegen Markus gemeinsame
Hinzufügung von πρὸς τοὺς μαθητάς. Für Matthäus wird unten noch gezeigt, wie stark er in der gesamten Erzählung durch verschiedene Präpositionen die Gemeinschaft Jesu mit seinen Jüngern (und durch diese
mit seiner Kirche) unterstreicht, wozu auch die *zweimalige* Hinzufügung
des πρὸς τοὺς μαθητάς in den Versen 40 und 45 gehören dürfte.

Ebenso eindeutig ist die Sachlage im Lukasevangelium. Die Wendung
πρὸς τοὺς μαθητάς kommt bei Lukas insgesamt 10mal vor; dabei hat er
sie 5mal in einen mit Markus und Matthäus gemeinsamen Text eingefügt
(5,30; 9,14.43; 12,1; 17,1). Dreimal bringt er sie als Einleitung in
Q-Stoff (10,23; 12,22; 17,22), einmal als Einleitung in sein Sondergut
(16,1). Es handelt sich also hier vermutlich um eine *redaktionelle*
lukanische Wendung, deren (einzige) Entsprechung zu Matthäus an unserer Stelle zufällig sein dürfte.

Nimmt man hinzu, daß Matthäus an dieser Stelle sonst mit Markus
gegen Lukas übereinstimmt, so wird die Herkunft dieses Zusatzes aus
einer gemeinsamen Quelle vollends unwahrscheinlich.

Alle 'minor agreements' lassen sich also als unabhängige Veränderungen
des Markus durch den jeweiligen Evangelisten verstehen. Angesichts der
relativen Häufigkeit der Übereinstimmungen hier wie auch in anderen Perikopen sollte man für die Frage offen bleiben, ob das literarische Verhältnis der Synoptiker zueinander nicht komplexer ist, als es die Zweiquellentheorie darstellt. Festzuhalten ist jedoch, daß bei der Gethse-

maneperikope kein Anlaß für die Annahme einer gemeinsamen Quelle von
Matthäus und Lukas gegen Markus besteht. Im Rahmen der eingangs gemachten Einschränkungen wird daher im folgenden nur noch das gesonderte
Verhältnis von Matthäus und Lukas zu Markus unter der Fragestellung
untersucht, ob die synoptischen Seitenreferenten je für sich andere
Traditionen verarbeitet haben, bzw. ob sich ihre Fassungen aus Markus
erklären lassen.

1.2.4 Vergleich Mt 26,36-46 - Mk 14,32-42

Die sehr weitgehenden wörtlichen Übereinstimmungen beider Perikopen
lassen sich nur durch die Annahme literarischer Abhängigkeit erklären.
Zu erläutern bleiben folgende Unterschiede:
(a) Dreimal steht bei Matthäus ein τότε (26,36.38.45) statt eines καί
bei Markus (14,32.34.41).

Generell läßt sich feststellen, daß Markus 89mal ein καί schreibt,
wo bei Matthäus ein anderes Wort oder nichts steht, wohingegen das Gegenteil nur 11mal der Fall ist[76]. Da sich eine ähnliche Tendenz im Verhältnis des Markus zu Lukas zeigt (63:3), so muß das häufige καί als
eine Eigenart des Markus betrachtet werden.

Gegen eine Beurteilung des καί als redaktionelle Umwandlung des
matthäischen τότε spricht:
- Matthäus und Lukas lassen zwar in einer Reihe von Fällen[77] gemeinsam
das markinische καί aus oder ersetzen es (zumeist durch ein δέ), jedoch finden sich an diesen Stellen nur einmal eindeutig weitergehende
Übereinstimmungen gegen den Markustext[78], ansonsten aber ist immer
die Übereinstimmung je eines Seitenreferenten mit Markus gegen den
anderen deutlich, was ohne die Markuspriorität sehr schwer zu erklären
wäre.

In der Mehrzahl der Fälle dürfte es sich daher um eine unabhängige
stilistische Verbesserung des übermäßigen Gebrauchs von καί im Markusevangelium handeln, wie dies ja auch über die gemeinsamen Stellen
hinaus bei beiden Seitenreferenten häufig bezeugt wird[79].
- Andererseits ist τότε ein eindeutiges matthäisches Vorzugswort

---

76 Vgl. E.P.B.SANDERS: Tendencies 237.
77 Die Zahl hängt zum einen von textkritischen Entscheidungen ab, zum anderen davon,
   inwieweit man Verse aus verschiedenen Zusammenhängen heranzieht (so führt F.
   NEIRYNCK: Agreements 203 48 Belege an, E.P.B.SANDERS: Tendencies 234-237 nur 31).
78 Mk 4,11 versus Mt 13,11 und Lk 8,10; vgl. noch Mk 11,8 (εἰς τὴν ὁδόν) versus
   Mt 21,8 und Lk 19,36 (ἐν τῇ ὁδῷ) und Mk 14,54 (ἠκολούθησεν) versus Mt 26,58
   und Lk 22,54 (ἠκολούθει). An den beiden letztgenannten Stellen überwiegen jedoch
   ansonsten die jeweiligen Übereinstimmungen mit Markus gegen die jeweiligen Seitenreferenten.
79 Vgl. E.P.B.SANDERS: Tendencies 233-237.

gegenüber den *beiden* anderen Synoptikern: Markus 6mal, Lukas 15mal, Matthäus 90 mal[80].

Es ist folglich wahrscheinlicher, daß es sich bei jenem matthäischen τότε um eine stilistische Verbesserung handelt, die die Einförmigkeit der mit 16-facher καί-Reihung gebundenen Markuserzählung auflockern soll.

(b) Bei Markus beginnt die Perikope einfach mit 'καὶ ἔρχονται', während Matthäus ausführlicher schreibt: 'Τότε ἔρχεται μετ' αὐτῶν ὁ 'Ιησοῦς'. Matthäus scheint hier auf den ersten Blick die lectio difficilior zu bieten. Näheres Zusehen zeigt indes, daß Matthäus in seinem ganzen Evangelium gern den inklusiven Plural des Markus durch eine gesonderte Nennung Jesu ersetzt[81] und die Erwähnung der Jünger, wie auch hier, durch Präpositionen beifügt. Auf diese Weise tritt Jesus als der eigentliche Protagonist in den Vordergrund; die Jünger sind als bloße Adjuvanten nachgeordnet.

Neben diesem christologischen Motiv läßt sich auch ein paränetisches erkennen, das die gesamte Wiedergabe der matthäischen Gethsemaneperikope bestimmt: V.38 bittet Jesus seine Jünger, 'μετ'ἐμοῦ' zu wachen, und fragt entsprechend bei seiner ersten Rückkehr: 'konntet ihr nicht eine Stunde μετ'ἐμοῦ wachen?' (26,40).

Zweimal heißt es bei Jesu Rückkehr, daß er πρὸς τοὺς μαθητάς zurückkam (26,40.45). Diese bewußte Betonung der Gemeinschaft Jesu mit seinen Jüngern ist für das Matthäusevangelium typisch, das "den Unterschied zwischen den Jüngern vor Jesu Auferstehung und denen danach" nicht macht, sondern "die Situation der Kirche in das Leben der Jünger während Jesu irdischer Wirksamkeit" einzeichnet[82], um den Hörer oder Leser "in die Gegenwart Jesu" mithineinzunehmen[83]. Dazu bedient sich Matthäus vor allem der Formel 'οἱ μαθηταί'[84].

Dem dargestellten Anliegen des Matthäus verdanken sich hier wohl auch die erwähnten zweifachen Hinzufügungen von πρὸς τοὺς μαθητάς und μετ'ἐμοῦ. "The recurrence of *pros tous mathetas* at vv.40 and 45 leaves no doubt in the community's mind that it is they who are being addressed in the words of Jesus which follow. It is Jesus who has come 'with them' (26:36) to this hour of vigil and prayer against trial, and it is he who asks them now to sit 'here' and watch 'with me' (vv.38,40)"[85].

---

80 Vgl. J.C.HAWKINS: Horae 8.
81 Vgl. A.FEUILLET: Agonie 125.
82 G.BARTH: Gesetzesverständnis 103.
83 Ebd. 104.
84 Vgl. G.BORNKAMM: Enderwartung 37.
85 J.W.HOLLERAN: Gethsemane 164; vgl. E.SCHWEIZER: Matthäus 322; E.CHARPENTIER: Lecture 63: "ce besoin d'être avec, de Jésus, ... a aussi une valeur ecclésiale: c'est le Seigneur de sa communauté qui l'interpelle jusqua'a la fin des temps, lui demandant d'être avec lui." Dies dürfte auch der Grund für die Hinzugügung

Auf dem Hintergrund der so bewußt unterstrichenen Beziehung Jesu
zu seinen Jüngern und der Jünger zu Jesus tritt nun aber auch deren
Versagen wie auch die Verlassenheit des Meister noch deutlicher hervor.

(c) ὃυ τὸ ὄνομα (Mk 14,32)/λεγόμενον (Mt 26,36). Die Wendung ὃυ τὸ
ὄνομα kommt sonst bei den Synoptikern nicht vor, wohingegen λεγόμενος
in Verbindung mit einem Namen typisch matthäisch ist: Markus hat es
einmal, Lukas zweimal, Matthäus aber 13mal, davon 11mal als Einfügung
in einen mit den anderen gemeinsamen Text[86]. Es dürfte sich also bei
Matthäus um eine stilistische Verbesserung des holprigen ὃυ τὸ ὄνομα
handeln (vgl. auch Mt 27,33 mit Mk 15,22).

(d) Das καθίσατε αὐτοῦ Mt 26,36 statt des καθίσατε ὧδε (Mk 14,32)
dürfte auf den Befehl Abrahams an seine Knechte anspielen (Gen 22,5),
zumal αὐτοῦ als Ortsadverb sowohl in der LXX als auch im NT selten
ist und in Verbindung mit 'sitzen' nur an den beiden genannten Stellen
vorkommt[87]. Möglicherweise hat sich schon der Text des Markus in seiner
Formulierung an die Aqeda angelehnt (vgl. das ἕως Gen 22,5 LXX und
die Anrede πάτερ Gen 22,7 LXX). In jedem Fall kann der schriftgelehrte
Matthäus diese Anklänge als Anspielung verstanden und dies - wie er
das v.a. in der Passionsgeschichte häufiger tut (vgl. Mt 27,34.43)-
dann noch verstärkt haben.

(e) Anstelle der knappen Wendung ἕως προσεύξωμαι (Mk 14,32fin) schreibt
Matthäus (26,36fin): ἕως οὗ ἀπελθὼν ἐκεῖ. Ebenso fügt Matthäus
auch im folgenden nochmals ein: καὶ αὐτοὺς πάλιν ἀπελθὼν προσηύξατο
(26,44). Dies entspricht der doppelten Hinzufügung des πρὸς τοὺς μαθητάς,
insofern durch diese Wendungen die Nähe und Ferne Jesu zu seinen Jüngern
und dadurch implizit auch die Zuwendung wie die Abwendung des von den
Menschen im Stich gelassenen Meisters vor Augen geführt werden, -- ein ja
gerade für die matthäische Wiedergabe der Erzählung bestimmendes Motiv.

(f) Das μετ'αὐτοῦ von Mk 14,33 fehlt bei Matthäus (26,37), findet jedoch Ersatz im doppelten μετ'ἐμοῦ (Mt 26,38.40), auf dessen Funktion
bereits (s.o. unter b.) hingewiesen wurde.

(g) Die Zusammennahme des Jakobus und des Johannes als die 'Söhne
des Zebedäus' bewirkt, daß Petrus als einziger Jünger namentlich genannt wird. Dies würde zur sonstigen Vorzugsstellung des Petrus als

---

von τῆς ποίμνης in Mt 26,31 (versus Mk 14,27) sein (vgl. D.M.STANLEY: Gethsemane
170).
86 Vgl. J.C.HAWKINS: Horae 5.
87 Vgl. A.FEUILLET: Agonie 126ff; weiter A.SCHLATTER: Evangelist 750; J.W.HOLLERAN:
Gethsemane 69f u.a. Im Anschluß an M.GALIZZI, Gesù 116ff, weist A.FEUILLET, Agonie 127f, ergänzend darauf hin, daß Matthäus auch sonst eine Abraham-Christus-
Typologie herzustellen versuche und dies auch hier tue, beim großen πειρασμός
der Begründer des Alten und des Neuen Bundes.

Repräsentant der Jünger (=Gemeinde) bei Matthäus passen, die sich in unserer Erzählung auch V 40b (vgl. Mk 14,37b) dokumentiert. Möglicherweise soll das υἱοὶ Ζεβεδαίου auch auf das 'Kelchwort' Mt 20,22 (par Mk 10,38) anspielen[88]. Für eine solche engere Beziehung spräche auch, daß Matthäus bei der Zebadaidenbitte die Metapher von der Taufe ausläßt und nur vom 'Kelch' spricht.

(h) ἐκθαμβεῖσθαι (Mk 14,33) - λυπεῖν (Mt 26,37)

ἐκθαμβεῖσθαι kommt nur bei Markus vor und bezeichnet dort ansonsten das Erschrecken vor etwas Überirdischem: Vor Jesus nach seiner Verklärung 9,15 oder angesichts des Jünglings im leeren Grab 16,5.6. In 9,15 ist die Stelle bei den anderen Evangelisten gekürzt, in 16,5 ist das ἐκθαμβεῖσθαι durch andere Worte ersetzt[89].
Andererseits ist auch das Wort λυπεῖν ein von Matthäus bevorzugtes Verb: Markus hat es zweimal, Lukas überhaupt nicht, Matthäus 6mal. Zweimal stimmt dabei Matthäus mit Markus überein (Mt 19,22 par. Mk 10,22; Mt 26,22 par. Mk 14,19), einmal ersetzt er das markinische περίλυπος (Mk 6,26) durch λυπηθείς (Mt 14,9), einmal hat er es gegen Markus und Lukas für ein anderes Wort eingesetzt[90], einmal findet es sich in seinem Sondergut (Mt 18,31) und zuletzt hier in Gethsemane gegen Markus allein. Da es sich bei beiden Worten um von dem jeweiligen Evangelisten bevorzugte Verben handelt, ist hier der Schluß auf das Ursprünglichere nicht möglich. Zu bedenken ist freilich, daß die Ersetzung des ungebräuchlichen und sehr starken ἐκθαμβεῖσθαι durch die beiden Seitenreferenten leichter zu erklären ist als die Vermeidung des gebräuchlicheren λυπεῖν, zumal es an das περίλυπος in Jesu direkter Rede anklingt.

(i) Mt 26,39.42 - Mk 14,35f

Der wohl deutlichste Unterschied zwischen beiden Fassungen besteht in der Wiedergabe des Gebets bzw. der Gebete. Dabei erscheint das erste Gebet Jesu bei Matthäus (26,39) wie eine Zusammenziehung des bei Markus in indirekter[91] und direkter[92] Rede wiedergegebenen Gebetes Jesu. Dagegen lehnt sich das zweite Gebet bei Matthäus (26,42) an die vermutlich[93] nur von ihm wiedergegebene 'dritte Bitte' des Vaterunsers

---

88 So J.W.HOLLERAN; Gethsemane 168.
89 Mt 28,4 und Lk 24,5 stimmen gegen Mk 16,5 in der - freilich unterschiedlichen - Verwendung des Wortes φόβος überein.
90 Mt 17,23: ἐλυπήθησαν gegen ἐφοβοῦντο Mk 9,32 und Lk 9,45.
91 Aus Mk 14,35: εἰ δυνατόν ἐστιν und παρελθάτω (Mk: παρέλθη).
92 Aus Mk 14,36: πάτερ (Mk: πατήρ), τὸ ποτήριον τοῦτο, ἀπ'ἐμοῦ, οὐχ ... χὼ θέλω, ἀλλά ... σύ. Die Ersetzung des markinischen τί durch ὡς könnte auf den Einfluß des Vaterunsers zurückgehen (vgl. E.LOHMEYER/W.SCHMAUCH: Matthäus 361): Vielleicht handelt es sich aber auch lediglich um eine stilistische Korrektur, da Markus hier ein Fragepronomen als Relativpronomen verwendet.
93 Die Bezeugung der Bitte auch bei Lukas (Lk 11,2) ist textkritisch wohl als sekundär zu beurteilen.

an. Dies bewirkt nicht nur eine offenkundigere Strukturierung der Erzählung, sondern damit wird auch in der beschriebenen Weise eine Entwicklung Jesu im Verhältnis zu seiner Passion gezeigt.

(k) Der direkte Vorwurf des Schlafens (Mk 14,37) fehlt bei Mt (26,40). Der zweite Teil des Vorwurfs, nicht eine Stunde wachen zu können, wird zwar an Petrus adressiert, richtet sich aber durch den Plural an alle Jünger.

Die Verkürzung des zweigliedrigen Vorwurfs erklärt sich aus der matthäischen Tendenz, die markinischen Doppelfragen durch Veränderung oder Auslassung eines Gliedes zu meiden[94]. Die Verallgemeinerung des bei Markus an Petrus allein gerichteten Vorwurfs dürfte weniger als Entlastung des Petrus gemeint sein. Zweifelhaft ist auch, ob sich bereits Matthäus an dem Wechsel von Singular (Mk 14,37b) zu Plural (14,38) stieß. In erster Linie soll hier wohl der (durch Markus vorgegebene) Petrus als Repräsentant aller Jünger und dadurch der Gemeinde insgesamt angesprochen werden[95].

(l) Der Wegfall des καὶ οὐκ ᾔδεισαν τί ἀποκριθῶσιν αὐτῷ (Mk 14,40fin.) erklärt sich aus der auch sonst bei Matthäus zu beobachtenden Tendenz, die Jünger zu schonen (vgl. Mt 17,4, wo die gleichlautende Aussage über Petrus Mk 9,6 ebenfalls fehlt, oder auch Mt 14,33, wo aus dem völligen Unverständnis Mk 6,52 das Bekenntnis zu Jesus als dem Gottessohn geworden ist).

(m) Statt der (apokalyptisch gefärbten) Formel ἦλθεν ἡ ὥρα Mk 14,41 heißt es bei Matthäus - parallel zu der Ankündigung des Judas - ἤγγικεν ἡ ὥρα. Dies entspricht dem Fehlen der Stundenmetapher in der matthäischen Fassung von Jesu Gebet: Die 'Stunde' bezeichnet bei Mattäus nur noch dem Zeitpunkt der Verhaftung[96].

Man wird also als *Ergebnis des direkten Vergleichs* festhalten können, daß die Behauptung, Matthäus gehe auf einen älteren, von Markus unabhängigen Text zurück oder sei gar selbst die Vorlage von Markus gewesen, nicht zu überzeugen vermag.

Es hat nicht an Versuchen gefehlt, über den literarischen Vergleich hinaus die - partielle oder vollständige - Unabhängigkeit der matthäischen Perikope von Markus durch stilistische Beobachtung zu erweisen:

---

94 Vgl. Mk 2,7 par. Mt 9,3; Mk 3,4 par. Mt 12,12; Mk 4,13 par. Mt 13,18; Mk 4,21 par. Mt 5,15; Mk 4,30 par. Mt 13,31; Mk 4,40 par. Mt 8,26; Mk 12,14 par. Mt 22,17; Mk 14,63f par. Mt 26,65. (Hier wird durch geschickte Einfügung aus der Doppelfrage eine zweifache Feststellung mit anschließender Frage.); vgl. auch die Kürzung der abundierenden Fragereihe von Mk 8,17ff in Mt 16,8ff.

95 Vgl. Mt 16,18 sowie die 'Tempelgroschenfrage' Mt 17,24-27, wo Petrus angegangen wird. J.W.HOLLERAN, Gethsemane 75f, stellt denn auch fest: "*Ischysate* in the plural now possesses the same generality as the verbs in the clearly parenetic v.41 which follows. And finally, we have already seen how widespread was the theme of spiritual wakefulness in the preaching of the early Church. Yet nowhere else in the gospels does Christ speak of watching *with him*. It is Matthew, then, who has introduced this community theme in an explicit way".

96 Vgl. J.W.HOLLERAN: Gethsemane 80.

- So hatte der Aufbau von Mt 26,36-46 E.Lohmeyer bewogen, den Text des Matthäus
für ursprünglicher zu halten, da hier "Erzählung und Rede ... in gleichmäßigen Ab-
schnitten" wechseln, wobei "jene ... sich zu Sätzen von drei Gliedern" ordnet,
"diese ... fast durchweg zweigliedrig" ist[97].

Grundsätzlich ist dagegen einzuwenden, daß E.Lohmeyer den Beweis dafür schuldig
bleibt, daß ein solcher Rhythmus dem ursprünglichen Text eigen sein müsse und nicht
etwa das Ergebnis bewußter Gestaltung oder Verbesserung seitens Matthäus sein kann.
Konkret ist zu bemängeln, daß sich diese Einteilung nicht durchhalten läßt (das Gebet
V.39 ist dreigliedrig, die Rede Vv.40b.41 ist sechsgliedrig, die Erzählung Vv.43-45b
ist achtgliedrig, das Schlußwort Jesu Vv.45c.46 fünfgliedrig).

Gegen eine vollständige Abhängigkeit des Matthäus von Markus wurde auch angeführt,
daß sich im matthäischen Text gegenüber Markus stilistische Verschlechterungen finden.
Da dies der sonstigen matthäischen Redaktionsarbeit widerspricht, sei zumindest mit
weiterer Tradition zu rechnen, die Matthäus neben Markus verwendet habe. Diese Verschlechterungen sind
a. die Zuschreibung von je drei Partizipien zu einem Subjekt in den Vv.39.44[98].
b. die Platzierung des ἰδοῦ vor ἤγγικεν (während Markus, stilistisch besser, damit
die Preisgabeformel einleitet)[99].

Beide Beobachtungen sind schon an sich wenig gewichtig. Dazu kommt, daß Matthäus
gern finite Verben des Markus in Partizipien umformt und sie so auf ein Subjekt häuft;
die Zuschreibung von drei Partizipien zu einem Subjekt findet sich etwa - und sogar
noch viel auffälliger und stilistisch ungeschickter als hier - in den von ihm gebildeten Rahmenversen Mt 4,23 und 9,35. Und was die ungeschicktere Platzierung des ἰδοῦ
betrifft, so erklärt sie sich aus der bewußten Parallelisierung der Schlußworte,
der sich auch die Ersetzung des ἦλθεν (ἡ ὥρα) durch ein zweites ἤγγικεν verdankt.

1.2.5 Vergleich Mk 14,32-42 - Lk 22,39-46

Die Zahl der wörtlichen Übereinstimmungen zwischen Markus und Lukas
ist mit insgesamt 24 Einheiten erstaunlich gering. Dabei ist allerdings zu beachten, daß beim Vergleich von Mk 14,32-42 (par. Mt 26,36-46)
ausgegangen wurde. Zweierlei wurde nicht berücksichtigt:
- Die Ortsangabe Lk 22,39a, wonach Jesus zum Ölberg hinausging, entspricht bis in den Wortlaut hinein (6½ Einheiten) Mk 14,26 (par. Mt
26,30) und dürfte auch daher stammen. Seine Stellung hier erklärt sich
aus der Auslassung des 'Hirtenwortes' (Mk 14,27f) und aus der Eingliederung der Vorhersage der Verleugnung in die lukanische 'Abschiedsrede'
(Lk 22,21-38) nach dem Mahl[100]. Die Auslassung des aramäischen Ortsnamens entspricht dem sonstigen Vorgehen des Lukas (s.o. S.23).
- Die erste Mahnung Jesu an seine Jünger (Lk 22,40) entspricht bis auf
die infinitivische Formulierung der zweiten, mit Markus und Matthäus
gemeinsamen Mahnung (Lk 22,46 par. Mk 14,38a par. Mt 26,41a), sodaß
man für weitere 4½ Einheiten eine Übereinstimmung mit Markus und Matthäus feststellen könnte; auf jeden Fall darf jene Mahnung nicht einfach
wie ein von Markus und Matthäus unabhängiges Sondergut beurteilt werden.

Beides zusammen ergibt immerhin 35 Übereinstimmungen bei 88 Worten
des Lukas, und das sind knapp 40%.

---

97 E.LOHMEYER/W.SCHMAUCH: Matthäus 360.
98 Vgl. X.LÉON-DUFOUR: Passion DBS VI Sp. 1452; E.LOHMEYER/W.SCHMAUCH: Matthäus 361
   Anm. 4; 362 Anm. 2; J.W.HOLLERAN: Gethsemane 152f.
99 X.LÉON-DUFOUR: Passion DBS VI Sp. 1452.
100 Vgl. I.H.MARSHALL: Luke 829.

Darüberhinaus gibt es weitere Entsprechungen einzelner Züge, die
sich wegen anderer Wortwahl nicht als 'Übereinstimmungen' zählen lassen:
- Der doppelten Ortsangabe der beiden anderen (Mk 14,26.32 par.) ent-
sprechend spricht auch Lukas zuerst vom Hinausgehen zum Ölberg (22,39),
dann von der Ankunft ἐπὶ τοῦ τόπου (22,40).
- Jesus entfernt sich von den Jüngern 'etwa einen Steinwurf' (ἀπεσπάσθη
ἀπ'αὐτῶν ὡσεὶ λίθου (Lk 22,41), was dem προελθὼν μικρόν (Mk 14,35 par
Mt 26,39) entspricht.
- Dem Fallen auf die Erde (Mk 14,35) bzw. auf das Angesicht (Mt 26,39)
entspricht das θεὶς τὰ γόνατα (Lk 22,41).
- Das Gebet ist gleich aufgebaut und deckt sich in den Grundzügen:
Die Einschränkung der Bitte εἰ δυνατόν ἐστιν (Mk 14,35 par. Mt 26,39)
ändert Lukas in εἰ βούλει (Lk 22,42), und anstelle des Verbs θελεῖν
und den entsprechenden Personalpronomina ἐγώ und σύ (Mk 14,36 par. Mt
26,39) verwendet er das Substantiv θέλημα und fügt die entsprechenden
Possessivpronomina μου und σόν ein (22,42).
- Für das Schlafen der Jünger bei Jesu Rückkehr verwenden Markus (14,37)
und Matthäus (26,40) das Verb καθεύδειν, Lukas (22,45) das bedeutungs-
gleiche κοιμάομαι.

Dies zeigt den auf den ersten Blick verdeckten engen Zusammenhang
zwischen Mk 14,32-42 und Lk 22,39-46 und rechtfertigt es, das Verhältnis beider Fassungen als ein literarisches zu untersuchen und im oben
ausgeführten Sinn zu fragen, inwieweit der Text des Lukas Anlaß gibt,
die Annahme der Markuspriorität hier zu bestreiten oder zu modifizieren.
(a) ἐξελθὼν ἐπορεύθη (Lk 22,39) - ἐξῆλθον (Mk 14,26)

πορεύομαι ist lukanisches Vorzugswort: Von insgesamt 150 Belegen im NT
finden sich deutlich mehr als die Hälfte (59%) im lukanischen Doppelwerk[101]. "Lukanisch ist insbesondere die semitisierende Kombination von
ἐξέρχομαι und πορεύομαι, die sich im NT außer Mt 24,1 nur noch im Doppelwerk findet (Lk 4,42; 13,31; 22,39; Act 12,17; 16,36; 20,1; 21,5)"[102].
(b) κατὰ τὸ ἔθος (Lk 22,39)

Die Bemerkung, daß Jesus 'nach seiner Gewohnheit' zum Ölberg ging,
stellt eine auffallende Sachparallele zu Joh 18,2 dar. Sprachlich aber
ist die Wendung lukanisch: "ἔθος kommt im NT (außer Joh 19,40 und Hebr
10,25) nur 10mal im Doppelwerk vor; κατὰ τὸ ἔθος findet sich im NT
ausschließlich im LkEv (1,9; 2,42; 22,39 ...)"[103].

Die ganze Einleitung dürfte somit von Lukas im Rückbezug auf Lk 21,37
gebildet worden sein[104], um den Eindruck eines längeren Aufenthaltes in

---

101 Lk: 51; Act: 37; zum Vergleich Mt: 29; Mk: 3; Joh: 16.
102 J.JEREMIAS: Sprache 234.
103 Ebd. 29.
104 A.SCHLATTER, Lukas 432, und T.ZAHN, Lucas 687, glaubten, hier den Hinweis auf eine
    Quelle zu haben, die von einem wiederholten oder längeren Aufenthalt Jesu in Je-
    rusalem berichtet habe. Dies ist jedoch nicht zwingend. Die allgemeine Aussage

Jerusalem zu erwecken[105]. Die Auslassung des ὑμνήσαντες (Mk 14,26) erklärt sich durch den Einschub der 'Abschiedsrede' (Lk 22,21-38) nach
dem Mahl[106].

(c) καὶ ἔρχονται εἰς χωρίον οὗ τὸ ὄνομα Γεθσημανί (Mk 14,32) - γενόμενος δὲ ἐπὶ τοῦ τόπου (Lk 22,40)

Das Fehlen des Ortsnamens 'Gethsemani' erklärt sich aus der konse-
quenten Tilgung von Fremdworten durch Lukas[107], die auch für die Streichung des αββα (s.o.) verantwortlich war[108].
Konstruktionen mit γίνομαι sind - wie schon im textkritischen Exkurs
erwähnt - für Lukas typisch.

Die Wendung ἐπὶ(τοῦ)τόπου findet sich im NT nur noch Lk 6,17 (diff.
Mk 3,7) und dürfte daher ebenfalls redaktionell sein[109].

(d) Es fehlt bei Lukas das 'Zittern und Zagen' und die Klage Jesu (Mk 14,
33b.34). Grundsätzlich läßt sich die Auslassung dieses zuhöchst anstößigen Zuges durch Lukas weit leichter erklären als etwa seine Hinzufügung durch Markus. Eine solche Auslassung entspräche der im ganzen
Evangelium feststellbaren Tendenz, Gefühlsregungen Jesu zu streichen,
wie auch der Eigenart der lukanischen Passionsgeschichte, die die größten Härten der Markuspassion durch Auslassung von Szenen (vgl. Mk 15,
16-20a par. Mt 27,27-31a), durch Verkürzung (vgl. Lk 23,35-38 mit Mk
15,27-32a par. Mt 27,38-44), Umänderung (vgl. das beschauliche Wort
Jesu Lk 23,46 mit dem Schrei der Gottverlassenheit Mk 15,34 par. Mt
27,46) und Hinzufügung (vgl. Lk 23,27-32.39-43) wesentlich gemildert
hat. Jesus ist hier wie in seiner ganzen Passion noch eigentliches
Subjekt des Geschehens. Er geht seinen Weg im Gehorsam gegenüber dem
Vater zu Ende, während er bei Markus nunmehr als der Ausgelieferte,
Preisgegebene, der Gottverlassene und Angefochtene erscheint[110]. In
unserem Fall kommt noch hinzu, daß Jesu Verhalten nur im Blick auf seinen Vorbildcharakter interessiert; es ist letztlich nur die Konkretion
der die ganze Erzählung rahmenden und bestimmenden Ermahnung, sodaß
Jesus 'für sich' - wobei 'für sich' hier v.a. das Problem des Verhältnisses zwischen Vater und Sohn meint - im Gegensatz zu Markus (bei dem
die Ermahnung nur sekundäre Bedeutung hat) gar nicht mehr im Vordergrund steht.

Lk 21,37 erklärt m.E. hinreichend, daß Lukas von einer 'Gewohnheit' Jesu sprechen
kann.
105 Vgl. H.CONZELMANN: Mitte 63f.
106 Vgl. M.J.LAGRANGE: Saint Luc 559.
107 Vgl. z.B. Lk 19,38 mit Mk 11,9 par. Mt 21,9 par. Joh 12,13; Lk 23,33 mit Mk 15,22
    par. Mt 27,33 par. Joh 19,17.
108 Vgl. I.H.MARSHALL: Luke 830: "The omission of the name Γεθσημανί ... may there-
    fore be due simply to a dislike of place-names in Aramaic which would be meaning-
    less to Luke's readers."
109 Vgl. J.JEREMIAS: Sprache 293.
110 S.o. Anm. 48.

(e) Mit der Auslassung der Klage wie überhaupt mit der Verkürzung der
sich auf Jesus allein beziehenden Züge dürfte auch der Wegfall der Aussonderung der Drei erklärt sein.

Hinzu kommt, daß durch diese Auslassung die Aufforderung zum Beten
jetzt an alle Jünger gerichtet ist und dadurch erst eindeutig die All-
gemeingültigkeit gewinnt, die Lukas ihr beimißt. Möglicherweise sollen
auch die (später in der Gemeinde wichtigen) Jünger geschont werden[111],
oder - wie auch sonst in der Passionsgeschichte - alle Jünger als Zeugen festgehalten werden[112].

(f) Mit den letzten beiden Punkten ist auch schon einsichtig, warum sich
bei Lukas die Ermahnung gleich zu Beginn nochmals findet (ausgelöst
wohl durch die Aufforderung zu wachen Mk 14,34fin, vielleicht auch durch
das Stichwort προσεύξωμαι Mk 14,32fin): Es entspricht, wie eingangs
dargestellt, dem im Kontext wie auch in der Wiedergabe dieser Szene
sich dokumentierenden, vorwiegend, wenn nicht gar ausschließlich, paränetischen Interesse.

(g) Die (zweimalige) Auslassung der zweiten Hälfte der Mahnung τὸ μὲν
πνεῦμα πρόθυμον, ἡ δὲ σὰρξ ἀσθενής (Mk 14,38b par. Mt 26,41b) könnte
sich aus der auch sonst bei Lukas zu beobachtenden Tendenz erklären,
die negativen Aussagen über die eigenen Möglichkeiten der Nachfolger
zur Treue und einem gottgefälligen Leben zu tilgen[113] oder umzuarbei-
ten[114]. Dies gilt natürlich besonders für die Apostel: "der Apostel
Geist ist nicht schwach"[115]. Möglicherweise aber ist jener Spruch auch
weggefallen, "weil er sich dem christlichen πνεῦμα-Begriff nicht glatt
einfügt"[116].

(h) καὶ αὐτὸς ἀπεσπάσθη ἀπ'αὐτῶν ὡσεὶ λίθου βολήν (Lk 22,41a) - καὶ
προελθὼν μικρόν (Mk 14,35a)

Das betont an den Anfang gestellte καὶ αὐτός ist für Lukas - und
fast nur für ihn - typisch (Mt:0; Mk:3; Lk:34). Es wird von ihm auch
6mal in den Markus-Stoff eingefügt und dürfte redaktionell sein[117].
ἀποσπάω kommt im NT 4mal vor, 3mal bei Lukas[118]; das Passivum mit der
Praeposition ἀπό nur noch Act 21,1. Auch ὡσεί ist lukanisches Vorzugs-

---

111 So F.HAUCK: Lukas 269.
112 Vgl. D.M.STANLEY: Gethsemane 212.
113 So läßt Lukas Mk 13,20 par. Mt 24,22 aus und tilgt den Satansvorwurf gegen Petrus
    Mk 8,33 par. Mt 16,23, dessen Entgegensetzung von τὰ τοῦ θεοῦ und τὰ τῶν ἀνθρώπων
    eine ausgesprochen negative Anthropologie verrät.
114 So wird bei dem Lehrgespräch, das dem 'reichen Jüngling' (Mk 10,23-31 parr.)
    folgt, die Frage, wer denn überhaupt gerettet werden könne, nicht von den Jüngern
    gestellt (wie in Mk 10,26 par. Mt 19,25), sondern von den Zuhörern (Lk 18,26),
    von denen sich dann die Jünger als die rechten Nachfolger pointiert abheben (Lk
    18,28-30).
115 H.CONZELMANN: Mitte 67.
116 So K.G.KUHN: Gethsemane 284.
117 Vgl. J.JEREMIAS: Sprache 37.294.
118 Lk 22,41; Act. 20,30; 21,1.

wort (Lk: 9; Act: 6; Mt: 3; Mk: 1; übriges NT: 2), vor allem in der
auch hier vorliegenden Bedeutung 'ungefähr' (Mt: 1; Mk: O; Lk: 7; Act:
4; übriges NT: O). Im Evangelium hat es Lukas 6mal in eine Markusvorla-
ge eingefügt[119], einmal findet es sich in einem wohl von ihm gebildeten
Einleitungssatz (Lk 3,23). Damit dürfte die lukanische Herkunft des
gesamten Verses Lk 22,41a feststehen. Lediglich die Angabe der Distanz
konnte als neutestamentliches Hapaxlegomenon nicht aus dem sonstigen
lukanischen Sprachstil hergeleitet werden[120].

(i) καὶ θεὶς τὰ γόνατα προσηύχετο (Lk 22,41b) - ἔπιπτεν ἐπὶ τῆς γῆς καὶ
προσηύχετο (Mk 14,35)

"τιθέναι τὰ γόνατα ... ist eine fest eingebürgerte, jedoch nicht klas-
sische Wendung, die sich im NT außer Mk 15,19 nur im lk Doppelwerk
findet (Lk 22,41; Apg 7,60; 9,40; 20,36; 21,5), gern mit προσεύχομαι
verbunden (Lk 22,41; Apg 9,40; 20,36; 21,5)"[121]. Die ganze Wendung,
soweit sie von Markus abweicht, dürfte also von Lukas gebildet sein.

(j) εἰ βούλει (Lk 22,42) - εἰ δυνατόν ἐστιν (Mk 14,35 par. Mt 26,39)
Βούλομαι ist ein von Lukas gern verwendetes Wort[122]. Im NT bezeichnet
es vorwiegend (im Gegensatz zu θέλειν) den bewußten, der Überlegung
entsprungenen Willen[123]. Im Blick auf Gottes Wollen (das mit θέλειν
wie auch mit βούλομαι ausgedrückt werden kann) steht bei βούλομαι stärker die Assoziation des ewigen Ratschlusses im Hintergrund[124]. So verstanden, entspräche auch das εἰ βούλει hier der Theologie des Lukas,
der als einziger der Synoptiker im Zusammenhang der Passion explizit
von Gottes Plan spricht[125].

(k) Die Veränderung des τὸ ποτήριον τοῦτο (Mk 14,36 par. Mt 26,39) in
τοῦτο τὸ ποτήριον (Lk 22,42) klingt an Lk 22,20, die Sondertradition
des 'langen Abendmahlberichtes' an[126].

---

119 Lk 9,14 (bis) diff Mk 6,39.44; Lk 9,28 diff Mk 9,2; unsere Stelle Lk 22,41a diff
    Mk 14,35a; Lk 22,59 diff Mk 14,70; Lk 23,44 diff Mk 15,33.
120 Eine Vermutung soll aber auch hier gewagt werden. Der Schluß der Stephanuserzäh-
    lung Act 7,54ff weist deutliche Berührungen mit der lukanischen Passionsgeschichte
    auf: vgl. Act 7,56 mit Lk 22,69 und Act 7,59b mit Lk 23,46, weiter Einzelworte wie
    φωνῇ μεγάλῃ Act 7,60 par. Lk 23,46 oder das θεὶς ... τὰ γόνατα Act 7,60 par.
    Lk 22,41b. Vielleicht hat daher auch das zweifache ἐλιθοβόλουν Act 7,58f hier
    jene fast gleichklingende Formulierung λίθου βολήν verursacht - vorausgesetzt,
    daß Lukas bei der Abfassung des Evangeliums die Stephanusgeschichte bereits im
    Kopf hatte.
121 J.JEREMIAS: Sprache 294.
122 Lk: 2; Act: 14; Mk: 1; Mt: 2; ebenso βουλή Lk: 2; Act: 7; Mk und Mt: O.
123 Vgl. G.SCHRENK: Art. βούλομαι ThWNT I 633f; J.W.HOLLERAN: Gethsemane 88f.
124 Vgl. auch A.v.d.WEYDEN: Doodsangst 23: "... wat God in zijn onveranderlijke
    raadsbesluiten heeft vastgesteld."
125 V.a. Act 2,23; vgl. auch J.W.HOLLERAN: Gethsemane 89. Der hier von HOLLERAN so
    unterstrichene Gegensatz zwischen βουλή ("the resolute, predetermined and immu-
    table counsel of God") und θέλημα ("the natural inclination of the human will
    of Jesus") scheint mir in den Text hineingetragen, der ja nicht θέλημα und βουλή
    entgegensetzt, sondern θέλημά μου und τὸ σόν (sc. θέλημα).
126 Vgl. H.SCHÜRMANN: Lk 22; nach SCHÜRMANN läßt sich die Veränderung nicht aufgrund
    von stilistischen oder literarischen Merkmalen erklären, sondern nur als Erinne-

(1) Redaktionell dürfte auch die zweifache Verwendung des Partizips von ἀνίστημι (V.45.46) sein, die sich bei Matthäus 2mal, bei Markus 6mal, im Doppelwerk 36mal (dabei 4mal in Markus eingefügt) findet. Das Partizip mit nachfolgendem Infinitiv findet sich sogar nur bei Lukas, 2mal im Evangelium und 6mal in der Apostelgeschichte[127].

(m) τί καθεύδετε (Lk 22,46)

Das Fehlen eines direkten Vorwurfes an Petrus erklärt sich aus dem Bestreben des Lukas, Petrus zu entlasten[128]; vielleicht soll der allgemein gehaltene Vorwurf auch die allgemeine Ermahnung einleiten. Zudem vermeidet Lukas gerne die Doppelfragen des Markus[129]. Die Erklärung, die Jünger hätten ἀπὸ τῆς λύπης (Lk 22,45) geschlafen, dürfte ebenfalls zu deren Entlastung gegeben sein[130], vielleicht soll damit aber auch ihre Haltung als verzagte Resignation bezeichnet werden, der dann Jesus durch Wort und Verhalten das Gebet als Lebenshaltung entgegensetzt[131]. Dazu würde es passen, daß es bei Lukas nicht mehr Jesus ist, der 'betrübt' ist, sondern die Jünger!

(n) Die Reduzierung der drei Gebetsgänge auf einen schont die Jünger. Zugleich wird dadurch die Anstößigkeit des dreimaligen Gebetes vermieden, dessen Nicht-Erhörung bei Markus und Matthäus viel stärker in den Vordergrund tritt.

(o) Die 'Entlassung' der Jünger, die die Endgültigkeit ihres Versagens feststellt (Mk 14,41 par. Mt 26,45), ließe sich kaum mit der lukanischen Darstellung der Apostel vereinen. So schließt auch die lukanische Gethsemaneperikope mit dem relativ milden Vorwurf 'τί καθεύδετε;' und der erneuten Aufforderung an die Jünger, zu beten, um nicht in den πειρασμός zu geraten. Die Möglichkeit der Bewährung bleibt so bestehen, und entsprechend hat Lukas jeden Hinweis auf eine Jüngerflucht gestrichen (s.o. S.18); im Gegensatz zu Markus und Matthäus läßt er die Jünger sogar bei der Kreuzigung 'dabeistehen' (23,49). Damit werden nicht nur die Apostel entlastet; auch die Ermahnung von Gethsemane bleibt ungebrochen in Geltung.

(p) Auf einen solchen Schluß passen nicht die auf Jesu Geschick bezogenen Abschlußworte (Mk 14,41f par. Mt 26,45f). Daß Lukas sie gekannt hat,

---

        rung an die Abendmahlsszene. Für ein solches 'Nachwirken' einer bestimmten Formulierung bei Lukas bringt SCHÜRMANN einige Belege bei.
127 Vgl. J.JEREMIAS: Sprache 55f.
128 Vgl. R.FELDMEIER: Petrus 270.
129 J.JEREMIAS: Sprache 101: "Im Rahmen des Markusstoffes übernimmt Lukas 6mal eine Doppelfrage (Lk 5,21.22f: 6,3f.9; 20,2; 21,7), und 8mal vermeidet er sie (Lk 8,11.16.25; 9,25.41; 20,22; 22,46.71). Nie jedoch bildet er von sich aus eine Doppelfrage."
130 Vgl. Lk 24,41, wo es bei der Erscheinung des Auferstandenen heißt, die Jünger seien ἀπὸ τῆς χαρᾶς ungläubig gewesen.
131 Vgl. T.LESCOW: Gethsemane 222: "Dies besagt die Wendung ἀναστάντες προσεύχεσθε, die die Jünger ja gar nicht in concreto für diesen Augenblick zum Gebet auffordert - zum Gebet beugt man vielmehr die Knie, vgl. die Wendung V.41."

zeigen Anklänge in den folgenden Versen, so die Wendung ἤγγισεν τῷ
'Ιησοῦ Lk 22,47[132], das 'Menschensohnwort' Lk 22,48[133] sowie das Wort
von der Stunde der Finsternis Lk 22,53b[134]. Die Streichung des Wortes
folgt konsequent aus der Gesamtbearbeitung des Markus durch Lukas.

Diese Analyse der lukanischen Version der Gethsemaneperikope wird
bestätigt durch eine bisher noch nicht erwähnte Auffälligkeit: Die
schon bei Markus vorhandene auffällige Entsprechung einiger Züge der
Gethsemaneerzählung zur Verklärungsszene[135], die kaum zufällig sein
dürfte[136], ist bei Lukas noch verstärkt.

- Beide Szenen spielen sich auf einem Berg ab (εἰς τὸ ὄρος 9,28/22,39).
- Auch bei der Verklärung geht Jesus auf den Berg, *um zu beten* (προσεύ-
ξασθαι 9,28 diff. Mk); die Verklärung ereignet sich dann auch ἐν τῷ
προσεύχεσθαι (9,29 diff. Mk). Das Gebetsmotiv scheint also von Gethsemane in die Verklärungsgeschichte eingeflossen zu sein.
- Gegen Markus berichtet Lk 9,32 bei der Verklärung vom Schlaf der
Jünger, und zwar unter Verwendung des seltenen Verbs βαρέομαι (Mk 14,
40 καταβαρέομαι, - was Lukas in seiner Gethsemaneerzählung ausgelassen
hat). Dieser Zug scheint also von Lukas aus der Gethsemaneerzählung
in die Verklärungsgeschichte übertragen worden zu sein.
- Bei Lukas reden Elia und Mose mit Jesus über seinen bevorstehenden
Tod (Lk 9,31). Auch dadurch wird die Verklärung noch enger mit der
Leidensgeschichte verbunden.

Dieser Prozess der gegenseitigen Angleichung von Gethsemane- und
Verklärungserzählung vollendet sich bei Johannes, wo beide Szenen zu
einer geworden sind[137]. Vielleicht erklärt sich auch so die vermutliche
Einfügung eines Himmelsboten Lk 22,43, zumal das Motiv des den Gottes-
mann in seiner Anfechtung für den weiteren Weg stärkenden Engels aus
der Eliaerzählung I Reg 19 stammen dürfte[138].

---

132 Vgl. J.W.HOLLERAN: Gethsemane 103 Anm. 118.
133 H.E.TÖDT: Menschensohn 140f.
134 Vgl. L.BRUN: Engel 275 ; vgl. weiter Lk 24,7!
135 Es sind dies v.a. die Aussonderung der drei Jünger Mk 9,2 par. 14,33 (παραλαμβά-
    νει ...) sowie die auffallend ähnliche Beschreibung des Jüngerunverständnisses
    9,6a par. 14,40fin.
136 Beide Erzählungen sind wohl schon von Markus aufeinander bezogen und entsprechend
    einander angeglichen worden. Inwieweit dies für die Aussonderung der Drei gilt,
    kann nicht entschieden werden. Vermutlich geht aber die fast gleichlautende Be-
    schreibung des Jüngerunverständnisses auf diese Angleichung zurück. Eventuell
    soll auch die ungewöhnliche Zeitangabe Mk 9,2 die Parallele zu Gethsemane unter-
    streichen: wie die Verklärung 6 Tage nach dem Petrusbekenntnis stattfindet, so
    Gethsemane 6 Tage nach dem Einzug in Jerusalem (vgl. A.KENNY: Transfiguration
    444f).
137 Vgl. W.BAUER: Johannesevangelium 162; R.BULTMANN: Johannes 327 Anm. 7.
138 Vgl. auch die Wiederaufnahme des Motivs unter klarer Bezugnahme auf Elia in der
    Apk Abr 12,1-3.

Nicht behandelt wurden hier die Hypothesen von K.G.Kuhn[139], P.Benoit[140] und T. Lescow[141], soweit sie von einer Parallelität des Lukas zu den Quellen der markinischen Gethsemanegeschichte ausgehen, da die dort vorausgesetzte literarische Scheidung des Markustextes in zwei Quellen nicht zu überzeugen vermag (s.u. Kap II).

1.2.6 Ergebnis des synoptischen Vergleichs/Zusammenfassung der Tendenzen der Überlieferungsgeschichte.

Die Untersuchung war beschränkt auf die Frage, inwieweit durch die synoptische Gethsemaneüberlieferung die 'Zweiquellentheorie' und damit an unserer Stelle die Markuspriorität in Frage gestellt wird.

Dieser Beschränkung und den damit gemachten Voraussetzungen entsprechend kann das Ergebnis für die gesamte Quellenfrage nur von relativem Wert sein. Dennoch ist festzuhalten, daß bei unserem Textvergleich - entgegen dem ersten Augenschein und den häufig und nur zu gerne[142] daraus gezogenen Konsequenzen - *die Annahme von Sonderquellen ebenso wenig nötig erscheint wie eine Bestreitung der Markuspriorität* zugunsten eines synoptischen Seitenreferenten. Die Texte beider synoptischer Seitenreferenten einschließlich der 'minor agreements' lassen sich befriedigend als redaktionelle Überarbeitung von Mk 14,32-42 erklären, wobei eine stärkere Beeinflussung durch die urchristliche Gebetstradition, v.a. durch das Herrengebet (in der Mt-fassung) erkennbar ist.

Das bestätigen auch die überlieferungsgeschichtlichen Beobachtungen: Bei Matthäus wie bei Lukas (und erst recht bei Johannes) wird die Härte und Anstößigkeit der Markus-Perikope mit dem schweigenden Gott und dem unerhörten Gebet Jesu zumindest abgemildert und stattdessen Jesu Gehorsam und sein Vorbild hervorgehoben. Diese Tendenz, die sich bei der ganzen Überlieferung der Passionsgeschichte beobachten läßt und sich in der frühchristlichen Literatur - in Kommentaren wie in apokryphen Schriften - fortsetzt, spricht deutlich für Markus als das älteste Evangelium.

Im folgenden wird daher von Markus 14,32-42 als der ältesten, der Darstellung von Matthäus und Lukas zugrundeliegenden Erzählung ausgegangen.

---

139 K.G.KUHN: Jesus 269ff.
140 P.BENOIT: Passion 24-30.
141 T.LESCOW: Gethsemane.
142 Abzulehnen ist ein apologetischer Eklektizismus, wie er etwa bei A.FEUILLET, Agonie 67ff, vorliegt.

§ 2: DIE ANSPIELUNGEN AUF 'GETHSEMANE' IM JOHANNESEVANGELIUM

2.1 Die Parallelen zu den Synoptikern (Überblick)

Das Johannesevangelium berichtet wohl von einem ausführlichen Gebet
Jesu vor seiner Verhaftung (Kap. 17), nicht aber von einem Gebets*kampf*,
wie er sich bei den Synoptikern findet. Dennoch finden sich im Johannesevangelium zahlreiche Anspielungen, die vermuten lassen, daß der Verfasser des Evangeliums eine entsprechende Tradition gekannt hat.

(a) Analog der Klage περίλυπός ἐστιν ἡ ψυχή μου ἕως θανάτου (Mk 14,34
par. Mt 26,38) findet sich auch bei Johannes ein Wort, in dem Jesus
von der 'Erschütterung' seiner Seele spricht: νῦν ἡ ψυχή μου τετάρακται
(12,27)[1].

(b) Der Erschütterung folgt - wie bei Markus - die direkt formulierte
Bitte an den 'Vater' um die Errettung aus der 'Stunde': πάτερ, σῶσόν με
ἐκ τῆς <u>ὥρας ταύτης</u>.

(c) Die - nur in Frageform vorgebrachte - Bitte wird freilich sofort
widerrufen: Jesus bejaht die 'Stunde' (12,27c) und bittet um die Verherrlichung von Gottes Namen (12,28a). Dies entspricht der auch von
den Synoptikern überlieferten Ergebung in den Willen des Vaters, ist
jedoch nicht nur in der Begrifflichkeit (ἔρχεσθαι εἰς, δοξάζειν), sondern v.a. in der Christologie johnneisch umgeformt. Eins mit dem Vater
(vgl. 10,30; 17,11) ist es hier der Sohn selbst, der seine der 'Erschütterung' entsprungene Bitte verwirft und Gott um die Verherrlichung
seines Namens, und d.h. um die Passion bittet.

(d) Im Zusammenhang des ganzen Abschnittes ist auch der Auftakt jener
Rede Jesu an die Griechen bemerkenswert: ἐλήλυθεν ἡ ὥρα ἵνα δοξασθῇ
ὁ υἱὸς τοῦ ἀνθρώπου (12,23). Johannes spricht zwar häufiger vom Kommen
bzw. (Noch-Nicht-) Gekommensein der 'Stunde'[2]; zu fragen ist aber, ob
nicht die bei Johannes einzigartige Verbindung dieser Wendung mit einem
Wort, das im passivum divinum vom Geschick des Menschensohnes spricht,
die johanneische Fassung jenes Abschlußwortes Jesu Mk 14,41 ist: ἦλθεν
ἡ ὥρα, ἰδοὺ παραδίδοται ὁ υἱὸς τοῦ ἀνθρώπου εἰς τὰς χεῖρας τῶν ἀμαρτω-
λῶν[3].

---

1 Ein Nachklang dieser Erschütterung findet sich noch bei der Verratsansage Joh 13,21:
  Ἰησοῦς ἐταράχθη τῷ πνεύματι.
2 Vgl. Joh 2,4; 4,23; 5,25.28; 7,30; 8,20; 12,23 u.ö.
3 Dafür spricht auch, daß 12,27f in diesem Zusammenhang wieder vom δοξάζειν spricht;
  vgl. auch die Wiederaufnahme des Gedankens in 13,1: ... εἰδὼς ὁ Ἰησοῦς ὅτι <u>ἦλθεν</u>

(e) Joh 14,30 spricht Jesus davon, daß 'der Herrscher dieser Welt kommt' (ἔρχεται γὰρ ὁ τοῦ κόσμου ἄρχων). Über Jesus hat er zwar keine Gewalt, wie sofort hinzugefügt wird (14,30b). Das Kommen des Satans muß vielmehr Vater und Sohn dienen: "... damit die Welt erkennt, daß ich den Vater liebe und so handle wie der Vater mir aufgetragen hat" (14,31). Unvermittelt folgt dann die Aufforderung ἐγείρεσθε, ἄγωμεν, die wörtlich mit dem Schluß der Gethsemaneperikope Mk 14,42 übereinstimmt.

Bemerkenswert im Blick auf Gethsemane ist aber nicht nur jene wörtliche Übereinstimmung. Vom ἄρχων τοῦ κόσμου war das erste Mal beim Abschluß der 'johanneischen Gethsemaneszene' 12,31 die Rede: νῦν κρίσις ἐστὶν τοῦ κόσμου τούτου, νῦν ὁ ἄρχων τοῦ κόσμου τούτου ἐκβληθήσεται ἔξω. Die ὥρα des Menschensohnes ist also auch die Stunde der endgültigen Auseinandersetzung mit dem Herrscher dieser Welt, der in Judas gefahren ist und durch ihn handelt (13,2.27). Wenn es also nun hier heißt, daß der Herrscher dieser Welt kommt, so dürfte dies "die joh Umformung der alten Tradition ... Mk 14,41f: ἦλθεν ἡ ὥρα ... ἰδοὺ ὁ παραδιδούς με ἤγγικεν" sein[4].

Nimmt man mit einem Großteil der Exegeten an, daß in einer Vorstufe der Redaktion des vorliegenden Evangeliums auf Joh 14,31 die Passionsgeschichte 18,1ff folgte (und das hieße ja, daß jenes Abschlußwort 14,31 wie bei der synoptischen Gethsemaneerzählung unmittelbar der Verhaftung voranging), so wird man aufgrund der bereits festgestellten Entsprechungen von Joh 14,30f zu Mk 14,41f erwägen müssen, ob nicht dieses ganze Wort nochmals eine implizite Korrektur der von Johannes ausgelassenen Gethsemaneperikope darstellt: Hatte Joh 12,27f die unbedingte Bejahung des väterlichen Willens durch den Sohn gezeigt, so wird nun gesagt, daß das Kommen des Fürsten dieser Welt (in der Gestalt des Judas, in den der Teufel gefahren war vgl. Joh 13,2.27) Jesus nichts anhaben kann, sondern ihm im Gegenteil zur Offenbarung seines Gehorsams und damit seiner Liebe zum Vater vor der Welt dienen muß[6]. Das entspräche der schon im Begriff ὑψωθῆναι sich zeigenden Dialektik der johanneischen Passionsgeschichte, derzufolge das vom Bösen bestimmte Handeln des Menschen letztlich doch Gottes Vorhaben fördern muß[7].

(f) Übereinstimmend mit den Synoptikern berichtet Johannes davon, daß Jesus mit den Jüngern die Stadt verläßt, um zu einem 'Garten' (κῆπος) zu gehen, der 'jenseits des Kidronbaches' liegt (18,1), dessen Schlucht Jerusalem vom Ölberg trennt. Diese eigenständige Ortsangabe verträgt sich inhaltlich gut mit dem χωρίον (Mk 14,32 par. Mt 26,36) am bzw. auf

---

αὐτοῦ ἡ ὥρα ... Die Fortsetzung von 12,23, das Bild vom Getreidekorn 12,24 zeigt, daß jenes δοξασθῆναι Jesu Tod mit einschließt; siehe weiter A.COLPE: Art. ὁ υἱὸς τοῦ ἀνθρώπου ThWNT VIII 472.

4 R.BULTMANN: Johannes 488 Anm 1.

5 Da die Reden Kap. 15-17 eindeutig johanneisches Gepräge haben, können sie nicht von einem anderen Verfasser oder aus einer anderen Quelle stammen. Die einleuchtendsten Erklärungen sind die Annahme einer Blattvertauschung (vgl. R.BULTMANN: Johannes 349f; P.VIELHAUER: Geschichte 421) oder eines Nachtrages nach dem Tod des über seinem Werk verstorbenen Evangelisten aus dessen Material (vgl. R.SCHNACKENBURG: Johannesevangelium I 32ff (v.a. 41ff); III 102.190.

6 Vgl. auch die Aussage Joh 13,3 am Mahlbeginn (im Anschluß an das Eingehen des Satans in Judas): Jesus wußte, "ὅτι πάντα ἔδωκεν αὐτῷ ὁ πατὴρ εἰς τὰς χεῖρας". Sie liest sich wie eine bewußte Umkehrung der Leidensweissagungen von Mk 9,31 und 14,41: παραδίδοται ὁ υἱὸς τοῦ ἀνθρώπου εἰς τὰς χεῖρας τῶν ἀνθρώπων/ἁμαρτωλῶν.

7 Vgl. 11,49f/18,14; den Zusammenhang von 13,27f und 13,31f; 19,19-22.

dem Ölberg (Mk 14,26 par. Mt 26,30). Weshalb Jesu dort hinausgeht, berichtet Johannes nicht, - so ist auch dieser Zug wohl als ein Rudiment
der bei Johannes weggefallenen Gethsemaneszene zu verstehen.

(g) Die Bemerkung Joh 18,2, daß Judas den Ort kannte, weil Jesus sich
dort des öfteren aufhielt, stellt eine bemerkenswerte sachliche Parallele zu dem κατὰ τὸ ἔθος von Lk 22,39 dar.

(h) Endlich dürfte wohl auch die sonst im Evangelium nie verwendete
Kelchmetapher Joh 18,11 auf Jesu Gebet zurückgehen. Zwar erinnert die
Wendung 'den Kelch trinken' zunächst an Mk 10,38 par. Mt 20,22, die
Stellung im Zusammenhang mit der Verhaftung deutet aber doch auf Mk
14,36 par. hin, zumal hier wieder - wie in Joh 12,27f - durch eine Frage
(τὸ ποτήριον ὃ δέδωκέν μοι ὁ πατὴρ οὐ μὴ πίω αὐτό;) die Bitte Jesu,
wie sie sich bei den Synoptikern findet, implizit korrigiert wird. Dies
ist auch die einzige Stelle, die eine besondere Nähe zu Mt 26,42 hat,
wo Jesus ebenfalls (beim zweiten, von Matthäus gebildeten) Gebet seine
Bereitschaft ausdrückt, den Kelch zu trinken[8].

Sind die literarkritischen Voraussetzungen (s.o. S.40) richtig, so
befinden sich zumindest die letztgenannten Stellen 14,30f; 18,1f.11
in etwa an der gleichen Stelle wie die Ölbergszene der Synoptiker.
Lediglich die Erschütterung Jesu ist etwas[9] vorgezogen, da für sie
nach der feierlichen Abschiedsrede Joh 13f mit ihrem Zuspruch (Μὴ
ταρασσέσθω ὑμῶν ἡ καρδία· πιστεύετε εἰς τὸν Θεὸν καὶ εἰς ἐμὲ πιστεύετε. -
14,1) wohl nicht mehr der richtige Ort gewesen wäre. Im Zusammenhang
der Komposition ist auch auffällig, daß das vermutlich von dem die endgültige Redaktion vollziehenden 'Evangelisten' eingefügte 'hohepriesterliche Gebet' Jesu Joh 17 fast genau an derselben Stelle steht wie das
Gebet Jesu in Gethsemane bei den Synoptikern.

Johannes kannte also mit großer Wahrscheinlichkeit eine Erzählung von
Jesu Gebet, die wesentliche Elemente v.a. der markinischen Perikope
enthielt: So die Erschütterung Jesu, sein Gebet mit den Metaphern der
Stunde und des Kelches, das Wort vom Gekommensein der 'Stunde' im Zusammenhang mit einem im passivum divinum formulierten Menschensohnwort
sowie eine (durch das Kommen des Judas bedingte) gleichlautende Aufforderung, aufzustehen und zu gehen. Was fehlt ist der dreimalige Gebetsgang mit der Paränese und dem Jüngerversagen[10].

---

8 Vgl. auch die ähnlichen Formulierungen ἐὰν μὴ αὐτὸ πίω (Mk 26,42) - οὐ μὴ πίω
  αὐτό; (Joh 18,11). Eine Kenntnis des Matthäus durch Johannes läßt sich jedoch
  nicht nachweisen (vgl. W.G.KÜMMEL: Einleitung 169). Bei unserer Perikope spricht
  schon die Markus und Johannes gegen Matthäus gemeinsame Betonung der 'Stunde'
  dagegen, daß Johannes hier Matthäus als Vorlage hatte.
9 Der Abstand von einem ganzen Kapitel täuscht auch hier über den engen Zusammenhang
  hinweg: Auf die Deutung des Unglaubens des Volkes (12,37ff) sowie eine weitere
  Rede (12,44-50) folgt 13,1ff bereits das Abendmahl mit der Fußwaschung.
10 Im Blick auf Letzteres fällt auf, daß das Motiv des Unverständnisses der Jünger

2.2 Zum eigenen Vorgehen

Die Frage nach der Quelle bzw. den Quellen jener Rudimente einer
Gethsemanetradition bei Johannes ist aufs Engste verbunden mit der
Frage, ob Johannes die synoptische Tradition gekannt hat.

Von einem nicht geringen Teil der Exegeten wird dies bestritten. Die
gelegentlich sachlichen und sprachlichen Berührungen mit den Synoptikern werden von diesen aus gemeinsamen (mündlichen) Traditionen erklärt, was eine teilweise mündliche Kenntnis der synoptischen Überlieferung nicht ausschließen muß. Hauptargumente sind, daß nur auffallend wenige Texte überhaupt als Parallelen in Frage kommen, und daß
auch bei diesen die Unterschiede überwiegen. Hinzu kommt der völlig
verschiedene Aufriss der Evangelien[11]. Unabhängig davon wird weithin
angenommen, daß Johannes bei den Passions- und Ostergeschichten (Joh
18-20) eine selbständige Quelle (mit)verwendet hat[12].

Demgegenüber wird von anderen[13] auf auffällige sprachliche oder sachliche Anklänge verwiesen, die zumindest eine Kenntnis des Markus und
auch wohl des Lukas wahrscheinlich machten. In diesem Falle wäre das
Problem der Übereinstimmung (einschließlich der Sachparallele von Joh
18,2 zu Lk 22,39) erklärt. Zwingend erscheint mir die Argumentation
jedoch nicht, denn solche Einzelheiten könnten auch der gemeinsamen
Tradition entstammen, und selbst Kombinationen zweier synoptischer
Texte bei Johannes oder das Mißverständnis einer Perikope durch Johannes setzen nicht zwingend die Kenntnis der Evangelien voraus, in
denen uns diese Parallelen überliefert sind.

Die Frage, ob Johannes einen oder mehrere der Synoptiker gekannt
hat, kann hier nicht entschieden werden. Das Folgende beschränkt sich
auf die weitestmögliche Klärung der Frage, ob und mit welcher Wahrscheinlichkeit die auf eine Johannes vorliegende 'Gethsemaneerzählung'
verweisenden Fragmente die Kenntnis eines Evangeliums bzw. mehrerer
Evangelien voraussetzen.

Einer solchen Untersuchung sind von vornherein enge Grenzen gesetzt:
Zum einen, weil Johannes eben keine ausgeführte Gethsemaneszene hat
und daher der genaue Umfang des zum Vergleich herangezogenen Materials
fraglich bleibt, zum andern, weil wir bezüglich der Vorform der Evangelien über umstrittene Vermutungen nicht hinauskommen. Was also etwa mit

---

und im Besonderen auch des Petrus mehrmals in diesem Zusammenhang begegnet (vgl.
13,6ff.36; 14,5.8.22).

11 Vgl. die ausführliche Darlegung von R.SCHNACKENBURG: Johannesevangelium I 15-32;
etwas vorsichtiger P.VIELHAUER: Literatur 416-420.

12 Vgl. P.VIELHAUER: Literatur 425; R.SCHNACKENBURG: Johannesevangelium III 4f.

13 Vgl. J.SCHNEIDER: Johannes 28; W.G.KÜMMEL: Einleitung 167-170 (dort auch weitere
Literaturangaben).

Markus übereinstimmt, muß deshalb - wie oben schon gegen W.G.Kümmel
u.a. eingewendet - noch lange nicht aus dem uns vorliegenden Evangelium
stammen.

Das einzige, was in der Beschränkung auf unsere Perikope sinnvoll
unternommen werden kann, ist ein Vergleich der johanneischen 'Fragmente' mit Markus und - da sich hier besonders in den Leidens- und Ostergeschichten nähere Berührungen zeigen - auch mit Lukas. Untersucht wird,
ob Johannes gegenüber diesen beiden Evangelien Besonderheiten aufweist,
die sich nicht als seine Redaktion erklären lasssen und folglich die
Annahme einer unabhängigen Quelle wahrscheinlich machen.

2.3 Synoptischer Vergleich Johannes - Markus - Lukas

2.3.1 Synopse

Mk 14,26.32-42	Joh 12,23.27f; 14,30f; 18,1.11; (13,1)	Lk 22,39-46
26 καὶ ὑμνήσαντες ἐξῆλθον εἰς τὸ ὄρος τῶν ἐλαιῶν.	18,1 Ταῦτα εἰπὼν Ἰησοῦς ἐξῆλθεν σὺν τοῖς μαθηταῖς αὐτοῦ πέραν	39a Καὶ ἐξελθὼν ἐπορεύθη κατὰ τὸ ἔθος εἰς τὸ ὄρος τῶν ἐλαιῶν
32a καὶ ἔρχονται εἰς χωρίον οὗ τὸ ὄνομα Γεθσημανὶ	τοῦ χειμάρρου τοῦ Κεδρὼν ὅπου ἦν κῆπος, εἰς ὃν εἰσ-ῆλθεν αὐτὸς καὶ οἱ μαθηταὶ αὐτοῦ.	39b ἠκολούθησαν δὲ αὐτῷ καὶ οἱ μαθηταί. 40 γενόμενος δὲ ἐπὶ τοῦ τόπου
	18,2 Ἤδει δὲ καὶ Ἰούδας ὁ παραδιδοὺς αὐτὸν τὸν τόπον, ὅτι πολλάκις συνήχθη Ἰη-σοῦς ἐκεῖ μετὰ τῶν μαθητῶν αὐτοῦ.	[39f ..ἐπορεύθη κατὰ τὸ ἔθος.. ..ἠκολούθησαν δὲ αὐτῷ καὶ οἱ μαθηταί. γενόμενος δὲ ἐπὶ τοῦ τόπου]
32b καὶ λέγει τοῖς μαθηταῖς αὐτοῦ· καθίσατε ὧδε ἕως προσεύξωμαι.		εἶπεν αὐτοῖς· προσεύχεσθε μὴ εἰσελθεῖν εἰς πειρασμόν.
33 καὶ παραλαμβάνει τὸν Πέτρον καὶ [τὸν] Ἰάκωβον καὶ [τὸν] Ἰωάννην μετ' αὐτοῦ καὶ ἤρξατο ἐκθαμβεῖσθαι καὶ ἀδημονεῖν 34 καὶ λέγει αὐτοῖς· περίλυπός ἐστιν ἡ ψυχή μου ἕως θανάτου· μείνατε ὧδε καὶ γρηγορεῖ-τε.	12,27a Νῦν ἡ ψυχή μου τετά-ρακται καὶ τί εἴπω;	
35 καὶ προελθὼν μικρὸν		41 καὶ αὐτὸς ἀπεσπάσθη ἀπ' αὐτῶν ὡσεὶ λίθου βολὴν καὶ θεὶς τὰ γόνατα προσηύχετο
ἔπιπτεν ἐπὶ τῆς γῆς καὶ προσηύχετο ἵνα εἰ δυνατόν ἐστιν παρέλθῃ ἀπ' αὐτοῦ ἡ ὥρα, 36 καὶ ἔλεγεν αββα ὁ πατήρ, πάντα δυνατά σοι· παρένεγκε τὸ ποτήριον τοῦτο ἀπ' ἐμοῦ· ἀλλ' οὐ τί ἐγὼ θέλω, ἀλλὰ τί σύ.	12,27b πάτερ, σῶσόν με ἐκ τῆς ὥρας ταύτης; 18,11c τὸ ποτήριον ὃ δέδωκέν μοι ὁ πατὴρ οὐ μὴ πίω αὐτό; 12,27c.28a ἀλλὰ διὰ τοῦτο ἦλθον εἰς τὴν ὥραν ταύτην. πάτερ, δόξασόν σου τὸ ὄνομ-μα.	42 λέγων· πάτερ, εἰ βούλει παρένεγκε τοῦτο τὸ ποτήριον ἀπ' ἐμοῦ. πλὴν μὴ τὸ θέλημά μου ἀλλὰ τὸ σὸν γινέσθω.

37
καὶ ἔρχεται
καὶ εὑρίσκει αὐτοὺς
καθεύδοντας
καὶ λέγει τῷ Πέτρῳ· Σίμων,
καθεύδεις; οὐκ ἴσχυσας
μίαν ὥραν γρηγορῆσαι;
38 γρηγορεῖτε καὶ προσεύ-
χεσθε, ἵνα μὴ ἔλθητε εἰς
πειρασμόν.
τὸ μὲν πνεῦμα πρόθυμον, ἡ
δὲ σάρξ ἀσθενής.
39 καὶ πάλιν ἀπελθὼν
προσηύξατο τὸν αὐτὸν λόγον
εἰπών.
40 καὶ πάλιν ἐλθὼν εὗρεν
αὐτοὺς καθεύδοντας, ἦσαν
γὰρ αὐτῶν οἱ ὀφθαλμοὶ
καταβαρυνόμενοι, καὶ
οὐκ ᾔδεισαν τί ἀποκριθῶ-
σιν αὐτῷ.
41 καὶ ἔρχεται τὸ τρίτον
καὶ λέγει αὐτοῖς· καθεύδετε
τὸ λοιπὸν καὶ ἀναπαύεσθε·
ἀπέχει·
ἦλθεν ἡ ὥρα, ἰδοὺ
παραδίδοται ὁ υἱὸς τοῦ
ἀνθρώπου εἰς τὰς χεῖρας
τῶν ἁμαρτωλῶν.

45 καὶ ἀναστὰς ἀπὸ τῆς προσ-
ευχῆς ἐλθὼν πρὸς τοὺς μαθη-
τὰς εὗρεν κοιμωμένους αὐτοὺς
ἀπὸ τῆς λύπης,
46 καὶ εἶπεν αὐτοῖς·
τί καθεύδετε;

ἀναστάντες προσεύχεσθε, ἵνα
μὴ εἰσέλθητε εἰς πειρασμόν.

Legende

Mk = Joh = Lk: ⸻

Mk = Joh ≠ Lk: ─────

Joh = Lk ≠ Mk: ˈˈˈˈˈˈˈ

12,23b ἐλήλυθεν ἡ ὥρα ἵνα
δοξασθῇ ὁ υἱὸς τοῦ ἀνθρώπου.
(vgl. 13,1 ...εἰδὼς ὁ Ἰησοῦς
ὅτι ἦλθεν αὐτοῦ ἡ ὥρα ἵνα
μεταβῇ ἐκ τοῦ κόσμου τούτου
...)

42 ἐγείρεσθε, ἄγωμεν·
ἰδοὺ ὁ παραδιδούς με
ἤγγικεν.

14,30 ...ἔρχεται γὰρ ὁ τοῦ
κόσμου ἄρχων. καὶ ἐν ἐμοὶ
οὐκ ἔχει οὐδέν, 31 ἀλλ᾽ ἵνα γνῷ
ὁ κόσμος ὅτι ἀγαπῶ τὸν πατέρα,
καὶ καθὼς ἐνετείλατό μοι ὁ
πατήρ, οὕτως ποιῶ.
ἐγείρεσθε, ἄγωμεν ἐντεῦθεν.

2.3.2 Auswertung

(a) Joh = Mk = Lk

Die Zahl der wörtlichen Übereinstimmungen aller drei Evangelisten
ist mit zwei erstaunlich gering. Sie beschränkt sich auf das Hinausgehen Jesu aus Jerusalem (die Erwähnung der Jünger) und auf das Gebet
mit der Anrede 'Vater', das Personalpronomen der 1. Person Sgl. und
das Demonstrativpronomen bei den Metaphern. Irgendwelche Rückschlüsse
auf Quellen oder auf etwaige literarische Abhängigkeit läßt dieser Befund nicht zu.

(b) Joh = Lk ≠ Mk

Auch die Zahl der Übereinstimmungen von Lukas und Johannes gegen
Markus ist mit drei relativ gering[14]. Sie wird völlig unbedeutend, wenn man

---

14 Das gemeinsame Wort τόπος (Lk 22,40/Joh 18,2) wurde nicht als Übereinstimmung

sieht, daß davon 2½ Übereinstimmungen auf die gleichlautende gesonder-
te Nennung Jesu uns seiner Jünger am Beginn der Perikope zurückgehen
(Joh 18,1 par. Lk 22,39). Nun zeigt sich schon bei Markus die Tendenz,
Jesus durch gesonderte Nennung als den Protagonisten hervorzuheben,
und Lukas hat diese noch verstärkt, indem er Verben, die im Plural
eine gemeinsame Handlung Jesu und seiner Begleiter berichten, in den
Singular gesetzt und so Jesus zum allein Handelnden gemacht hat[15]. Bei
Johannes ist dieser Weg konsequent zu Ende gegangen: Vom sekundären
Nachtrag abgesehen (21,15) wird in seinem Evangelium *niemals* eine
Handlung Jesu durch den Plural eines finiten Verbs mit der Handlung
anderer Menschen zusammengeschlossen. Zumeist erwähnt auch Johannes
lediglich Jesu Handeln, verwendet also den Singular. Muß oder will er
andere beteiligte Personen - v.a. die Jünger - ebenfalls erwähnen, so
trägt er sie gesondert nach, meist durch eine Konjunktion oder Praeposition mit Jesus verbunden. Allein in den beiden zitierten Versen
Joh 18,1f findet sich diese auffällige Konstruktion dreimal[16].

Bleibt als Übereinstimmung der Vokativ πάτερ (gegen das markinische
αββα ὁ πατήρ). Eine solche geringfügige Übereinstimmung aber erlaubt
kaum den Schluß auf eine gemeinsame Quelle, zumal sich dieser Vokativ
als Gottesanrede im Munde Jesu auch sonst bei Johannes[17] und Lukas[18]
unabhängig voneinander findet.

Gegen eine gemeinsame Quelle von Johannes und Lukas gegen Markus
spricht entschieden, daß Johannes zentrale Züge mit Markus parallel
hat, die bei Lukas fehlen: So die Klage Jesu, die Stundenmetapher im
Gebet, das Menschensohnwort, das Kommen des Auslieferers und die darauf
folgende Aufforderung zum Aufstehen. Umgekehrt steht bei Lukas mit dem
Schlafen der Jünger und der doppelten Ermahnung die paränetische Dimension der Gethsemaneerzählung im Vordergrund, von der sich bei Johannes
nicht einmal eine Andeutung findet.

Die sachliche Parallele Joh 18,2 par. Lk 22,39 könnte zwar auf eine
von Markus unabhängige oder von Markus nicht verwendete Tradition zurückgehen, zwingend ist dies jedoch nicht: Es könnte sich auch um das
unabhängige Bestreben handeln, dem παραδιδόναι durch Judas ein Objekt
zuzuordnen, das dieser 'verraten' hat[19], oder zu erklären, warum Judas

---

gezählt, da es in verschiedenem Zusammenhang verwendet wird (s.u.Anm. 20).
15 Vgl Lk 4,31 versus Mk 1,21; Lk 4,38 versus Mk 1,29; Lk 9,10b versus Mk 6,32;
   Lk 18,35 versus Mk 10,46; Lk 19,28 versus Mk 11,1; Lk 20,1 versus Mk 11,27.
16 Vgl. weiter Joh 2,2.12; 3,22; 6,1f.3; 11,54. Entsprechend häufiger wird bei Johannes - trotz der geringeren Zahl der Einzelperikopen - Jesu Name genannt (244mal;
   zum Vergleich: Mt: 152; Mk: 82; Lk: 88).
17 Joh 11,41; 17,1.5.
18 Lk 10,21; 11,2; 23,46; vgl. weiter die Verwendung des Vokativs im Gleichnis vom
   verlorenen Sohn (Lk 15,12.18.21), sowie im Gleichnis vom reichen Mann und vom
   armen Lazarus - hier gegenüber Abraham (Lk 16,24.27.30).
19 M.DIBELIUS, Formgeschichte (1966) 201, sieht hier das Bestreben des Lukas, die

den Aufenthalt Jesu kannte. Doch wie dem auch sei, - da sich außer dem Wort τόπος keine weitere wörtliche Übereinstimmung findet[20], ist auch hier kein Rückschluß auf eine gemeinsame Vorlage gegen Markus möglich.

Johannes und Lukas - so läßt sich als Ergebnis formulieren - stimmen je für sich weit mehr mit Markus überein als untereinander, ja, sie stimmen weitgehend *jeder mit Markus gegen den anderen* überein. Eine beiden gegen Markus gemeinsame Quelle, oder gar die Zurückführung auf einen anderen Zeugen[21] ist daher mit großer Wahrscheinlichkeit auszuschließen.

(c) Mk = Joh

Insgesamt 20 Übereinstimmungen zwischen Markus und Johannes - 17 gegen Lukas - sind relativ viel[22]. Hat also Johannes Markus gekannt oder (und?) eine andere Tradition?

Ausgeschieden werden zunächst diejenigen Parallelen, die in Sprache und Stil johanneisch geformt sind.

(aa) Dies gilt für die Parallele zur Klage Jesu. ταράσσω ist johanneisches Vorzugswort[23]. Wichtiger noch ist, daß nur Johannes damit auch Gemütsbewegungen Jesu wiedergibt, und dies gleich dreimal (11,33; 12,27; 13,21)[24]. Ebenso ist νῦν ein Vorzugswort des Johannes[25], wobei die Verwendung des Wortes am Satzbeginn für Johannes besonders bezeichnend ist[26].

Die Formulierung der Klage ist also, soweit sie von Mk 14,34 abweicht, typisch johanneisch.

(bb) Was das folgende Gebet Joh 12,27b.c.28a betrifft, so erklärt die Bevorzugung der Stundenmetapher sich aus der zentralen christologischen Bedeutung der ὥρα Jesu im ganzen Johannesevangelium. σώζειν hingegen ist bei Johannes zwar relativ selten[27]: bezogen auf Jesus findet es

---

Erzählung historisch plausibel zu gestalten: "die Verhaftung sollte 'fern von der Volksmenge' stattfinden (22,6); darum bedurfte man eines Verräters, der den gewohnten abendlichen Aufenthalt Jesu kannte (21,37; 22,39)."

20 Das neutrale τόπος wird zudem in verschiedenen Zusammenhängen verwendet: Bei Johannes ist es das Objekt des Verrates, bei Lukas einfache Ortsbezeichnung.

21 Vgl. A.FEUILLET: Agonie 73ff.

22 Eine Prozentangabe hat keinen Sinn, da es sich bei Johannes um Fragmente handelt, bei denen die Abgrenzung nicht klar ist. (Was sollte z.B. bei Joh 14,30f als Parallele gelten - die ganze Sequenz oder nur ihr unvermittelter Abbruch, welcher die einzige wörtliche Übereinstimmung darstellt?).

23 Joh: 7mal - Mt: 2mal; Mk: 1mal; Lk: 2mal.

24 Diese Vorliebe für ταράσσειν dürfte auch der Grund dafür sein, daß Johannes hier in einer für ihn typischen Form (vgl. Joh 6,31.45; 12,40; 13,18; 15,21) seine 'Gethsemaneszene' in einer adaptierten Kombination der Verse Ps 6,4f LXX (vgl. Ps 30,10.16f LXX) wiedergibt.

25 Joh: 29mal - Mt: 4mal; Mk: 3mal; Lk: 14mal.

26 Joh: 14mal - Mt: O; Mk: O; Lk: 4mal. Hinzu kommen noch Satzanfänge wie καὶ νῦν (Joh 14,29; 17,5; vgl. 11,22; 16,22), πῶς (δὲ) νῦν (Joh 6,42; 9,21), ἴδε νῦν (16,29) oder νῦν nach der Anrede (Joh 11,8).

27 Mt: 16mal; Mk 14mal; Lk: 17mal; Joh: 6mal.

sich jedoch auch bei den Synoptikern nur bei der Verspottung des Gekreuzigten[28] und seine Verwendung hier erklärt sich wohl durch die Psalmenvorlage (vgl. Anm. 24). Δοξάζειν ist nicht nur ein eindeutiges johanneisches Vorzugswort[29], ebenso bedeutsam ist, daß Johannes dieses Wort
im Unterschied zu den Synoptikern - häufig im Zusammenhang mit der Passion als der Vollendung des Weges Jesu auf Erden verwendet (vgl. 17,4f),
durch den der Sohn den Vater verherrlicht und vom Vater verherrlicht
wird[30]. Daß als Objekt der Heiligung hier der 'Name' Gottes genannt
wird, könnte wiederum mit dem auch sonst zu beobachtenden Einfluß des
Herrengebetes auf diese einzigartige Gebetserzählung zusammenhängen,
diesmal mit der im Sinne der johanneischen Christologie umgeformten
'ersten Bitte'.

(cc) Die Umformung des Kelchwortes in 18,11 entspricht der Verwerfung
der Bitte durch den Sohn 12,27f und darüber hinaus der Gesamtdarstellung der Johannespassion (vgl. v.a. 18,4-8).

(dd) Johanneisch ist auch jenes Wort, wonach die Stunde der Verherrlichung des Menschensohnes gekommen ist (Joh 12,23): Auch hier findet
sich wieder das typisch johanneische δοξάζειν bzw. δοξάζεσθαι[31].

(ee) Ausführlich wurde schon oben bei Joh 14,30f darauf hingewiesen,
daß es sich hier wohl um eine johanneische Umarbeitung des Wortes von
Mk 14,42 par. handelt. Typisch johanneisch ist ὁ τοῦ κόσμου ἄρχων[32].
Nur im Johannesevangelium bezeichnet Jesus mit dem Wort ἀγαπᾶν das Verhältnis von Vater und Sohn[33]. Auch κόσμος ist ein Zentralbegriff des
vierten Evangelisten, wobei für Johannes bezeichnend ist, daß dieser

---

28 Mk 15,30f par. Mt 27,40ff par. Lk 23,35ff.
29 Joh: 23mal; Mt: 4mal; Mk: 1mal; Lk: 9mal.
30 So können 'Passion' und 'Verherrlichung' schon identifiziert werden (vgl. Joh 12,
   16). Das unterstreicht die enge Verwandschaft zu Jesu Gebet bei den Synoptikern:
   "Das Wort der Ergebung in den Willen des Vaters ist nur joh. umgeformt (vgl. 17,5.
   26)." (R.SCHNACKENBURG: Johannesevangelium II 484ff). Das bestätigt auch die Antwort Gottes, die dem Wort des johanneischen Jesus entspricht, "aber auch der joh.
   Verherrlichungs-Theologie, bei der das Verherrlichen des Vaters durch den Sohn
   und das Verherrlichen des Sohnes durch den Vater ein innerer, unauflöslicher
   Zusammenhang sind (vgl. 13,31f)." (ebd. 486) Durch den Erweis des weithin redaktionellen Charakters der Szene ist wohl auch die Ansicht von J.JEREMIAS, Gebetsleben
   136, widerlegt, daß Joh 12,27-30 nichts mit Gethsemane zu tun hätte, "da "die beiden Ereignisse ... viel zu verschieden" seien. Die 'Verschiedenheit' rührt aus
   den Eigenheiten des Johannes sowie aus der Tatsache, daß hier Verklärung und
   'Gethsemane' zusammengearbeitet sind.
31 Auch 13,1 mit seiner Entgegensetzung von κόσμος τούτος und πατήρ bzw. überhaupt
   der Welt Gottes ist typisch johanneisch. Die hier einander entgegengesetzen Begriffe sind zudem Vorzugsworte des vierten Evangelisten: Κόσμος kommt bei Johannes 78mal vor (Mt: 9mal; Mk: 3mal; Lk: 3mal), πατήρ als Gottesbezeichnung durch
   Jesus 109mal (Mt: 42mal; Mk: 4mal; Lk: 15mal) vgl. J.JEREMIAS: Abba 33.
32 Vgl. Joh 12,31; 16,11 sowie die schon an Dualismus grenzenden Aussagen des Johannes über den κόσμος.
33 Vom Sohn, der den Vater liebt: 14,31; vom Vater, der den Sohn liebt: 3,35; 10,17;
   15,9; 17,23f.26. Ἀγαπᾶν ist überhaupt ein johanneisches Vorzugswort (37mal - Mt:
   8mal; Mk: 5mal; Lk: 13mal).

geradezu als Kollektivperson verstanden ist, wie auch die Aussagen
zeigen, daß er nicht glaubt, daß er haßt, oder eben auch: daß er erkennen soll.

Charakteristisch für Johannes ist das absolute ὁ πατήρ für Gott im
Munde Jesu[34]. Da auch ἐντεῦθεν johanneisches Vorzugswort ist[35], ist
nur das ἐγείρεσθε, ἄγωμεν eindeutig auf Tradition zurückführbar; alles
andere hat Johannes zumindest umgeformt, sodaß eine Herausarbeitung
seiner Vorlage nicht mehr möglich ist.

Bleiben noch die Sätze Joh 18,1f, die im Verhältnis zu den Parallel-
texten durch ihre eigenständigen, konkreten Aussagen auffallen. Auch
hier finden sich Anzeichen, daß Johannes die vorliegenden Verse geformt
hat:

- ταῦτα εἰπών ist eine so nur bei Johannes vorkommende Anreihungsfor-
mel[36].

- Die gesonderte Nennung Jesu und seiner Jünger, die Jesus als den
eigentlichen und alleinigen Protagonisten von den Jüngern als bloßen
Begleitern absetzt, wurde bereits oben als ein für Johannes charakteris-
tischer Zug aufgezeigt (s.o. S.45).

- Johannes hat im Vergleich zu den anderen Evangelisten eine deutliche
Vorliebe für das Plusquamperfekt von οἶδα[37]. Typisch für ihn ist auch
die (semitisierende) Voranstellung des Verbs[38].

Daneben aber weisen die beiden Verse Eigentümlichkeiten auf, die
gegen eine vollständige Herkunft aus der Feder des Johannes sprechen:

- Am auffälligsten ist die eigenständige Ortsangabe πέραν[39] τοῦ
χειμάρρου τοῦ Κεδρών, die mit χείμαρρος und Κεδρών zwei Hapaxlegomena
enthält[40]. Dies ist um so bemerkenswerter, als Johannes von allen Evangelisten den geringsten Wortschatz besitzt und zudem sein Evangelium -
im Verhältnis zu seiner Länge - die wenigsten Hapaxlegomena aufweist[41].
Andererseits ist der Ausdruck χειμάρρους (τῶν) Κεδρών aus der LXX geläufig. Vielleicht hat II Sam 15,23 - die Flucht des Gesalbten über

---

34 S.o.Anm. 31.
35 6 von insgesamt 10 Belegen im ganzen NT.
36 9,6; 13,21; 20,14 (Ptz.fem.) vgl. 7,9: ταῦτα δὲ εἰπών und 11,43: καὶ ταῦτα εἰπών.
    Bei den Synoptikern hingegen findet sich nur einmal bei Lukas mit καὶ εἰπών
    ταῦτα (19,28) eine ähnliche Formel, jedoch mit nachgestelltem Demonstrativprono-
    men. Mit vorangestelltem Demonstrativpronomen verwendet Lukas entweder nur die
    singularische Form καὶ τοῦτο δὲ εἰπών (Lk 23,46) bzw. καὶ τοῦτο εἰπών (Lk 24,40)
    vgl. Joh 11,28; 18,38b; 20,20.22 (21,19b), oder beim Partizip das Praesens ταῦτα
    λέγων (Lk 8,8 vgl. 11,45; 13,17). Markus und Matthäus haben solche Anreihungen
    überhaupt nicht.
37 15mal (ohne die Stelle im Anhang 21,4); dagegen Mt: 3mal; Mk: 3mal; Lk: 5mal.
38 Vgl. J.H.MOULTON: Grammar IV 72.
39 Ortsangaben mit πέραν finden sich bei Johannes ungefähr ebenso häufig wie bei
    Markus und Matthäus (Joh: 8mal; Mk: 7mal; Mt: 7mal; Lk: 1mal).
40 Vgl. jedoch JOSEPHUS: Ant 8,17.
41 Absolut gesehen hat Markus etwas weniger Hapaxlegomena, aber auch einen deutlich
    umfangreicheren Wortschatz.

den Kidron, der dann im Triumph wiederkehrt - die Formulierung mit-
beeinflußt. Die Näherbestimmung des Ortes als 'Garten' könnte auf
Johannes zurückgehen, denn κῆπος scheint johanneisches Vorzugswort
zu sein (4 von insgesamt 5 ntl. Stellen). Es ist jedoch zu beachten,
daß dieses Wort nur im Zusammenhang der Verhaftung (18,1.26) und der
Bestattung (19,41bis) vorkommt, sodaß es sich evt. auch um ein Vorzugswort einer vorjohanneischen Passionstradition handeln könnte[42].
- Das mediale συνάγεσθαι/'sich versammeln' findet sich bei Johannes
nur hier, während es den Synoptikern relativ geläufig ist[43]. Ebenso
findet sich das Adverb πολλάκις bei Johannes nur an dieser Stelle (bei
Markus und Matthäus je zweimal).

2.3.3 Ergebnis

Johannes hat die Erzählung von Jesu Gebetskampf gekannt. Ob diese
Kenntnis aus den Synoptikern stammt, oder ob Johannes eine eigene
Tradition hatte, muß offen bleiben. Aufgrund der Eigenständigkeit von
Joh 18,1 ist mit der Möglichkeit einer eigenen Tradition für die Erzählung der Verhaftung Jesu und deren Voraussetzungen zu rechnen. Was
den Gebetskampf selbst betrifft, so lassen sich die übrigen (wahrschein-
lichen) Parallelen durchweg als johanneische Redaktion einer synoptischen Vorlage verstehen.

2.4 Der überlieferungsgeschichtliche Ort der johanneischen 'Geth-semaneparallele'.

Schon bei den synoptischen Seitenreferenten Matthäus und Lukas war
das Bemühen um eine Abmilderung der theologischen Härte der markinischen Gethsemaneperikope deutlich erkennbar. Johannes ist diesen Weg
konsequent zu Ende gegangen. Zwar berichtet auch er von einer Erschütterung Jesu und dem daraus entspringenden Wunsch, daß der Vater 'diese
Stunde' vorübergehen lasse. Aber diese Erinnerung an 'Gethsemane' dient
- in einer für ihn typischen Weise - ausschließlich dazu, auf dem Hintergrund der angedeuteten Niedrigkeit Jesu Souveränität und seine
völlige Einheit mit dem Vater herauszustellen.

---

42 Dafür könnte auch sprechen, daß das 18,1 mit κῆπος verbundene εἰσέρχεσθαι bei
   Johannes nur 15mal und damit vergleichsweise selten vorkommt (dagegen Mt: 36mal;
   Mk: 30mal; Lk: 50mal; Act: 34mal) und daß auch von diesen 15 Stellen 7 sich in
   der eigentlichen Passionsgeschichte finden.
43 Mt: 12mal; Mk: 5mal; Lk: 1mal; Act: 9mal.

§ 3: HEBR 5,7 - EINE GETHSEMANEPARALLELE?

Neben den Evangelien gibt es noch im Hebräerbrief eine Passage, die immer wieder als eine 'Gethsemaneparallele' beurteilt wurde.

Es heißt Hebr 5,7-10 von Christus als dem vollkommenen Hohenpriester[1]:

ὅς (sc. Christus, von dem Vv. 5f die Rede war)

ἐν ταῖς ἡμέραις τῆς σαρκὸς αὐτοῦ δεήσεις τε καὶ

ἱκετηρίας πρὸς τὸν δυνάμενον σῴζειν αὐτὸν ἐκ θανάτου

μετὰ κραυγῆς ἰσχυρᾶς καὶ δακρύων <u>προσενέγκας</u>

καὶ <u>εἰσακουσθεὶς</u> ἀπὸ τῆς εὐλαβείας

- καίπερ ὢν υἱός -

<u>ἔμαθεν</u> ἀφ' ὧν ἔπαθεν τὴν ὑπακοήν

καὶ <u>τελειωθεὶς</u>

<u>ἐγένετο</u> πᾶσιν τοῖς ὑπακούουσιν αὐτῷ αἴτιος σωτηρίας αἰωνίου,

<u>προσαγορευθεὶς</u> ὑπὸ τοῦ θεοῦ ἀρχιερεὺς κατὰ τὴν τάξιν

Μελχισέδεκ.

Da das Verständnis des sehr eigenständigen Textes bis heute in der Forschung umstritten ist, soll er zunächst im Zusammenhang des Hebräerbriefs ausgelegt werden. In einem zweiten Schritt wird dann nach seinem Verhältnis zur Evangelienüberlieferung gefragt.

3.1 Das Problem des Textes

Hebr 5,7 reflektiert die Sprache der Leidenspsalmen[2] und zwar im Besonderen, wie A.Strobel[3] wahrscheinlich gemacht hat, die Sprache von Ps 114 LXX. Die sehr eigenständige Beschreibung des Flehens Jesu in 5,7 sowie weitere Besonderheiten des Ausdrucks erklären sich aus jenem Psalm, der - zumal als Teil des Passahhallels[4] - christologisch gelesen wurde und entsprechend die Darstellung des Leidens Jesu hier weitgehend geprägt hat[5], - ein Vorgang, der ja in der Wiedergabe der Leidens-

---

1 Die Auslegung wird die folgende Wiedergabe in Sinnzeilen rechtfertigen. Zum besseren Verständnis des Textes soll sie dieser vorangestellt werden.
2 Vgl. M.DIBELIUS: Formgeschichte (1966) 213f.
3 A.STROBEL: Psalmengrundlage 252-266; vgl. v.a. die Übersicht 256.
4 Jesus hatte ja vermutlich selbst in seiner letzten Nacht das Hallel gesungen, vgl. Mk 14,26: καὶ ὑμνήσαντες.
5 Nicht zwingend ist der gern zitierte Einwand T.BOMANs, Gebetskampf 266: "gerade der Umstand, daß die verschiedenen Forscher ganz verschiedene Psalmen als Vorlagen gefunden haben, zeigt, daß es sich in Hebr v.7 nicht um eine direkte Abhängig-

geschichte bei den Synoptikern z.T. Parallelen hat. Aus der ungewöhn-
lichen Beschreibung des Leidens Jesu allein wird man demzufolge weder
auf eine eigene Gethsemanetradition noch auf uns sonst unbekannte Vorgänge im Leben Jesu schließen dürfen.

Weit schwieriger ist die inhaltliche Frage zu klären: καὶ εἰσακουσθείς ... καίπερ ὢν υἱός... . Worin wurde Jesus erhört? Die synoptische
Gethsemaneerzählung - wenn sich Hebr 5,7 darauf bezieht - scheint ja
das Gegenteil zu sagen. Noch merkwürdiger ist die Begründung: Die Aussage, Jesus sei erhört worden, obgleich er der Sohn war, scheint wider-
sinnig zu sein.

A.v.Harnack hat versucht, durch die Konjektur eines (in der Textüberlieferung nicht bezeugten) οὐκ vor εἰσακουσθείς den gordischen Kno-
ten zu durchschlagen[6]. Entsprechend übersetzt er: "Christus, der Gebet
und Flehen vor den gebracht hat, der ihn vor dem Tode bewahren konnte,
und von der Angst weg nicht erhört wurde, obschon er der Sohn war,
lernte durch sein Leiden Gehorsam".[7] Diese Lösung besticht durch ihre
Einfachheit und hat deshalb namhafte Befürworter gefunden.[8] Allein,
eine Konjektur gegen die gesamte Textüberlieferung ist immer etwas
Zweifelhaftes, das nur dann erwogen werden sollte, wenn man keine Möglichkeit sinnvoller Erklärung zu finden vermag, - und auch dann nur
in dem Bewußtsein, daß dieser Mangel auch durch den Ausleger bedingt
sein kann.[9] Im Falle von A.v.Harnacks Konjektur kommt hinzu, daß ihre
philologische Stütze, καίπερ könne keine Vordersätze einleiten, V.8a
müsse deshalb zu V.7fin gezogen werden, von J.Jeremias hinreichend durch
Belege aus der LXX widerlegt wurde.[10] In gewisser Weise gilt der gegen
A.v.Harnacks Konjektur gerichtete Einwand auch für die Versuche, das
Problem durch literarische Dekomposition zu lösen, - sei es durch Scheidung von Tradition und Redaktion[11], sei es durch Unterscheidung verschiedener Traditionen, durch deren Zusammenstellung die erwähnten
Schwierigkeiten entstanden seien[12]. Wenngleich aufgrund der unbestreit-

---

keit, sondern um eine allgemeine Ähnlichkeit mit dem Klagepsalm handelt". Daß verschiedene Forscher verschiedene Psalmen als Vorlage finden konnten, hängt damit zusammen, daß sich die Motive des Klagepsalms wiederholen. Es ist das Verdienst A.
STROBEL's, daß er jenen Hallelpsalm als die entscheidende Parallele aufgezeigt hat.
6 A.v.HARNACK: Korrekturen.
7 ebd. 71.
8 R.BULTMANN: Art. εὐλαβής ThWNT II 751; H.STRATHMANN: Hebräer z.St.; F.SCHEIDWEILER:
ΚΑΙΠΕΡ; mit Vorbehalt: H.WINDISCH: Hebräerbrief z.St.
9 Zur grundsätzlichen Problematik von Konjekturen vgl. die Feststellung von B.ALAND/
K.ALAND: Text 282: "Die Lösung von Schwierigkeiten im Text durch eine Konjektur ...
an Stellen, wo die Textüberlieferung keine Brüche aufweist, ist nicht gestattet,
sie bedeutet eine Kapitulation vor den Problemen bzw. eine Vergewaltigung des Textes."
10 J.JEREMIAS: Hebräer 5,7-10, 320 Anm. 4.
11 Vgl. G.SCHILLE: Erwägungen 103ff; G.FRIEDRICH: Lied 107-110; T.LESCOW: Gethsemane
224ff v.a. 229.
12 Vgl. E.BRANDENBURGER: Text 199ff. Ähnlich schon T.LESCOW: Gethsemane 229f, der
hinter dem von ihm rekonstruierten, z.T. 'lyrischen' Hymnus noch ein älteres, rein

baren Tatsache, daß sich in der Briefliteratur Fragmente wie Hymnen,
Herrenworte u.ä. eingearbeitet finden, ein solcher Versuch mehr Berechtigung hat als eine Konjektur, und zudem auch durch sein Ergebnis
eine gewisse Bestätigung erfährt, so muß man sich doch auch hier hüten,
nicht der Suggestion in sich schlüssiger Konstruktionen zu verfallen.
Dies gilt umso mehr, als in unserem Fall bislang noch keine Lösung allgemein überzeugen konnte. Zu bedenken ist auch, daß der Verfasser des
Hebräerbriefes durchaus zu eigenem rhythmischem Stil in der Lage ist.
"Wie weit er (sc. der Verfasser des Hebr) ... literarische Vorlagen
oder traditionelle Gedanken aufnimmt und verarbeitet, ist im einzelnen
schwer festzustellen. Er ist durch seine rhetorische Schulung selbst
zu hohem Stil und rhythmischer Gestaltung befähigt, sodaß nicht alles,
was rhytmisch klingt, auch schon Zitat sein muß. Im übrigen hat er die
'gesammelte Tradition' so souverän verarbeitet, daß eine ganz eigenständige theologische Konzeption entstanden ist, eine Konzeption, die
den Verfasser des Hebr neben Paulus und dem Johannesevangelisten als
den dritten großen Theologen des NT ausweist".[13] Diese im ganzen Brief
deutliche theologische Eigenständigkeit und stilistische Souveränität
im Umgang mit Traditionen macht es weiter unwahrscheinlich, daß der Verfasser hier durch Einfügung in vorgegebene Tradition oder durch Zusammen-
stellen verschiedener Traditionen den Text entstellt haben soll. Dies bestätigt die Feststellung, daß nicht nur die theologische Aussage (s.u. S.58f),
sondern auch die Sprache (soweit sie nicht von Ps 114 beeinflußt ist), typisch für den Hebräerbrief sind[14]. Mit Entschiedenheit ist daher zunächst
zu prüfen, ob sich der Text nicht doch in der vorliegenden Form verstehen
läßt, um dann weiter zu sehen, ob und in welchem Maße Hebr 5,7 als eine
Überlieferung des Gebetskampfes Jesu in Gethsemane zu verstehen ist.

Zuvor ist auf zwei Schwierigkeiten im Textverständnis einzugehen,
deren Lösung unmittelbar vom Verständnis des Gesamtzusammenhanges abhängig ist:

(a) Wenn es heißt, Jesus flehte 'zu dem, der ihn ἐκ θανάτου retten
konnte', so hat man dieses σῴζειν ἐκ θανάτου meist als 'vom Tode retten'

'episches', zweistrophiges Lied entdeckt hat.

13 P.VIELHAUER: Geschichte 244f; vgl. auch das Urteil von W.G.KÜMMEL: Einleitung 348.

14 So ἀρχιερεύς, ἱερεύς, (absolutes) υἱός, Μελχισέδεκ, σάρξ für Jesu Sterblichkeit
und Schwäche, προσφέρειν, τελειοῦν (im Zusammenhang mit dem Leiden Christi), σωτη-
ρία, εὐλάβεια (ebenso wie εὐλαβέομαι im NT nur im Hebräerbrief 11,7; 12,28),
αἰώνιος (um die Absolutheit des durch Christus bewirkten Heils auszudrücken vgl.
9,12.15; 13,20). Wenn G.FRIEDRICH, Lied, dies bestreitet, so übersieht er, daß die
von ihm aus Hebr 5,7 angeführten Worte der 'Psalmenvorlage' entstammen, daß das
(neutestamentliche Hepaxlegomenon) αἴτιος von V.9 eine Parallele in dem ἀρχηγός
Hebr 2,10 hat (beide werden mit [τῆς] σωτηρίας ergänzt und bezeichnen das Resultat
der Vollendung Christi durch Leiden). Bleibt noch das προσαγορεύω von V.10. Da es
sich hier um ein ntl. Hapaxlegomenon handelt, läßt sich über seine Herkunft wenig
aussagen. Bemerkenswert ist allerdings, daß - im Verhältnis zur Länge - der Hebräerbrief nach dem lukanischen Schrifttum die meisten Hapaxlegomena aufweist.

verstanden. Gerade dadurch aber entsteht - wenn man den Text nicht
willkürlich auf andere, uns unbekannte Begebenheiten im Leben Jesu beziehen will[15] - der Gegensatz zu dem εἰσακουσθείς: Jesus wurde ja nicht
vom Tode erettet. J.Jeremias hat jedoch im Anschluß an LXX Hos 13,14
gezeigt, daß man darunter auch die Rettung aus dem Tode verstehen
kann[16]. Die Bitte entspräche damit sachlich Joh 12,27f: Hier wie
dort ist der Gegenstand der Bitte nicht die Bewahrung vor dem Tode,
sondern die Erhöhung[17]. Ein solches Verständnis würde auch zu anderen Aussagen des Hebräerbriefes passen (s.u. S. 60f).

(b) Ebenso wird nicht selten das ἀπὸ τῆς εὐλαβείας mit 'weg von seiner
Angst' übersetzt[18]. Diese Übersetzung ist grammatikalisch sehr umstritten[19]. Häufiger findet man die Übersetzung 'um der Frömmigkeit/Gottes-
furcht willen'[20], die im Blick auf den sonstigen Sprachgebrauch des
Hebräerbriefes als angemessener erscheint[21].

3.2 Auslegung

Der Hebräerbrief ist eigentlich kein Brief, sondern eine urchristliche Homilie[22], in der die lehrhaften Erläuterungen immer wieder durch
kürzere oder längere daran anknüpfende Ermahnungen unterbrochen werden[23]. Berücksichtigt man diese Eigenart, so läßt sich der Brief nach
den verhandelten Themen und den entsprechenden semantischen Zusammenhängen gliedern, die die einzelnen Abschnitte deutlich gegeneinander
abgrenzen.

Der erste Teil Hebr 1,1-2,18 legt die Überlegenheit Jesu über die
Engel und die Konsequenzen dieser Überlegenheit dar. Das entscheidende
Stichwort ist ἄγγελος, das in diesem Abschnitt 11mal erscheint[24],
während es sonst im ganzen Brief nur 2mal verwendet wird.

Hebr 3,1-6 legt in Entsprechung dazu die Überlegenheit des Sohnes
über Moses dar und schließt daran die ausführliche Warnung an, nicht

15 So T.BOMAN: Gebetskampf 268; unbestimmter M.RISSI: Menschlichkeit 39.
16 J.JEREMIAS: Hebräer 5,7-10, 320f.
17 Ebd. 321.
18 So A.v.HARNACK: Korrekturen 247 u.a.
19 Vgl. F.BLASS/A.DEBRUNNER/F.REHKOPF: Grammatik § 210 Anm. 1: "unmöglich wohl". Ähnlich ablehnend urteilen E.RIGGENBACH: Hebräer 132f; H.WINDISCH: Hebräerbrief 43.
20 Bevorzugt von W.BAUER: Wörterbuch 173, ähnlich F.BLASS/A.DEBRUNNER/F.REHKOPF:
   Grammatik 210 Anm. 1; J.H.MOULTON: Grammar IV 111; vgl. schon die Übersetzung der
   Vulgata: "et exauditus pro sua reverentia".
21 Die εὐλάβεια Hebr 12,28 bezeichnet - parallel zu δέος - die rechte Weise des
   Gottesdienstes: λατρεύωμεν εὐαρέστως τῷ θεῷ μετὰ εὐλαβείας καὶ δέους. Im Grunde
   könnte man hier einfach mit 'Furcht' übersetzen, der Kontext macht allerdings die
   spezielle Bedeutung von 'Gottesfurcht' (reverentia) wahrscheinlich. Umgekehrt wird
   (Todes)Furcht in Hebr 2,15 mit φόβος θανάτου wiedergegeben.
22 Vgl. H.WINDISCH: Hebräerbrief 122; O.MICHEL: Hebräer 24ff; W.G.KÜMMEL: Einleitung 351.
23 Vgl. W.G.KÜMMEL: Einleitung 348; O.MICHEL: Hebräer 26f.
24 Hebr 1,4.5.6.7bis.13; 2,2.5.7.9.16.

wie die Israeliten in der Wüste der Verstockung zu verfallen und Gottes
Ruhe zu verfehlen, sondern an der Verheißung festzuhalten und so in
diese Ruhe einzugehen (3,7-4,13). Zusammengehalten werden diese Mahnungen durch die Stichworte κατάπαυσις[25], καταπαύω[26] und σαββατισμός[27],
die sich im Brief nur hier finden.

Da beide Teile durch die jeweilige Gegenüberstellung 'Sohn' - 'Engel'
(1,4b-14) und 'Sohn' - 'Moses' (3,1-6) die Endgültigkeit der Offenbarung
Gottes in Christus bezeugen und darauf Ermahnungen gründen, und da diese Teile durch zwei hymnische Stücke (1,3f und 4,12f) gerahmt sind,
faßt man sie gern unter Überschriften wie 'Das Reden Gottes im Sohn'[29],
'Die Erhabenheit des Sohnes'[30], 'Weg des Sohnes'[31] o.ä. zusammen.

Mit 4,14 beginnt ein neuer Abschnitt, der das Hauptstück des Briefes
bildet: Die Darstellung Jesu als des vollkommenen Hohenpriesters (zusammen mit den - wieder in eingefügten Paränesen formulierten - Konsequenzen). Die genaue Abgrenzung nach hinten ist umstritten, doch ob
man den Abschnitt mit Hebr 10,18[32], 10,31[33] oder 10,39[34] enden läßt,
ist für unseren Zusammenhang nicht ausschlaggebend. Bestimmt wird dieser Hauptteil des Briefes - sieht man von dem längeren mahnenden Einschub 5,11-6,20 ab - von den Stichworten ἀρχιερεύς[35], ἱερεύς[36], Μελχισέδεκ[37], προσφέρω[38], προσφορά[39], θυσία[40], ὑπὲρ/περὶ ἁμαρτίας/ἁμαρτιῶν[41],
vgl. weiter θυσιαστήριον[42], ἱλέως[43], ἱλαστήριον[44], αἷμα[45]. Immer wieder
geht es um das Thema des Priestertums, um die Darbringung des Opfers
zur Vergebung der Sünden und das Verständnis Christi in der Entsprechung
und Überbietung dieser Tradition.

Innerhalb dieses großen Abschnittes ist durch den folgenden paränetischen Einschub die Passage 4,14-5,10 klar abgegrenzt. Sie stellt in
gewisser Weise die Exposition des ganzen Themas dar. Dabei leiten die

---

25 8mal: 3,11.18; 4,1.3bis.5.10.11.
26 3mal: 4,4.8.10.
27 1mal: 4,9.
28 Vgl. W.NAUCK: Aufbau 205.
29 O.MICHEL: Hebräer 92.
30 H.WINDISCH: Hebräerbrief 9.
31 Vgl. W.NAUCK: Aufbau 206.
32 Vgl. P.VIELHAUER: Geschichte 239; H.WINDISCH: Hebräerbrief 37; G.SCHILLE: Erwägungen 81.
33 Vgl. W.G.KÜMMEL: Einleitung 345; W.NAUCK: Aufbau 203.
34 Vgl. O.MICHEL: Hebräer 204.
35 14mal: 4,14.15; 5,1.5.10; 6,20; 7,26.27.28; 8,1.3; 9,7.11.25 - sonst nur noch 3mal.
36 14mal: 5,6; 7,1.3.11.14.15.17.20.21.23; 8,4; 9,6; 10,11.21 - sonst nicht mehr.
37 8mal: 5,6.10; 6,20; 7,1.10.11.15.17 - sonst nicht mehr.
38 16mal: 5,1.3.7; 8,3bis.4; 9,7.9.14.25.28; 10,1.2.8.11.12 - sonst 4mal, aber nicht
   mehr im Zusammenhang mit dem Priesteropfer.
39 5mal: 10,5.8.10.14.18 - sonst nicht mehr.
40 12mal: 5,1; 7,27; 8,3; 9,9.23.26; 10,1.5.8.11.12.26 - sonst noch 3mal.
41 8mal: 5,1.3; 7,27; 10,6.8.12.26 - sonst noch 1mal.
42 1mal: 7,13.
43 1mal: 8,12.
44 1mal: 9,5.
45 14mal - im ganzen übrigen Brief noch 7mal.

Verse 4,14f mit ihrer Ermahnung, am Bekenntnis zum Gottessohn als dem
erhöhten Hohenpriester festzuhalten, unter Rückgriff auf 2,17f und
3,1 zum Thema 'Hohepriester' über (ἔχοντες οὖν), das V.15 sofort in
einer für das Folgende wesentlichen Weise präzisiert wird: 'Nicht aber
haben wir einen Hohenpriester, der an unserer Schwachheit nicht mit-
leiden könnte; auch er war uns gleich in jeder Hinsicht versucht, nur
ohne Sünde'. Nach der Ermahnung, die hiermit geschenkte Möglichkeit
des Zugangs zu Gott zu ergreifen (V.16), erfolgt eine längere Ausführung
über das Hohepriestertum des Alten Bundes (5,1-4), wobei die "präsenti-
schen Formulierungen in Verbindung mit dem ganz allgemein konstatieren-
den πᾶς ἀρχιερεὺς κτλ. V.1 und καὶ οὐχ ἑαυτῷ τις λαμβάνει κτλ. V.4 zeigen, wie V.1-4 etwas Normatives, jeder Diskussion Entzogenes festgestellt wird"[46].

Hebr 5,1 umschreibt dabei zunächst die Funktion des (im Gegensatz zum 'Sohn Gottes' 4,14) 'aus Menschen' genommenen Hohenpriesters:
Er wird von Gott eingesetzt, um für die Sünden (freilich vergeblich
vgl. Hebr 10,4.11) Opfer darzubringen. Zur Einsetzung durch Gott
aber tritt die Partizipation an der menschlichen Schwachheit, durch
die erst volles Mittlertum möglich ist, hinzu. So betont 5,2 in Entsprechung[47] zu dem (stärkeren!) δυνάμενον συμπαθῆσαι ταῖς ἀσθενείαις
ἡμῶν von 4,15, daß auch der atl. Hohepriester maßvoll mitfühlen kann
(μετριοπαθεῖν δυνάμενος), da er selbst von Schwachheit umgeben ist
(περίκειται ἀσθένειαν). In dieser Entsprechung tritt nun zugleich der
schärfste Gegensatz des atl. Hohenpriesters zum Priestertum Jesu Christi und damit auch dessen Überbietung klar hervor. Während der Hohepri-
ster des Alten Bundes aufgrund seiner menschlichen Schwäche auch für
die eigenen Sünden Opfer darbringen muß (5,3), war Jesu Christus in
seiner Erniedrigung in allem uns gleich versucht, aber ohne Sünde ge-
blieben (χωρὶς ἁμαρτίας 4,15fin). An die anfänglichen Passiva λαμβανό-
μενος und καθίσταται anknüpfend unterstreicht 5,4 nochmals die Vollmacht
des Hohenpriesters aufgrund seiner göttlichen Berufung (καλούμενος
ὑπὸ τοῦ θεοῦ). Diesem Hohepriestertum des Alten Bundes wird nun im
Tempus der Vergangenheit das Hohepriestertum Jesu Christi als jenem
entsprechend und es zugleich überbietend typologisch zugeordnet (5,5-10).
Spiegelbildlich zu 5,1-4 angeordnet wird dabei zunächst die zuletzt
5,4 gemachte Aussage aufgegriffen: "So hat auch Jesus sich nicht selbst
verherrlicht, Hohepriester zu werden, sondern der, der zu ihm sprach:
'Mein Sohn bist du, heute habe ich dich gezeugt', - wie er auch an anderer Stelle sagt: 'Du bist Priester in Ewigkeit nach der Ordnung
Melchisedeks'." (5,5f) An diese göttliche Berufung und Authorisierung

---

46 E.BRANDENBURGER: Text 221 (Unterstreichungen von mir).
47 Vgl. J.ROLOFF: Hohepriester 149: "Der hier vorliegende typologische Vergleich ist
   ... christologisch konzipiert!"

zum Mittlerdienst anknüpfend erfolgt nun in Entsprechung zu 5,2 (und
4,15) - der Erweis der menschlichen ἀσθένεια Jesu[48]. Schon der Ausdruck
ἐν ταῖς ἡμέραις τῆς σαρκὸς αὐτοῦ (bei dem τῆς σαρκὸς αὐτοῦ gegenüber
der 'Psalmenvorlage' hinzugefügt ist) zielt auf jenes 'Uns-gleich-
Werden' Jesu (2,14), in dem das schon 4,15 betonte Mit-Leiden enthalten
ist (vgl. 5,8: ... ἀφ' ὧν ἔπαθεν), ja sogar das Ausgeliefertsein an
den Tod (2,9.14f), sodaß er - der Sohn! - um die Errettung aus dessen
Macht flehen muß. Dagegen schwingt die 4,15 - im Gegensatz zu 5,2 -
betonte Sündenlosigkeit zwar noch mit (εὐλάβεια, ἔμαθεν...τὴν ὑπακοήν
- τελειωθείς), ist aber kein eigenständiges Thema mehr.

Es geht hier wohl nicht, wie J.Roloff annimmt, um das Schema Präexistenz - Erniedrigung[48], denn 5,5f meint in Entsprechung zu 5,4 nicht
den Status des Präexistenten, sondern die Einsetzung Jesu in sein Amt.
Wohl aber wird durch die dabei verwendeten Prädikate wie durch das
καίπερ ὢν υἱός das in V.7 Beschriebene als etwas, was zu Jesu wahrem
Wesen im Widerspruch steht, als paradoxe Erniedrigung qualifiziert.

Der Schluß 5,9f beschreibt mit der Erhöhung Jesu seine Einsetzung
zum αἴτιος σωτηρίας αἰωνίου, also in Entsprechung zu 5,1 die soteriologische Funktion des Hohenpriestertums Jesu Christi.

Zeigten sich die Aussagen über das Hohepriestertum im allgemeinen
(5,1-4) von den einleitenden Aussagen (4,14f) her christologisch konzipiert, so ist doch wesentlicher noch ihr typologischer Bezug zu den
Ausführungen über Jesus als den vollkommenen Hohenpriester (5,5-10),
die ihnen spiegelbildlich zugeordnet sind.

Endlich sind auch die einzelnen Abschnitte 5,1-4 und 5,5-10 in entsprechender Weise in sich abgerundet, als am Anfang und am Ende jeweils
die *Einsetzung* thematisiert wird, wenn auch in unterschiedlicher Weise:
5,4 und 5,5f betonen die göttliche Berufung, 5,1 und 5,9f die soteriologische Funktion des Eingesetzten.

Die Struktur des gesamten Textabschnittes läßt sich folgendermaßen
darstellen:

48 J.JEREMIAS: Hebräer 5,7-10, 322, bestreitet diese Entsprechung. Er will in
   5,7ff lediglich die nochmalige Bestätigung sehen, daß Jesus sich die hohepriesterliche Würde nicht selbst angemaßt hat, sondern von Gott eingesetzt
   wurde.
   Nun wird das in Hebr 5,7-10 sicher auch noch einmal gesagt (vgl. v.a.5,10).
   Als alleinige Erklärung für die extreme Niedrigkeitsaussage von 5,7f (und
   die darauf bezogene Erhöhung Vv.7fin.9f) scheint mir das jedoch unzureichend.
   Die Entsprechung von 5,7 zu 5,2 und besonders zu 4,15 ist doch zu augenschein-
   lich und läßt die unten (S.57) vorgeschlagene Gliederung als dem Text angemessener erscheinen.

49 J.ROLOFF: Hohepriester 151, gibt selbst zu, daß das Hohepriesterprädikat nur
   proleptisch auf den Irdischen angewendet werde und eigentlich zur Erhöhung gehöre,
   also schon gar nicht zur Präexistenz. Seine These stützt sich daher auf den Sohnes-
   titel, der für ihn durchweg den Präexistenten bezeichnet (ebd. 151 unter Berufung
   auf Hebr 1,2.5; 4,14). Doch auch dies ist fragwürdig: P.VIELHAUER, Geschichte 246,
   kommt unter ebenso einseitiger Berufung auf andere Stellen wie Hebr 1,4f zum entgegengesetzten Ergebnis. Unverständlich ist mir, wie J.ROLOFF, Hohepriester 151f,
   auch 5,4 als Präexistenzaussage verstehen kann.

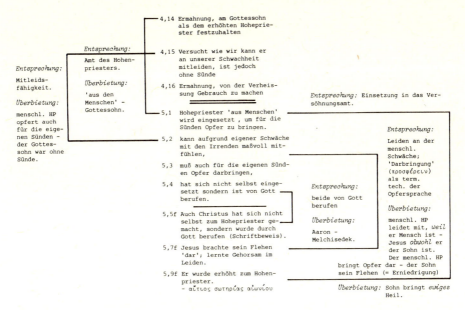

Zum Verständnis des umstrittenen V.7 ist noch von einer weiteren
Beobachtung auszugehen, die bisher m.E. zu wenig Beachtung
fand: Von jenen Bitten mit großem Geschrei und Tränen wird gesagt, daß
Jesus sie 'dargebracht' habe (προσενέγκας). προσφέρειν - das sich
nicht in der 'Psalmenvorlage' von Hebr 5,7 findet - ist ein Vorzugswort
des Hebräerbriefes: Im ganzen NT 47mal bezeugt findet es sich im
Hebräerbrief 20mal, davon 16mal in jenem Abschnitt über das Hohepriestertum Jesu. Ebenso erscheint προσφορά 9mal im NT, 5mal im Hebräerbrief
und zwar nur in unserem Abschnitt[50]. Dabei ist προσφέρειν in diesem Zusammenhang[51] durchweg terminus technicus für das *wiederholte Versöhnungsopfer nach dem Gesetz*[52] bzw. das dadurch typologisch vorabgebilde-
te *einmalige Selbstopfer Jesu Christi* zur Reinigung von allen Sünden[53].
    Nun kann προσφέρειν - wenngleich selten - auch das bloße Vor-
bringen eines Gebetes bezeichnen[54]. Auch ist weiter zu beachten,
daß das Verb sonst - in Übereinstimmung mit dem Sprachgebrauch der
LXX - mit dem Dativ τῷ θεῷ konstruiert wird (Hebr 9,14; 11,4),
während es hier mit πρός c. acc. verbunden ist. Möglicherweise ver-

---

50 Dazu könnte man noch die θυσία 9,26 zählen.
51 Außerhalb der Darstellung Jesu als des Hohenpriesters 4,14-10,18 bzw. 10,39 bezeichnet προσφέρειν noch dreimal das Darbringen eines Opfers bei Abel (11,4) und
   Abraham (11,17bis.). 12,7 bezeichnet das passivische προσφέρεται die Zuwendung
   Gottes.
52 5,1.3; 8,3bis.4; 9,7.9; 10,1.2.8.11;
53 9,14.25.28; 10,12.
54 Vgl. JOSEPHUS: bell 3,353; LONGUS: Daphnis und Chloe II 33,1; ACHILLES TATIUS
   7,1.

dankt sich dieser Umstand der komplizierteren, unübersichtlicheren
Satzkonstruktion von Hebr 5,7ff; diese Beobachtung warnt jedoch davor,
das προσενέγκας unbesehen dem sonstigen Gebrauch dieses Verbs im
Hebräerbriefs gleichzusetzen.

Auf der anderen Seite wiederum scheint es mir wenig wahrscheinlich,
daß ein sonst vom Hebräerbrief durchweg als terminus technicus für
kultisches Handeln gebrauchtes Verb hier einfach verwendet wird,
ohne daß seine sonstige kultische Bedeutung zumindest mitschwingt.
Das gilt besonders für diesen Zusammenhang, in dem Jesus als wahrer
Hoherpriester dem alttestamentlichen Hohenpriester überbietend entgegengesetzt wird, dem alttestamentlichen Hohenpriester, von dem in
diesem Zusammenhang zweimal das προσφέρειν im kultischen Sinn ausgesagt wird (Hebr 5,1.3). Hinzu kommt noch, daß ohne die Annahme
einer kultischen Bedeutung des προσφέρειν ein Zusammenhang zwischen
Jesu Flehen und seiner Einsetzung als Hoherpriester kaum erkennbar
ist[55], während bei der Annahme einer kultischen Bedeutung des προς-
φέρειν dieser Zusammenhang von selbst einleuchtet.

Eine eindeutige Klärung der Frage ist wohl nicht möglich, wie
auch die bis heute andauernde Uneinigkeit unter den Exegeten in
dieser Frage zeigt. Schreibt man aus den genannten Gründen trotz
nicht zu leugnender Schwierigkeiten dem προσφέρειν hier kultische
Bedeutung zu[56] - zumal der Hebräerbrief auch Jesu Erniedrigung,
seine Teilhabe an menschlicher Schwäche zu seinem Heilswerk rechnet
(2,17f)- so wird man 5,7 am besten im Zusammenhang der nicht wenigen
Aussagen des Hebräerbriefs zu verstehen haben, die davon reden,
daß Jesus in Entsprechung zum alttestamentlichen Versöhnungsopfer
und zugleich in dessen endgültiger Überbietung sich selbst als
Opfer dargebracht hat[57]. Die mit großem Geschrei und Tränen
dargebrachten Bitten brächten so synekdochisch das Ganze der Erniedrigung und der Teilnahme an der menschlichen Schwachheit als 'Hingabe'
zum Ausdruck, zugespitzt auf das Paradox, daß der *Sohn* mit Geschrei
und Tränen bitten muß und auf Erhörung angewiesen ist. Denn daß der,

---

55 J.JEREMIAS: Hebräer 5,7-10, 321f, postuliert, daß die Erhörung der Bitte um
   Erhöhung Jesu Einsetzung zum Hohenpriester implizierte oder doch selbstverständlich nach sich zog. Das überzeugt nur, wenn man Hebr 5,7-10 als bloße
   Ausführung zu 5,5f versteht. Dies aber wurde oben (Anm.48) bereits abgelehnt.
56 Daß das 'für uns' beim Leiden nicht erwähnt wird (G.FRIEDRICH: Lied 97) kann
   nicht als Argument gegen diese Interpretation gelten: Christus als Hoherpriester ist ja schon per definitionem Christus pro nobis.
57 Προσφέρειν 9,14.25; 10,12; προσφορά 10,10.14; θυσία 9,26; ähnlich C.MAURER: Erhört 283f. Dort wird davon gesprochen, daß Jesus sich selbst, seinen Leib,
   bzw. sein Blut dahingegeben habe (vgl. auch 13,12). Das dürfte zum Teil
   auch dadurch bedingt sein, daß Jesu Opfer dort dem blutigen Opfer des Alten
   Bundes entgegengesetzt wird. Andere Stellen wie 2,17f zeigen dagegen, daß
   man wohl Jesu Dahingabe nicht isoliert auf seinen Tod beziehen darf, auch
   wenn sie sich dort vollendet.

durch den Gott die Welt gemacht hat (1,2), den der Hymnus als ἀπαύγασμα
τῆς δόξης καὶ χαρακτὴρ τῆς ὑποστάσεως αὐτοῦ (sc. θεοῦ) preist (1,3),
daß eben der - obgleich als der 'Sohn' eins mit Gott - nun im Leiden
Gehorsam lernt, wie jenes καίπερ 5,8 resümiert: Dieses Lernen des
Gehorsams im Leiden um der Menschen willen[58] gehörte somit zu dem
unüberbietbaren Opfer, das Jesus ein für allemal dargebracht hat
(vgl. 10,9f).

Diese Auslegung ist, noch einmal sei es betont, mit Unsicherhei-
ten behaftet. Für sie spricht aber zum einen die Fortsetzung von
5,7, die darin gipfelt, daß Jesus, durch das Leiden im Gehorsam
vollendet, der Urheber der ewigen Seligkeit und Hoherpriester nach
der Ordnung Melchisedeks wurde (5,9f). Jesu soteriologische Bedeutung wird so als Folge der gehorsamen Selbsthingabe beschrieben.[59] -
"er litt, *obwohl* er der Sohn war, aber *weil* er zum ἀρχιερεύς wer-

---

58 Anders J.ROLOFF: Hohepriester 156, der diese Aussage als Entsprechung zu 5,3 verstehen will: "Wie der Aaronide auch für sich selbst Opfer darbringen muß (V.3), so
muß der 'Sohn' wegen seiner Teilhabe an der menschlichen ἀσθένεια (4,15) auch für
sich selbst Gebet und Flehen 'darbringen'". Doch dies will nicht einleuchten: Warum muß Jesus für seine Teilhabe an der menschlichen Schwachheit im Sinne des Ver-
söhnungsopfers für sich Gebet und Flehen darbringen? Hinzu kommt, daß jenes 'Darbringen' des Opfers auch für die eigenen Sünden, das der Hohepriester leisten muß,
in einem bewußten Gegensatz steht zu dem χωρὶς ἁμαρτίας des Sohnes (4,15; vgl. auch
die εὐλάβεια 5,7), der dieser Darbringung für sich selbst - so muß diese Gegenüberstellung verstanden werden (vgl. 7,26f) - eben nicht bedarf. Daß es sich bei jenem
Bitten um Fürbitte gehandelt habe, wie M.RISSI, Menschlichkeit 40f, meint, wird
durch nichts im Text nahegelegt, sondern von ihm aus dem (an sich richtigen) Vor-
verständnis Jesu, daß sein ganzer Weg der Erniedrigung (analog dem Dienst des Hohenpriesters 5,1) für die Menschen geschieht (ebd. 40), postuliert.

59 Ein ähnlicher Begründungszusammenhang findet sich schon 2,5-18, v.a. 2,9f, wenn
dort gesagt wird, daß wir Jesus (- der Einschränkung 2,8 entsprechend wird auch
hier betont, daß er für kurze Zeit unter die Engel erniedrigt wurde -) 'durch das
Leiden des Todes mit Herrlichkeit und Ehre bekränzt sehen, damit er für jedermann
... den Tod schmecke' (2,9). Und dies wird 2,10 nochmals mit der Aussage aufgenommen, daß es sich für Gott um der Rettung vieler willen geziemte, τὸν ἀρχηγὸν τῆς
σωτερίας αὐτῶν διὰ παθημάτων τελειῶσαι.
Das Leiden 'bis zum Tod' führt auch hier zur τελείωσις als kultische Einsetzung
(G.DELLING: Art. τέλος ThWNT VIII 83f) des Urhebers der Seligkeit durch Gott. Zugleich ist in dem 'Uns-gleich-Werden' die Mitleidensfähigkeit begründet; vgl. auch
das ὤφειλεν κατὰ πάντα τοῖς ἀδελφοῖς ὁμοιωθῆναι (2,17) mit 4,15: πεπειρασμένον
δὲ κατὰ πάντα καθ᾽ ὁμοιότητα, wobei beides zum gleichen Ergebnis führt: Jesus wird
ἐλεήμων (2,17) bzw. δυνάμενος συμπαθῆσαι (4,15).
Es fehlt die explizite Opferterminologie;, implizit aber steht der Gedanke des
Opfers auch hier im Hintergrund durch die Deutung des Todes als ὑπὲρ παντός (2,9
vgl. 5,1: ὑπὲρ ἀνθρώπων). Erstmals wird daher auch für Christus der Titel ἀρχ-
ιερεύς verwendet (2,17). "Nicht anders als in 5,7-10, wenn auch noch ohne das aus-
geführte Bild des hohenpriesterlichen Opferdienstes, wird hier Jesu Leiden, als ein
Für-andere-Sein, das sich im Mit-ihnen-Sein konkretisiert, verstanden" (J.ROLOFF:
Hohepriester 159). Vielleicht ist auch an 10,5-10 zu denken, wo das einzigartige
Opfer Jesu Christi (προσφορὰ τοῦ σώματος 'Ἰησοῦ Χριστοῦ ἐφάπαξ) - im Gegensatz zum
Opferdienst des Alten Bundes - im Tun des göttlichen Willens durch den, 'der in die
Welt kommt' (10,5), besteht. Wie in 5,7f bilden hier Selbstopfer und Gehorsam eine
Einheit.

den sollte"[60]. Zum andern ließe sich mit dieser These auch das
καίπερ ὢν υἱός am besten verstehen. Es bezöge sich auf das Ganze
des Verses 7 und verschärfte noch den Kontrast zu den Hoheitsaussagen in Vv.5f[61]. Allerdings muß man dafür nicht das καίπερ ὢν
υἱός noch mit V.7 syntaktisch verbinden, zumal es dort recht
unverbunden angehängt wirkt und darüberhinaus einen Bruch zwischen V.8a
und V.8b bewirkte. Jener konzessive Partizipialsatz ist vielmehr "ganz
schlicht zu dem folgenden ἔμαθεν... ὑπακοήν zu ziehen: 'Obwohl Sohn,
lernte er ... Gehorsam'".[62] Betont wird also die Erniedrigung in V.7
wie die ὑπακοή des 'Sohnes' in V.8b. Zu dem ἔμαθεν τὴν ὑπακοήν paßt die
übliche Übersetzung 'wegen seiner Gottesfurcht', zumal wenn diese
εὐλάβεια dem χωρὶς ἁμαρτίας von 4,15 entspricht bzw. dem Opfer des
Hohenpriesters für die eigenen Sünden 5,3 widerspricht[63]. Dagegen
kann ἐκ θανάτου nicht 'vom Tod' bedeuten, Jesus bittet vielmehr
um Errettung 'aus der Gewalt des Todes'.

Im Blick auf das θάνατος muß man sich vor einem zu eng gefaßten Todesbegriff hüten.
Der Tod ist in der alttestamentlichen und jüdischen Tradition nicht auf das Erlöschen
physischen Lebens beschränkt, sondern bezeichnet eine ins Leben hineinragende, dieses
zerstörende und in der Zerstörung schon gegenwärtige Machtsphäre[64], die - hier folgt
der Hebräerbrief jüdischer Tradition - zum göttlichen Gegenspieler, dem Teufel gehört[65]. Vor allem ist der Tod durchweg eine *von Gott* trennende, böse Macht, und so
hat sich Jesu Passion nicht nur den Augen der Welt dargestellt, sondern so hat er
auch selbst seinen Tod erfahren (vgl. Mk 15,34). Deshalb kann man nicht, wie T.Boman
es tut, gegen die oben vorgetragene Deutung einwenden: "daß Jesus sich so entsetzlich
vor dem Grab fürchten sollte, ist unglaublich, denn im Grab war er ja in den Händen
seines Vaters und hatte nichts mehr zu fürchten".[66] Solches ist erbauliche Harmoni-
sierung, - das Evangelium kennt bei Jesu Sterben nur Finsternis (Mk 15,33) und die
Erfahrung der Gottverlassenheit (Mk 15,34), einen Χριστὸς πεπειρασμένος, um es mit
der Sprache des Hebräerbriefes zu sagen.
    Gegen die Macht des Todes wird auch im AT Gott als der angerufen oder gepriesen,
der daraus retten kann und rettet. Die Grenze des göttlichen Eingreifens ist freilich
im Allgemeinen der physische Tod. Allerdings rühren positive Aussagen wie Ps 63,4
schon daran, daß auch diese Grenze für Gott keine definitive ist. In ebendiesem
Sinn wird dann im Judentum diese Schranke durchbrochen[67], was sich im Christentum
aufgrund der Auferweckung Jesu in der Gewißheit manifestiert, daß die Macht des
Todes gebrochen ist (vgl. I Kor 15,55; II Tim 1,10). Diese Gewißheit teilt auch der
Hebräerbrief (vgl. 2,14f). So wird etwa Gott zweimal als der prädiziert, der aus
dem Totenreich herausführt (ὁ ἀναγαγὼν ἐκ νεκρῶν Hebr 13,20 vgl. 11,19). Wenn es
in unserem Text ἐκ θανάτου heißt statt ἐκ νεκρῶν, so dürfte dies zum einen durch
die 'Psalmenvorlage' (Ps 114 LXX) bedingt sein, wohl aber auch dadurch, daß es hier
wie in Hebr 2,14f nicht um die Toten, sondern um den Machtbereich des Todes geht[68].

---

60 G.BORNKAMM: Bekenntnis 201.
61 Vgl. auch J.ROLOFF: Hohepriester 154.
62 C.MAURER: Erhört 278.
63 Ebd. 279f.

64 S.u. die ausführlichen Darlegungen in der Traditionsgeschichte S.150ff.
65 Vgl. Hebr 2,14; dazu O.MICHEL: Hebräer 160f.
66 T.BOMAN: Gebetskampf 267.
67 Vgl. E.BRANDENBURGER: Text 217.
68 Vgl. die verwandte Verwendung von ἐκ τοῦ θανάτου als Herausgerissenwerden aus der
    Machtsphäre des Todes Joh 5,24, das die Totenauferweckung von 5,21 expliziert,
    ähnlich I Joh 3,14, wo dem μεταβεβήκαμεν ἐκ τοῦ θανάτου εἰς τὴν ζωήν das ὁ μὴ
    ἀγαπῶν μένει ἐν τῷ θανάτῳ entgegengesetzt wird.

Jesus wendet sich also in seinem Flehen zu dem, dessen Macht auch
am Tod keine Grenze hat. Was Inhalt dieser Bitte um Errettung ἐκ θανάτου
ist, zeigt die folgende Beschreibung ihrer Erhörung: Es ist - bezogen
auf die 'Darbringung' der Niedrigkeit und Not - die Vollendung zum
'Urheber der ewigen Seligkeit' und die Inthronisation zum 'Hohenpriester
nach der Ordnung Melchisedeks', also "die Erhöhung ins himmlische
Heiligtum und damit die göttliche Bestätigung der Gültigkeit des Opferdienstes Jesu περὶ ἁμαρτιῶν".[69] Dieser hier aufgezeigte unmittelbare
Zusammenhang der Herausführung Jesu aus dem (bereits erfolgten)
Tod und seiner soteriologischen Funktion findet sich nochmals am
Schluß des Briefes, wenn es an der schon zitierten Stelle 13,20 von
Gott heißt: ὁ ἀναγαγὼν ἐκ νεκρῶν τὸν ποιμένα τῶν προβάτων τὸν μέγαν
ἐν αἵματι διαθήκης αἰωνίου, τὸν κύριον ἡμῶν 'Ιησοῦν. Auch hier ist
die Herausführung aus dem Totenreich zugleich Ausdruck des endgültigen
göttlichen Heilshandelns (13,20: ewiger Bund - vgl. 5,9: ewiges Heil)
durch Jesu Leiden und Sterben.

3.3 Hebr 5,7 und 'Gethsemane'

Die eingangs gestellte Frage, ob sich Hebr 5,7 auf 'Gethsemane'
bezieht, ist zu bejahen, sofern jenes Gebetsringen Jesu das einzige
Ereignis ist, auf das sich jene Aussagen von Hebr 5,7 beziehen können
(wenn man nicht willkürlich andere Ereignisse postuliert). Die auffallend allgemeinen Formulierungen aber zeigen, daß der Hebräerbrief
"nicht ausschließlich" an 'Gethsemane' denkt[70]. Zumindest erwägenswert
ist, ob nicht auch auf das Kreuzigungsgeschehen selbst angespielt wird.
Sprachliche Beobachtungen bestätigen dies[71]. Die Zusammenschau von
Gethsemane und Golgatha und die Verallgemeinerung dieser Begebenheiten
durch den christologisch gelesenen Psalm zeigen nun aber, daß es hier
nicht primär um ein einzelnes Geschehen geht, sondern um die - sich

---

69 M.RISSI: Menschlichkeit 41; vgl. C.MAURER: Erhört 283f: "Wenn dabei der Kulttermi-
nus προσενέγκας auf das Darbringen von Gebet und Flehen bezogen wird, so zeigt
dies, daß die kultische Sprache des Hebräerbriefes nicht Selbstzweck ist, sondern
dazu dient, das personal ausgerichtete Werk Jesu darzustellen. Und wenn εἰσακουσ-
θεύς die Annahme des gesamten Heilswerkes Jesu durch Gott aussagt, so ist diese
Erhörung in τελειωθεύς (V.9) impliziert"; ähnlich D.M.STANLEY, Jesus 103 (der
allerdings diese Aussage einem früheren Hymnus zuordnen möchte).
In diesem Zusammenhang scheint mir die Stellung der beiden Partizipien wichtig:
Das προσενέγκας ist von dem Relativpronomen, zu dem es gehört, durch den gesamten
Satz mit 22 Worten getrennt. Weit einfacher wäre seine Stellung nach ἱκετηρίας.
Seine jetzige Stellung soll es offensichtlich mit dem (vorangestellten) εἰσακουσ-
θεύς verbinden, das mit τελειωθεύς κτλ. und προσαγορευθεύς κτλ. zusammen die Erhöhung Jesu schildert.
70 A.v.HARNACK: Korrekturen 69.
71 Vgl. Mt 27,42 ἑαυτὸν οὐ δύναται σῶσαι mit dem πρὸς τὸν δυνάμενον σῴζειν αὐτόν; Mt
27,50: κράξας φωνῇ μεγάλῃ mit dem μετὰ κραυγῆς ἰσχυρᾶς.

an jenen Punkten eben nur am extremsten zeigende - Erniedrigung des
Gottessohnes überhaupt, die der Hebräerbrief, wie dargelegt, ganz im
Horizont seiner Theologie als das hohepriesterliche Selbstopfer des
Gottessohnes deutet. Die historischen Aussagen sind nahezu völlig keryg-
matisiert[72].

Diese völlige Einschmelzung der Überlieferung in die dem Hebräerbrief
eigene Sprach- und Vorstellungswelt macht es unmöglich, hinter Hebr 5,7
noch eine feste Tradition ausfindig zu machen[73] und also im einzelnen
zu entscheiden, ob der Verfasser aus der synoptischen Tradition ge-
schöpft hat[74], aus einer dem Johannesevangelium verwandten Überlieferung[75] gar aus einer Vorlage der Evangelien[76], oder ob er von den
Evangelien unabhängige, parallele Tradition verwendet hat[77].

3.4 Der überlieferungsgeschichtliche Ort von Hebr 5,7

Kann man die Quelle(n) von Hebr 5,7 nicht bestimmen, so bleibt
doch die Frage nach dem überlieferungsgeschichtlichen Ort dieser Passa-

---

72 So auch C.MAURER: Erhört 283: In Hebr 5,7 liege "eine wenn nicht gerade untergeord-
   nete, so doch beigeordnete, partizipiale Interpretation der entscheidenden Aussage
   von V.8 vor. Die Mittel dafür werden aus Reminiszenzen an Gethsemane und die Kreuzigung (Mk 14,32-42 par; 15,34 par u.ä.) und vor allem aus Ps 116 bezogen, doch sind
   sie streng auf die beherrschende Sache von V.8 ausgerichtet. Damit aber ist auch
   schon gesagt, daß sich die beiden Partizipien προσενέγκας und εἰσακουσθείς nicht
   auf Einzelheiten, sondern auf das Ganze des hohepriesterlichen Werkes Christi beziehen" (vgl. auch M.RISSI: Menschlichkeit 41f).
73 E.GRÄSSER, Jesus 81, folgert zu Recht: Was immer der Vf. vom Leben Jesu wußte -
   der Befund hier zeigt, "daß mehr als das *Daß* der Menschlichkeit Jesu und eines
   letzten Gebetskampfes unserem Verfasser nicht bekannt zu sein *brauchte*".
74 Vgl. T.LESCOW: Gethsemane 238.
75 Für eine Abhängigkeit von Joh 12,27f wird zum einen auf die Verwandtschaft der
   Bitten verwiesen, zum andern auf die gemeinsame Verwendung der Worte δοξάζειν
   und σώζειν ἐκ. Diese Anklänge vermögen jedoch nicht die These literarischer Abhängigkeit zu stützen: Die Verwandtschaft der Bitten besteht, wie unten gezeigt
   wird, nicht nur zwischen Johannes und dem Hebräerbrief. Sie läßt sich als das Pro-
   dukt einer allgemeinen Entwicklung begreifen. Von einer gemeinsamen Verwendung des
   δοξάζειν kann man hier nur unter Vorbehalt sprechen, da das Wort in Hebr 5,5 noch
   nicht zur eigentlichen 'Gethsemaneparallele' gehört, sondern dem καλούμενος ὑπὸ
   τοῦ θεοῦ (5,4) entspricht und es zugleich überbietet. Das Substantiv δόξα verwendet
   der Hebräerbrief auch sonst, um Jesu Erhöhung zu beschreiben (2,7.9.10 u.ö.), sodaß das δοξάζειν hier nicht aus dem Johannesevangelium stammen muß. 'Aus dem Tode
   erretten' ist Psalmensprache (vgl. Ps 114, 6.8 LXX); der ganze Ausdruck in Hebr.
   5,7 klingt zudem, wie gezeigt, an Mt 27,42 an. Die wenigen 'Gemeinsamkeiten' zwischen Johannes und dem Hebräerbrief sind also erklärbar; angesichts der
   fundamentalen Unterschiede beider 'Gethsemaneparallelen' sind sie nicht ausreichend, um die Annahme einer direkten Abhängigkeit zu begründen.
76 So will E.BRANDENBURGER, Text 214f, aus der paränetischen Ausrichtung der Passage
   im Hebräerbrief ihre Verwandtschaft zu einer der Vorlagen des Markus nachweisen.
   Abgesehen von seiner anfechtbaren Exegese von Hebr 5,7 als "paränetisch" und "gänzlich unsoteriologisch" läßt sich auch die im Anschluß an W.G.KUHN behauptete Markus-
   vorlage literarkritisch nicht nachweisen, wie unten gezeigt wird.
77 So etwa W.R.G.LOADER: Sohn 110, der an eine Zwischenstufe zwischen Lukas und Johannes denkt.

ge. J.Jeremias hatte die Aussage, daß Christus um Errettung *aus* dem Tode betete, als Tendenzparallele zu Joh 12,27f interpretiert: "Wir befinden uns ... mit dieser Stelle auf dem Wege von Mk 14,32ff zu Joh 12,27f. Die starke Betonung der menschlichen Züge in dem Gebet Jesu stellt Hebr 5,7 neben Mk 14, der Inhalt der Bitte dagegen neben Joh 12,28"[78].

Diese Einordnung ist plausibel. Allerdings macht es die Zusammenschau von Gethsemane und Golgata und deren Einschmelzung in die theologische Argumentation des Hebräerbriefs schwierig, hier von einer Überlieferungsgeschichte der Gethsemanetradition im eigentlichen Sinn zu sprechen. Eine gewisse Zurückhaltung im Aufzeigen von Entwicklungslinien scheint mir daher geboten.

Weiter ist anzumerken, daß sich die von J.Jeremias festgestellte überlieferungsgeschichtliche Tendenz schon bei den Synoptikern deutlich zeigt. Während bei Markus das ἀλλ'οὐ τί ... die Grundbedingung angibt, unter der Jesus seine Bitte ausspricht, so ist bei Lukas daraus schon die Bitte geworden, daß Gottes Wille geschehen möge (Lk 22,42). - Durch die Entgegensetzung πλὴν μὴ τὸ ϑέλημά μου dürfte dies allerdings vorwiegend noch als Unterordnung zu verstehen sein. Auch bei Matthäus beinhaltet das in Anlehnung an die 'dritte Bitte' des Vaterunsers formulierte γενηϑήτω τὸ ϑέλημά σου in Jesu zweitem Gebet (26,42) eine Unterwerfung. Der Unterschied zu den zwei Einschränkungen im ersten Gebet (und damit erst recht zu Markus) sticht jedoch ins Auge: Im Zusammenhang des Matthäusevangeliums darf man diese Bitte auf keinen Fall resignativ deuten ('wenn es nicht anders sein kann, dann geschehe eben dein Wille'). Die Bitte ist vielmehr wie im Herrengebet[79] aktiv und positiv: Im Gebet macht Jesus hier Gottes Willen zu seiner eigenen Sache, ja, er bittet darum, daß in seinem Geschick sich Gottes Wille vollzieht. Dies scheint mir ein entscheidender Schritt im Blick auf Joh 12,27 zu sein. Wegen der Unsicherheit der Quellenlage bei Hebr 5,7 kann nicht geklärt werden, ob diese gemeinsame Tendenz sich auch einer gemeinsamen Tradition verdankt.

---

78 J.JEREMIAS: Hebräer 5,7-10, 322.

79 Vgl. E.SCHWEIZER: Matthäus 95: "Die dritte Bitte ist nicht fatalistisch gemeint, auch nicht in 26,42"; ebenso J.SCHNIEWIND: Matthäus 83: "Man wird dieser Bitte nicht gerecht, wenn man sie auf ein leidendes Dulden des göttlichen Willens bezieht. Die Geschichte von Gethsemane Mk.14,32-42 Par. hat dazu Anlaß gegeben; aber man mißversteht damit auch das Gebet in Gethsemane. Dort ist es nicht so, daß Jesus sich in ein Unabänderliches fügt, sondern er erfüllt den Willen Gottes, der getan, ausgeführt, vollendet werden soll, da er ans Kreuz geht."

ZWEITER HAUPTTEIL

LITERARKRITIK UND FORMGESCHICHTE VON MK 14,32-42

§4: DER TEXT

32. Und sie kommen zu einem Grundstück mit Namen 'Gethse-
    mani'.
    Und er sagt zu seinen Jüngern:
    Setzt euch hierhin, bis ich gebetet habe.[1]

33. Und er nimmt den Petrus und Jakobus und Johannes[2]
    mit sich.
    Und er fing an, sich zu entsetzen und in Angst zu geraten[3]

34. und sagt zu ihnen:
    Ganz voll Trauer ist meine Seele bis an den Tod.
    Bleibt hier und seid wachsam[4].

35. Und er ging ein kleines Stück weiter[5],
    fiel auf die Erde
    und betete langanhaltend[6],
    daß - wenn möglich - diese Stunde an ihm vorüber ginge[7].

---

1 Möglich wäre auch die Übersetzung 'solange ich bete', 'während ich bete' (bevorzugt etwa von V.TAYLOR: St.Mark, z.St.; M.J.LAGRANGE: Saint Marc z.St.).
  Für das Verständnis des Textes ist dies ohne Bedeutung.
2 Die Artikel vor Jakobus und Johannes werden von den meisten Handschriften ausgelassen. Die wichtigsten Textzeugen sind gespalten: A,B u. W bezeugen die
  Artikel, ℵ,C,D und θ lassen sie aus. Ein einheitlicher Sprachgebrauch innerhalb des Evangeliums läßt sich nicht feststellen: in 5,37 erhält nur Petrus
  den Artikel, in 9,2 alle drei Jünger. Die Vereinheitlichung durch Hinzufügung
  von zwei Artikeln läßt sich jedoch besser erklären als die Auslassung von zwei
  Artikeln, zumal sich dieselbe Tendenz mit umgekehrten Vorzeichen in 5,37 beobachten läßt (Auslassung des Artikels durch A,D,L,θ,f[1],f[13] u.a.).
3 Das von D bezeugte, sonst unbekannte ακηδημονειν dürfte auf einem Versehen
  beruhen.
4 Für ein solches 'aktives' Verständnis des γρηγορειτε spricht auch die gegenüber
  dem aoristischen μεινατε auffällige präsentische Form des Imperativs. Wird
  mit dem komplexiven Aorist μεινατε das Ganze der Handlung ausgedrückt (vgl.
  F.BLASS/A.DEBRUNNER/F.REHKOPF: Grammatik §322,1), sodaß dieser Befehl im Sinne
  von 'geht nicht fort' zu verstehen ist, so hat das Präsens γρηγορειτε durative
  und iterative Bedeutung: 'wacht immerfort' (ebd. §336,2). Es geht also nicht
  um einen Zustand, sondern um eine bewußte Handlung.
5 Anstelle des im wesentlichen von ℵ und B bezeugten προελθων überliefern A,C,D,L
  θ,Ψ,f[1],f[13] und der Mehrheitstext ein προσελθων. Gegen diese Lesart sprechen
  trotz relativ guter Bezeugung das Gewicht von ℵ und B sowie die Tatsache, daß
  προσερχεσθαι geläufiger ist als προερχεσθαι, das innerhalb des Markusevangeliums
  nur noch 6,33 begegnet und dort ebenfalls fast nur von ℵ und B bezeugt wird.
6 Das Imperfekt ist hier wohl durativ zu verstehen. Möglich wäre auch, daß es
  iterative Bedeutung hat: 'er betete immer wieder'.
7 Die Vertauschung der Wortreihenfolge durch D,W,f[1],f[13] u.a. ist zu schlecht bezeugt, um ursprünglich zu sein. Kaum ursprünglich ist auch die von ℵ[(2)] bezeugte Lesart ει δυνατον παρελθειν

36. Und sprach:

    Abba, Vater, alles ist dir möglich.

    Laß[8] diesen Kelch an mir vorübergehen.

    Aber nicht [entscheidet][9], was ich will,

    sondern was du [willst].

37. Und er kommt

    und findet sie schlafend

    und er sagt zu Petrus:

    Simon, du schläfst?

    Vermochtest du nicht eine Stunde zu wachen?

38. Wachet und betet,

    damit ihr nicht[10] in Versuchung fallt[11].

    Der Geist ist zwar willig,

    das Fleisch aber ist schwach!

39. Und er ging wieder weg

    und betete mit denselben Worten[12].

40. Und er kam wieder[13]

    und fand sie schlafend

---

8 Anstelle des eindeutigen Imperativs παρένεγκε (bezeugt von B,D,L,W,f[1],f[13] u.a.) überliefern א,A,C,θ,Ψ, 892 u.a. den Infinitiv παρενεγκαι. Vermutlich liegt hier eine unechte Variante vor, bedingt durch eine nicht feststehende Orthographie, zumal die Doppelbesetzung des δυνατά σοι mit πάντα und dem Infinitiv grammatikalisch schwierig, wenn nicht unmöglich zu sein scheint. Dennoch bezeugt eine altlateinische Übersetzung (d) den Infinitiv (transferre). Das könnte auf einem Irrtum des Überstzers beruhen. Möglicherweise liegt hier aber auch der Versuch vor, die anstößige Bitte mit grammatikalischen Mitteln zu entschärfen, indem diese jetzt mit in das Allmachtsbekenntnis aufgenommen wird. Diese - auslegungsgeschichtlich interessante - Möglichkeit wird auch durch die Varianten in der Lukasparallele nahegelegt (die allerdings grammatikalisch eine solche Variante leichter möglich macht). Der Imperativ παρένεγκε wird Lk 22,42 von p[75], B(D),θ,f[1] u.a. bezeugt und ist auch hier zweifellos ursprünglich. Wiederum bezeugen (א),L,f[13], 892 u.a. παρενεγκαι sowie - noch deutlicher - A,W,Ψ und der Mehrheitstext παρενεγκειν.

9 Der Satz darf nicht übersetzt werden: 'aber nicht soll geschehen ...'. Dies würde die Negation μή verlangen. Durch das οὐ wird jedoch eine Realität negiert (vgl. F.BLASS/A.DEBRUNNER/F.REHKOPF: Grammatik §426), und d.h. in unserem Fall, daß Jesus hier nicht sich unterwirft, sondern daß er die alleinige Gültigkeit des väterlichen Willens als sebstverständliche Tatsache feststellt (vgl. LOHMEYER: Markus 316).

10 Das von den meisten Zeugen gebotene εἰσέλθητε (Ausnahme: א ,B pc.) geht auf den Einfluß der Parallelstellen zurück.

11 Die alte Lutherübersetzung (1970) bringt am besten die mit der Wendung verbundene Vorstellung zum Ausdruck, daß 'in Versuchung kommen' heißt: in die Gewalt der Versuchung zu kommen und so den Fall mit einschließt.

12 Die Auslassung von V.39b durch D und einige altlateinische Zeugen ist schon von der Bezeugung her eindeutig sekundär. Sie erklärt sich als Versehen eines Abschreibers vgl. B.M.METZGER: Commentary 114.

13 Die von keiner erstklassigen Handschrift gebotene Variante υποστρεψας ευρεν αυτους παλιν (A,C,W,(θ),f[1],f[13] u.a.) stellt wohl eine sekundäre stilistische Textverbesserung dar.

- ihre Augen waren nämlich beschwert[14],

und sie wußten nicht, was sie ihm erwidern sollten.

41. Und er kommt das dritte Mal

und sagt zu ihnen:

Ihr schlaft weiter und ruht[15].

Er (sc. Gott) ist fern[16] - die Stunde ist gekommen.

Siehe, der Menschensohn wird preisgegeben in die

Hände der Sünder.

42. Steht auf, laßt uns gehen.

Siehe, der mich ausliefert ist nahe[17].

---

14 Die Ersetzung des καταβαρυνόμενοι (von καταβαρύνω) durch καταβαρουμενοι (von
καταβαρέω) bei D und W könnte auf Verwechslung zurückgehen, ist jedoch auf jeden
Fall aufgrund der äußeren Bezeugung sekundär. Gleiches gilt für das aus der
Matthäusparallele eingedrungene βεβαρημενοι, dessen beste Zeugen C und θ sind.

15 Es ist grammatikalisch nicht zu entscheiden, ob der Satz als Feststellung, als
Frage oder gar als (ironischer) Befehl zu verstehen ist. Während letzteres wenig
wahrscheinlich ist, denn Ironie will kaum in diese Szene passen, sind die beiden
ersten Möglichkeiten als gleichwertig anzusehen. Der Sinn der Bemerkung bleibt
weitgehend der gleiche.

16 Zur Übersetzung und zur Textkritik s.u.

17 Der von ℵ und C bezeugte Aorist ἤγγισεν ist zu schwach bezeugt, um ursprünglich
zu sein. Möglicherweise handelt es sich um eine 'Verbesserung' im Blick auf V.43a.

§5: DISKUSSION DER BISHERIGEN LITERARKRITISCHEN ANALYSEN

5.1. Einleitung

Die bisherige Untersuchung hatte gezeigt, daß Mk 14,32-42 die vermutlich älteste Darstellung der Gethsemaneszene ist. Ob es eine von Markus unabhängige Tradition gab konnte zwar nicht ausgeschlossen, aber auch nicht wahrscheinlich gemacht werden. Die überlieferungsgeschichtliche Rückfrage nach den Vorlagen und Ursprüngen dieser Erzählung geht daher alleine von der markinischen Perikope aus.

5.1.1 Zur Forschungslage

"An dieser heut so verfließenden, vor lauter Breite unanschaulichen, von Widersprüchen geplagten Dartellung muß es wohl jedem aufgehen, daß in unserm Markus eine ursprüngliche und eine dogmatisch-kirchlich verbessernde Darstellung von der möglichst alles erhalten wollenden Hand eines Redaktors zur Einheit zusammengeschmolzen sind."[1]
"Die Erzählung ist in sich einheitlich ... und es kann ohne Schaden kein Glied aus dem geschlossenen Ganzen gelöst werden"[2]. "Bis in Einzelheiten hinein sind Worte und Sätze sorgfältig gefügt und mit Bedacht zwischen innerem Gehalt und äußerer Szene ein Einklang hergestellt."[3]

Gegensätzlicher kann ein Urteil über den literarischen Charakter eines Textes kaum ausfallen. Dennoch haben beide Positionen bis zur Gegenwart entschiedene und wissenschaftlich ernstzunehmende Befürworter gefunden[4], wenngleich sich Begründungen und Konsequenzen z.T. erheblich geändert haben[5]. Der größte Teil der Exegeten nimmt allerdings - Bultmann folgend - eine in gewissem Sinne vermittelnde Position ein, indem er die Entstehung des vorliegenden Textes durch die

---

1 E.HIRSCH: Frühgeschichte 156.
2 E.LOHMEYER: Markus 319.
3 Ebd. 313.
4 Die Zurückführung des vorliegenden Textes auf zwei verschiedene Berichte wird heute v.a. im Anschluß an K.G.KUHN, Gethsemane, von T.LESCOW, Gethsemane, T.BOMANN, Gebetskampf, M.BASTIN, Jésus 142f, J.W.HOLLERAN, Gethsemane 144, und D.M.STANLEY, Gethsemane 105ff, vertreten. Die Einheitlichkeit und Geschlossenheit des Textes hat in neuester Zeit wieder R.PESCH, Markusevangelium II z.St., betont, ohne allerdings die Kritik im einzelnen zu berücksichtigen.
5 So wird E.HIRSCHs Trennung zwischen einer ursprünglichen und einer "dogmatisch-kirchlichen" Erzählung m.W. heute von niemand mehr vertreten. K.G.KUHN, Gethsemane, unterscheidet zwischen einem vorwiegend christologisch orientierten Bericht A und einem paränetisch ausgerichteten Bericht B; ihm folgen J.W.HOLLERAN, Gethsemane 201ff, D.M.STANLEY, Gethsemane 108-114, und T.LESCOW, Gethsemane 144f.

(ein- oder mehrfache) Überarbeitung eines Grundberichtes erklärt.
Was jedoch Grundbericht ist und was Überarbeitung, wieviele Überar-
beitungen stattgefunden haben und was die leitenden Motive waren, ist
wieder weitgehend kontrovers.

Ebenso kontrovers wird die Frage nach dem Bezug der Gethsemane-
Erzählung zum Kontext diskutiert. Handelt es sich um eine ursprüngliche isolierte Legende o.ä.[6] - wobei dann deren Originalaussage wieder umstritten ist[7] - oder gehört die Erzählung schon von vornherein
in den Zusammenhang der Passionsgeschichte, und wie ist diese 'vormarkinische Passionsgeschichte' ihrem Umfang und ihrer Aussage nach
zu bestimmen?

5.1.2 Zum eigenen Vorgehen

Die Beurteilung des literarischen Charakters der Perikope Mk 14,
32-42 setzt also die Klärung zweier Fragen voraus:
1. Was läßt sich über Aufbau, Struktur und Einheitlichkeit des
Textes sagen? Wie steht es um die behaupteten Unebenheiten, Doppelungen, Brüche, gar Widersprüche?
2. Wie wurde die Erzählung von Jesu Gebetskampf vor Markus tradiert?
War sie
- Teil einer größeren Überlieferungseinheit;
- eine isoliert überlieferte, erst von Markus in diesem Zusammenhang
  eingefügte Erzählung;
- erst von Markus für diesen Zusammenhang geschaffen worden?
Die Fragen hängen miteinander zusammen. Methodisch ist es sinnvoller,
beim Versuch der Klärung mit der ersten Frage zu beginnen, da die Erzählung in ihrer vorliegenden Gestalt in den Kontext verflochten ist,
eine Bestreitung dieses Zusammenhangs folglich literarische Dekomposition voraussetzt. Dabei wird so verfahren, daß zunächst für jede
Verseinheit gesondert die wichtigsten *Beobachtungen*, die gegen die
Einheitlichkeit der Perikope angeführt werden, gesammelt und gegebenen-
falls durch weitere eigene Beobachtungen ergänzt werden. Um ihre Argu-
mentationsrichtung zu verdeutlichen sowie aus Gründen der Übersicht
werden sie nach den verschiedenen Gesichtspunkten gegliedert. Ein
zweiter Schritt *diskutiert* jeweils im Anschluß daran die daraus gezogenen Konsequenzen und schließt mit einem eigenen Urteil ab.

---

6 Vgl. R.BULTMANN: Geschichte 288; K.G.KUHN: Gethsemane 261-263; T.BOMAN: Gebetskampf 264.
7 Nach R.BULTMANN, Geschichte 233, wird hier Jesu Gehorsam veranschaulicht; K.G.
  KUHN, Gethsemane 265, sieht die beiden Einzelerzählungen von den Motiven der
  'Stunde' und der 'Versuchung' geprägt; T.BOMAN, Gebetskampf 264, will hier ein
  weit vor der eigentlichen Passion liegendes Ereignis wiedererkennen u.s.w.

Gegen diese Art des Vorgehens könnte eingewendet werden, daß die
Atomisierung der einzelnen literarkritischen Lösungsvorschläge diesen
nur zum Teil gerecht wird, weil ein wesentliches Moment ihrer Beweisführung in dem Zusammenstimmen einer Reihe von (für sich genommen nicht
immer eindeutigen) Beobachtungen besteht. Doch schon die Tatsache, daß
es ganz verschiedene solcher 'Zusammenstimmungen' gibt, sollte hier
zur Vorsicht mahnen. Will man nicht der Suggestion in sich schlüssiger
Konstruktionen verfallen, so sind Beobachtung und Deutung streng zu
trennen. Der particula veri dieses Einwandes - das Zusammenstimmen
mehrerer Indizien hat als Bestätigung einer Hypothese über die Einzel-
beobachtungen hinaus Eigengewicht - wird durch exkursartige Beschäftigung mit einzelnen Lösungsvorschlägen Rechnung getragen. Zunächst aber
ist der Text unvoreingenommen Vers für Vers zu prüfen, wobei er bis
zum Beweis des Gegenteils als Einheit verstanden wird. Nur wo der
Annahme literarischer Einheitlichkeit ernsthafte Schwierigkeiten ent-
gegenstehen oder wo eine Reihe von Indizien die Überarbeitung durch
eine spätere Hand vermuten lassen, erscheint der (ja immer hypotheti-
sche) Versuch der Dekomposition samt den dadurch bedingten Folgerungen
für die Auslegung berechtigt. Ein solches Verfahren hat den offenkundigen Vorteil, weit mehr auf den Text einzugehen als die entgegengesetzte
Haltung, die an ihn von vornherein mit der Frage herantritt, "ob der
Evangelist nicht gerade innerhalb des Passionsberichtes in besonderer
Weise redaktionell tätig geworden sein kann?"[8]

Hier erhalten die ästhetischen, historischen und theologischen Vorurteile des jeweiligen Exegeten ein Übergewicht, das, wie gezeigt
werden wird, der Willkür bei der Auslegung Vorschub leistet. Es kann
natürlich nicht ausgeschlossen werden, daß der Text eine sehr viel
stärkere Umarbeitung erfahren hat als im Folgenden dargestellt wird.
Es ist eben nur die Frage, inwieweit sich dies *wahrscheinlich* machen
läßt, denn die Beweislast haben hier zunächst diejenigen zu tragen,
die solche Umarbeitungen zu erkennen meinen. Wo ein solcher Nachweis
nicht überzeugend gelingt, wird man lieber den vorhandenen Text als
Einheit zu verstehen suchen als eine ungewisse Urgestalt zu postulieren, die u.U. nur die Beschränktheit des eigenen Textverständnisses
wiederspiegelt oder aus methodischen Voraussetzungen resultiert, die
dem Text nicht angemessen sind.

Abgelehnt wird auch die weithin übliche Gleichsetzung von redaktioneller Gestaltung und markinischer Neuschöpfung. Schon die synoptischen
Seitenreferenten zeigen, daß die Wiedergabe einer Begebenheit in der jeweils eigenen Sprache zumeist auf Umformung vorhandener Tradition und

---

8 L.SCHENKE: Studien 3.

nicht auf Neubildung beruht. Selbst wo sich also markinischer Stil
in unserer Perikope wahrscheinlich machen läßt, muß daher nochmals
gesondert untersucht werden, ob hier eine Hinzufügung, eine Überarbeitung oder - was zumeist außer Acht gelassen wird - auch eine
kürzende Zusammenfassung.

Endlich ist auch strikt zwischen der literarischen Einheitlichkeit
des Textes und der historischen Plausibilität des jeweils Berichteten
zu unterscheiden. Was im Blick auf die äußere Wahrscheinlichkeit ein
Widerspruch ist (z.B. entfallen beim Schlaf der Jünger die Zeugen für
das Gebet), kann durchaus seine innere Logik haben und berechtigt daher nicht von vornherein zu einer *literarkritischen* Dekomposition
des Textes. Die Frage der Historizität ist erst ein allerletzter me-
thodischer Schritt. Sie wird daher in einem Exkurs gesondert behandelt.
Neben den literarkritischen setzt sie v.a. auch formgeschichtliche
Untersuchungen voraus, da erst letztere die Eigenart dieses Textes
voll verständlich machen.

Im Anschluß an die Darstellung und Diskussion der einzelnen Einwände gegen die Einheitlichkeit des Textes werden - den Ertrag der
Auseinandersetzung zusammenfassend und sie v.a. durch formgeschichtliche Beobachtungen ergänzend - Struktur und Aufbau der Perikope
deutlich gemacht. Die Einsicht in die Eigenart der Erzählung und die
hinter ihrer Ausformung stehende Gesetzmäßigkeit ermöglicht dann auch
eine gegenüber der üblichen literarkritischen Methode modifizierte,
textgerechtere Erklärung jener Perikope.

Nicht eingegangen wird auf Dekompositionen des Textes, die sich nicht oder nur zu
einem geringen Teil der Einzelanalyse des Textes, sondern übergreifenden Untersuchungen verdanken[9]. Doch wird die dieses Kapitel abschließende eigene Interpretation
des Textes im Blick auf seine Struktur und Form zeigen, ob und inwiefern solche
Operationen dieser Erzählung gerecht zu werden vermögen.

Die Beantwortung der zweiten Frage nach der Verankerung im Kontext
wird im Anschluß an die Diskussion der Einheitlichkeit des Textes v.a.
davon abhängen, inwieweit sich die Erzählung isolieren läßt bzw. wie
wesentlich der Zusammenhang der Passion für ihr Verständnis ist. Auf
das vielverhandelte Problem einer vormarkinischen Passionsgeschichte[10]
und ihres Umfanges wird hier nur eingegangen, soweit es für das Verständnis des Textes unumgänglich ist.

---

9 Z.B. die Herausarbeitung von drei Quellen durch M.-E.BOISMARD: Synopse 390-394.
10 Die beiden wichtigsten Argumente für die Existenz eines solchen vormarkinischen
   Zusammenhanges sind,
   - daß bereits das älteste Kerygma in nuce die Passionsgeschichte enthält und
   diese als gottgewollt bekannte, sodaß hier von Anfang an ein innerer Zusammenhang
   vorhanden war
   - daß hier in der Passionsgeschichte eine Reihe nicht isolierbarer Perikopen
   überliefert sind, die niemals selbstständige Einheiten sein konnten, weshalb
   man sie entweder ganz der Redaktionstätigkeit des Markus zuschreiben oder die

5.2. Diskussion

5.2.1 Zu V.32

5.2.1.1 Doppelungen

Beobachtung: Die Ortsangabe 'Gethsemani' Mk 14,32 'konkuriere' mit
der Angabe 14,26, daß Jesus mit den Jüngern 'zum Ölberg' hinaus ging,
weshalb die Gethsemaneerzählung sich als urspünglich isolierte Einzelerzählung zu erkennen gebe[11].

Diskussion: Zwei Ortsangaben konkurrieren, wenn sie sich gegenseitig ausschließen. Eingeschränkt könnte man auch von einer 'Konkurrenz'
sprechen, wenn eine Ortsangabe überflüssigerweise wiederholt wird.
Beides ist hier nicht der Fall. Wenn auch die genaue Lage von 'Gethsemani' nicht bekannt ist, so spricht doch nichts dagegen, daß jenes
Grundstück am Fuße des Ölbergs lag[12], sodaß jene zweite Ortsangabe die
erste durchaus sinnvoll präzisieren könnte. Solange nicht das Gegenteil bewiesen ist, besteht kein Grund, dies zu bezweifeln.

5.2.1.2 Sprachliche Indizien, die literarkritische Dekomposition
        nahe zu legen scheinen

Beobachtung: Typisch markinisch soll parataktisches. καί, gefolgt
von ἔρχεσθαι sein[13]. Ebenso sei καὶ λέγει τοῖς μαθηταῖς αὐτοῦ "a phrase
of unmistakably Markan design", da Markus zumeist von 'seinen Jüngern'
spricht, während Matthäus und Lukas das absolute 'die Jünger' bevorzugen. Bis auf den Ortsnamen sei daher - so W.H.Kelber[14] - der gesamte Eingangssatz von Markus gebildet worden.

Diskussion: Parataktisches καί ist eine allgemeine Stileigentümlichkeit der semitischen Sprachen und der Übersetzungen ins Griechische[15],
sie findet sich aber ebenso in den volkstümlichen Erzähltexten helle-
nistischer Zeit[16] und kann deshalb nur mit Vorbehalt als individuelles
Stilmerkmal beurteilt werden. ἔρχονται ist, wie das praesens historicum

---

Existenz einer vormarkinischen Passionsgeschichte anerkennen muß.
Vgl. zum weiteren noch G.SCHNEIDER: Passion 19-24; R.PESCH: Überlieferung 150ff.
11 R.BULTMANN: Geschichte 289; vgl. K.G.KUHN: Gethsemane 264 u.a.
12 Zur möglichen Lage des Ortes vgl. G.DALMAN: Orte 338ff; E.POWER: Art. Gethsémani
   DBS 3,632ff.
13 W.H.KELBER: Mark 173.
14 Ebd. 174.
15 Vgl. J.C.HAWKINS: Horae 151.
16 M.REISER: Syntax 99.137.

überhaupt, bei Markus auffällig häufig und wird von den Seitenreferenten, vor allem von Lukas gern vermieden[17]. Da sich zudem die Wendung
καὶ ἔρχεται/ἔρχονται bei Markus nicht selten findet, kann nicht ausgeschlossen werden, daß Markus diesen Eingang der Perikope selbst formuliert hat. Zwingend ist dies jedoch nicht, da
- gerade der "impersonal plural" des ἔρχονται als "characteristic of
simple Semitic narrative" angesehen wird[18]
- das praesens historicum durchaus Kennzeichen einer Übersetzung oder
doch semitisch beeinflußten Stils sein kann und so evt. hinter Markus
zurückverweist: J.C.Hawkins[19] macht auf die analoge Häufigkeit des
praesens historicum in der LXX-Übersetzung des I. Samuelbuches sowie
auf die ebenfalls weit überdurchschnittliche Häufigkeit dieses Erzähltem-
pus bei Josephus und im Johannesevangelium aufmerksam.

Unabhängig davon ist festzuhalten, daß selbst die mögliche Bildung
des καὶ ἔρχονται durch Markus nicht berechtigt, den gesamten Eingangs-
vers dem Evangelisten zuzuschreiben, da sonst
- weder die isolierte Überlieferung des Ortsnamens Gethsemani
- noch das nur hier bei Markus vorkommende Wort χωρίον
- noch der ebenfalls im Evangelium einzigartige Ausdruck οὗ τὸ ὄνομα
- noch der für Markus ungewöhnliche Gebrauch von ἕως ohne ἄν erklärt
werden kann.

Auch die dritte Beobachtung von W.H.Kelber, daß das 'seine Jünger'
im Unterschied zum absoluten Gebrauch bei den Seitenreferenten markinische Stileigentümlichkeit sei, vermag die von ihm daraus gezogenen
Folgerungen nicht zu tragen:
- Fragwürdig ist schon der Schluß von den Seitenreferenten auf Markus,
da spätere Abänderungen keineswegs in der hier unterstellten Eindeutigkeit Rückschlüsse auf die Redaktionsarbeit des Markus zulassen. Besten-
falls vermag ein solcher Vergleich Tendenzen der Überlieferung zu verdeutlichen; aber auch hier ist Vorsicht geboten, da die Überarbeitung
eines vorliegenden Evangeliums etwas anderes ist als dessen Schöpfung
aus einer Vielfalt vorgegebener mündlicher und evt. auch schriftlicher
Traditionen.
- Dem Einwand kommt hier besondere Bedeutung zu. Zwar ist es richtig,
daß die Näherbestimmung der Jünger Jesu durch ein Possessivpronomen
bei Markus weit häufiger ist als bei den Seitenreferenten (36 mal mit
Possessivpronomen, 6 mal ohne dieses, vgl. dagegen Lk 18:11; Mt 31:34)[20].
Es fällt jedoch auf, daß Lukas das absolute οἱ μαθηταί erst ab dem
9. Kapitel seines Evangeliums verwendet - und vielleicht auch dort noch

---

17 Vgl. die Liste von J.C.HAWKINS: Horae 144ff.
18 M.BLACK: Approach 127.
19 J.C.HAWKINS: Horae 143f.
20 Bei der Auszählung wurde der Text von NESTLE/ALAND[26] zugrunde gelegt. Einige
   Stellen sind textkritisch schwer zu entscheiden.

beeinflußt durch Markus -, Matthäus gar erst ab dem 13. Kapitel, dann
allerdings nahezu ausschließlich. Das Possessivpronomen wurde also
erst relativ spät innerhalb des jeweiligen Evangeliums weggelassen,
nachdem die Jünger hinreichend vorgestellt waren. Wir haben es folglich
bei dem absoluten Gebrauch von οἱ μαθηταί mit einer redaktionellen
Überarbeitung des Matthäus und Lukas zu tun. Umgekehrt gilt: Wenn Markus, wie allgemein anerkannt, sein Evangelium weitgehend aus einzelnen
Perikopen und kleineren Sammlungen zusammengestellt hat, so ist für
diese früheren Sammlungen mit großer Wahrscheinlichkeit anzunehmen,
daß diese Texte die - ja bei kleineren Einheiten sinnvolle - Näherbestimmung οἱ μαθηταί αὐτοῦ enthalten haben und Markus den ganzen Ausdruck aus ihnen entnommen hat. Da die Tendenz der Überlieferung in die
entgegengesetzte Richtung verlief, kann dieser Ausdruck vielleicht
sogar als Hinweis auf ältere Tradition verstanden werden[21]. In diesem
Fall wäre zu erwägen, ob das häufige Vorkommen des Possessivpronomens
bei Markus auf das aramäische Suffix zurückgeht.

5.2.2 Zu V.33

5.2.2.1 Inhaltliche Indizien, die literarkritische Dekomposition
        nahezulegen scheinen.

(a) Doppelungen

Beobachtung: Die Perikope wird zweifach eingeleitet: Einmal (V.32)
spricht Jesus zu allen Jüngern und heißt sie sich setzen, dann (V.33)
spricht er nur die drei an. Diese Doppelung sei auffällig und kein
ursprünglicher Bestandteil der Perikope (so J.Weiss, R.Bultmann, E.
Hirsch, K.G.Kuhn, E.Linnemann, E.Schweizer, W.H.Kelber, W.Schenk, L.
Schenke u.a.).
    Bestätigt werde der sekundäre Charakter dieser zweifachen Einleitung
noch dadurch, daß diese Scheidung in V.41 (evtl. schon V.37) wieder aufgegeben ist.
    Die Entstehung der Dublette wird unterschiedlich erklärt: Während
E.Hirsch, K.G.Kuhn, J.W.Holleran u.a. darin ein Indiz für die Zusammen-
arbeit zweier unabhängiger Berichte sehen, versteht die Mehrzahl der
Ausleger diese Doppelung als Ergebnis redaktioneller Überarbeitung,

---

21 W.MOHN, Gethsemane 196, wendet gegen die redaktionelle Herkunft des μαθηταί
   αὐτοῦ noch ein, daß nach der Konzeption des Markus Jesus seit 11,11 nur noch
   von den Zwölfen umgeben war, Markus also nicht 'seine Jünger' geschrieben hätte.
   Zu bedenken ist freilich, daß es zu diesem Zeitpunkt eben keine zwölf Jünger
   mehr waren.

wobei zumeist die Aussonderung der drei Vertrauten als sekundär einge-
schätzt wird, da es sich dabei um einen typisch markinischen Zug
handele (vgl. 5,37 und 9,2). Zudem könne im umgekehrten Fall der Ortsname nicht erklärt werden.

Strittig sind allerdings wieder die Gründe, die Markus zur Einfügung
dieses Zuges bestimmt haben. Soweit man darin nicht vorwiegend ein
literarisches Motiv sieht[22], folgt man entweder der Deutung W.Wrede's[23]
und versteht die Aussonderung als Ausdruck des Messiasgeheimnisses,
oder man glaubt - wohl ebenfalls nicht ganz unabhängig von W.Wrede -,
Markus habe Jesu Gebetskampf in Entsprechung zu 5,37 und 9,2 als Offenbarung darstellen wollen, als Kontrastoffenbarung gleichsam. "Für Markus ist die Offenbarung in Getsemani eine Art Gegengewicht zur Offenbarung auf dem Berg oder in Jairi Haus. Wer Jesus ist, versteht man
erst dann, wenn man von Getsemani Kenntnis nimmt"[24].

Diskussion: Grundsätzlich ist festzustellen, daß das Zu-sich-Nehmen
der engsten Vertrauten in der Stunde der Not als Suchen menschlicher
Nähe historisch durchaus vorstellbar ist: "Videmus Christum luctantem
cum tentatione in horto, quaerere solacium apud tres discipulos ...
Hominem namque solitarium et destitutum notis amicis affligit solitu-
do ..."[25]. Hier dürfte jedoch noch mehr gemeint sein. Die Aussonderung
ist verbunden mit der Offenbarung der Trauer und der Ankündigung des
Gebets. So dürfte auch die Wachsamkeitsforderung nicht bloßes Wachbleiben meinen, sondern eine - wenn auch distanzierte - Teilnahme an
Jesu Anfechtung und Gebet. Auch Paulus kann die Römer in einer Situation tödlicher Bedrohung bitten "συναγωνίσασθαί μοι ἐν ταῖς προσευ-
χαῖς ὑπὲρ ἐμοῦ πρὸς τὸν θεόν, ἵνα ῥυσθῶ ἀπὸ τῶν ἀπειθούντων ..." (Röm
15,30f), und aus der Märtyrerliteratur ist uns der Rückzug vor dem
Martyrium mit wenigen Freunden zum Gebet bekannt (Mart.Pol. 5,1).
E.Lohmeyer[26] hat darüberhinaus auf alttestamentliche Parallelen hingewiesen, in denen der vor Gott Tretende Begleiter mitnimmt, die er dann
vor der eigentlichen Begegnung zurückläßt. Am bemerkenswertesten ist
hier das Beispiel des Mose Ex 24,9-18, wo ebenfalls eine doppelte Aussonderung angedeutet wird: Zunächst werden die 70 Ältesten zum Gottesberg mitgenommen. Nachdem diese zurückgelassen werden, begleitet Josua
weiter Mose, ist dann aber ebenfalls bei der Gottesbegegnung selbst
nicht dabei.

---

22 So L.SCHENKE: Studien 480; nicht ganz deutlich ist, was er mit 'literarischem
   Motiv' meint.
23 Messiasgeheimnis 135f.
24 J.GNILKA: Markus II 259; vgl. W.GRUNDMANN: Markus 399; F.M.URICCHIO/G.M.Stano:
   Marco 584.
25 M.LUTHER: Genesis-Vorlesung WA 42 501,32-35.
26 E.LOHMEYER: Markus 315.

Auch literarisch stellt dieser Zug eine eindrückliche Intensivierung der Erzählung dar: Aus der Gemeinschaft aller Jünger löst sich
Jesus mit den Vertrautesten, denen er seine Not offenbart. Doch auch
diese werden noch zurückgelassen, wenn Jesus allein im Gebet vor seinen Vater tritt. Die drei aufeinanderfolgenden Orte markieren eine
Bewegung hin zum immer Vertrauteren, die Suche nach bergender Beziehung
in der Krise der Anfechtung. Entsprechend bildet dann auch das Schlafen
der eigens zum Wachen ausgesonderten Vertrauten das Pendant zum schweigenden Himmel, wird an denen, die mehr als alle anderen Menschen die
Herrlichkeit Jesu geschaut haben, a minore ad maius die Verschlossenheit der ganzen Welt deutlich. (Ihren Abschluß findet diese Bewegung
dann im Vorwurf an Petrus: Nach dem Zurücklassen der Mehrzahl und dem
Versagen der Drei appelliert Jesus noch an denjenigen, der im ganzen
Evangelium sein markantestes Gegenüber war).

Die gern aufgenommene Erklärung W.Wredes[27], die Aussonderung der Jünger sei ein
Teil des Messiasgeheimnisses, vermag nicht zu überzeugen. In einer kritischen Auseinandersetzung damit kommt H.Räisänen zu dem Ergebnis, daß ein gemeinsamer Nenner
für die Aussonderung der drei Jünger im Markusevangelium kaum zu finden sei, sodaß
diese (mit Ausnahme vielleicht von 5,37) "zweifellos traditionell" seien[28]. Und
selbst wenn man auch 9,2 (wegen des legandarischen Charakters der gesamten Erzählung)
nicht für historisch und ursprünglich halten will, so hat doch die These R.Peschs
mehr Wahrscheinlichkeit für sich, der in Mk 14,33 die historische Vorgabe für diesen
Zug in der Verklärungsgeschichte vermutet[29].

Die zweite Erklärung, Gethsemane solle durch die Aussonderung der Jünger als
eine Art Kontrast- und Ergänzungsoffenbarung stilisiert werden, ist ohne Anhalt
in der Erzählung selbst, in der sich kein Hinweis für den Offenbarungscharakter des
Erzählten findet. (Zudem bedarf diese Perikope aufgrund ihrer für Markus ungewöhn-
lichen Länge und ihrer zentralen Stellung keiner solchen 'Aufwertung', um ihre Bedeutung für die Christologie des Markus zu unterstreichen).

Der Versuch, die Vorzugstellung der Drei hier aus ihrer nachösterlichen Bedeutung
als 'Säulenapostel' zu erklären (vgl. Gal 1f)[30] bleibt nicht nur den Beweis dafür
schuldig, daß die traurige Rolle der Drei hier der Stärkung der Gemeindeführer so
sehr diente, daß man daraus die ganze Einfügung erklären könnte, sondern verwechselt
auch den von Paulus Gal 1f erwähnten *Herrenbruder* Jakobus mit dem (zur Zeit des
Apostelkonzils bereits hingerichteten) Zebedaiden Jakobus.

Der Schluß, die Aussonderung der Jünger sei sekundär, da die Jüngerscheidung am
Ende wieder aufgegeben sei, beruht auf unangemessenen Voraussetzungen. Dem unbefangenen Hörer, der sich der Dynamik der Erzählung aussetzt, ist dies am Schluß

---

27 W.WREDE: Messiasgeheimnis 51ff. v.a. 135.
28 H.RÄISÄNEN: Messiasgeheimnis 142f.
29 R.PESCH: Markusevangelium II 71.398. Dagegen stellt die von W.MOHN, Gethsemane
   197 Anm. 28, als 'Beleg' für die redaktionelle Herkunft der einzelnen Erwähnungen
   der drei ausgesonderten Jünger angeführte Zitatenhäufung eine völlig willkürliche,
   nur im Blick auf das gewünschte Ergebnis vorgenommene Auswahl dar, die etwa
   überhaupt nicht berücksichtigt, daß die (ohne eigene Begründung) zitierten
   Autoritäten an den anderen Stellen z.T. ganz anderer Meinung sind als er und
   mit den anderen von ihnen für traditonell gehaltenen Stellen die jeweilige
   Bildung erklären.
   T.A.MOHR, Passion 229, hat dagegen eingewandt, daß die Aussonderung und das
   Versagen der Drei die übrigen Jünger entlaste. Dabei verkennt er jedoch die
   Zuspitzung der Perikope: Von allen Jüngern über die drei Vertrautesten (V.33f)
   zu Petrus (V.37) zieht sich eine Linie: Die Verlassenheit Jesu macht nirgends
   halt.
30 So W.H.BUSSMANN: Studien 194 und W.SCHMITHALS: Markus II 635.

völlig unwesentlich. Entscheidend ist in diesem Zusammenhang die Beobachtung von
A.Olrik, daß die Logik der Sage (als Paradebeispiel mündlicher Überlieferung) vor
allem dahingeht, daß "die wahrscheinlichkeit immer nur die centralen kräfte der
handlung berücksichtige; die äußere wahrscheinlichkeit gehe sie viel weniger an."
"alles zufällige wird unterdrückt, und nur das kennzeichnende ragt straff und wir-
kungsvoll hervor."[31] (Man mache bei unserer Erzählung nur einmal die Probe aufs
Exempel und versuche, die Aufhebung der Jüngerscheidung am Ende einzufügen. Man wird
dann feststellen, daß dies ganz erheblich die innere Geschlossenheit der Erzählung
stört).

(b) Spannungen, Brüche, Widersprüche

Beobachtung: Die jähe und eine volle Nacht während Angst Jesu sei
aufgrund des Vorangegangenen unverständlich und stehe in direktem Gegensatz zu Jesu vorheriger Gelassenheit: Was "schon bei einer Person
mittlerer Größe unverständlich" wäre, sei "bei einer Persönlichkeit
wie Jesus ... unerklärlich"[32]. Da T.Boman jedoch weder die Erschütterung Jesu noch den Schlaf der Jünger für auf Gemeindebildung zurückführbar hält, folgert er, daß in unserem Text zwei ganz unterschiedliche
Ereignisse zusammengemischt wurden: Ein Gebetskampf Jesu lange vor seiner
Passion und ein (ruhiges) Gebet in der Nacht vor seinem Tod, bei dem die
Jünger eingeschlafen seien[33].

Diskussion: Schon durch das Anlegen eines solchen Maßstabs wird dem
Text Gewalt angetan. J.W.Holleran[34] wendet zu Recht ein: "Boman's
analysis ... is singularly arbitrary, since, on the basis of purely
psychological estimate of the behavior of Jesus and his disciples,
he determines what he regards as a plausible historical sequence for
the events, and then assigns the sources of the text accordingly. This
is a critique not of the text, but of the impressions which the text
has occasioned in the critic". Weiter verkennt T.Boman, daß es eben
in Gethsemane nicht 'nur' um kreatürliche Todesangst geht. Wie schon
oben (S.60) gegen ihn eingewendet, ist es der böse, von Gott trennende
und sein bisheriges Lebenswerk in den Augen der Welt widerlegende Tod,
vor dem der Gottessohn hier zurückschreckt. Und das ist eben etwas
sehr anderes als das gottgewisse Sterben eines Märtyrers.

5.2.2.2 Sprachliche Indizien, die literarkritische Dekomposition
        nahezulegen scheinen.

Beobachtung: Neben der schon erwähnten Vorliebe des Markus für die
Aussonderung der drei Jünger werden auch sprachliche Eigentümlichkeiten
dafür geltend gemacht, daß Markus V.33 selbst gebildet habe:

31 A.OLRIK: Volksdichtung 9.
32 T.BOMAN: Gebetskampf 263.
33 Vgl. ebd.
34 J.W.HOLLERAN: Gethsemane 140.

a) ἤρξασθαι mit Infinitiv Praesens sei typisch markinischer Stil[35].
Ebenso sei

b) θαμβεῖν/ἐκθαμβεῖσθαι "in the New Testament limited to Mark" und daher "an integral component of the Marcan vocabulary"[36]. Nur ἀδημονεῖν
als Hapaxlegomenon könne "in like manner be assigned to either tradition or redaction"[37].

c) Auf W.H.Kelbers Analyse aufbauend folgert G.Mohn[38], daß der ganze
V.33 redaktionell sein müsse, da "für V.33a kein sinnvolles traditionel-
les Stück übrig bleibt".

Diskussion: Demgegenüber ist festzustellen:

a) Ἄρχεσθαι mit Indikativ Praesens ist kein Beleg für markinische
Redaktion. Denn zum einen ist diese Stileigentümlichkeit keineswegs
nur auf Markus beschränkt[39], zum anderen erscheint diese Verbindung
häufiger in der zweiten Hälfte des Evangeliums (10:16), weshalb sie
R.Pesch sogar als ein Kennzeichen vormarkinischer Tradition beurteilt[40].

b) Übereilt ist auch der Schluß von dem viermaligen Vorkommen der Verben θαμβεῖσθαι/ἐκθαμβεῖσθαι auf eine "integral component of the Marcan
vocabulary". Denn abgesehen von der Frage, ob das viermalige Vorkommen
eines Wortstammes einen so weitreichenden Schluß überhaupt zuläßt,
müßte doch zuallererst gezeigt werden, daß die anderen drei Stellen
von Markus redaktionell gebildet oder zumindest überformt sind. Da
jedoch zwei dieser Stellen (16,5.8) häufig, die dritte (9,15) nicht
selten für traditionell gehalten wird, wird man nicht ohne weiteres
auf eine Stileigentümlichkeit des Evangelisten schließen können[41],
sondern nur auf eine Eigentümlichkeit des Matthäus und des Lukas, die
dieses Wort, aus welchen Gründen auch immer, vermeiden. Ungeklärt
bleibt endlich, wie das ἀδημονεῖν tradiert worden sein soll; die Zuwei-
sung dieses ntl. Hapaxlegomen zur Redaktion ist willkürlich.

c) Mit dieser Zurückweisung von W.H.Kelbers Dekomposition sind auch die
darauf basierenden Folgerungen G.Mohns hinfällig.

---

35 W.H.KELBER: Mark 174.
36 Ebd. 174f.
37 Ebd. 175.
38 W.MOHN: Gethsemane 197.
39 Mt: 12mal; Mk: 26mal; Lk: 27mal; Act: 6mal.
40 R.PESCH: Markusevangelium II 395.
41 Es handelt sich wieder um einen - in dieser Weise unerlaubten - Schluß von
   den Seitenreferenten auf die Redaktion des Markus (vgl. S.75).

5.2.3 _Zu V.34_

5.2.3.1 Inhaltliche Indizien, die literarkritische Dekomposition
        nahezulegen scheinen.

(a) Doppelungen

Beobachtung: Die Aufforderung an die Jünger, sich niederzulassen
bzw. zu verweilen, wird doppelt berichtet. V.34b wird daher von den
meisten Auslegern als Dublette zu V.32b aufgefaßt.

Diskussion: Diese 'Doppelung' ist nichts als eine Folge der Aussonderung der Drei (V.33), und dafür gilt das oben (5.2.2.1 zu V.33) Gesagte.

(b) Spannungen, Brüche, Widersprüche

(aa) V.34 versus V.32
Über die bloße Feststellung der 'Dublette' hinaus sind verschiedent-
lich auch Spannungen zwischen beiden Fassungen festgestellt worden,
die deren gemeinsame Herkunft in Frage stellen.

Beobachtung: So konstatiert E.Hirsch sogar einen ausdrücklichen
Widerspruch zwischen beiden Aufforderungen: Während Jesus in V.32 die
Jünger niedersitzen läßt, um allein zum Gebet weiterzugehen, ohne eine
Spur von Angst zu zeigen, spricht er in V.34 seine Not aus und bittet
die Jünger, bei ihm zu bleiben und mit ihm zu wachen[42].

Diskussion: Diese Argumentation stellt eine petitio principii dar,
da der Widerspruch, der die Trennung der beiden Quellen begründen soll,
erst durch das Auseinanderreißen beider Anweisungen Jesu entsteht, die
dann, gegensätzlich gedeutet, gegeneinander ausgespielt werden. Innerhalb der vorliegenden Geschichte ergeben sich die unterschiedlichen
Anweisungen mit Notwendigkeit aus der unterschiedlichen Bedeutung der
beiden Jüngergruppen. Auch daß Jesus nur vor den drei engsten Vertrauten klagt, ist ohne weiteres verständlich.

Beobachtung: L.Schenke wiederum urteilt: "Die Aufforderungen an die
verschiedenen Jüngergruppen (V.32b, 34) sind unterschiedlich formuliert
und stehen daher in Spannung zueinander"[43]. Daraus folge, daß eine von
beiden sekundär sein muß - nach L.Schenke V.32b, da V.34 Voraussetzung
für Vv.37 ist, und V.32b durch das καθίσατε "um eine Nuance konkreter
ist als die entsprechende Aufforderung in V.34 (μείνατε) und sich dadurch gegenüber V.34 als später erweist"[44]. Auch seien die vergleich-

---

42 E.HIRSCH: Frühgeschichte 157.
43 L.SCHENKE: Studien 472.
44 Ebd. 486f.

baren Stellen Mk 1,35 und 6,46 "mit Sicherheit als redaktionell anzusehen", weshalb wohl Markus für die zweimalige Erwähnung des Betens
verantwortlich sein dürfte[45].

Diskussion: Auch L.Schenkes Argumentation überzeugt nicht. Einen
Grund für die Behauptung, daß beide Aufforderungen in Spannung zueinander stünden, nur weil sie unterschiedlich formuliert sind, vermag
ich schlechterdings nicht zu erkennnen. Das Gegenteil wäre auffällig
und würde als Dublette literarkritische Dekomposition nahelegen. L.
Schenkes Behauptung, V.32b sei sekundär, da V.34 die Voraussetzung für
Vv.37f darstelle, setzt voraus, daß nur eine der beiden Aufforderungen
ursprünglich sein könne. Mit der Ablehnung dieser Voraussetzung (s.o.
5.2.3.1a zu V.34) fällt auch die Folgerung. Höchst eigenartig ist in
diesem Zusammenhang auch die These, daß das Konkretere an sich schon
sekundär sei - eine These, der übrigens L.Schenke selbst bei seiner
Analyse der Vv.41f widerspricht[46]. Ebensowenig überzeugt das letzte
Argument. Schon ob Markus 1,35 und 6,46 "mit Sicherheit" redaktionell
sind, ist nicht unumstritten[47] und kann deshalb nicht ohne jede Begründung vorausgesetzt werden. Davon abgesehen muß jedoch auch der Unterschied zwischen jenen beiden kurzen Notizen eines einsamen Gebets ohne
Näherbestimmung und dieser für Markus ungewöhnlich langen, ganz von
Jesu Gebetskampf bestimmmten Erzählung berücksichtigt werden: daß hier
das Verb προσεύχεσθαι nicht schon vor Markus verwendet worden sei,
erscheint mir ausgesprochen unwahrscheinlich.

(bb) V.34a versus V.34b

Beobachtung: Die Klage Jesu V.34a ist eine Anspielung auf Ps 41,6
LXX ἵνα τί περίλυπος εἶ, ψυχή. Da nach W.Schenk diese Anspielung "als
Motivation der Aufforderung zum Hierbleiben und Warten in Vers 34b
nicht sinnvoll ist, sondern vielmehr ein viel zu großes Eigengewicht
hat, so ist eben nur diese Aufforderung als ursprünglicher Bestandteil
der Praes.-hist.-Tradition anzusehen, die voranstehende sachlich selbständige Motivation aber als markinische Erweiterung"[48].

Diskussion: Diese Behauptung ist wenig einleuchtend. Niemand wird
bestreiten, daß V.34a zugleich als Einführung in das Folgende verstanden
werden muß - aber warum soll er deswegen nicht auch die Aufforderung
zum Mitwachen begründen können? Muß man nicht sogar umgekehrt sagen:
Gerade *weil* V.34a zugleich auf die im folgenden dargestelle Not Jesu
hinweist, *weil* er dessen Schmerz und Verzagtheit den Jüngern offenbart,

---

45 Ebd. 487.
46 L.SCHENKE, Studien 468, hält den (konkreteren) Vers Mk 14,42 gegenüber 14,41b
   für ursprünglicher.
47 Vgl. die Kommentare von E.LOHMEYER und R.PESCH z.St.
48 W.SCHENK: Passionsbericht 200.

vermag er die Aufforderung zum Wachen erst wahrhaft zu begründen und
zugleich die Tiefe des Versagens aufzuzeigen. Zum Beten allein bedurfte Jesus seiner Jünger jedenfalls nicht.

(cc) V.34 versus Vv.35ff

Beobachtung: W.H. Kelber sieht hier in der Darstellung eine Spannung zwischen Jesus und seinem Geschick einerseits und den Jüngern und
ihrer Aufgabe andererseits (die schon Matthäus empfunden und verbessert
habe: γρηγορεῖτε μετ'ἐμοῦ): "... the Markan Jesus simply admonishes
the disciples and Peter to stay awake (v.34c.37c) - irrespective of
Jesus' prayer struggle. The disciples emerge as persons in their own
right who are called upon to obey for their own sake and in their own
interests"[49].

Diskussion: Diese Behauptung hat keinen Anhalt am Text. Denn die
erste Aufforderung steht in direktem Begründungszusammenhang mit Jesu
Trauer, meint also schon von daher ein Mit-Wachen, und die Vv.37f sind
eingebettet in die Gebetsgänge und aus diesem für sie konstitutiven
Bezug nur durch die Auflösung des Zusammenhangs zu lösen. Dafür aber
soll dieser 'Widerspruch' ja ein Anlaß sein, womit auch hier vorausgesetzt wird, was erst zu beweisen wäre.

5.2.3.2 Sprachliche Indizien, die literarkritische Dekompostion nahezulegen scheinen.

Beobachtung: 6 mal verwendet Markus das Wort γρηγορεῖν, dreimal
in der Parabel vom Türhüter (Mk 13,33-37) und dreimal hier in der Gethsemaneerzählung. Da die Verwendung des Wortes γρηγορεῖν in Mk 13,33-37
auf Markus zurückgehe, wie W.H.Kelber (unter Verweis auf R.Pesch, Naherwartungen S.199-202) voraussetzt, ist es für ihn "therefore not
implausible to detect the Markan editiorial hand in a recurrence of
the motif of watchfulness in the Gethsemane story"[50]. Da zudem auch
die Motive des Schlafens (καθεύδειν) und Findens (εὑρίσκειν) in der
Parabel vom Haushalter erscheinen, schließt W.H.Kelber weiter: "Not
only the three disciples' appearance itself, and not merely their
markedly unenlightening performance, but more specifically their
failure to stay awake despite the admonition to watch - this whole
complex of ideas is a Markan construction"[51].

Diskussion: Schon der Schluß von einer einzigen Parabel auf Wortwahl und Gesamtinteresse des Evangelisten ist gewagt. Es kommt hinzu,
daß auch die von W.H.Kelber gemachten Voraussetzungen zweifelhaft sind:

---

49 W.H.KELBER: Mark 176.
50 Ebd. 171.
51 Ebd. 171.

R.Pesch, der Gewährsmann W.H.Kelbers für Mk 13,33-37, hat zwar die
allegorische Überarbeitung der Parabel und ihre Eingliederung in die
gesamte Rede der Redaktion des Evangelisten zugeschrieben, allein das
- für den Grundbestand der Parabel ja konsitutive - Motiv des Wachens
war Markus dort nach R.Peschs Meinung zumindest einmal[52], nach seiner
späteren Meinung sogar zweimal[53] vorgegeben. Der Evangelist hat also
in Mk 13,33-37 den Gedanken der Wachsamkeit nur unterstrichen. Aus
dieser Tatsache zu schließen, der gesamte Komplex von Wachsamkeitsforderungen und Jüngerschlaf sei von Markus frei gebildet worden, mutet
abenteuerlich an. Hinzu kommt, daß R.Pesch auch bei den Motiven des
'Schlafens' und 'Findens' annimmt, daß sie entweder aus der Gehtsemane-
erzählung in die allegorisierende Parabel Mk 13,33-37 eingedrungen
sind[54] oder auch dort Markus bereits vorgegeben waren[55].

5.2.4 Zu Vv.35f

5.2.4.1 Inhaltliche Indizien, die literarkritische Dekomposition
        nahezulegen scheinen.

(a) Doppelungen

Beobachtung: Die auffälligste Dublette der gesamten Erzählung ist
die zweifache Wiedergabe des Gebetes Jesu, zunächst in indirekter, dann
in direkter Rede. Allein schon dieser Tatbestand der Doppelung wird
zumeist als ausreichendes Indiz für literarische Uneinheitlichkeit beurteilt.

Diskussion: Wiederholung ist eines der Hauptgesetze der Erzählung.
Wiederholung unterstreicht die Bedeutung eines Vorganges. Dazu gehört
auch die Vorwegnahme der direkten Rede durch eine kurze Charakterisie-
rung des Zustandes - ein solcher Fall liegt z.B. in unserer Perikope
selbst in den Vv.33f vor -, durch ein vorgezogenes Selbstgespräch (vgl.
Lk 15,17ff) oder eben durch indirekte Rede. Im AT findet sich gerade
letzteres an markanten Stellen, besonders auch in Krisensituationen,
welche so zunächst berichtend aus der Sicht des Betrachters, dann in
wörtlicher Rede aus der Sicht des Betroffenen wiedergegeben werden:

"Da tat Hiob seinen Mund auf
und *verfluchte seinen Tag*.

---

52 Vgl. R.PESCH: Naherwartungen 196-199.
53 Vgl. ders.: Markusevangelium II 316.
54 Vgl. ders.: Naherwartungen 201.
55 Vgl. ders.: Markusevangelium II 316.

Und Hiob sprach:
'Ausgelöscht sei der Tag, an dem ich geboren bin,
und die Nacht, da man sprach: ein Knabe kam zur Welt'." (Hiob 3,1-3)

"Er (sc. Elia) aber ging hin durch die Wüste eine Tagreise lang
und setzte sich unter einen Wachholder
und *bat, daß seine Seele stürbe*
und sprach:
'Es ist genug Herr,
so nimm meine Seele,
ich bin nicht besser als meine Väter", (I Reg 19,4)[56].

Speziell für Markus hat F.Neyrinck auf die Bedeutung der 'duality' hingewiesen.
Es handle sich dabei keineswegs um bloße Wiederholung, sondern um eine ganzheitliche
Darstellung einer Sache durch eine zweifache Aussage[57]. In diesem Zusammenhang warnt
F.Neyrinck vor Quellenscheidung oder sonstiger literarkritischer Dekomposition
allein aufgrund von Wiederholungen[58]. "What is alleged to be a redactional correc-
tion, clarification or interpretation might be a part of the original expression"[59].

Die bloße Tatsache der zweifachen Wiedergabe des Gebetes berechtigt
folglich noch in keiner Weise zu literarkritischen Dekompositionen,
zumal es sich, wie die angeführten atl. Beispiele gezeigt haben, um ein
stilistisches Mittel zur Intensivierung der Darstellung handelt.

Von daher sind auch die Versuche zweifelhaft, die durch die Feststellung von 'Gesetzmäßigkeiten' in der Überlieferungsgeschichte die
eine oder andere Fassung des Gebetes als sekundär erweisen wollen. Denn
hier wird vorausgesetzt, was eben nicht vorausgesetzt werden kann: daß
nur eine der beiden Gebetsfassungen ursprünglich sein könne. Über diesen
grundsätzlichen Einwand hinaus lassen sich auch die behaupteten Gesetzmäßigkeiten im Blick auf die Bevorzugung indirekter oder direkter Rede
nicht nachweisen; die Widerlegung dieser Thesen kann als weitere Bestätigung der bisherigen Beurteilung des doppelten Gebetes dienen.

Exkurs 2: 'Gesetzmäßigkeiten' im Gebrauch direkter oder indirekter
Rede.

(a) Direkte Rede als Charakteristikum volkstümlicher Überlieferung

Beobachtung: Die Vermeidung indirekter Rede und die Bevorzugung der
direkten Rede ist nach L.Schenke ein allgemeines Gesetz volkstümlicher
Überlieferung. Auch im Markusevangelium komme die indirekte Rede nur
an 24 Stellen vor und sei dort zumeist - an zwölf Stellen sicher -
redaktionell[60].

Diskussion: L.Schenkes Beweisführung ist äußerst fragwürdig:
- Nahezu ein Drittel der von L.Schenke als Beleg für indirekte Rede im
Markusevangelium angeführten Stellen enthält keine indirekte Rede, son-

---

56 Vgl. weiter Gen 37,18-20; Ps 32,5; Jon 4,8; Dan 2,19b.20; IV Esr 12,6-8 u.ö.
57 F.NEIRYNCK: Duality 45ff; vgl. J.C.HAWKINS: Horae 141.
58 F.NEIRYNCK: Duality 49f.
59 Ebd. 50.
60 L.SCHENKE: Studien 497f.

dern Finalsätze, Infinitive oder nur ein (manchmal doppeltes) Objekt
(4,10; 6,41.45; 7,17; 8,6bis; 10,10; 14,64). Bei einigen anderen Stellen könnte man darüber streiten, ob es sich um oratio obliqua handelt;
als Parallele zu Mk 14,35 sind jedenfalls nur ein Teil der von L.Schenke
angeführten Stellen überhaupt tauglich.
- Ohne nähere Begründung bezeichnet L.Schenke zwölf dieser 'Belege'
für indirekte Rede als "mit Sicherheit redaktionell". Einer Begründung
hätte es aber sehr wohl bedurft, denn von diesen "mit Sicherheit" redaktionellen Stellen hält R.Pesch in seinem Kommentar 11 (!) für vormar-
kinisch, und zwar mit Begründung. Es würde zu weit führen, die Herkunft
dieser Stellen hier selbst zu untersuchen; der Verweis auf R.Pesch soll
nur zeigen, daß es auf keinen Fall angeht, einfach Stellen für redaktionell zu erklären und dann damit zu argumentieren und weitere Schlußfol-
gerungen daraus zu ziehen.

(b) Direkte Rede als Charakteristikum späterer Überarbeitung.

Beobachtung: Im Gegensatz zu L.Schenkes Behauptung einer auch in der
vormarkinischen Tradition wirksamen Gesetzmäßigkeit, direkte Rede zu
bevorzugen, wohingegen das umgekehrte Phänomen auf redaktionelle Überarbeitung hinweise, sieht R.Bultmann in der gesamten Überlieferungsgeschichte eine "gewisse Gesetzmäßigkeit", indirekte Rede in direkte
Rede umzuwandeln. Als Beleg für diese These führt er zehn Beispiele aus
dem Verhältnis Markus - Matthäus an, wo Matthäus indirekte Rede in eine
direkte umgewandelt habe. Dem stehe nur *ein* umgekehrtes Beispiel
gegenüber. Entsprechend kommt R.Bultmann zu dem entgegengesetzten Schluß,
daß V.36 eine sekundäre Nachbildung von V.35 sei[61].
Diskussion: Zunächst ist auch hier wieder auf die begrenzte Berechtigung eines Schlusses von der Redaktion der synoptischen Seitenreferenten auf die Redaktion des Markus hinzuweisen. Darüberhinaus sind auch
die Voraussetzungen für R.Bultmanns These einer 'gewissen Gesetzmäßigkeit'[62] anfechtbar.
- Bereits E.P.Sanders[63] wirft R.Bultmann hier vor, "that such selective
listing is misleading". Aufgrund eigener Untersuchungen kommt er zu
dem Ergebnis, daß Matthäus 15mal eine indirekte Rede des Markus in eine
direkte umgewandelt habe, 7mal jedoch eine direkte in eine indirekte[64],
wodurch die von R.Bultmann behauptete Tendenz bereits erheblich an Eindeutigkeit einbüßt. Dieser Eindruck verstärkt sich noch, wenn man bei

---

61 R.BULTMANN: Geschichte 340ff.
62 Ebd. 342; vgl. 289.
63 E.P.SANDERS: Tendencies 259 Anm. 1.
64 Ebd. 261.

Matthäus nach den jeweiligen Gründen für die Umwandlung fragt. F.Nei-
rynck hat gezeigt, daß diese sehr unterschiedlicher Natur sind[65].
Häufig war die Umarbeitung des Textes aufgrund spezieller redaktioneller
Interessen des Matthäus, bisweilen auch eine mögliche Abhängigkeit von
Q der Anlaß.
- Der angeblichen Gesetzmäßigkeit völlig entgegengesetzt ist das Verhältnis Markus - Lukas: Hier hat Lukas 6mal indirekte Rede in direkte
verwandelt, 11mal jedoch direkte Rede in indirekte. "If the tendency
of the tradition was to substitute direct speech for indirect, then it
appears that the order of the Gospels was Luke, Mark, Matthew"[66].

Die angeblichen Tendenzen heben sich also gerade auf, und es ist
nicht möglich, "to draw a fair conclusion on the basis of statistical
comparison of the simple use of *oratio recta* and *oratio obliqua*"[67].
Im Blick auf unseren Text heißt dies: "So it is clear that Mk xiv 35,36
is not to be judged in terms of a general tendency of the gospel tradition"[68].

(b) Spannungen, Brüche, Widersprüche

(aa) Die unterschiedlichen Metaphern in V.35 und V.36
Beobachtung: "Daß die beiden Fassungen des Gebets ursprünglich
nicht zusammengehörten, zeigt sich bereits an den verschiedenen Metaphern (Kelch / Stunde). Wäre V.35 als Einführung zu V.36 gedacht,
sollte man diesselbe Metapher erwarten"[69].
Diskussion: Es ist eine etwas seltsame Behauptung, daß die unterschiedlichen Metaphern in beiden Gebetsfassungen bereits deren unterschiedliche Herkunft bewiesen. Denn Metaphern haben ja den Sinn, einen
Sachverhalt 'eigentlicher' als das nomen proprium darzustellen, sie
wollen durch den Übertragungsvorgang zugleich das Verhältnis zum Bezeichneten aussagen[70]. Dies kann durchaus auch durch zwei, sich in
ihrem Bedeutungsgehalt gleiche (vgl. Jes 51,17.22) oder ergänzende
Bildworte geschehen: Letzteres hat sogar im Envangelium selbst eine
unmittelbare Parallele (Mk 10,38), wo ebenfalls das Kelchbild durch
die Metapher der 'Taufe' ergänzt wird (vgl. weiter Lk 12,49f: Taufe/
Feuer). Nur wenn dies für ὥρα und ποτήριον nicht zutreffen könnte -
sei es, daß sich die Bedeutungsinhalte widersprächen, sei es, daß die
Eindeutigkeit des einen Bildwortes durch das andere gestört würde -

---

65 Duality 66f.
66 E.P.SANDERS: Tendencies 261.
67 F.NEIRYNCK: Duality 67.
68 Ebd. 69f.
69 E.LINNEMANN: Studien 11.
70 S.u. S.175.

wäre E.Linnemann recht zu geben. Daß E.Linnemann unrecht hat, wird
die Begriffsanalyse deutlich zeigen. Vorerst sei nur auf Apk 14,7-10
verwiesen, wo die Metaphern der 'Stunde' und des 'Kelches' im gleichen
Zusammenhang verwendet werden.

(bb) Differenzen zwischen zwischen den beiden Gebetsfassungen, die auf 'dogmatische Korrekturen' hinzuweisen scheinen

(1) V.35 als Korrektur von V.36

Beobachtung: Nach L.Schenke zeigen Differenzen im Gebet, daß nicht
beide Fassungen auf einen Autor zurückgehen können. Andererseits könnten
die parallelen Formulierungen nur durch literarische Abhängigkeit erklärt werden, d.h. eine der beiden Fassungen müßte der anderen nach-
gebildet sein[71]. Ehe L.Schenke dies jedoch im einzelnen aufzeigt, postuliert er, daß eine der beiden Gebetsfassungen von Markus formuliert sein
müsse, um das Gebet in Gethsemane den Leidensweissagungen anzugleichen,
zu denen es in Spannung steht[72]. Im folgenden geht es daher für L.Schen-
ke nur noch darum herauszufinden, welche Fassung des Gebets diesem
Postulat entspricht, und dies ist für ihn V.35b, der die Bitte von
V.36 von vornherein faktisch zurücknehme.

Einen entscheidenden Unterschied entdeckt L.Schenke gleich zwischen den beiden
Eingangsformeln des Gebetes, πάντα δυνατά σοι (V.36) und εἰ δυνατόν ἐστιν (V.35).
"In V.36 ist damit ein allgemeines, auch sonst belegtes Theologumenon von der Allmacht Gottes bzw. der Götter wiedergegeben ... Da πάντα δυνατά σοι im Gebet V.36
eher als fromme Einleitungsformel denn als Begründung für die nachfolgende Bitte
angesehen werden muß, ist deutlich, daß diese Wendung für den Inhalt des Gebetes
keine konstitutive Bedeutung besitzt ... Gleichzeitig aber wird aus der Benutzung
dieser Formel in V.36 deutlich, daß der Erzähler an der grundsätzlichen Möglichkeit
der Allmacht Gottes festhält, den 'Kelch' von Jesus wegzunehmen. Es war also der
freie Wille Gottes, daß Jesus diesen Kelch auskosten mußte. Dieser Wille Gottes ist
nach der Meinung des Erzählers dem betenden Jesus offenbar noch nicht voll einsichtig. Dennoch unterwirft sich Jesus in freiem Gehorsam dem Willen des Vaters (V.36c).
    In eine ganz andere Richtung weist das εἰ δυνατόν von V.35b. Hier ist nicht die
Allmacht Gottes angesprochen, sondern sein Heilsplan. In diesem Heilsplan verwirk-
licht sich der unabänderliche Heilswille Gottes, nach der der Menschensohn leiden
und sterben muß (vgl. 8,31; 9,12; 14,21). Dieser Heilsplan wird durch das εἰ δυνατόν
in keiner Weise in Zweifel gezogen oder negiert, sondern die Zustimmung zu ihm wird
durch die Wendung vielmehr gerade betont. Nur wenn es sich mit dem göttlichen Plan
verträgt, soll die Bitte Jesu gelten. Das aber bedeutet, daß die Bitte Jesu von vornherein eingeschränkt, ja fast zurückgenommen wird. Sie hat in sich gar keine Eigen-
bedeutung, wirkt fast rhetorisch. Dagegen liegt auf dem εἰ δυνατόν der Ton. Aus ihm
wird deutlich, daß Jesus sich schon längst und schon immer dem göttlichen Heilsplan
unterworfen hat.
    Daß hier eine deutliche sachliche Veränderung gegenüber V.36 vorliegt, dürfte
offenbar sein. In V.36 hat die Bitte Jesu nämlich durchaus Eigenwertigkeit. Sie wird
auch durch V.36c eigentlich nicht zurückgenommen oder eingeschränkt. Sie bleibt als
Bitte bestehen. Jesus unterwirft sich aber dem Willen Gottes, auch wenn seine Bitte
nicht erhört wird. In V.35b wird jedoch die Bitte ausdrücklich nur für den Fall gestellt, daß sie mit dem Heilsplan Gottes übereinstimmt. Das bedeutet, daß die Bitte

---

71 L.SCHENKE: Studien 494.
72 Ebd. 495.

eigentlich in sich gegenstandslos ist, da ihre Erfüllung eben nicht möglich ist
gemäß dem göttlichen δεῖ, das über dem Leiden Jesu steht. Diesem δεῖ hat sich Jesus
in V.35b durch die Formulierung εἰ δυνατόν schon unterworfen"[73].
Nur Markus könne "für diese Umbiegung des Gebetsgedankens verantwortlich sein.
Er hat damit versucht, daß mißverständliche Gebet Jesu V.36 in die Linie seiner
Leidenstheologie einzubauen"[74].

Diskussion: L.Schenkes Argumentation als ganzer haftet der Mangel
an, daß er seine literarkritische Analyse von vornherein in den Dienst
der Verifizierung eines Postulates stellt, das mit der Perikope für sich
nichts zu tun hat: Aus dem Gefühl eines Mißverhältnisses zwischen diesem
Gebetskampf Jesu und den Leidensweissagungen wird von L.Schenke postuliert, daß Markus diese Spannung ausgleichen mußte. Das doppelte Gebet
wird nur noch unter dieser Prämisse analysiert.

Zum einen hat sich L.Schenke dadurch den unbefangenen Blick auf die
Doppelfassung des Gebetes verstellt. Zu welchen exegetischen Fehlein-
schätzungen diese Vorentscheidung führte, wird das Folgende zeigen.

Zuvor ist jedoch noch auf einen zweiten und ebenso schwerwiegenden
Fehler hinzuweisen, der außer L.Schenke auch anderen Auslegern[75] anzu-
lasten ist: Die diskussionslose Zurückführung einer Spannung auf die
verschiedene Herkunft der in Spannung zueinander stehenden Elemente
(deren Ausgleich dann einem Redaktor nur unzureichend geglückt sei)
ist ein höchst anfechtbares Unterfangen. Denn es kommt gar nicht in
den Blick, daß eine Spannung auch *gewollt* sein kann. Schon wo ein Erzähler dem ja auch nicht widerspruchsfreien Leben Rechnung trägt, sind
Spannungen zwischen einzelnen Entscheidungen oder Taten, zwischen Vorsatz und Tat, zwischen wechselnden Neigungen o.ä. nicht auszuschließen.
"Ich bin kein ausgeklügelt Buch / ich bin ein Mensch mit seinem Widerspruch" läßt C.F.Meyer seinen Hutten sprechen[76]. Dies gilt in besonderem
Maß dort, wo das Leben in eine Krise kommt, die seinen bisherigen Zusammenhang in Frage stellt, ja aufhebt, wie dies in Gethsemane ohne
Zweifel der Fall ist. In einer Krise ist die Spannung zum bisherigen
Zusammenhang geradezu konstitutiv, und Gethsemane will eine Krise darstellen, die Krise des Gottessohnes, der hier plötzlich als der zagende,
klagende und angefochtene vor Augen gemalt wird. Was immer der Sinn
dieser Spannung ist, - eine Auslegung hat dieses ja für die ganze
Markuspassion bestimmende Phänomen (vgl. Mk 15,34) zu erklären und
nicht durch literarkritische Dekomposition wegzuerklären.

Über diese grundsätzliche Kritik hinaus ist L.Schenkes Argumentation
auch im einzelnen zu widersprechen:
- Schon die Tatsache, daß im Blick auf die in Jesu Gebet zum Ausdruck
kommende Unterwerfung sonst meist entgegengesetzt argumentiert und

---

73 Ebd. 499f; ähnlich argumentiert T.A.MOHR: Passion 232f.
74 L.SCHENKE: Studien 500f.
75 Z.B. K.G.KUHN: Gethsemane 262f.
76 C.F.MEYER: Huttens letzte Tage XXVI,10f.

V.36 als Abmilderung verstanden wird, zeigt, daß die Hintanstellung
der eigenen Bitte in dem ἀλλ' οὐ ... V.36c mindestens ebenso deutlich
zum Ausdruck kommt wie durch das - solches nur implizierende- εἰ
δυνατόν in V.35 (das L.Schenke stark überinterpretiert).
- Nicht korrekt ist die Berufung auf W.C.van Unnik[77] für die Behauptung,
daß jenes 'Alles ist dir möglich' "als fromme Einleitungsformel ...
für den Inhalt des Gebetes keine konstitutive Bedeutung besitzt"[78].
Nach W.C.van Unnik handelt es sich bei dieser Formel um das "wirkliche
Glaubensbekenntnis eines Menschen, für den keine einzige Möglickeit
mehr besteht und der jetzt Gott den Helfer anruft"[79]. Es geht folglich,
wie auch W.C.van Unnik feststellt[80], gerade nicht um ein bloßes Festhalten "an der ... Möglichkeit der Allmacht Gottes"[81].
- Damit hängt ein Weiteres zusammen: Die Unterscheidung von Gottes
"unabänderlichem Heilswillen", um den es in V.35b gehen soll, und
Gottes Allmacht, seinem "freien Willen" in V.36 ist ohne Anhalt in der
Perikope wie im ganzen Evangelium. Was soll man sich auch darunter
vorstellen? Ist Gottes freier Wille als Gleichgültigkeit, Interesse-
losigkeit, als die Bindungslosigkeit einer potentia absoluta verstanden? Nur so ließe er sich jenem "unabänderlichen Heilswillen" entge-
gensetzen, der ja auch Gottes Wille, Gottes Versöhnungswille und als
solcher wohl nicht unfrei ist. Abstrakt und klischeehaft ist in diesem
Zusammenhang überhaupt die Rede von Gottes 'Plan', für die L.Schenke
einzig auf das δεῖ von Mk 8,31 verweist, ohne weiter über diese Kategorie Rechenschaft abzulegen. Der Gedanke eines fest umrissenen göttlichen Plans findet sich erst bei Lukas (vgl. Lk 22,22; Act 2,23; 10,42).

(2) V.36 als Korrektur von V.35

Beobachtung: Auch E.Hirsch sieht zwischen den beiden Versen eine
Differenz, sogar einen direkten Widerspruch. Allerdings kommt er zu
dem entgegengesetzten Ergebnis wie L.Schenke: Ursprünglich (hier im
Sinne der älteren und unverfälschten Quelle) ist für E.Hirsch V.35,
denn in diesem ist "Jesu Gebet zu Gott ... in indirekter Rede wiedergegeben; es enthält die dogmatisch inkorrekte Wendung: 'wenn es (Gotte)
möglich ist'; es hat keinen Ergebungsschluß"[82]. Ganz anders verhalte
es sich dagegen mit V.36: "Jesu Gebet zu Gott ist in direkter Rede
wiedergegeben; es enthält die dogmatisch korrekte Aussage: 'Alles ist
dir möglich'; es hat einen Ergebungsschluß"[83]. In abgeschwächter Form

---

77 W.C.van UNNIK:'Alles ist dir möglich' 29.
78 L.SCHENKE: Studien 499.
79 W.C.van UNNIK: 'Alles ist dir möglich' 36.
80 Ebd. 36.
81 L.SCHENKE: Studien 499.
82 E.HIRSCH: Frühgeschichte 156.
83 Ebd. 156f.

schließt sich E.Linnemann dieser Position an: Ihrer Meinung nach muß
V.36 als (redaktionelle) Korrektur von V.35 verstanden werden[84].

Diskussion: Auch dieser Versuch überzeugt nicht:

- Es leuchtet nicht ein, warum das εἰ δυνατόν hier als eine Einschränkung der göttlichen Allmacht zu verstehen sein soll. 'Wenn es möglich
ist' kann im Zusammenhang der Erzählung nur heißen: Wenn es mit deinem
Willen vereinbar ist. (Im übrigen bleibt E.Hirsch die Antwort darauf
schuldig, was denn der göttlichen Allmacht so unüberwindliche Schwierigkeiten hätte bereiten sollen. Die Verhinderung der Passion kann es
jedenfalls nicht sein, dazu hätte Jesus nur fliehen müssen). Der 'Widerspruch' entsteht auch hier erst durch eine von außen in die Geschichte
hineingetragene Voraussetzung, in diesem Fall durch die Annahme zweier
vorwiegend nach dogmatischen Gesichtspunkten unterschiedener Quellen.
Erst so wurde es möglich, das erste Gebet aus der Parallelität zum
zweiten zu lösen und dann in das isolierte εἰ δυνατόν ἐστιν den postu-
lierten 'dogmatisch inkorrekten' Sinn hineinzulesen.

- Sowohl die Textgeschichte wie die Redaktion des Matthäus zeigen,
daß der direkte Imperativ der Bitte V.36b als 'dogmatisch' weit anstößiger empfunden wurde als der ganze V.35.

- Eine direkte Ergebungsformel läßt sich stilistisch schlecht in in-
direkte Rede einfügen; deshalb dürfte hier das εἰ δυνατόν ἐστιν diese
Funktion übernehmen. (Auch hier entsteht der Eindruck, es fehle eine
Ergebung, erst durch die Trennung des indirekt formulierten Gebetes vom
Zitat V.36).

5.2.4.2 Sprachliche Indizien, die literarkritische Dekomposition nahezuglegen scheinen

(a) V.35

Beobachtung: Für die Einleitung des Gebetes καὶ προελθὼν μικρόν
macht W.Schenk darauf aufmerksam, daß μικρόν als Adverb zweimal bei
Markus, ebenfalls zweimal bei Matthäus und bei Lukas gar nicht vorkommt. Da Markus dieses Adverb relativ am häufigsten gebrauche, so
W.Schenk, dürfte es ebenso wie das (in 6,33 noch einmal verwendete)
Verb προέρχεσθαι redaktionell sein.[85] Da zudem noch "*dynatos* Vorzugswort ist (5mal, vgl. 3/4) und hier denselben Gedanken wie Vers 36
einbringt, so ist diese Wendung klar als markinischer Zusatz zu bestimmen"[86].

---

84 E.LINNEMANN: Studien 16.
85 W.SCHENK: Passionsbericht 200.
86 Ebd. 201.

Diskussion: Oben wurde schon darauf hingewiesen, wie willkürlich
es ist, aus dem nochmaligen Vorkommen eines Wortes (hier μικρόν und
προέρχεσθαι) auf dessen redaktionelle Herkunft zu schließen. Im Blick
auf diese beiden Worte ist noch weiter festzustellen, daß μικρόν
nur hier lokal verwendet wird und daß sowohl das μικρόν in Mk 14,70
wie das προέρχεσθαι in Mk 6,33 in Texten stehen, die nach Ansicht der
meisten Ausleger vormarkinischer Tradition entstammen. W.Schenk hätte
hier die redaktionelle Herkunft der beiden Worte zumindest wahrscheinlich machen müssen, ehe er sich auf sie als markinische Vorzugsworte
beruft. Das Fehlen eines Wortes bei Lukas erlaubt, wie schon mehrfach
betont, keine direkten Rückschlüsse auf die Redaktion des Markus. Die
gleiche Unsauberkeit eines direkten Schlusses von der Redaktion der
synoptischen Seitenreferenten auf die Redaktion des Markus ist W.Schenk
auch im Blick auf seine Folgerung aus der Häufigkeit des Wortes δυνατός
vorzuwerfen. Außerdem kann selbst bei fünfmaligem Vorkommen eines Wortes
noch nicht ohne weiteres von einem Vorzugswort gesprochen werden, zumal
wenn es, wie δυνατός, ausschließlich in formelhaften Wendungen begegnet: Dreimal in πάντα δυνατά zweimal in εἰ δυνατόν. Man könnte hier
W.Schenk sogar mit seinen eigenen Waffen schlagen: δυνατός erscheint
ja auch in dem von ihm als traditionell behaupteten V.36, und zwar
in der bei Markus insgesamt dreimal (und damit häufiger als εἰ δυνατόν)
begegnenden Wendung πάντα δυνατά (sodaß letzteres sogar noch eher redaktionell sein müßte). Umkehrbar und daher ohne Beweiskraft ist die
Behauptung, δυνατός in V.35 sei sekundär, weil es den gleichen Gedanken
wie V.36 'einbringe'.

(b) V.36

Beobachtung: Ausgehend von einer Beobachtung von J.Jeremias[87],
derzufolge der Eingang des direkten Gebetes V.36a unmarkinisch sein
dürfte, präzisiert G.Mohn: Außer jener Einleitung könne das Gebet
"seine Herkunft von Markus nicht verleugnen: πάντα 'eine der bei Markus
beliebten Steigerungen', δυνατά, ποτήριον hier und 10,38 in einem
Einschub, der einen apokalyptischen Begriff auf die Passion hin interpretiert. Dazu kommt vielleicht noch ἀλλά, das Markus dem πλήν vorzieht"[88].

Diskussion: Zu δυνατός als 'markinisches Vorzugswort' wurde oben
bereits das Nötige gesagt (2.1 zu V.35). Das πάντα gehört zur formelhaften Wendung und kann nicht einfach mit dem sonstigen Gebrauch des
Wortes bei Markus gleichgesetzt werden. Die Behauptung, das Kelchwort

---

87 J.JEREMIAS: Gleichnisse 10 Anm. 2.
88 W.MOHN: Gethsemane 199.

in 10,38 sei ein Einschub, ist vermutlich falsch, wie die Auslegung
von 10,35-40 noch zeigen wird[89]. Die Behauptung, daß Markus das ἀλλά
hier dem πλήν 'vorziehe', beruht wohl wieder auf einem unstatthaften
Vergleich mit den synoptischen Seitenreferenten.

Fazit: Nirgends erscheint eine literarkritische Dekomposition weniger
berechtigt als bei diesem in indirekter und direkter Rede wiedergegebenen Gebet Jesu: In der doppelten Wiedergabe aus der Perspektive des
Betrachters wie des Betroffenen, von 'außen' und 'innen' gewissermaßen,
werden sein Gewicht und seine Dringlichkeit zum Ausdruck gebracht, wird
für Hörer und Leser der erste Schwerpunkt der Erzählung unterstrichen[90].

5.2.5 Zu Vv.37f

5.2.5.1 Inhaltliche Indizien, die literarkritische Dekomposition
nahezulegen scheinen

(a) V.37 versus Vv. 32ff

Beobachtung: Der in der zweiten Person Singular formulierte Vorwurf
an Petrus V.37b steht im Widerspruch zum Schlafen *aller* Jünger und
dürfte somit ein Zusatz des Evangelisten sein[91].

Diskussion: Petrus erscheint bei Markus häufiger als Sprecher und
Repräsentant aller Jünger: So antwortet er Mk 8,29ff, als Jesus eine
Frage an *alle* Jünger stellt; in 9,5 spricht er stellvertretend für
die drei Ausgesonderten, und ebenso hatte er in der Gethsemane unmittelbar vorausgehenden Szene Mk 14,26-31 als Exponent aller Jünger gesprochen (vgl. 14,31fin). So wäre auch hier eine gesonderte Erwähnung, als
pars pro toto gleichsam, nicht ungewöhnlich (und im Zusammenhang mit
der vorangegangenen Selbstempfehlung 14,29.31 sogar naheliegend). Dies
spricht indes noch nicht zwingend gegen die redaktionelle Herkunft
dieser Sonderanrede an Petrus, da sich die für das ganze Evangelium
charakteristische Hervorhebung des Petrus auch markinischer Redaktion
verdanken könnte.

Diese gern geäußerte Hypothese hat ihre Schwierigkeiten. Gegen sie
spricht
(aa) daß die Auszeichnung des Petrus gesamtsynoptisch ist und sich auch
an von Markus unabhängigen Stellen findet (Mt 18,21; Lk 12,41), sodaß
man sie nicht als alleinige Eigenart des Markusevangeliums beurteilen
kann[92],

---

89 S.u. S.182-184.
90 V.TAYLOR: St. Mark 553: "So the reader's attention is assured."
91 So E.LINNEMANN: Studien 11; L.SCHENKE: Studien 508ff; W.MOHN: Gethsemane 200.
92 Vgl. die Aufstellung von O.CULLMANN: Petrus 25ff.

(bb) daß Petrus hier - im Gegensatz zur späteren Literatur - diese Sonderstellung nur als Wortführer im Gespräch mit Jesus eignet, daß er jedoch noch keinerlei leitende Stellung innerhalb des Zwölferkreises hat, wie er sie nach Jesu Tod in der Urgemeinde innehatte[93] und wie sie sich schon in den Petrusszenen der synoptischen Seitenreferenten teilweise spiegelt[94];

(cc) daß Petrus die Jünger *im Guten wie im Schlechten verkörpert*, während eine vom späteren Petrus ausgehende Retrojizierung - sei es, um ihn als Säule der Gemeinde hervorzuheben, sei es, wie neuerdings vermutet (z.B. W.H.Kelber, G.Mohn), um seine die Passion überspielende Christologie zu bekämpfen - doch weit eindeutiger positiv oder negativ sein müßte.

Man kann sicher nicht ausschließen, daß Markus diese Sonderstellung des Petrus noch hervorgehoben hat. Der sofortige Schluß von einer solchen Sonderstellung auf markinische Redaktion ist jedoch nicht gerechtfertigt, auch dann nicht, wenn Petrus als Repräsentant der Jünger oder der auserwählten Drei auftritt[95]. Keinesfalls darf man m.E. sagen, daß diese Hervorhebung innerhalb der Geschichte eine Unebenheit darstellte. Im Gegenteil wird dadurch - wie schon erwähnt - eine letzte Steigerung erreicht: nach dem Zurücklassen der Zwölf und dem Versagen der Drei wendet sich Jesus an den Jünger, der bisher sein markantestes Gegenüber war. 'Simon, (auch) du schläfst?' - das entspricht dem καὶ σύ, τέκνον Cäsars zu Brutus[96]. Zu beachten ist hier auch, daß erstmals seit 3,16 Petrus wieder mit seinem ursprünglichen Namen 'Simon' bezeichnet wird; Jesus spricht ihn hier sogar das einzige Mal mit seinem 'Privatnamen' an. Das dürfte der Steigerung im oben ausgeführten Sinn dienen; es könnte aber auch auf alte Tradition verweisen (wobei sich beides nicht ausschließen muß).

(b) V.37 versus V.38

Beobachtung: Auffällig ist der unvermittelte Wechsel vom Vorwurf gegen Petrus zur Ermahnung aller (drei oder elf?) Jünger. Dieser Tatbestand wird unterschiedlich beurteilt.

(aa) E.Hirsch sieht darin wieder einen seiner Gegensätze: V.37 enthalte einen klagenden Vorwurf, V.38 dagegen eine sittlich-religiöse Ermahnung[97].

---

93 Vgl. ebd. 33.
94 Vgl. R.FELDMEIER: Petrus 268-271.
95 Zum Wechsel der Anrede an alle drei Jünger V.38 s.u. S.97.
96 SUETON: Caesar 82,2fin.
97 E.HIRSCH: Frühgeschichte 156.

Diskussion: Dagegen hat schon E.Linnemann zu Recht eingewendet:
"Zwischen einem Vorwurf und einer sittlichen Ermahnung besteht zwar
ein Unterschied, aber kein Gegensatz. Beide können sehr wohl miteinander verbunden werden"[98].

(bb) E.Linnemann will ihrerseits aber V.38 als eine sekundäre Einfügung
im Blick auf 14,31 auffassen; dieser Vers lasse "sich nicht aus der
dargestellten Situation verstehen und kann deshalb in diesem Kontext
nicht ursprünglich sein"[99].

Diskussion: Diese Behauptung gilt jedoch nur unter der Voraussetzung,
daß die Gethsemane-Perikope ursprünglich nicht zu einer zusammenhängenden Passionserzählung gehört hat. Im jetzigen Kontext ist die Warnung
vor dem πειρασμός auf das Ärgernis der Passion bezogen, also durchaus
aus der dargestellten Situation verstehbar. Und man kann sogar noch
weiter gehen: Selbst wenn 'Gethsemane' nicht im Zusammenhang einer
vormarkinischen Passionsgeschichte gestanden hätte, so ist doch die
ganze Erzählung inhaltlich so deutlich auf die Passion ausgerichtet,
daß man diese Erzählung immer im Zusammenhang mit Jesu Passion verstanden haben muß (s.u. S.126ff). Auch dann wäre πειρασμός im oben dargestellten
Sinn zu verstehen gewesen, da das Versagen der Jünger unbeschadet späterer Ausmalungen sicher schon ursprünglich zur Überlieferung der Passion dazugehört hat.

(cc) Ähnlich wie E.Linnemann urteilt M.Dibelius. Er behauptet, daß der
Versuchung der Passion "auch hellwache Jünger unterlegen" wären, sodaß
in diesem Zusammenhang "die Warnung, einfach wach zu bleiben, ohne
jeden Nutzen gewesen" wäre[100]. Gemeint sei daher in V.38 die große
eschatologische Versuchung, sodaß man "von diesem Wort sicher behaupten" könne, "daß es für seinen Kontext nicht gesprochen noch niederge-
schrieben ist"[101].

Einen Beweis für die Richtigkeit dieser These sieht Dibelius in der
Fortsetzung des Spruches: 'denn der Geist ist willig, aber das Fleisch
ist schwach'. "In Wirklichkeit ist im Fall der schlafenden Jünger, die
nichts ahnen, nichts verstehen, der Geist keineswegs willig. Gerade
dadurch läßt sich aber dem Spruch entnehmen, daß sein Sinn nicht der
Gethsemanesituation entspricht, sondern der Lage von christlichen Gemeinden, die sich in Erwartung des Herrn befinden"[102].

Diskussion: Damit scheint mir M.Dibelius die Perikope mißzuver-
stehen. Denn im Zusammenhang der Gethsemaneerzählung geht es keines-

---

98 E.LINNEMANN: Studien 16.
99 Ebd. 11.
100 M.DIBELIUS: Gethsemane 263.
101 Ebd.
102 Ebd.

wegs um ein bloßes Wachbleiben. Jesu Aufforderung zielt durch V.34a
von vornherein auf ein verstehendes Mitwachen der Jünger ab, das die
Jünger auch auf das Kommende vorbereiten soll, das analog den Leidensweissagungen durch Jesu 'Zittern und Zagen' deutlich genug angekündigt
wird.

Dem Passionsbericht nicht angemessen scheint mir auch die von M.Di-
belius in diesem Zusammenhang gemachte Unterscheidung zwischen der
großen eschatologischen Versuchung (um die es in V.38 gehe) und der
Versuchung, die Verhaftung, Verurteilung und Hinrichtung Jesu über
die Jünger brachte. Gehört nicht gerade dies, daß Gottes Bevollmächtigter und Sohn in die Hände der Sünder preisgegeben wird und den Tod
der Gottferne stirbt, zur "großen eschatologischen Versuchung"? Ja,
ist nicht diese unerträgliche Verborgenheit Gottes sub contrario die
Versuchung und Anfechtung schlechthin?[103]

Doch davon unabhängig ist auch die These von M.Dibelius fragwürdig,
daß in einem isoliert genommenen V.38 πειρασμός die große endzeitliche
Versuchung meinen müsse. Bezeichnend ist, daß πειρασμός, πειράζειν κτλ
in den apokalyptischen Reden der Synoptiker keine Rolle spielt. Die
'große endzeitliche Versuchung' wird im Nt nur Apk 3,10 mit πειρασμός
bezeichnet, dort aber zugleich durch den Artikel determiniert und
durch einen zusätzlichen Zeitbegriff (ὥρα) präzisiert. Stellen wie
Lk 22,28; Act 20,19; I Kor 10,13; Jak 1,2.12; I Petr 1,6; II Petr 2,9
sowie die Vaterunserbitte Mt 6,13 par. Lk 11,4 zeigen, daß πειρασμός
keineswegs ein auf einen einmaligen Zeitpunkt beschränktes Ereignis
ist, sondern vielmehr zur eschatologischen Existenz der Christen der
ersten Generation als deren ständige Bedrohung dazugehört (s.u. S.198ff).

Falsch ist die Behauptung, daß der Geist der Jünger keineswegs
willig gewesen sei: Diesen willigen Geist hatten sie in 14,27ff deutlich demonstriert. Hier hingegen erliegen sie der Schwäche ihres
Fleisches.

(dd) W.H.Kelber weist auf die unterschiedliche Bedeutung des Wortes
γρηγορεῖν in beiden Versen hin: V.37 beziehe sich auf den natürlichen
Schlaf, V.38 "directs it to the community at large by changing it into
the plural, and translates it in conjunction with prayer and temptation
into the religious dimension".[104]

Diskussion: Richtig ist daran die Beobachtung, daß in V.38 ein neuer,
religiös-paränetischer Akzent gesetzt wird, der bisher höchstens implizit vorhanden war. Unglücklich aber ist der Gegensatz zwischen natür-
lichem Schlaf in V.37 und 'Schlafen' in übertragener Bedeutung (mit

---

103 Nach J.JEREMIAS, Gleichnisse 40f, ist der endzeitliche πειρασμός in der Erwartung
    Jesu die durch seinen Tod eingeleitete Krisis der Geschichte.
104 W.H.KELBER: Mark 176; vgl. E.LINNEMANN: Studien 16; ähnlich E.LOHSE: Geschichte
    59.

religiöser Dimension) in V.38. Auch das 'Wachen' in V.37 bzw. die
Konstatierung des Nicht-Wachens wird durch den Bezug zu Jesu Anfechtung zum Ausdruck des Versagens und des Abfalls, des Unverständnisses
und des Verfallenseins an die Finsternis. Der Schlaf entbehrt also
auch hier keineswegs einer religiösen Dimension: In ihm ist gleichsam
das spätere Verhalten der Jünger überhaupt und des Petrus im besonderen
vorabgebildet.

(ee) Unter Verweis auf die geprägte Form und die Isolierbarkeit des Logions hält R.Bultmann V.38 für "ein eingeschobenes Wort der christlichen
Erbauungssprache"[105]. Weniger vorsichtig hatte schon J.Weiss geurteilt,
hier gebe "der Evangelist die Moral dieser für die Gemeinde ewig neu
erwecklichen und erbaulichen Erzählung."[106]

Diskussion: V.38 nimmt in der Tat durch seine maschalartige Prägung
und durch die Möglichkeit, ihn auch isoliert zu verstehen, eine auffällige Sonderstellung ein. Nimmt man den zwar nicht unerklärbaren,
aber auch nicht ganz glatten Wechsel der Angeredeten von V.37 zu V.38
noch hinzu, so wird man einräumen müssen, daß das Urteil R.Bultmanns,
es handle sich hier um ein eingeschobenes Wort der christlichen Erbauungssprache, sehr wohl den wahren Sachverhalt wiedergeben könnte. Es
scheint jedoch auch denkbar (und sollte nicht von vornherein ausgeschlossen werden), daß dieses Wort bereits zur ursprünglichen Gethsemaneerzählung oder doch zu einem früheren Stadium ihrer Überlieferung gehört hat. Seine geprägte, isolierbare Form spricht jedenfalls nicht
zwingend dagegen, und man muß sich hüten, heutige Sprachgewohnheiten un-
kritisch zum Maßstab für die historische Wahrscheinlichkeit eines solchen Wortes der damaligen Situation zu machen. "Jesus hat nach dem Zeugnis
der Evangelien oft Wahrheiten - allgemein anerkannter oder paradoxer Art -
in der Weise von 'Sentenzen' oder 'Gnomen' prägnant formuliert ...
Umfangreichere Gebilde, etwa Doppelsprüche, sind nach der Weise des
hebräischen Sinn-Parallelismus gruppiert (Mt 10,26.27), und auch noch
kompliziertere Sprüche unterstehen gewöhnlich einem Gesetz der Perio-
disierung, das der Redende wohl unbewußt anwendet; auch hier zeigt
sich der Einfluß orientalischer Stilformen, wie sie das Alte Testament
enthält, wie sie aber bei jüdischen Propheten und Rabbinen immer leben-
dig waren"[107].

Fazit: Man wird also die Frage, ob V.38 ursprünglich zur Gethsemaneerzählung gehört hat oder nicht, offen lassen müssen. Wenngleich Letzteres auch aufgrund der Textstruktur (s.u.) wahrscheinlicher ist, so
deutet doch nichts auf eine markinische Herkunft des Verses, wie die
folgenden Untersuchungen zeigen werden. Die Frage nach dem Zeitpunkt

---

105 R.BULTMANN: Geschichte 288.
106 J.WEISS: Evangelium 300.
107 M.DIBELIUS: Geschichte 24f.

bzw. der Stufe einer eventuellen Hinzufügung dieser Mahnung bleibt
unbeantwortbar. Bedenkenswert ist auch die Vermutung J.Wellhausens[108],
daß es sich hier um ein zwar authentisches, aber ursprünglich nicht
in diesen Zusammenhang gehörendes Jesuslogion handelt. Für die Auslegung wichtig wird dieses literarkritische Problem bei der Frage nach
der Legitimität einer paränetischen Deutung dieser vorwiegend christologischen Erzählung. Die je nach Entscheidung über die Zugehörigkeit
von V.38 möglichen Konsequenzen und ihr Verhältnis zueinander werden
dort weiter diskutiert.

(c) V.37 versus Vv.35.41

Beobachtung: Mehrere Ausleger verweisen auf die unterschiedliche
Bedeutung des Sichwortes ἡ ὥρα und folgern daraus die unterschiedliche
Herkunft der jeweiligen Verse. "Die Pointe des zweiten Schlußwortes
Jesu Mk 14,41 ist der Satz: ἦλθεν ἡ ὥρα κτλ und diese Pointe nimmt das
Stichwort ἡ ὥρα der ersten indirekten Fassung des Gebetes Jesu V.35
auf. Daß dieses prägnant gebrauchte ἡ ὥρα im Sinne der eschatologischen
'Stunde' das verbindende Stichwort des einen Quellenberichtes ist,
wird besonders deutlich durch den Gegensatz zu dem ganz andersartigen
Gebrauch von ὥρα in dem dem anderen Quellenbericht angehörenden V.37.
Denn da hat μίαν ὥραν den Sinn 'nur solch einen kurzen Moment lang'"[109].

Diskussion: Die Tatsache, daß die 'Stunde' als eine (apokalyptische)
Metapher erscheint, schließt ja nicht aus, daß das Wort auch noch
als nomen proprium verwendet wird. Selbst Johannes, für den ὥρα ein
christologischer Zentralbegriff ist, verwendet daneben ganz unbefangen
ὥρα als bloße Zeitbestimmung (vgl. 1,39; 4,6.52f; 11,9; 19,14.27). Man
darf hier auch nicht nur das Wort ὥρα isoliert nehmen. Die absolute
Rede von 'der Stunde' (ἡ ὥρα) unterscheidet sich deutlich von der Wendung μία ὥρα.

Vielleicht ist hier aber noch mehr gemeint. Es fällt auf, daß eine gewisse
'Doppelbödigkeit' gleicher oder paralleler Begriffe eine Eigenart dieser Erzählung
ist. Auf 'wachen' und 'schlafen' wurde schon hingewiesen, die ebenso real wie
metaphorisch gemeint sind. Ähnliches gilt, wie noch gezeigt wird, für das παραδιδόναι
sowie für das parallel gebrauchte ἦλθεν/ἤγγικεν, die ein Geschehen berichten und es
zugleich theologisch deuten.
Es scheint mir daher hier zumindest erwägenswert, ob nicht die Aufnahme des für die
Perikope zentralen Wortes ὥρα im Vorwurf an Petrus eine bewußte Anspielung ist:
Gerade in der Unfähigkeit auch des engsten Vertrauten, μία ὥρα zu wachen, erfährt
Jesus am persönlichsten die völlige Verschlossenheit der Welt und wird so dessen
inne, daß die ὥρα nicht vorbeigeht.

---

108 J.WELLHAUSEN: Evangelium z.St.
109 K.G.KUHN: Gethsemane 265; ebenso J.W.HOLLERAN: Gethsemane 22; vgl. schon J.
    WELLHAUSEN: Evangelium 120. Nach J.WELLHAUSEN ist allerdings die 'Stunde' als
    Schicksalsstunde ein aus der Astrologie in den allgemeinen Sprachgebrauch über-
    nommener Begriff.

(d) V.37 versus Vv.39ff

Beobachtung: "Daß den Jüngern im Folgenden weitere Möglichkeiten
zur Bewährung ihrer Wachsamkeit eröffnet werden (vgl. V.39-41), kommt
in V.37 nicht in den Blick. Dieser Umstand muß erstaunen und läßt mit
der Möglichkeit rechnen, daß der dreimalige Gebetsgang Jesu nicht
ursprünglich zur Tradition gehört hat"[110].

Diskussion: L.Schenkes Behauptung leuchtet nicht ein und vermag
auch die daraus gezogenen Konsequenzen nicht zu stützen. Denn einmal
abgesehen davon, daß in V.38 diese Möglichkeit ausdrücklich nochmals
eingeräumt wird, wird man. auch für den Fall, daß man diesen Vers als
sekundär ausscheidet, in dem Vorwurf V.37 nicht die Möglichkeit weiteren Mit-Wachens ausgeschlossen finden. Der Vorwurf an Petrus greift
auf die vorangegangene Selbstempfehlung zurück und ist kaum als ab-
schließendes Urteil gemeint. Eben dies aber müßte man zeigen, wenn man
hier eine Spannung zu den folgenden Gebetsgängen und Vorwürfen aufzeigen wollte.

(e) V.38a versus V.38b

Beobachtung: Nach L.Schenke besteht der Vers aus zwei in sich geschlossenen Teilen, die in keinerlei begründendem Verhältnis zueinander
stehen. Schon formal sei das Gebilde daher nicht einheitlich. Zudem
sei K.G.Kuhns Argumentation falsch, wenn er behaupte, der πειρασμός
sei die Spannung zwischen Geist und Fleisch[111]. L.Schenke hält dagegen,
daß πειρασμός hier keine Grundsituation bezeichne, sondern eine zukünftige Gefahr, die es durch das Gebet der Jünger zu verhindern gelte.
Auch deshalb befinde sich zwischen beiden Versen ein Bruch: Der in
V.38a angesprochene πειρασμός könne nicht in der Spannung zwischen
'schwachem Fleisch' und 'willigem Geist' bestehen[112]. Da V.38b gut zu
V.37 passe, dürfte V.38a markinisch-redaktionell sein. Zwar sei πειρασμός im Markusevangelium ein Hapaxlegomenon, doch dürfe man annehmen,
daß dieses Wort aus der LXX "in der christlichen Gemeinde allgemein
verbreitet gewesen" sei[113]. Markus habe V.38a eingefügt, um deutlich
zu machen, "daß es in dieser Szene um mehr als ein menschliches Versagen der Jünger geht"[114].

Diskussion: Es ist ein Trugschluß, wenn L.Schenke aus der (an sich
durchaus richtigen) Widerlegung der religionsgeschichtlichen These

---

110 L.SCHENKE: Studien 511.
111 Vgl. K.G.KUHN: πειρασμός 212ff.
112 L.SCHENKE: Studien 520f.
113 Ebd. 525.
114 Ebd. 525.

K.G.Kuhns zugunsten der Einheit dieses Verses *unmittelbar* dessen
Uneinheitlichkeit folgert[115]: Durch die Widerlegung K.G.Kuhns ist
dafür ebensowenig der Beweis erbracht wie durch die Feststellung, daß
es sich hier um zwei formal geschlossene Versteile handelt, die
(ebenfalls nur formal) nicht in einem begründendem Verhältnis zueinander stehen. Inhaltlich läßt sich dagegen V.38b sehr wohl als Begründung
der Mahnung verstehen (s.u. S.247f). Schwach ist auch die zur Stützung
seiner Analyse (V.38a markinisch-redaktionell, V.36b wegen des Zusammenhangs mit V.37 traditionell) vorgebrachte Behauptung, πειρασμός
sei zwar im Markusevangelium ein Hapaxlegomenon, sei aber aus der LXX
"in der christlichen Gemeinde allgemein verbreitet gewesen"[116], zumal
dieses Wort in der ganzen LXX nur 19mal vorkommt!

Damit ist die Einheit von V.38 nicht zwingend nachgewiesen. Doch,
wie J.Gnilka zu Recht feststellt: "Immerhin läßt er sich als Einheit
verstehen"[117].

(f) V.38 versus V.34

Beobachtung: Ähnlich wie W.H.Kelber[118] empfindet auch L.Schenke
zwischen der bloßen Aufforderung zum Wachen in V.34 und dem 'wachet
und betet' in V.38 eine Spannung. Die "nachklappende Stellung von V.38
macht schon den sekundären Charakter dieses Verses wahrscheinlich. Als
eindeutig sekundär erweist sich V.38 sodann durch diese inhaltlichen
Erweiterungen gegenüber V.34 selbst"[119]. Denn während in V.34 das
Wachen "als in sich wertvoll angesehen" wird, "weil es in der im Kontext geschilderten Situation der Todesangst und des Gebetskampfes Jesu
ein Liebesdienst der Jünger an ihrem Herrn gewesen wäre", ist in V.38
"das Wachen der Jünger nur noch Voraussetzung für das Wichtigere:
das Gebet. Dieses Gebet ist aber ... nicht wie das Wachen in V.34.37
zur Unterstützung des Gebetes Jesu gedacht, sondern zielt auf die
Jünger selbst. Die Aufforderung an die Jünger in V.38 hat also Eigen-
bedeutung und fällt somit aus dem Rahmen der Erzählung heraus"[120].

Diskussion: Zur angeblichen Spannung zwischen der bloßen Aufforderung zum Wachen in V.34 und dem 'wachet und betet' in V.38 s.o. zu
V.34 S.83.

Gewiß wird, wie schon festgestellt, in V.38 die Wachsamkeitsforderung zu einer fast allgemeingültigen Mahnung ausgeweitet, womit eine

---

115 Ebd. 520f.
116 Ebd. 525.
117 J.GNILKA: Markus II 257.
118 S.o. S.
119 L.SCHENKE: Studien 513.
120 Ebd. 514.

deutliche Akzentverschiebung stattfindet. Es darf dennoch nicht übersehen werden, daß dieser Vers hier auf die Passion bezogen bleibt, gerade auch mit seiner Warnung vor dem πειρασμός.

Die Unterscheidung eines 'Wachens um Jesu willen' als 'Liebesdienst'
und eines 'Wachens um der Jünger selbst willen' verkennt, daß es hier
nicht nur um die Angst eines Menschen geht, sondern um die Krisis des
Gottessohnes, um die sich im Schweigen Gottes vorabbildende Passion.
In dieser Situation nicht zu wachen heißt, in der Nachfolge zu versagen, in der Nachfolge auf dem anstößigen Kreuzweg. Die Beziehung zu
Jesus und das Heil der Jünger sind unter diesem Aspekt ein- und dasselbe.

5.2.5.2 Sprachliche Indizien, die literarkritische Dekomposition nahezulegen scheinen

(a) V.37

Beobachtung: Sowohl καί - Parataxis wie der Gebrauch des praesens
historicum, die Aussonderung des Petrus wie die Kombination Schlafen -
Wachen "prove V.37 to be of redactional making"[121]. Auch sei in V.37
"die Vorliebe des Markus für Doppelfragen spürbar am Werke"[122].

Diskussion: Zur καί - Parataxis, zum Gebrauch des praesens historicum, zur Kombination Schlafen - Wachen sowie zur Aussonderung des Petrus
wurde oben schon das Nötige gesagt (s.o. S.74f.83f.93f). Die Doppelfrage, deren erster Teil nur den Vorwurf enthält, während der zweite
zugleich an Jesu Aufforderung in V.34 und über diese hinaus vielleicht
noch an 14,29ff erinnert, fügt sich gut in die Erzählung ein. Ich sehe
keinen Grund, sie allein aufgrund der markinischen Vorliebe für Doppelfragen aus dem Ganzen als sekundär herauszulösen.

(b) V.38

Beobachtung: Das einzige sprachliche Argument für die gern behauptete redaktionelle Bildung des V.38 bringt E.Wendling: die Antithese
μέν - δέ erscheine nur noch in dem eindeutig sekundären Wort 14,21 und
sei daher als redaktionell zu beurteilen[123].

Diskussion: Mehrmals wurde schon auf die Fragwürdigkeit einer Argumentation hingewiesen, die aus dem nochmaligen Vorkommen eines Wortes
bzw. hier zweier Partikel auf markinische Redaktion schließt.

---

121 W.H.KELBER: Mark 172.
122 W.SCHENK: Passionsbericht 201.
123 E.WENDLING: Entstehung 171.

Speziell hier ist noch hinzuzufügen, daß die markinisch-redaktio-
nelle Herkunft von Mk 14,21 (und nur unter dieser Voraussetzung kommt
E.Wendlings Behauptung wenigstens eine geringe Plausibilität zu) fragwürdig, wenn nicht unwahrscheinlich ist. Denn sowohl formale[124] wie
sprachliche[125] Indizien machen die semitische Herkunft dieses Spruches
wahrscheinlich, so daß umgekehrt gerade die für Markus ungebräuchliche
Verwendung von μέν - δέ für die vormarkinische Herkunft dieses Verses
spricht.

5.2.6 Zu Vv.39f

5.2.6.1 Inhaltliche Indizien, die literarkritische Dekomposition
        nahezulegen scheinen

(a) Das dreimalige Beten: Vv.35.39f.41a

Beobachtung: Schon M.Dibelius hatte bemängelt, daß "weder der zweite noch der dritte Akt des Gebets irgendeinen Inhalt" hat; "als zweiter
Akt wird nur die Wiederholung des Ereignisses berichtet, als dritter
nicht einmal das. Es ist klarzulegen, daß die Überlieferung von Jesu
Gebet künstlich in drei Akte geteilt worden ist"[126]. Auf den dagegen
möglichen Einwand, die Dreizahl gehöre als erzählerisches Gesetz der
Wiederholung zur ursprünglichen Geschichte dazu, erwidert L.Schenke,
daß man in diesem Fall wörtliche Wiederholung erwarten müßte, die auch
sonst in der volkstümlichen Erzählung keineswegs verpönt sei[127].
Diskussion: Eine hinreichende Widerlegung des Einwandes von M.Dibe-
lius kann erst weiter unten erfolgen, wenn im Zuge der Darstellung
der Struktur der Gethsemaneerzählung auch der Sinn jenes angeblich
'denkbar unanschaulichen und schematischen' dreifachen Gebetsganges
aufgewiesen wird. Es wird sich zeigen, daß die Dreizahl hier für die
Erzählung wesentlich ist; sie ist weit mehr als nur Konzession an
volkstümliche Erzählgewohnheiten oder als ein bloßes Mittel zur Steigerung.
    Gegen L.Schenkes Einwand, daß man in diesem Falle auch eine expli-
zite Wiederholung des ganzen Gebetes erwarten müsse, mache man nur die

---

124 Es handelt sich um einen dreigliedrigen Wehespruch mit wortspielartiger chiasti-
    scher Fügung der Rede vom Menschensohn im ersten und zweiten, von 'jenem Menschen'
    im zweiten und dritten Glied.
125 ὅτι = כי; ὁ ἄνθρωπος ἐκεῖνος = איש ההוא
    οὐαί = הוי, אוי
126 M.DIBELIUS: Gethsemane 264; ähnlich W.SCHENK: Passionsbericht 197; K.G.KUHN:
    Gethsemane 264 u.a.
127 L.SCHENKE: Studien 526f.

Probe aufs Exempel: Man wird sehr schnell feststellen, daß die Erzählung dadurch nicht nur plump und aufgeschwemmt, sondern sogar peinlich wirken würde[128]. Hier hängt die Verkürzung damit zusammen, daß
sich der Schwerpunkt vom betenden Jesus auf die schlafenden Jünger
verschiebt, wobei Jesus allerdings durch deren Kontrastbild als der
Verlassene höchst eindrücklich präsent bleibt.

(b) V.40c versus V40a.b

Beobachtung: "Da von einer Frage an die Jünger nicht die Rede war,
muß die Feststellung οὐκ ᾔδεισαν τί ἀποκριθῶσιν αὐτῷ (V.40c) verwun-
dern"[129]. E.Linnemann vermutet daher, daß V.40c ursprünglich an V.41a
anschloß[130].

Diskussion: E.Linnemanns Einwand, daß V.40c ja eigentlich die
Reaktion auf eine Frage darstelle, wird erst in der folgenden zusammenhängenden Untersuchung ganz berücksichtigt. Dieser Zug ist auffallend,
und im Zusammenhang mit anderen Beobachtungen ist seine markinische
Herkunft möglich (was E.Linnemann wiederum nicht glaubt). Doch hat
auch diese Annahme ihre Schwierigkeiten (s.u.). Vorweg sei nur so viel
gesagt, daß E.Linnemanns 'Verwunderung' nicht ganz berechtigt ist:
Die Verlegenheit der Jünger, die nichts zu antworten wissen, könnte
auch allein durch das Aufwecken bedingt sein. Der Satz würde dann
sagen: Und sie wußten nicht, was sie zu ihrer Rechtfertigung vorbringen
sollten.

Grundsätzlich ist auch hier wieder davor zu warnen, eine nach den
Gesetzmäßigkeiten der inneren Folgerichtigkeit stilisierte Erzählung
nach den Maßstäben exakter Berichterstattung zu beurteilen.

5.2.6.2 Sprachliche Indizien, die literarkritische Dekomposition nahezulegen scheinen

"Typische Zeichen markinischer Tätigkeit sind πάλιν (28mal bei Mk),
das Imperfectum periphrasticum, die γάρ-Klausel und der Satz 'Sie
wußten nicht, was sie antworten sollten' (vgl. 9,6)"[131]. Die Auffälligkeit im Gebrauch des πάλιν verstärkt sich noch, wenn man auf den Satzanfang καὶ πάλιν blickt: dieser findet sich bei Matthäus 4mal (nur
in Kap. 26!), bei Lukas lediglich einmal, bei Markus dagegen 18mal

---

128 Die zweifache Wiedergabe des Gebetes durch Matthäus widerspricht dem nicht:
    Matthäus hat ja aus redaktionellen Gründen (s.o. S.9f) das wuchtige Doppelgebet
    des Markus verkürzt und als zweites Gebet die Vaterunserbitte eingefügt, also
    bewußt eine Entwicklung im Gebet dargestellt.
129 E.LINNEMANN: Studien 11; ähnlich T.A.MOHR: Passion 235.
130 E.LINNEMANN: Studien 27.
131 W.MOHN: Gethsemane 200.

(nicht gezählt wurden Mk 11,3 und 14,69). "V.40 is Markan altogether.
Καὶ πάλιν introduces the by now well-known sleep formula. It is follow-
ed by a clause which underscores the failure of the disciples: ἦσαν
γὰρ αὐτῶν οἱ ὀφθαλμοὶ καταβαρυνόμενοι. The use of ἦν or ἦσαν in conjunction with a present active, present or perfect passive participle
as an auxiliary is a favorite Markan locution; ..." (Verweis auf Mt
26,43b)" ... Mk 14,40b, furthermore, constitutes one of the so-called
γάρ - clauses which Mark inserted at various points throughout his
gospel. The final phrase 40c: καὶ οὐκ ᾔδεισαν τί ἀποκριθῶσιν αὐτῷ
brings out the Markan theme of the disciples' lack of comprehension"[132].

   W.Schenk macht zusätzlich noch darauf aufmerksam, daß die in V.37
"vorliegende Aufeinanderfolge der drei Verben genauso in Vers 40a wiederholt wird. Dabei sind die ersten beiden nicht nur in den Aor.
übertragen, sondern es findet sich auch noch markinisches *palin* und
die markinische Verbindung im Part.conj. Das alles weist darauf hin,
daß in Vers 40a eine redaktionelle Doppelung vorliegt"[133].

   Weitere Beobachtungen und Diskussion: Die Anzeichen für eine marki-
nisch-redaktionelle Überarbeitung der Vv.39f sind hier in der Tat deutlicher als bei dem bisher behandelten Text. Als auffällige Stilmerk-
male wurden bislang aufgeführt:

(a) die zweifache Verwendung der für Markus (und nur für ihn) typischen
Formel καὶ πάλιν;

(b) das imperfectum periphrasticum, das zudem das Unverständnis der
Jünger unterstreicht - beides hervorstechende markinische Merkmale,

(c) der für Markus charakteristische, begründende γάρ - Satz;

(d) die auffällige Parallele von V.40c zu Mk 9,6;

(e) die zu V.37 und besonders auch zu Mk 13,36 parallele Reihenfolge
der Worte ἔρχεσθαι - εὑρίσκειν - καθεύδειν.

   Über diese angeführten Beobachtungen hinaus weisen die beiden Verse
auch stilistische Eigentümlichkeiten auf, die sie in dieser Hinsicht
aus den übrigen Versen herausheben:

(a) Da ist zunächst der auffällige Tempuswechsel: Während das übrige
Geschehen (mit Ausnahme des die Dauer anzeigenden Imperfektes beim
Gebet V.35 und des Semitismus'[134] ἤρξατο + Infinitiv V.34) im
praesens historicum erzählt wird[135], stehen hier die handlungs-
tragenden Verben im Aorist.

(b) Auffälliger noch und auch eindeutiger ist die Tatsache, daß in den
neun übrigen Versen nur zwei (bzw. drei, wenn man ὁ παραδίδους hinzu-

132 W.H.KELBER: Mark 172.
133 W.SCHENK: Passionsbericht 201.
134 Vgl. G.DALMAN: Worte 21f.29.
135 Bei Jesu Worten herrscht dagegen Aorist vor.

zählt) Partizipien vorkommen, hier dagegen fünf. Setzt man die Partizipien ins Verhältnis zur Anzahl der Worte, so wird der Unterschied
noch deutlicher: In den Vv.39f kommen 5 Partizipien auf 26 Worte, im
restlichen Text 2 bzw. 3 Partizipien auf 155 Worte. Die Partizipien
sind also in den Vv.39f 10 bzw. 15 mal häufiger als im übrigen Text.
Bedeutsam ist dies vor allem, weil der häufige Gebrauch von Partizipien
ein Kennzeichen des gesamten Markusevangeliums ist. N.Turner spricht
von einem "over-use of participles" bei Markus, besonders "for such
redundant words as *coming, leaving, rising, answering* and *saying*"[136].

Noch interessanter wird das Bild, wenn man das Vorkommen der Partizipien innerhalb der einzelnen Teile des Evangeliums untersucht. Der
Befund ist zwar nicht ganz eindeutig - man wird ja auch mit der Überarbeitung vieler Teile rechnen müssen -, aber eine Tendenz wird doch
gut erkennbar.

Es fällt auf, daß der sonst so charakteristische 'over-use of participles' bei einer Reihe von alten Traditionen, die auch sonst weniger
Bearbeitungsspuren zeigen, stark zurücktritt, ja, daß dort über weite
Strecken Partizipien ganz fehlen: Mk 2,19-28 (1); 3,13-19 (0). 23-27
(2 - jedoch ist zumindest καὶ προσκαλεσάμενος redaktionelle Überleitung
vgl. 7,14; 8,1.34; 10.42); 4,3-9 (1 - jedoch zum Nomen erstarrt).
21-25 (0). 26-29 (0). 30-32 (1). Erst die von Markus angefügte[137]
Sturmstillungserzählung Mk 4,35-41 enthält Partizipien. Ähnlich verhält es sich auch bei den Logiensammlungen im Anschluß an die Leidensweissagungen (8,34-38 und 9,39-48). Dagegen begegnen Partizipien ge-
häuft in eindeutig redaktionellen Einleitungen, Summarien oder Ergän-
zungen wobei nicht immer feststellbar ist, ob sich der jeweilige
Text markinischer oder vormarkinischer Hand verdankt - vgl. 1,32-34;
2,14; 3,32-34 (ideale Szene zu V.35); 4,13-20 (besonders auffällig
im Kontrast zum ausgelegten Gleichnis 4,3-9); 6,53-56 usw. Dies ist,
wie gesagt, nur eine Tendenz. Es gibt Ausnahmen, bei denen jedoch
häufig auch aus anderen Gründen eine spätere Überarbeitung als wahrscheinlich gelten kann (so etwa die beiden ineinandergeschobenen
Wundererzählungen Mk 5,25-43)[138].

(c) Eine weitere markinische Stileigentümlichkeit ist der Satzanfang
mit participium coniunctum. Allein 140mal findet sich ein solcher
Satzanfang mit vorangestelltem καί innerhalb des gesamten Evangeliums,
wobei auch hier wieder besonders auffällt, daß diese so überaus häufige Form in einer Reihe zweifellos älterer Überlieferungsstücke zurücktritt, ja ganz fehlt: so im Prolog 1,1-13 (1) (εὐθύς Mk 1,10 ist wahr-

136 J.H.MOULTON: Grammar IV 26.
137 Vgl. R.PESCH: Markusevangelium I 267.
138 Vgl. dazu E.LOHMEYER: Markus 101.

scheinlich markinische Redaktion) und in der alten vormarkinischen[139]
Streitgesprächesammlung 2,15-3,6 (4mal - davon zweimal am Anfang
2,16f und zweimal am Ende 3,5.6, also dort, wo immer die stärksten
redaktionellen Eingriffe zu vermuten sind); nur zweimal kommt dieses
participium coniunctum im ganzen Gleichniskapitel Mk 4 vor. In den
Logiensammlungen 8,34b-38; 9,38-50; 10,33-40 findet es sich gar nicht
(sondern nur in deren wohl redaktionellen Einleitungen). In der
ganzen apokalyptischen Rede Mk 13 fehlt es wieder völlig. Dort findet
sich zu Beginn zweimal ein Satzanfang mit genetivus absolutus (13,1.3),
der im folgenden verhältnismäßig häufig auftritt und das participium
coniunctum z.T. ersetzt[140]. Umso auffälliger ist das dreimalige
Vorkommen eines solchen participium coniunctum in der Gethsemaneperikope (Vv.35.39.40). Zumal bei den zwei letzten Versen ist dies wegen
der auch sonst bei Markus beliebten Verbindung mit καὶ πάλιν bemerkenswert. Die Verbindung des participium coniunctum mit einem Adverb
findet sich im ganzen Evangelium 31mal - außer in unserer Perikope
noch zweimal in der Passionsgeschichte (14,45; 15,1), sonst ausschließlich vor dieser[141].

Dabei handelt es sich in der Mehrzahl der Fälle um Ein- oder Über-
leitungen bei denen redaktionelle Eingriffe von vornherein wahrscheinlicher sind. Bei vielen Stellen ist dies auch noch aus anderen Gründen
anzunehmen[142].

---

139 Vgl. dazu die Ausführungen von R.PESCH: Markusevangelium I 149f.
140 In den Kapiteln 1-12 stehen 116 participia coniuncta 15 genitivi absoluti
    gegenüber (jeweils mit καί eingeleitet), in den Kapiteln 14-16,8 ist das Verhält-
    nis 24:9. Vielleicht ist der genitivus absolutus eine von der vormarkinischen
    Überlieferung bevorzugte Verbindung.
141 Mk 1,10.18.19.21b.29.35; 2,1.8.12; 3,31; 5,30; 6,25.27a.35; 7,14.31; 8,10.13;
    9,8.15.30; 10,1.32b; 11,2b.13a.20.
142 Eine eigene Auslegung der fraglichen Stellen würde hier zu weit führen. Häufig,
    wenn auch nicht einstimmig und im Umfang unterschiedlich, werden als redaktio-
    nell gebildet oder überarbeitet angesehen:
    1,21b (Vgl. E.LOHMEYER: Markus 34f; E.SCHWEIZER: Markus 26; W.GRUNDMANN: Markus
          58; J.GNILKA: Markus I 76).
    1,29 (Vgl. E.LOHMEYER: Markus 39;, R.PESCH: Markusevangelium I 128; J.GNILKA
          Markus I 83).
    2,1   (Vgl. E.LOHMEYER: Markus 50 Anm. 1; R.PESCH: Markusevangelium I 151;
          W.SCHMITHALS: Markus I 148).
    7,14 (Vgl. V.TAYLOR: St.Mark 343; E.SCHWEIZER: Markus 84; R.PESCH: Markusevan-
          gelium I 378; J.GNILKA: Markus I 278).
    7,31 (Vgl. E.LOHMEYER: Markus 149; V.TAYLOR: St. Mark 352; E.SCHWEIZER:
          Markus 87; W.GRUNDMANN: Markus 200f; J.GNILKA: Markus I 295f; unsicher
          R.PESCH: Markusevangelium I 293).
    9,30 (Vgl. V.TAYLOR: St. Mark 402; E.SCHWEIZER: Markus 108; J.GNILKA: Markus
          II 53; W.SCHMITHALS: Markus II 425).
    W.GRUNDMANN, Markus 65, und J.GNILKA, Markus I 88, halten noch 1,35 für wahr-
    scheinlich durch Markus gebildet, V.TAYLOR: St.Mark 396 nimmt dies für 9,15 an,
    E.SCHWEIZER, Markus 123, und J.GNILKA, Markus II 95, führen 10,32b auf Markus
    zurück. Allerdings wird bei den zuletzt genannten Stellen von nicht wenigen
    Auslegern redaktionelle Bildung (zumindest durch Markus) für unwahrscheinlich
    gehalten.

Zusammen mit den eingangs aus der Sekundärliteratur zitierten Beobachtungen scheint hier die Annahme berechtigt, daß Markus die Vv.39f
in der vorliegenden Form gebildet hat, zumal nur in V.35 und hier die
volkstümliche, hier vermutlich durch die Übersetzung aus dem Semitischen bedingte Erzählweise mit vorangestelltem Prädikat und entsprechend kurzen, mit parataktischem καί aneinandergereihten Sätzen zugunsten des komplizierteren Satzanfanges mit participium coniunctum
aufgegeben ist. Daraus folgt allerdings noch nicht, daß Markus diese
Verse völlig frei gestaltet, gar erfunden hat.

Prinzipiell ist gegen die Praxis, Verse mit markinischem Stilgeprä-
ge vollständig Markus zuzuschreiben, einzuwenden, daß die Bearbeitung
des Markus durch seine Seitenreferenten, aber auch analog die Redaktion der atl. Erzählungen durch Josephus eindeutig gegen eine solche
unreflektierte Gleichsetzung von markinischem Stil und markinischer
Herkunft sprechen: Weitaus häufiger wurde vorhandenes Material aus
stilistischen, apologetischen, theologischen oder sonstigen Gründen
umgeformt[143].

Über diesen grundsätzlichen Einwand hinaus sprechen auch einzelne
Züge gegen eine vollständige redaktionelle Herkunft beider Verse:
(a) καταβαρύνω ist ein markinisches Hapaxlegomenon,
(b) Die parallele Reihenfolge der Worte kehrt (mit Ausnahme von
εὑρίσκειν) auch beim dritten Zurückkommen wieder. Es scheint daher,
als handle es sich hier um einen ursprünglichen Zug der dreifachen
Wiederholung, besonders da Mk 13,36 eher von der Gethsemane-Erzählung
her beeinflußt sein dürfte als umgekehrt[144]. Vermutlich handelt es
sich aber hier wie dort um eine relativ fest geprägte Wortkombi-
nation, die auch anderswo in eschatologischen Texten der Evangelien in
der Paränese so oder ähnlich auftaucht (vgl. Lk 12,37 par. Mt 24,46;
Lk 12,38.43; vgl. aber auch Mt 12,44 par. Lk 11,25; Lk 13,6f), und die
daher keinesfalls spezifisch markinisch ist.
(c) Zumindest erwägenswert ist, ob nicht Mk 9,6 von 14,40c abhängig
ist, da die Bemerkung dort weniger paßt als hier[145].
(d) Die dreifache Wiederholung des Gebetes wie das dreifache Versagen
der Jünger können nicht ohne entscheidende Veränderung der ganzen
Aussage gestrichen werden (s.u. S.122ff), besonders nicht zugunsten der
(instabilen) Zweizahl.

Nimmt man also als das Wahrscheinlichste an, daß Markus hier eine
nicht mehr eindeutig rekonstruierbare Vorlage umgeformt hat, so bleibt
die Frage nach den Motiven für diese Umformung. Hier scheinen mir
zwei Möglichkeiten denkbar, die sich gegenseitig nicht ausschließen:

143 Siehe die grundsätzlichen methodischen Vorbemerkungen oben S.72f.
144 Vgl. R.PESCH: Naherwartungen 201.
145 So K.G.KUHN: Gethsemane 273; ebenso E.SCHWEIZER: Markus 102.

(a) Das Versagen der Jünger ist ein durchgängiger Zug des Markusevangeliums. Man wird diesen Zug gewiß nicht vollständig dem Evangelisten zuschreiben dürfen, wohl aber könnte sich seine besondere
Hervorhebung zum Teil der Redaktionstätigkeit des Markus verdanken.
(b) Denkbar ist auch, daß Markus kürzen wollte. Mk 14,32-42 ist auch
in der vorliegenden Form die längste Erzählung innerhalb der markinischen Passionsgeschichte und eine der längsten Perikopen im Markusevangelium überhaupt. Wenn nun gerade ihr Ende im Blick auf die erzählenden Teile extreme Verkürzungen aufweist, so ist nicht auszuschließen, daß dies wenigstens zum Teil auf Markus zurückgeht - wie
ja auch Matthäus und Lukas den Markusstoff an vielen Stellen gekürzt
haben, wo er ihnen zu lang erschien.

Man könnte weiter vermuten, daß die fehlende Rücknahme der Jüngerscheidung,
falls sie einmal der Erwähnung für wert befunden worden war, dieser Kürzung zum
Opfer gefallen ist. Möglich ist auch, daß der mit Jesusworten (wenn auch planvoll)
überfrachtete Schlußteil z.T. Worte enthält, die ursprünglich zur zweiten Rückkehr
gehörten, etwa das καθεύδετε τὸ λοιπὸν καὶ ἀναπαύεσθε. Nach der auch sonst feststellbaren Tendenz der Überlieferung, Logien sehr viel getreuer wiederzugeben als
die erzählenden Teile, wären diese an den Schluß gerückt, weil an ihrem ursprünglichen Platz keine Verwendung mehr für sie war. All dies bleibt freilich bloße
Vermutung.

5.2.7 Zu Vv.41f

5.2.7.1 Inhaltliche Indizien, die literarkritische Dekomposition
nahezulegen scheinen

(a) V.41 versus V.31

Beobachtung: "Daß so die Szene in zwei Jesusworten gipfelt, die
auch inhaltlich verschieden pointiert sind (V.37: der πειρασμός der
Jünger, V.41: die ὥρα des Menschensohnes), stellt formgeschichtlich
eine Erweiterung des normalen Aufbaus dar. Denn der normale Aufbau
ist die Schilderung einer Szene, die in *einem* Jesuswort als Pointe
gipfelt. Also hier: a) Szene des Gebets Jesu mit dem Kontrast der
schlafenden Jünger, b) Pointe in dem aus ihr erwachsenden Jesuswort
- d.h. entweder die Pointe V.37f *oder* die Pointe V.41. So sind V.37-38
und V.41 formgeschichtlich konkurrierende Pointen"[146].

Diskussion: K.G.Kuhns Argumentation setzt voraus, daß die Gethsemaneerzählung nach dem Maßstab des "normalen Aufbaus" (gemeint ist
wohl R.Bultmanns 'biographisches Apophthegma') beurteilt werden müsse.
Die Voraussetzung ist jedoch angesichts der Einzigartigkeit dieses

---

146 K.G.KUHN: Gethsemane 263f; seiner Argumentation folgen W.SCHENK: Passionsbericht
194; W.H.KELBER: Hour 41.

Textes sehr zweifelhaft. Hinzu kommt, daß der 'normale Aufbau' sich
vorwiegend in den (als Einzelgeschichten ganz anderen Überlieferungs-
gesetzen unterworfenen) Texten außerhalb der Passionsgeschichte findet.

(b) V.42 versus V.41

Beobachtung: Den letzten seiner Widersprüche findet E.Hirsch in den
Vv.41f: Während Jesus in V.42 die Jünger auffordert, aufzuwachen
und den Menschensohn nicht erwähnt, gibt er in V.41 die Erlaubnis zum
Weiterschlafen ("nun ihres Dienstes genug") und spricht ein Menschensohnwort[147].

Diskussion: Dagegen hat E.Linnemann zu Recht eingewandt: "Aus
V.42/41 ergibt sich nur dann ein Gegensatz, wenn man die Formulierung
καθεύδετε τὸ λοιπὸν καὶ ἀναπαύεσθε als Erlaubnis weiterzuschlafen
versteht; diese Formulierung kann jedoch ebensogut als Tadel, Feststellung oder Frage gemeint sein"[148].

Beobachtung: Weniger schroff als E.Hirsch weisen viele Ausleger
darauf hin, daß trotz formaler Entsprechung beider Abschlußworte[149]
starke inhaltliche Differenzen bestehen: παραδίδοται meine das Dahin-
gegebenwerden nach Gottes Ratschluß, während ὁ παραδιδούς der Verräter
ist; ἦλθεν meine das Gekommensein der eschatologischen Stunde; ἤγγικεν
"das banal zu verstehende 'Herankommen' des Judas"[150]. Auch spreche
"V.41b in verhüllender Weise von υἱὸς τοῦ ἀνθρώπου", der überliefert
wird, während V.42 nur das Reflexivpronomen μέ kennt und dadurch
den Menschensohn mit dem sprechenden Jesus identifiziert"[151]. Meist
wird daraus die sekundäre Anfügung von V.42 geschlossen: "So ist V.41
christologische, kerygmatische Aussage, V.42 demgegenüber historisieren-
de Einordnung in die nächtliche Situation am Ölberg"[152].

Anders L.Schenke: In der Beobachtung der Differenzen stimmt er zwar
mit den unter Anm. 146 genannten Exegeten überein, in Gegensatz zu
diesen hält er jedoch V.42 für ursprünglich, "da sonst unerklärlich
wäre, warum ein Redaktor nach dem inhaltsschweren Satz V.41b die Überleitung V.42 überhaupt noch gebildet haben sollte"[153]. Als redaktionelle Klammer" hätte V.41b durchaus genügt; dies wäre "schriftstellerisch

---

147 E.HIRSCH: Frühgeschichte 156.
148 E.LINNEMANN: Studien 16.
149 Καθεύδετε - ἐγείρεσθε
    παραδίδοται - ὁ παραδιδούς
    ἦλθεν - ἤγγικεν.
150 E.SCHWEIZER: Markus 179.
151 L.SCHENKE: Studien 467.
152 K.G.KUHN: Gethsemane 262; ähnlich R.BULTMANN: Geschichte 288; W.H.KELBER: Mark
    173; W.MOHN: Gethsemane 202; J.W.HOLLERAN: Gethsemane 107f; E.LINNEMANN: Studien
    32.
153 L.SCHENKE: Studien 468.

sogar um eine Nuance geschickter als die jetzige Lösung, weil dann
der theologisch schwergewichtige Satz V.41b direkt durch das Geschehen
der Gefangennahme interpretiert und so konkretisiert worden wäre, während nun V.42 als direkte Anspielung auf das folgende Geschehen in gewisser Weise plump wirkt"[154]. Auch sei die ganze Passionstradition ohne
Menschensohntitel ausgekommen - V.41b sei also auch in dieser Hinsicht
ein Fremdkörper. Nimmt man noch die Abhängigkeit von 9,31 hinzu, so
bestehe kein Grund, diesen Vers nicht für redaktionell zu halten[155].
Da in V.41b das einzige Mal eine Menschensohnaussage mit dem Motiv der
eschatologischen Stunde verbunden sei, das sonst keine Beziehung zur
Leidensaussage habe, sei sogar eine relativ späte Bildung wahrscheinlich[156].

Diskussion: Die Trennung zwischen Gottes Ratschluß und menschlichem
Handeln (mag dies in seiner Intention noch so widergöttlich sein) ist
ohne Anhalt am Text und widerspricht sogar explizit einigen Aussagen
bei Markus (die dann entsprechend auch wieder dem 'Redaktor' zugeordnet
werden müßten). Eine ausführliche Widerlegung wird solchen falschen
Entgegensetzungen in der Begriffsanalyse (vgl. v.a. S.221-224)
zuteil.

Ebenso hat die Verwendung des Menschensohn-Titels bei der Dahingabe-
formel theologische Gründe: Er bezeichnet Jesu 'Amt' gerade im Blick
auf das sich an ihm vollziehende göttliche Gericht. Er kann also nicht
als "sachliche Differenz"[157] gegen das Personalpronomen μέ ausgespielt
werden. Stilistisch ist noch anzumerken, daß Konstruktionen mit ἰδοῦ
bei Markus sehr selten sind (insgesamt 7mal, dagegen bei Matthäus 66mal,
bei Lukas 57mal!). Hinzu kommt, daß an den anderen 5 Stellen (Markus
1,2; 3,20; 4,3; 10,28.33) markinisch-redaktioneller Einfluß wenig wahrscheinlich ist. Auch dies spricht dagegen, daß Markus einen der beiden
Verse gebildet habe.

Exkurs 3: Zur Scheidung zweier Quellen in Mk 14,32-42

Eine durchgängige Zerlegung des Markusevangeliums nach zwei verschiedenen Quellen-
schriften (einem ursprünglichen Bericht und einer dogmatisch-kirchlichen Korrektur)
hat E.Hirsch versucht. Eine Auseinandersetzung mit dem ganzen Entwurf kann hier nicht
geleistet werden, ist aber auch nicht nötig: Die 'Widersprüche' in Mk 14,32-42 waren
für E.HIRSCH ein Paradebeispiel für die Berechtigung seiner These. Da hier in allen
vier Fällen der Nachweis geführt wurde, daß alle diese Widersprüche erst durch von
außen in den Text hineingetragene Voraussetzungen entstehen und daß sich an allen
'widersprüchlichen' Stellen der Text mühelos als Einheit verstehen läßt, kann die
Hypothese von E.Hirsch für unseren Text als erledigt gelten.

---

154 Ebd. 468f.
155 Ebd. 470.
156 Ebd. 470f.
157 Ebd. 467.

Was die Einheitlichkeit speziell unserer Perikope betrifft, so wurde gegen die einzelnen Argumente von K.G.Kuhn und J.W.Holleran bei den einzelnen Versen bereits das Nötige gesagt, ebenso zur Fragwürdigkeit ihrer formgeschichtlichen Voraussetzungen.

E.Linnemann hat in ihren Studien[158] die Endprodukte von K.G.Kuhns Quellenscheidung einer ausführlichen Kritik unterzogen; ihre weitgehend zutreffenden Einwände müssen hier nicht wiederholt werden.

Über E.Linnemann hinaus ist zum Ganzen dieser Quellenscheidung noch anzumerken:

(a) Bei K.G.Kuhn und J.W.Holleran besteht ein schwer begreifliches Mißverhältnis zwischen den 'Quellen' und ihrer 'Zusammensetzung' darin, daß erstere von den für sie konstitutiven Höhepunkten V.38 bzw. V.41 her zu verstehen sind, während in der vorliegenden Form das Gebet Jesu Vv.35f den eindeutigen Mittel- und Höhepunkt der Erzählung bildet[159]. (Oder sollten sich auch in den nach formgeschichtlich konkurrierenden Höhepunkten getrennten Quellen nochmals je zwei konkurrierende Höhepunkte finden?).

(b) E.Hirsch, K.G.Kuhn und J.W.Holleran verweisen zur Begründung für ihre Quellenscheidung immer wieder auf die zweifache Überlieferung der einzelnen Züge der Erzählung. Nun sind aber einige der wesentlichen Züge der Erzählung nicht zweifach, sondern *dreifach* wiedergegeben: dreimal betet Jesus, dreimal findet er die schlafenden Jünger, dreifach ist das Schlußwort. Eine Berufung hierauf darf also nicht so ohne weiteres geschehen, da nach einem Grundsatz der Literarkritik Doppelungen nur dann eindeutig zur Rekonstruktion von Quellen verwendet werden dürfen, wenn *in der gleichen Anzahl* Parallelen im Text auftauchen[160]. Wenn in Fällen der dreifachen Wiederholung noch ein Redaktor bemüht wird, so bedeutet dies die Einführung einer weiteren hypothetischen Größe ohne zureichende Begründung; von der Deutung her werden dann die Voraussetzungen korrigiert.

(c) Wie wenig dies jedoch beweist, kann man sich klarmachen, wenn man nach den hier angewendeten Kriterien - literarkritisch unverdächtige - Texte aus mündlicher Überlieferung wie Legenden oder Märchen beurteilt. Man kann dort, wenn man will, nicht selten mühelos zwei oder drei 'Quellen' (und entsprechende Redaktoren) finden!

(d) Es fehlt eine Begründung für die Motive des Markus,zwei Texte in der angenommenen Weise zu atomisieren, und die Bruchstücke zu kombinieren[161].

5.3 Zusammenfassung

Die gegen die Einheitlichkeit der Perikope Mk 14,32-42 vorgebrachten Einwände vermochten nicht zu überzeugen. Der Versuch, den Text auf verschiedene Quellen zurückzuführen, mutet gewaltsam an und wird diesem nicht gerecht. Es ließ sich auch nicht erkennen, daß die Erzählung in ihrer vorliegenden Gestalt vom Evangelisten entscheidend redigiert oder gar weitgehend gebildet worden wäre. Damit ist - wie eingangs schon betont (s.o. S.72) - nicht ausgeschlossen, daß Markus (oder ein anderer Redaktor auf einer früheren Stufe der Überlieferung) den Text freier bearbeitet haben. Doch solange dies nicht mit einiger Wahrscheinlichkeit nachgewiesen werden kann, wird man sich vor Vermutungen - mögen

---

158 E.LINNEMANN: Studien 19ff.
159 Vgl. A.v.d.WEYDEN: Doodsangst 21:
    "Het hoofdmoment bij de gebeurtenissen in Gethsemani ligt in de verhouding van
    Christus tot zijn Vader, die in het gebed tot uiting komt."
160 Vgl. W.RICHTER: Exegese 55.
161 W.H.KELBER: Mark 168: "If one asks Kuhn why Mark felt it necessary to combine
    two Gethsemane stories into one, the answer is found wanting. Kuhn's interest
    is solely focused upon a reconstruction of the two sources and their respective
    theologies. By comparison, Mark's scissors-and-paste operation appears distinctly
    anti-climatic, and hence not worthy of consideration."

diese auch mit noch so großer Gewißheit vorgetragen werden - hüten
müssen. Die Gefahr der Verfälschung oder doch der Verkürzung des Textverständnisses durch solche 'Urtexte' ist groß. Die Frage, wer den
Text in seiner vorliegenden Gestalt ausgeformt hat, kann also nicht
eindeutig beantwortet werden. Das Folgende wird jedoch zeigen, daß
einiges dafür spricht, daß diese Ausformung im wesentlichen bereits
im Prozess der mündlichen Überlieferung stattgefunden hat.

§ 6: FORM UND STRUKTUR DER ERZÄHLUNG

Nach der weitgehenden Zurückweisung der gegen die literarische Einheitlichkeit des Textes vorgebrachten Einwände soll nun positiv der
Zusammenhang von Inhalt und Erzählstruktur des Textes deutlich gemacht
werden. So lassen sich dann auch die einzelnen, bisweilen auf den
ersten Blick störend wirkenden Glieder als sinnvolle und notwendige
Teile eines Ganzen ausweisen. Die damit verbunde Einsicht in die Gesetzmäßigkeiten, die hinter der Ausformung dieser Erzählung stehen, erlaubt auch eine differenziertere überlieferungsgeschichtliche Rückfrage.

6.1 Textkohärenz

Schon stilistisch zeigt sich die Geschlossenheit der mit 16-facher
καί - Reihung gebundenen Erzählung, zu der der enge semantische Zusammenhang der Perikope kommt: Leitwort sind das *Kommen und Gehen (Jesu)*
(ἔρχεσθαι - mit Derivaten 9mal Vv.32.35(bis).37.(38).39.40.41a(41c)),
das *Beten* (προσεύχεσθαι 4mal Vv.32.35.38.39 - im sonstigen Evangelium
nur noch 6mal), das *Schlafen* der Jünger (καθεύδειν 4mal Vv.37a.37b.40.41
- sonst nur noch weitere 4mal im Evangelium), Jesu Aufforderung zum
Wachen (γρηγορεῖν 3mal Vv. 34.37.38 - sonst nur noch 3mal im Gleichnis
vom Türhüter Mk 13,33-37) sowie das Stichwort von der *Stunde* (ὥρα 3mal
in Vv.35.37.41 - sonst nur noch 9mal, dabei außer in Mk 13,11.32 als
einfache Zeitangabe).
Weiter wird die Geschlossenheit der Perikope auch durch die formalen
und semantischen Entsprechungen von Anfang und Ende (dem ἔρχονται entspricht das ἄγωμεν, dem Befehl καθίσατε der Befehl ἐγείρεσθε) deutlich.
Der Ring schließt sich so.
Dazu kommt die häufige Verwendung der auf das Vorherige verweisenden
Pronomina in den Vv.32.33.34.35.36.37.39.40.41.42 sowie der Verzicht
auf explizite Nennung der handelnden Subjekte. Ausnahmen (Vv33.37) erklären sich durch eine Ausgrenzung der Genannten innerhalb der Erzählung.
Jesus selbst wird nicht mit Namen genannt, was nicht nur für die Einheitlichkeit der Erzählung, sondern (ebenso wie das ἔρχονται am Anfang) gegen eine ursprüngliche Isoliertheit der Perikope spricht.

6.2 Erzähltextanalyse

Im folgenden bediene ich mich eines Schemas der Linguistik[1], das durch Formalisierung der Handlungsabläufe die präzise Beobachtung dessen, was im Text 'geschieht', fördert (und so zur Kontrolle dient, da die Textbeobachtung häufig durch Vorurteile und Assoziationen getrübt ist).

Man geht dabei davon aus, daß sich jeder Erzähltext in seiner Struktur als eine Abfolge von Konstellationen von Handlungstypen (= Aktanten) beschreiben läßt. Im Unterschied zum 'Akteur', d.h. jedem, der im Text (dem sog. 'Oberflächentext') vorkommt, soll das Kunstwort 'Aktant' dessen strukturale Entsprechung bezeichnen, den Handlungstyp. Dieser bleibt keineswegs auf den selben Akteur beschränkt: Handlung besteht ja gerade auch im Wechsel der Rollen, ihre Spannung entsteht durch die Transformation der Akteure in entgegengesetzte Aktanten. Die Erkenntnis dieser Veränderungen (sogenannter 'Tiefentext') ermöglicht eine präzise Erfassung dessen, was das Geschehen für die Bestimmtheit der einzelnen Beteiligten ergibt und welche Bedeutung den einzelnen Teilen des 'Oberflächentextes' zukommt.

Wesentlich ist dabei die durch den russischen Märchenforscher V. Propp[2] vorbereitete Erkenntnis, daß sich alle an einem Geschehen Beteiligten auf bestimmte Handlungstypen reduzieren lassen. Mit D.O.Via[3] werden hier als solche Handlungstypen angenommen: Ein Protagonist (P), dessen Gegner/Opponent(en) (Opp) und sein(e) Helfer/Akjuvant(en) (Adj). Dazu kommt als Gegenstand des Begehrens ein Objekt (Obj), dessen Geber/ Donator (D) und dessen Empfänger/Adressat(en) (Ad). Die jeweilige Verneinung einer Rolle wird mit Querstrich angezeigt (z.B. Nicht-Protagonist = $\overline{P}$). In einem Erzähltext müssen nicht alle Aktanten vorkommen. Dies führt auch zu einer Besonderheit unserer Erzählung: Als Objekt wäre hier die Nicht-Stunde bzw. der Nicht-Kelch anzugeben. Beides sind jedoch der Erklärung bedürftige Metaphern; ich verzichte daher auf den Aktanten 'Objekt' und umschreibe das mit Stunde/Kelch Gemeinte mit Hilfe der anderen Aktanten, was in diesem Fall leicht möglich ist. Diese Umschreibung wird in eckige Klammern gesetzt, die das Zeichen für vorläufige Verwandlung (reale oder erbetene) ist (z.B. wird Jesus durch die 'Preisgabe' vorläufig, erst mit dem Tod endgültig, zum $\overline{P}$). In runden Klammern steht alles, was im Text nur imlizit gesagt ist und daher erschlossen werden mußte (etwa der dritte Gebetsgang).

---

1 Eine Einführung in diese Art der Textanalyse verdanke ich meinem Freund F.SIEGERT. Verwiesen sei auf den Aufsatz von E.GÜTTGEMANNS: Bemerkungen.
2 V.PROPP: Morphologie.
3 D.O.VIA: Parable 22f.

Ein weiterer wichtiger Hinweis für den Aufbau des Textes sind die
Verben der Ortsveränderung und der Kommunikation; sie werden im Text
hervorgehoben und anschließend ausgewertet. Die Anordnung der einzelnen Zeilen erfolgt nach ihrer Über- und Unterordnung im Satzgefüge
(Einbettung oder logische Abhängigkeit).

	Jesus	3 Jünger	alle Jünger	Gott	Gegner	Ort
Oberer Kontext: Jesus hat seinen Tod als Heilsereignis gedeutet; Judas hat den Verrat in die Wege geleitet.	P				Opp	
32 Καὶ <u>ἔρχονται</u> εἰς χωρίον οὗ τὸ ὄνομα Γεθσεμανί	P	P	P			I
καὶ <u>λέγει</u> τοῖς μαθηταῖς αὐτοῦ. καθίσατε ὧδε ἕως προσεύξωμαι			P̄	(D)		
33 καὶ <u>παραλαμβάνει</u> τὸν Πέτρον καὶ τὸν Ἰάκωβον καὶ τὸν Ἰωάννην μετ' αὐτοῦ καὶ ἤρξατο ἐκθαμβεῖσθαι καὶ ἀδημονεῖν 34 καὶ <u>λέγει</u> αὐτοῖς· περίλυπός ἐστιν ἡ ψυχή μου ἕως θανάτου μείνατε ὧδε καὶ ·γρηγορεῖτε.		Adj				II
35 καὶ <u>προελθὼν</u> μικρὸν ἔπιπτεν ἐπὶ τῆς γῆς καὶ <u>προσηύχετο</u> ἵνα εἰ δυνατόν ἐστιν παρέλθῃ ἀπ' αὐτοῦ ἡ ὥρα, 36 καὶ <u>ἔλεγεν</u>· αββα ὁ πατήρ, πάντα δυνατά σοι· παρένεγκε τὸ ποτήριον τοῦτο ἀπ' ἐμοῦ.	Adr			D Adj	Opp	III

	Jesus	3 Jünger	Gott	Gegner	Ort
ἀλλ' οὐ τί ἐγὼ θέλω ἀλλὰ τί σύ.	P̅		P		
(keine Reaktion)	(A̅d̅r̅)		(D̅)		
37 καὶ <u>ἔρχεται</u> καὶ εὑρίσκει αὐτοὺς καθεύδοντας καὶ <u>λέγει</u> τῷ Πέτρῳ· Σίμων, καθεύδεις; οὐκ ἴσχυσας μίαν ὥραν γρηγορῆσαι;	P	A̅d̅j̅			II
38 γρηγορεῖτε καὶ προσεύχεσθε ἵνα μὴ ἔλθητε εἰς πειρασμόν· τὸ μὲν πνεῦμα πρόθυμον, ἡ δὲ σάρξ ἀσθενής		(Adj)			
39 καὶ πάλιν <u>ἀπελθὼν</u> <u>προσηύξατο</u> τὸν αὐτὸν λόγον εἰπών.	Adr		D Adj	O̅p̅p̅	III
(keine Reaktion)	Adr		(D̅)		
40 καὶ πάλιν ἐλθὼν εὗρεν αὐτοὺς καθεύδον- τας, ἦσαν γὰρ αὐτῶν οἱ ὀφθαλμοὶ κατα- βαρυνόμενοι καὶ <u>οὐκ</u> ἤδεισαν τί <u>ἀποκριθῶσιν</u> αὐτῷ.	P	A̅d̅j̅			II
(Gebet)	(Adr)		D, Adj	(Opp)	III
41 καὶ <u>ἔρχεται</u> τὸ τρίτον καὶ λέγει αὐτοῖς· καθεύδετε τὸ λοιπὸν καὶ ἀναπαύεσθε· ἀπέχει· ἦλθεν ἡ ὥρα ἰδοὺ παραδίδοται ὁ υἱὸς τοῦ ἀνθρώπου εἰς τὰς χεῖρας τῶν ἁμαρτωλῶν. 42 ἐγείρεσθε, ἄγωμεν· ἰδοὺ ὁ παραδιδούς με ἤγγικεν.	P Adr. P̅ Obj	A̅d̅j̅	D̅, A̅d̅j̅ P/ Opp	P/ Opp	II

Legende

Ad   Adressat
Adj   Adjuvant
D   Donator
Obj   Objekt
Opp   Opponent
P   Protagonist
(Querstrich über einem Sigel
zeigt die Negation der je-
weiligen Rolle an).

6.2.1 Die Verben der Ortsveränderung und der Kommunikation

Die Exposition der Erzählung zeigt Jesus an drei aufeinanderfolgenden Orten (V.32: I; Vv.33f: II; Vv.35f: III). Dieser Ortswechsel
signalisiert eine Bewegung hin zu einer immer intimeren Gemeinschaft:
An Ort I wird die Mehrzahl der Jünger zurückgelassen, die im folgenden
auch keine Rolle mehr spielt; an Ort II läßt Jesus die drei Vertrautesten zurück, womit eine - wenn auch zunächst nur mittelbare - Teilhabe
an seinem Geschick gegeben ist; der dritte Ort schließlich ist als
Ort des (bereits V.32 angekündigten) Gebetes Ziel- und Höhepunkt
dieser Bewegung.

Eigenartig mutet nun an, daß diese Bewegung nicht, wie eigentlich
zu erwarten wäre, an Ort III zu ihrem Abschluß kommt und allenfalls
noch in der Rückkehr zu den beiden anderen Orten ausklingt. Das Folgende zeigt vielmehr Jesus in ständiger Bewegung: Insgesamt dreimal
kommt er vom Gebet zu seinen Jüngern bis das Kommen des 'Überlieferers'
von außen diesem Kommen und Gehen ein Ende setzt.

Der dabei entstehende Eindruck eines unerfüllten Hin und Her,
einer vergeblichen Annäherung wird noch durch die Beobachtung verstärkt, daß sich diese Bewegung zwischen zwei Mauern des Schweigens
vollzieht: Es fällt auf, daß immer nur Jesus (an-)spricht, wohingegen
die Angesprochenen beharrlich die Antwort verweigern bzw. nichts zu
sagen haben.

6.2.2 Die Aktantentransformationen

(a) Die Opponenten

Die erste, wenn auch nur erwünschte Verwandlung ist das Vorübergehen der Stunde (gleich Bewahrung vor den Händen der 'Sünder'). Dieser
Wunsch Jesu hebt sich ebenso wie sein plötzliches Entsetzen schroff

und unvermittelt von der bisherigen Leidensbereitschaft ab und stellt
eine Besonderheit unserer Geschichte dar. Sie wird - ebenso wie die
am Schluß wieder gezeigte Leidensbereitschaft - zu erklären sein, zumal
die Eindrücklichkeit der Gethsemane-Erzählung - wie gezeigt - zu einem
nicht geringen Teil auf diesem Gegensatz beruht.

(b) Das Versagen der Jünger

Der Befund der Tabelle ist eindeutig. Es wäre lediglich noch anzumerken, daß nach dem dritten Mal dieses Versagen der Jünger endgültig
ist: Die Verse 41f sind bei Markus die letzten Worte, die Jesus zu
seinen Jüngern spricht. Die folgende Flucht und die Verleugnung des
Petrus sind nur die Konsequenz dieses Nicht-Wachens und Nicht-Betens,
das Verfallen an den πειρασμός. Auch hier markiert Mk 14,32-42 einen
definitiven Umschlag.

(c) Gottes Verwandlung vom Donator zum Opponenten

Während die ersten beiden Aktantentransformationen häufiger bemerkt
und bei der Auslegung berücksichtigt wurden, hat man die dritte und
meines Erachtens entscheidende Verwandlung bislang kaum beachtet[4],
jene Verwandlung, die die Rolle Gottes in diesem Geschehen betrifft.

Das ganze bisherige Evangelium hatte Jesus als den vom Vater selbst
als seinen 'geliebten Sohn' (Mk 1,11; 9,7) geoffenbarten, mit göttlicher Vollmacht begabten und aus dieser Vollmacht lehrenden und handelnden Protagonisten gezeigt. Mit Jesus ist, wie es in der programmatischen Zusammenfassung seiner Predigt am Eingang des Evangeliums heißt,
die Zeit erfüllt und Gottes Herrschaft nahegekommen (1,15). Im ganzen
bisherigen Evangelium ist Gott die Quelle von Jesu Macht und Würde,
ja Jesus, wie ihn das Evangelium uns vor Augen stellt, existiert nur
aus jener Gemeinschaft mit dem Vater, so wie andererseits dieser nur
durch ihn handelt (so daß man auch Vater und Sohn zusammen als die
Protagonisten im Evangelium betrachten kann).

Eben dies ändert sich jetzt grundlegend. Die folgenden Perikopen
zeigen Jesus in markantem Gegenüber zur bisherigen Darstellung als
den nur noch Leidenden, als den negierten Protagonisten. Im Verbund
mit Jesu Feinden wird Gott aus dem Donator zum Opponenten seines 'geliebten Sohnes'.

Das diesen Umschlag markierende Stichwort ist παραδιδόναι (εἰς τὰς χεῖρας) = נתן ביד,
jener aus der Bannformel des Heiligen Krieges in die prophetische Gerichtsverkündi-
gung übergegangene Ausdruck (s.u.), der im Bezug auf Jesu Geschick gleichermaßen
vom Handeln Gottes (14,41 vgl. 9,31; 10,33a) wie vom Tun der Gegner verwendet wird,
angefangen bei Judas (14,42.44; vgl. 3,19; 14,10f.18.21) über die Synhedristen (15,
1.10; vgl. 10,33b) bis zu Pilatus (15,15).

---

4 Eine Ausnahme bildet die Auslegung von K.Barth: KD IV/1 291ff.

Ein solcher Umschlag vom Donator zum Opponenten kann nur als Negation
der scheinbar beständigen Rolle verstanden werden; dem Leser muß diese
Verwandlung als Täuschung zum Zwecke der Vernichtung des Protagonisten
erscheinen. Man denke hier nur an die Verwandlung der Pallas Athene in
den Hektorbruder Deïphobos, um den fliehenden Vorkämpfer der Trojaner
zum Kampf gegen Achilleus zu bewegen[5]. Auch das AT kennt solche Täuschung: So sendet etwa Gott I Reg 22 einen 'Lügengeist' in die Propheten, um Ahab zum Kampf gegen die Aramäer zu verleiten (vgl. bes. I Reg
22,20-23).

Unheimlich ist eine solche Verwandlung allemal, auch wo sie sich wie
bei Ahab als göttliches Strafgericht verstehen läßt. Die Verwandlung
wird unerträglich, wo sie mit Gottes Güte und Gerechtigkeit nicht mehr
vereinbar scheint. Als Infragestellung des bisher als gut und gerecht
geglaubten göttlichen Wesens greift sie das Gottvertrauen an und ist
deshalb Anlaß tiefster Anfechtung.

In den Konfessionen des Jeremia klingt diese Anfechtung an, wenn die
Klage des Propheten "in die harte Anklage Jahwes"[6] umschlägt:

"Warum ward mein Schmerz denn ewig,
ward meine Wunde unheilbar und will nicht gesunden?
Wie ein Trugbach warst du mir,
wie ein Wasser, auf das kein Verlaß ist." (Jer 15,18)

Hier erfolgt jedoch unmittelbar (Jer 15,19-21) die Antwort Gottes
mit der Forderung der Umkehr und der Verheißung der Rettung.

In aller Ausführlichkeit wird das Problem bei Hiob thematisch gemacht.
So klagt etwa Hiob:

"Wenn ich ihn auch anrufe, daß er mir antwortet,
so glaube ich nicht, daß er meine Stimme hört.
Vielmehr greift er nach mir im Wettersturm,
und schlägt mir viele Wunden ohne Grund.
Er läßt mich nicht Atem schöpfen,
sondern sättigt mich mit Bitternis.
Geht es um Macht und Gewalt: Er hat sie.
Geht es um Recht: Wer will ihn vorladen?
Wäre ich gerecht, so müßte mich doch mein Mund verdammen;
wäre ich unschuldig, so würde er mich doch schuldig sprechen."
(Hiob 9,16-20)

In zwei direkten Anklagen macht dann Hiob auch Gott gegenüber diese
Verkehrung des Verhältnisses thematisch, zunächst im Blick auf sich
selbst, dann, noch bitterer und anklagender, auch gegen den Gott, der
ihm 'sein Recht verweigert' (27,2).

"Warum verbirgst du dein Angesicht,
und hälst mich für deinen Feind?" (13,24)

"Ich schreie zu dir, aber du antwortest mir nicht,
ich stehe da, aber du achtest nicht auf mich.

---

5 Vgl. HOMER: Ilias XII, 226ff, v.a.296ff.
6 W.ZIMMERLI: Theologie 183.

Du hast dich mir verwandelt in einen Grausamen,
und streitest gegen mich mit der Stärke deiner Hand." (30,20f)

Während nun allerdings bei Hiob durch die Vorinformation, daß es
sich bei alledem, was mit Hiob geschieht, 'nur' um eine Versuchung handelt, jener 'Verwandlung Gottes in einen Grausamen' für den Leser den
Stachel weitgehend genommen wird, so daß sich das Interesse nun vorwiegend auf das Verhalten des Protagonisten unter dieser Versuchung richtet, kennt die Gethsemaneerzählung keine solche 'Entspannung'. Abrupt
wie Jesu Entsetzen setzt sie Gottes beständiges Schweigen voraus, ein
im Blick auf die Situation nur zu beredtes und von Jesus dann auch entsprechend gedeutetes (V.41b) Schweigen. Diese Spannung zum bisherigen
vollmächtigen Auftreten des Gottessohnes wird dann in der Verspottung
des Gekreuzigten (Mk 15,29-32) und in Jesu Schrei der Gottverlassenheit
(15,34) - nochmals gesteigert - vor Augen geführt. Gewiß hat Jesus auch
diesen Kelch, diese Verwandlung Gottes, noch aus der Hand des Vaters
genommen - und dies ist der Höhepunkt der Erzählung -, aber es ist nicht
legitim, dieses Ärgernis des schweigenden, Jesus preisgebenden Gottes
durch die Hervorhebung des (womöglich noch vorbildlichen) Gehorsams
Jesu zu *überspielen*, als ob man überhaupt etwas von Jesu 'Gehorsam'
verstehen könnte, ohne den eigentlichen Grund seines plötzlichen Entsetzens zu sehen. Es gilt vielmehr, gerade diese Verzweiflung und Anfechtung wahrzunehmen und als Moment der einzigartigen Gottesbeziehung Jesu
zu verstehen.

Rückblickend fällt auf, daß die drei Aktanten, die in einer Erzählung zu positiver Identifikation einladen, nämlich Protagonist, Donator
und Adjuvant, sich hier in ihr Gegenteil verkehren und darin auch im
folgenden bis Jesu Tod verharren. Deutlich zeigt so der Tiefentext den
radikalen Einbruch im Evangelium, die umfassende Krisis des Gottessohnes,
in der alles bisher Gültige umgestoßen wird.

Damit machen die Aktantenverwandlungen nochmals deutlich, was schon
die Beobachtungen zu den Verben der Ortsveränderung und der Kommunikation gezeigt haben: Die Gethsemaneerzählung weist wesentlich über sich
hinaus auf die Passion und - wenn sie denn Teil der Frohbotschaft sein
soll - durch diese hindurch auf eine Lösung dieser Spannung. Man wird
in dieser Perikope schwerlich eine ursprünglich isolierte und ihre Aussage in sich selbst tragende Geschichte sehen können.

6.3 Gliederung

Mit Ortsveränderung und Aktantentransformation als Parametern ergibt
sich für Mk 14,32-42 folgende Gliederung:

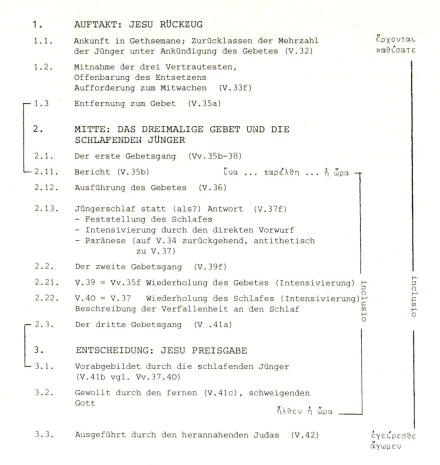

1. **AUFTAKT: JESU RÜCKZUG**

1.1. Ankunft in Gethsemane; Zurücklassen der Mehrzahl der Jünger unter Ankündigung des Gebetes (V.32) ἔρχονται καθίσατε

1.2. Mitnahme der drei Vertrautesten, Offenbarung des Entsetzens Aufforderung zum Mitwachen (V.33f)

1.3 Entfernung zum Gebet (V.35a)

2. **MITTE: DAS DREIMALIGE GEBET UND DIE SCHLAFENDEN JÜNGER**

2.1. Der erste Gebetsgang (Vv.35b-38)

2.11. Bericht (V.35b) ἵνα ... παρέλθη ... ἡ ὥρα

2.12. Ausführung des Gebetes (V.36)

2.13. Jüngerschlaf statt (als?) Antwort (V.37f)
- Feststellung des Schlafes
- Intensivierung durch den direkten Vorwurf
- Paränese (auf V.34 zurückgehend, antithetisch zu V.37)

2.2. Der zweite Gebetsgang (V.39f)

2.21. V.39 = Vv.35f Wiederholung des Gebetes (Intensivierung)

2.22. V.40 = V.37 Wiederholung des Schlafes (Intensivierung) Beschreibung der Verfallenheit an den Schlaf

2.3. Der dritte Gebetsgang (V.41a)

3. **ENTSCHEIDUNG: JESU PREISGABE**

3.1. Vorabgebildet durch die schlafenden Jünger (V.41b vgl. Vv.37.40)

3.2. Gewollt durch den fernen (V.41c), schweigenden Gott ἦλθεν ἡ ὥρα

3.3. Ausgeführt durch den herannahenden Judas (V.42) ἐγείρεσθε ἄγωμεν

(inclusio ... inclusio ... inclusio)

6.4 Die Struktur der Erzählung

Der dargestellte, kunstvolle Aufbau der Erzählung macht es schwer, sich auch nur vorzustellen, daß dieser mehr oder minder zufällig bei der Addition zweier Quellen oder bei ein- oder mehrfacher Überarbeitung eines Grundberichtes entstanden sein soll.

Lehnt man eine solche unbefriedigende Erklärung ab, so bliebe als Möglichkeit denkbar (und wird auch bisweilen angenommen), daß der Text eben *wegen* seines kunstvollen Aufbaus sich der sorgfältig gestaltenden Hand eines Redaktors verdankt.

Daß eine Formung vorliegt, ist sicher unbestreitbar. Bestreitbar ist aber, daß es sich dabei um eine gegenüber einem einfacheren Grundbericht sekundäre literarische *Über*formung handelt. Nicht nur, daß sich dies,

wie oben dargestellt, literarkritisch nicht nachweisen läßt: auch
die Eigenart der Erzählung selbst spricht dagegen.

A.Olrik hat als Ergebnis seiner ethnopoetischen Untersuchung festgestellt: "unsere volkspoesie ist formelhaft gebunden in weit höherem
grade, als man gewöhnlich denkt".[7] Und eines der (wenigen) Grundgeset-
ze mündlicher Überlieferung, ein solches "episches gesetz" ist das
Gesetz der Dreizahl. Jene auch sonst in Religions- und Rechtsbräuchen,
in Dichtung, Ritus und Magie, in der antiken und modernen Welterklärung
so überaus bedeutsame Zahl[8] bestimmt nach A.Olrik 'hunderttausende von
volksüberlieferungen' der verschiedensten Kulturen: "wie ein breiter
streifen zieht sich das gesetz der dreizahl durch die sagenwelt hin,
durch jahrhunderte und jahrtausende menschlicher cultur. die semitische
und noch mehr die arische cultur ist diesem mächtigen herrscher unter-
tan".[9] Ja, dieser Aufbau nach dem Gesetz der Dreizahl ist für die Gesetzmäßigkeit der mündlichen Tradierung so konstitutiv, daß A.Olrik
etwas überschwenglich formulieren kann: "wenn der sagenforscher auf
eine dreizahl stößt, denkt er wie der Schweizer der die Alpen wieder
erblickt: nun bin ich daheim!"[10] Nüchterner formuliert H.Usener in
seiner groß angelegten Untersuchung über die Dreizahl: "Es ist eine
unwiderstehliche Naturgewalt, mit der sich eingewurzelte Formen
dieser Art (sc. die Dreizahl) unwillkürlich zur Geltung bringen[11].
Auch unsere Erzählung zeigt sich streng nach diesem Gesetz der Dreizahl strukturiert, das sie in Einleitung (Rückzug zum Gebet), Mitte
(dreifaches Gebetsringen und Jüngerversagen) und Entscheidung teilt,
wobei diese Teile selbst wieder dreifach untergliedert und an den
Nahtstellen miteinander verbunden sind. "Dreifach ist die Einleitung,
die Ihn immer stärker aus dem Kreise der Seinen herauslöst bis zum
völligen Alleinsein und diese Loslösung auch äußerlich darstellt (V.32-
34); dreifach ist die Mitte der Erzählung mit ihrem wiederholten Sze-
nenwechsel und ihrem tiefen, wiederum räumlich markierten Gegensatz
zwischen dem betenden Meister und den schlafenden Jüngern (V.35-41);
dreifach ist endlich das Schlußwort von der freiwilligen 'Übergabe'
(V.41-42)"[12].

---

7 A.OLRIK: Volksdichtung 11.
8 Vgl. die ungeheure Fülle von Belegen in den Untersuchungen von H.USENER:
  Dreiheit und E.B.LEASE: Number.
9 A.OLRIK: Volksdichtung 4.
10 Ebd. 4.
11 H.USENER: Dreiheit 2.
12 E.LOHMEYER: Markus 313f.

Exkurs 4: Die Dreigliedrigkeit als Grundgesetz mündlicher Über-
lieferung.

Die Erklärung für diese 'mystica lex' sind vielfältig: Sie reichen von der Ableitung aus der Eltern-Kind-Struktur als Keimzelle des Lebens[13] über reflexionsphilo-
sophische Theorien bis zur ethnologischen Bestimmung der Drei als der größten Zahl
des primitiven Menschen[14].

In unserem Zusammenhang interessiert vor allem Funktion und Bedeutung der Dreizahl
als Strukturgesetz mündlicher Überlieferung: Drei Prüfungen muß jeder Freier bestehen,
ehe er die Königstochter errungen hat, dreimal muß das tapfere Schneiderlein den
Riesen überlisten, ehe er gewonnen hat; drei Wünsche sind frei, nach denen Glück
oder Unglück definitiv feststehen; dreimal muß Utnapischtim einen Vogel aussenden,
ehe die Erde wieder begehbar ist, dreimal muß Thor besiegt werden, ehe er die Grenzen
der Götter erkennt, dreimal der Fenriswolf gebunden werden, ehe er in den Abgrund
geworfen werden kann. Eine wesentliche Rolle spielt die Dreizahl auch im AT: "So sind
die drei Söhne Noahs die Stammväter der ganzen Menschheit Gn 6,10. Dreimal segnet
Bileam Israel Nu 24,10. In 3 zweiteilige Sätze von zunehmender Wortfülle ist der
Priestersegen gefaßt Nu 6,24-26. Die dreifache, sich steigernde Formulierung der
Zusage Jahwes in Hos 2,21f bekräftigt dies völlig. Der dritte Vollzug einer Handlung
macht sie vollständig 1 Kö 18,34; vgl. 17,21. Was sich dreimal als erfolglos erwies,
wiederholt man nicht, sondern verfährt auf andere Weise 1 S 19,19-22"[15]. Dreimal
wird auch Jesus in Q vom Satan versucht, ehe er als der neue Adam die neue Schöpfung
heraufführt, dreimal wird er von Petrus verleugnet, ehe auch der letzte Jünger endgültig versagt und ihn im Stich gelassen hat, dreimal entscheidet sich die aufge-
stachelte Menge gegen Jesus und besiegelt so sein Geschick (Mk 15,11.13.14b), dreimal
sich steigernd wird der Gekreuzigte verhöhnt (Mk 15,29-32), im Dreischritt von je drei
Stunden vollzieht sich das Kreuzigungsgeschehen, ehe auch der letzte Tropfen des
Kelches ausgetrunken ist, und drei Tage ist der Menschensohn bei den Toten, bis
mit der Auferstehung die neue Schöpfung anhebt. Insbesondere die durch drei Leidensweissagungen vorbereitete Leidensgeschichte zeigt sich also durchgängig als nach
dem Gesetz der Dreizahl strukturiert. Ebenso wird in der Wortüberlieferung durch
dreifache Reihung die Absolutheit ausgedrückt (Mk 6,4par vgl. Gen 12,1).

Fragt man nach dem Grund für diese Bedeutung der Dreizahl als eines 'epischen
Grundgesetzes', so könnte man den phänomenologischen Tatbestand, daß die Drei eine
die Vollkommenheit[16] repräsentierende Zahl ist, vielleicht im Blick auf die Erzählung verständlich machen: Wird ein Geschehen (Probe, Wunsch, Gebet o.ä.) wiederholt,
so ist der zweite Akt vom ersten dadurch fundamental unterschieden, daß er bereits
als Wiederholung sich auf diesen bezieht, von diesem bereits bestimmt ist. Die dritte
Wiederholung endlich bezieht sich ihrerseits auf jene schon bestehende Relation von
Aktion und Wiederholung, verhält sich also zu einem bereits vorhandenen Verhältnis,
wiederholt die Wiederholung und erreicht so die größtmögliche Steigerung (während
bei weiterer Wiederholung das Ganze in eine Anreihung umschlagen würde). Graphisch
ließe sich dies folgendermaßen darstellen:

1. Akt   x

2. Akt   x   x

3. Akt   x   x   x

So ist die Dreizahl besonders geeignet, das Ganze eines Geschehens auszudrücken,
einen Vorgang in seiner Totalität und damit auch in seiner Entschiedenheit wiederzu-
geben.

---

13 Vgl. E.CASSIRER: Philosophie 187.

14 Vgl. H.USENER: Dreiheit 358ff; eine Übersicht über die verschiedenen Erklärungs-
versuche bietet M.LÜTHI: Art. Drei EdM 3 Sp. 852.

15 G.DELLING: Art. τρεῖς ThWNT VIII 217 Z.9ff.

16 Nach ARISTOTELES, Über den Himmel 1,1 (268a), ist die Drei "die Zahl des vollständigen Ganzen, insofern sie einen Anfang, eine Mitte und ein Ende umschließt".
Diese allgemeine Beobachtung wird von ARISTOTELES in seiner Poetik 7,3 (1450b)
explizit auf den Aufbau des Drama angewandt.

Wie immer es sich mit der Herleitung dieses Grundgesetzes verhalten
mag - wesentlich ist die Einsicht, daß die Dreizahl nicht etwas Belie-
biges ist, daß sie auch nicht nur der Steigerung und der Hervorhebung
dient (diese Funktion hat in unserem Text vor allem die Doppelung Vv.
33b.34 und 35b.36), sondern vielmehr *ein Geschehen* - im Guten wie im
Schlechten - *zur Entscheidung bringt*[17]. Nach dem dritten Mal ist definitiv über Gelingen oder Scheitern, Vollendung oder Versagen entschieden. Gewiß ist es daher auch bei der Gethsemaneerzählung kein Zufall,
daß erst nach dem dritten Gebetsgang die Unsicherheit überwunden ist
und die zu Boden geworfene Gestalt wieder aufrecht ihrem Geschick
entgegengeht[18].

Das durch die Dreizahl bedingte Achtergewicht hat wohl auch die
Häufung der Worte Jesu im letzten Teil, nach dem dritten Gebet begün-
stigt.

Ein weiteres, hier nicht minder bedeutsames Gesetz ist *die Stilisierung durch Entgegensetzung.* " die sage wird sich immer polarisie-
ren"[19]. Dabei geht es ebenso wie bei der Dreizahl ausschließlich darum,
das Wesen des Berichteten darzustellen - die äußere Wahrscheinlichkeit
wird dieser inneren Logik durchweg untergeordnet[20]. Die alte Frage,
wer bei diesem Tiefschlaf der Jünger noch als Zeuge für Jesu Gebet in
Frage komme, verkennt die Eigenart unserer Erzählung ebenso wie der
Einwand, es sei kaum vorstellbar, daß in dieser Situation und trotz
wiederholter Ermahnung alle Jünger gleich dreimal in Schlaf gesunken
sein sollen. Unbekümmert um solche Probleme betont Mk 14,32-42 den
schroffen Gegensatz von betendem Jesus und schlafenden Jüngern und
stilisiert so das Geschehen zu einem Kontrastbild, das Jesus als den
von Gott und der Welt Verlassenen, als den 'preisgegebenen' Menschensohn höchst eindrücklich vor Augen malt[21].

Endlich zeigt sich hier auch das dritte 'epische Gesetz' der mündlichen Überlieferung, *das Gesetz der szenischen Zweiheit.* "*zwei* ist

---

17 Vgl. die Bemerkungen von M.LÜTHI: Art. Dreigliedrigkeit EdM 3 Sp 882, daß die
   Dreigliedrigkeit in den von mündlicher Überlieferung geprägten Texten fast immer
   polar sei, nicht nur dort, wo dem zweimaligen Scheitern der Erfolg beim dritten
   Mal gegenübersteht. "Auch dort, wo von stetiger Steigerung gesprochen werden
   kann, bringt erst die letzte Stufe die Wende, und wo schon die beiden ersten
   Kämpfe erfolgreich verlaufen, fällt die Entscheidung im dritten."
18 Auch außerhalb von Gethsemane finden wir die Erkenntnis, daß das dreimalige Aus-
   bleiben einer Antwort die Verwerfung des Gebetes bedeutet. Das dreifache Schweigen
   Gottes besiegelt die Verwerfung Sauls (I Sam 28,6), und ähnlich ist wohl die
   Aussage des Paulus zu verstehen, daß er dreimal zum Herrn gefleht habe, sein
   Leiden von ihm zu nehmen, ehe die Ablehnung definitiv war (II Kor 12,7-9).
19 A.OLRIK: Volksdichtung 6.
20 Ebd. 9: "Die sage hat ihre *logik*. die motive die hervorgezogen werden, müssen
   einfluß auf die handlung üben."
21 Vgl. H.LIETZMANN: Prozess 253: "Selbstverständlich ist die Darstellung durchweg
   stilisiert. Das spricht sich besonders in dem betonten dreifachen Rhythmus aus,
   der sowohl die Verleugnung als die Gebetsszene von Ghetsemane (sic!) bewegt."

die höchste zahl der auf einmal auftretenden personen; drei personen
gleichzeitig, mit eigenem charakter und eigener handlung, sind unstatthaft"[22]. Jeweils aufeinander folgend sehen wir hier entsprechend Jesus
und die Jünger, Jesus und die Drei (die Gruppen bilden jeweils eine
Einheit), Jesus und Gott, Jesus und Petrus u.s.w.

Man wird also nicht nur die Möglichkeit zugeben müssen, daß 'Gethsemane in der vorliegenden Form weitgehend auf mündliche Überlieferung
zurückgehen *kann*, sondern diese seine Form geradezu als Argument für
die nichtliterarische Herkunft der vorliegenden Erzählung betrachten,
die nach literarkritischen Gesichtspunkten zu dekomponieren sich so
nochmals als ebenso unangemessen erweist wie die unreflektierte und
vorschnelle Frage nach der geschichtlichen Wahrscheinlichkeit des hier
Berichteten.

Der einzige Einwand, der durch das Bisherige noch nicht widerlegt
scheint, ist der Einwand gegen die sich extrem verkürzende Darstellung
des Betens Jesu: Wird beim ersten Mal noch ausführlich in zwei Versen
davon berichtet, so wird es beim zweiten Mal nur noch erwähnt und kann
gar beim dritten Mal nur mehr aus der kurzen Notiz der Wiederkehr erschlossen werden. Bei näherem Zusehen erweist sich jedoch diese scheinbare Störung ebenfalls als kunstvolle Anpassung der Form an die innere
Dramatik der Erzählung mittels des Sichwortes von der 'Stunde' als in-
kludierender Klammer: Denn nachdem sich die erste Hälfte (Vv.32-36)
von der Ankündigung (V.32) bis zur doppelten Wiedergabe (V.35f) auf
Jesu Bewegung hin zum Gebet um das Vorübergehen der 'Stunde' konzentriert und darin ihren Höhepunkt gefunden hat, tritt nun zunehmend der
Inhalt des (nicht erhörten) Gebetes in den Vordergrund; die 'Stunde'
als Preisgabe des Menschensohnes kommt und ist am Ende gekommen. Konsequent verlagert sich daher auch das Gewicht der Erzählung von Jesu
Gebet auf die 'Antwort' des Vaters, wird aus dem Rückzug zum Vertrautesten Preisgabe und Verlassenheit. "Die Geschichte ist ein lebendiger
und gesunder Organismus, der keinen Schnitt verträgt... Wir geben
lieber unsere Unfähigkeit zu, eine ursprüngliche Schicht zu erkennen,
da die Erzählung durchaus einheitlich und zielbewußt aufgebaut und
berichtet ist"[23].

---

22 A.OLRIK: Volksdichtung 5.
23 So richtig H.J.EBELING: Messiasgeheimnis 177, der allerdings die Gestaltung
   Markus zuschreibt, ohne dies ausreichend zu begründen (vgl. ebd. 179).

6.5 Form, 'Sitz im Leben' und theologische Tendenzen

6.5.1 Zur Form

Mk 14,32-42 ist eine *berichtende Erzählung*. Trotz ihrer relativen
Abgeschlossenheit weist sie wesentlich über sich hinaus und gibt
sich so als Glied eines größeren Zusammenhanges, als *Teil der Passionsgeschichte* zu erkennen: In dem dreifachen Hin- und Herirren Jesu zwischen zwei Mauern des Schweigens vollzieht sich sichtbar der Umschlag
von seinem vollmächtigen Leben aus Gottes Gegenwart zu seinem ohnmächtigen, gottverlassenen Sterben. 'Praeludium mortis' hat J.A.Ben-
gel[24] unsere Perikope genannt, und einem Präludium gleich wird hier
die 'Preisgabe' als Thema der Markuspassion vorgeführt, Gottes Abwendung als die eigentliche Ursache für die nun anhebende Leidensgeschichte gezeigt. Die Frage nach dem 'Sitz im Leben' kann daher nicht für
die Perikope allein gestellt werden; zu fragen ist nach dem Sitz der
ganzen Passion und nach der Bedeutung, die Mk 14,32-42 in diesem
Zusammenhang zukommt.

Die literarkritischen Versuche einer Isolierung des Textes konnten nicht überzeugen[25]. Auch die feste lokale Verankerung der Begebenheit macht ihre isolierte
Tradierung unwahrscheinlich. Vor allem aber läßt sich für unsere Perikope, nimmt man
sie isoliert, kein 'Sitz im Leben' angeben: Die Darstellung des gerichteten Jesus
bekommt ihren Sinn nur im Gesamtzusammenhang; der Gehorsam des Sohnes verlangt nach
einer rechtfertigenden Antwort des Vaters. Versuche, die Perikope als ursprüngliche
Einzelerzählung zu verstehen, beruhen auf der Abstraktion einzelner Züge (Gehorsam,
vorbildlicher Beter, Bestehen der Versuchung o.ä.) aus diesem Gesamtzusammenhang,
die - aus sich selbst begriffen - zum Schlüssel der gesamten Erzählung gemacht werden.
Eine Ausformung der Erzählung, wie sie oben dargestellt wurde, läßt sich daher ohne
den Bezug zur Passion nicht denken.[26]

Als 'Sitz im Leben' der wohl von Anfang an im Zusammenhang erzählten
Passionsgeschichte[27] nimmt man im allgemeinen die (innergemeindliche)

---

24 H.SCHLIER, Markuspassion 42, zitiert J.A.BENGEL mit diesem Ausdruck, ohne allerdings die Quelle anzugeben. Ich konnte das Zitat nicht verifizieren.
25 Auf eine Auseinandersetzung mit den verschiedenen Hypothesen kann hier verzichtet
   werden, da sich deren Voraussetzungen - die verschiedenen Dekompositionen der
   Perikope selbst - als nicht stichhaltig erwiesen haben.
26 Es geht nicht an, wie R.Bultmann, Geschichte 297, unter Verweis auf 1 Kor 11,23f
   zu behaupten, daß viele Texte der Passion ursprünglich Einzelgeschichten gewesen
   seien, da der Paulustext zeige, daß "zum Verständnis ... nichts von einem Zusammenhang notwendig" sei. Denn zum einen ist es zumindest umstritten, ob Paulus auch
   überlieferungsgeschichtlich den ältesten Text bietet; neueren Untersuchungen zu-
   folge erweist sich die berichtende und deutende Erzählung des Markus sowohl in
   sprachlicher als auch in sachlicher Hinsicht gegenüber der Kultätiologie des Paulus
   als älter (vgl. R.PESCH, Markusevangelium II 364-377). Am *"Anfang stand nicht
   die Liturgie, sondern der Geschichtsbericht"* (J.JEREMIAS; Abendmahlsworte 185).
   Zum andern bleibt auch in der paulinischen Kultätiologie der Bezug zur Passion
   wesentlich, wie auch BULTMANN bestätigt; sie konnte nur isoliert werden, weil
   durch das Mahl, dessen Stiftungslegende das Abendmahl erzählt, ein ganz spezifischer (zusätzlicher) 'Sitz im Leben' gegeben war. Dies ist aber auf keinen Fall auf
   die anderen Texte übertragbar, wo ein solcher ganz besonderer 'Sitz im Leben' nicht
   ausgemacht werden kann. Insofern aber die spezifische liturgische Verwendung dieses
   Textes erst Bedingung der Möglichkeit seiner Isolierung war, widerlegt sich BULT-
   MANNs Folgerung von selbst.
27 Gemeinhin wird angenommen, daß bereits vor Markus ein solcher Zusammenhang bestand.

Unterweisung und Verkündigung an[28]. Darauf weisen auch die Merkmale
hin, die Mk 14,32-42 mit der ganzen Passionsgeschichte gemein hat:
- Das Geschehen wird knapp, ja ausgesprochen *karg geschildert*. Die für
die Darstellung der Passion nicht wesentlichen Züge sind bis auf wenige
(historisch umso bedeutsamere) Rudimente[29] weggefallen. Auch fehlen
in unserer - ja wahrhaft ergreifend darstellbaren - Szene alle Aus-
schmückungen, alles Erbauliche, Heroische oder Gefühlsbetonte überhaupt
(vgl. besonders das Fehlen von Adjektiven und Adverbien). Jesu Not
und Verlassenheit wird nur durch den Bericht vorgeführt, dessen Kargheit kaum zu überbieten ist.

Eine scheinbare Ausnahme bildet lediglich die (im Evangelium einzigartig ausführliche) Darstellung der Gemütsbewegung Jesu (14,33b.34). Auffällig ist jedoch, daß von
jenem Entsetzen nur - unvermittelt - am Anfang der ganzen Perikope erzählt wird. Im
Fortgang wird darauf keinen Bezug mehr genommen: Weder beim Schlaf der Jünger noch
bei dem vergeblichen Gebet, noch beim Kommen des 'Auslieferers' wird eine Regung
Jesu geschildert (und dies gilt auch für das ganze folgende Geschehen). Die Analyse
wird denn auch zeigen, daß die Vv. 33b.34 keinesfalls das Leiden ausmalen oder an
die Gefühle des Hörers appellieren wollen, wie überhaupt die ganze Szene kein bio-
graphisch-psychologisches Interesse im modernen Sinne zeigt, sondern daß diese
Schilderung Ausdruck der in Jesu Verlassenheit schon wirkenden und wirklichen Sphäre
des Todes ist.

- Dieser Kargheit entspricht die strenge *Stilisierung* des Geschehens
durch die Dreizahl, durch Kontrastierung und durch das Gesetz der
szenischen Zweiheit, die sich durch die ganze Passion hindurch fortsetzt: Auf die Strukturierung nach dem Gesetz der Dreizahl wurde oben
schon hingewiesen; die Kontrastierung von Gethsemane setzt sich über
den Jesus küssenden Verräter (14,45), die Verhaftung ἐν δόλῳ (14,46ff
vgl. 14,1f), die fliehenden Jünger (14,50), das auf seine Verurteilung

---

(Ausnahmen sind J.SCHREIBER: Theologie 83ff; ders.: Markuspassion 47-49 und E.
LINNEMANN: Studien 171). Die wichtigsten Argumente für die Annahme sind:
- Gerade in der Markuspassion finden sich zahlreiche nicht-selbständige Erzählun-
  gen (vgl. M.DIBELIUS: Formgeschichte (1966) 178; R.PESCH: Überlieferung 151f).
- Die Einzelerzählungen der Passionsgeschichte waren durch ihre Ausrichtung auf
  die Passion auf die Überlieferung in einem Zusammenhang hin angelegt.
- Das älteste Kerygma enthielt die Leidensgeschichte in nuce, sodaß hier bereits
  ein Zusammenhang bestand.
- Wahrscheinlich ist, daß neben den kerygmatischen Formeln auch ein "kurzer Bericht geschichtlicher Erinnerung von Jesu Verhaftung, Verurteilung und Hinrichtung" bestand (R.BULTMANN: Geschichte 298).
- Auffällig ist, daß der auch sonst frei seinen Stoff gestaltende Johannes in der
  Leidensgeschichte weitgehend dem Aufriß der Synoptiker folgt. Es ist wahrscheinlich, "daß auch Joh einen älteren zusammenhängenden Passionsbericht benutzt hat"
  (R.BULTMANN: Geschichte 297).
28 Ob darüberhinaus noch präzisere Angaben möglich sind, muß offen bleiben. Denkbar
   wäre ein enger Zusammenhang von Passionserzählung und Herrenmahl (so R.BLANK:
   Analyse 199f; erwogen von R.PESCH: Markusevangelium II 23). Dafür könnte auch
   I Kor 11,26 sprechen, wenn es hier, wie H.CONZELMANN, Korinther 238, meint, um
   eine das Herrenmahl begleitende (und nicht schon mit dessen Vollzug gegebene -
   so J.WEISS: Korintherbrief 288f) Verkündung des Todes Jesu handelt.
29 Vgl. Mk 14,51f; 15,21. Auch der Ortsname 'Gethsemane' stellt ein solches Rudiment
   dar; er hat zwar seine Bedeutung im topographischen Gerüst der Markuspassion,
   hätte jedoch mühelos durch eine allgemeinere Ortsangabe (vgl. Lk 22,39) ersetzt
   werden können.

abzielende (vgl. 14,55) Verhör vor dem hohen Rat (14,55-64), die
Verleugnung des Petrus (14,66-72), die Korrumpierbarkeit des Pilatus[30]
(15,2ff; v.a. 15,15), die Kreuzigungsforderung der Menge, die einen
Mörder vorzieht (15,11ff) und den Hohn der Soldaten (15,16-20) bis zur
dreifachen Lästerung des Gekreuzigten (15,29-32) fort. Vor Augen geführt wird in alledem die Totalität der Preisgabe Jesu und der vollständige Triumph des Bösen.

6.5.2 Das Verhältnis zur ganzen Passionsgeschichte und die Funktion innerhalb derselben

Die in der Passionsgeschichte so eindrücklich dargestellte Verwerfung Jesu durch die Welt wird gerahmt von Erzählungen, die Jesus als
den auch von Gott Verlassenen und Preisgegebenen zeigen: Durch die
Gethsemaneerzählung am Anfang und die Ereignisse um Jesu Tod am Ende.

Schon die Verspottungen zeigen ja nicht nur die Verkehrung der *Welt*;
ihre eigentliche Bitterkeit liegt vielmehr darin, daß sie ein *theologisches Urteil* enthalten: Wer so ohnmächtig am Kreuz hängt, kann nicht
der von Gott eingesetzte endzeitliche Vollender der Welt sein! Wer
nicht einmal sich selbst zu helfen vermag, dem eignet auch keine göttliche Vollmacht. Gott selbst hat ihn verworfen.

Was in den Verspottungen noch mehr indirekt anklingt, kommt direkt
zur Sprache in Jesu Schrei (15,34) 'mein Gott, mein Gott, warum hast
du mich verlassen' und in der über Jesu Sterben liegenden und sich bis
zu seinem Tod erstreckenden Finsternis. Ausgeführt wird die Gottverlassenheit Jesu dann nochmals durch die Szene des 'Eliamißverständnis-
ses'.

Man verbaut sich in der Exegese meist vorschnell den Zugang zu einem Verständnis
dieser kurzen Episode, indem man sich auf das Motiv des Tränkenden konzentriert.
Meist pflegt man dabei die Szene als ein Mißverständnis zu interpretieren, und
dies entspricht wohl auch der Darstellung des Markus. Allein, damit ist noch nicht
ihre Bedeutung erklärt. Historisch wäre ein echtes Mißverständnis allenfalls noch
bei der hebraisierenden Version des Schreies Jesu Mt 27,46 vorstellbar, die jedoch Markus
gegenüber sekundär ist[31]. Das ελωι ελωι in dem Gebet Mk 15,34 war schwerlich mit
'Elia' zu verwechseln. "Wer aramäisch versteht, kann den Psalmenvers kaum so grob

---

30 Pilatus wird im Markusevangelium nicht entlastet. Daß er Jesus nicht gleich hin-
   richten will, ist nicht Zeichen von Gutartigkeit, sondern von Gleichgültigkeit:
   Für ihn hat dieser Mann nichts Bedrohliches an sich (vgl. das vorangestellte,
   spöttisch-verwunderte σύ bei seiner Frage 15,2). Wenn er dann noch wider besseres
   Wissen und gegen seine Pflicht als Vertreter der Kapitalgerichtsbarkeit Jesus
   nicht freispricht, sondern opportunistisch der Menge die Entscheidung überläßt
   und auf deren Drängen hin Jesus zur Kreuzigung 'preisgibt', so ist es in diesem
   Unheilsgeschehen offenbar sein Part, die Korrumpierbarkeit der das Recht verwal-
   tenden politischen Macht aufzuzeigen.
31 Von der Zweiquellentheorie einmal ganz abgesehen läßt sich die Einfügung des
   hebraisierenden Textes durch den Schriftgelehrten Matthäus leicht erklären,
   dagegen kaum dessen Ersetzung durch eine eigenständige (vgl. den Targum z.St.)
   aramäische Übersetzung.

mißverstehen, und wer das nicht tut, kann keinen Hilferuf an Elia heraushören".[32]
Dies spräche dafür, daß diese Szene erst dort gebildet wurde, wo man nicht mehr
Aramäisch sprach, und deshalb eine Verwechslung plausibler klang. Ist aber diese
Szene Gemeindebildung, so ist es noch unwahrscheinlicher, daß man sie nur um des Miß-
verständnisses willen gebildet hat. "Sollte der Gemeinde so viel daran liegen, dem
Exekutionskommando oder den Zeugen der Kreuzigung ein törichtes Mißverständnis
anzuhängen, daß es sie zu einer Bildung wie V 35f motiviert hätte?"[33]. Man hat die
Szene daher auch als *bewußtes* Mißverstehen und so als Verspottung zu erklären ver-
sucht, wobei allerdings umstritten ist, ob Elia hier in der Rolle des Messiasvor-
läufers[34] oder in der des Nothelfers für die Frommen[35] zu sehen ist. Ein solches
Verständnis der Szene ist natürlich möglich, zumal beide Vorstellungen auf einen
jüdischen Traditionshintergrund verweisen; sie könnte dann auch auf eine historische
Begebenheit zurückgehen. Allein, auch diese Annahme ist nicht ohne Schwierigkeiten:
Im Gegensatz zur Verhöhnung durch die Soldaten[36] und zur dreifachen Lästerung[37] wird
das Verhalten hier nicht durch ein Verb als gegen Jesus gerichtet qualifiziert (bei
der V.36fin gegebenen Absichtserklärung könnte es sich ja auch, wie E.Lohmeyer erwägt, um eine "dumpfe Regung, die noch mit einem Wunder rechnet"[38] handeln). Dazu
kommt, daß sich die Szene, als Verspottung interpretiert, dem Spannungsbogen der
Kreuzigung nur schwer einfügt: Nach der dumpfen Bösartigkeit der Verspottung durch
die Soldaten und der dreifach gesteigerten, höhnisch Jesu Anspruch mit seinem Zustand
kontrastierenden Lästerung wirkt dieser Essigschwamm geradezu harmlos[39]. Die Wirkung
der theologisch tiefgründigen Angriffe von Vv.29-32 würde durch dieses Nachspiel ab-
geschwächt. Nicht überzeugend ist endlich die Herleitung der ganzen Szene aus dem
Weissagungsbeweis, wonach hier die Bedrängung des Gerechten durch die Frevler gezeigt
werde. Abgesehen von grundlegenden Bedenken gegen eine Überschätzung des Weissagungsbeweises[40] vermag der bemühte Ps 69,22 ("und sie gaben mir Essig zu trinken")
die Entstehung der Geschichte nicht zu erklären. Von Durst ist bei Markus nicht die
Rede, jenes Tränken mit Essig ist vielmehr ein der Pointe - der Verlängerung des
Lebens durch ein Reizmittel, - funktional untergeordneter Zug.

---

32 E.SCHWEIZER: Markus 204.
33 E.LINNEMANN: Studien 150.
34 Vgl. E.LOHMEYER: Markus 346 und J.SCHNIEWIND: Markus 201.
35 Vgl. J.JEREMIAS: Art. Ἠλ(ε)ίας ThWNT II 932f und R.PESCH: Markusevangelium II 496.
36 Mk 15,20: ἐνέπαιξαν.
37 Mk 15,29: ἐβλασφήμουν; 15,31: ἐμπαίζοντες; 15,32: ὠνείδιζον.
38 E.LOHMEYER: Markus 346.
39 Vgl. E.LINNEMANN: Studien 151: "Verglichen mit V.29-32 wäre dieser Spott gelinde."
40 An einigen Stellen (Mk 14,27; Lk 23,6-16.27-31),ist damit zu rechnen, daß der 'Weissagungsbeweis' auch die Darstellung der Markuspassion beeinflußt hat, wie wir dies v.a.
   bei Matthäus beobachten können (vgl. Mt 21,2ff mit Mk 11,2ff; Mt 27,34 mit Mk
   15,23). Den Einfluß dieses 'Weissagungsbeweises' auf die Gesamtdarstellung der
   Passionsgeschichte hat man jedoch in der Formgeschichte stark überschätzt; insbesondere zeigt schon der Vergleich Matthäus - Markus, daß man wohl Züge nach
   den atl. Weissagungen geändert hat; ihre vollständige Bildung (vgl. R.BULTMANN:
   Geschichte 303ff) läßt sich daraus nicht folgern. Speziell für unseren Text hat
   M.DIBELIUS, Gethsemane, dessen vollständige Bildung aus dem Weissagungsbeweis nach-
   zuweisen versucht. Dieser Versuch wird unten im Zusammenhang von *Exkurs 5: Zur
   Historizität der Gethsemaneerzählung* ausführlich behandelt und widerlegt werden.
      Von den vier Einfügungen in die Markuspassion, die R.BULTMANN, Geschichte 299,
   anführt (Mt 27,3-10.62-66; Lk 23,6-16.27-31), läßt sich nur das Ende des Judas
   (Mt 27,3-10) als nach dem Schriftbeweis gestaltet aufweisen; das Motiv für die
   Bildung der Perikope ist jedoch eindeutig nicht das Schriftwort (Sach 11,13), wie
   der andere Bericht über das Ende des Judas Act 1,18-20 zeigt, wo interessanter-
   weise ein anderes Schriftwort (Ps 69,26) mit dem Ende des Judas in Verbindung
   gebracht wird. Dies ist ein weiterer Beweis, daß man zwar das Geschehen mit Hilfe
   von Prophezeiungen deutete, jedoch nicht aus diesen ableitete (vgl. weiter den
   phantastischen Bericht des PAPIAS Frgm. 3 in: F.X.FUNK/K.BIHLMEYER: Väter 136f).
   Historischer Kern ist vielleicht die Kenntnis eines 'Blutackers', der mit Judas
   (zurecht?) in Verbindung gebracht wurde. Lk 23,27ff, die Weissagung an die Frauen
   Jerusalems, bedient sich zwar auch der Worte von Hos 10,8, ist jedoch in erster
   Linie durch den Fall Jerusalem verursacht.

Angesichts der Schwierigkeiten, die Tränkung aus einer Absicht der Dabeistehenden
zu erklären, sollte man besser darauf verzichten und sich auf das konzentrieren, was
berichtet wird. Auszugehen ist von der V.36fin erklärten Absicht der Tränkung (mag
diese nun durch ein Mißverständnis, durch eine bewußte Mißdeutung oder durch eine
'dumpfe Glaubensregung' oder durch was auch immer bedingt sein). Demzufolge soll das
Leben Jesu verlängert werden, um dem Himmel - ob Elia dabei als Nothelfer der Frommen oder als Vorläufer des Messias gesehen wird, ist dabei zweitrangig - Gelegenheit
zu einem letzten Eingreifen zu geben. Doch ein solches erfolgt nicht; Jesus stirbt.
Dies wird berichtet! Wie immer es daher um die Überlieferungsgeschichte dieser Perikope bestellt ist, in ihrem jetzigen Zusammenhang stellt sie die szenische Illustra-
tion des Schreies Jesu dar. Die Dabeistehenden sind nur insofern von Interesse, als
durch ihr Tun und Reden nochmals das Verhältnis von Vater und Sohn in spezifischer
Hinsicht beleuchtet wird. Sie sind (zu) bloße(n) Instrumente(n) der Darstellung (geworden), deren eigene Motive auch gar nicht interessieren.

Damit entsprechen sich Anfang und Ende der Passion: Nur in diesen beiden Szenen
hören wir Jesus zu seinem Vater beten bzw. rufen, und beidesmal wird erzählerisch
gezeigt, wie der Himmel verschlossen bleibt.

A.Feuillet[41] wollte daher in 14,32 den Anfang des dritten Teils des Markusevangeliums sehen: Nach Jesu öffentlichem Wirken Mk 1,15-8,30 und seinem mit 8,31-33
beginnenden Weg in die Passion, beginnt nun diese selbst. Die Gleichsetzung von 14,
32ff und 8,31ff im Blick auf ihre das Evangelium gliedernde Bedeutung ist sicher
etwas übertrieben, - wohl aber ist der Hinweis auf den grundlegenden Einschnitt innerhalb des Evangeliums an unserer Stelle berechtigt: Jesus hört auf, Protagonist zu
sein; in gewisser Weise ist die Passion ebenso wie der Prolog im Evangelium abge-
hoben, da hier wie dort Entscheidendes *an* Jesus und nicht *durch* Jesus geschieht.

So wird durch diese die Leidensgeschichte rahmenden Szenen deutlich
gemacht, was Jesu Weissagungen (vgl. Mk 8,31; 9,32f; 10,32f; 14.21.22ff
u.ö.) ebenso wie die gelegentliche Verwendung der als Prophezeiungen
verstandenen Psalmen bei der Wiedergabe der Leidensgeschichte (vgl.
14,27; 15,24) auf ihre Weise sagen wollen: Daß die 'Preisgabe' durch
Gott selbst der eigentliche und letzte Grund der Passion ist.

Näherhin ist also Mk 14,32-42 als *berichtende Erzählung mit vorwie-*
gend deutender Funktion im Zusammenhang der Passionsgeschichte zu bestimmen[42].

"Chez Caiphe, chez Hérode, chez Pilate, au Calvaire, les ennemis de Jésus encombre-
ront la scène et voileront aux yeux inattentifs les deux grands acteurs da cette
tragédie: le Christ et son Père. Au jardin, tous deux sont seuls... Cette disposition
n'est certainement pas fortuite; le Seigneur a voulu qu'au seuil de sa Passion, le
mystère nous apparût dans sa vérité simple et intime, afin que, dans tout le cours
des scènes qui vont suivre, notre regard restât fixé sur ces profondeurs divines
qu'il nous a révélées, et qui nous donnent le sens de tout le reste."[43]

Insofern hier das theologische Interesse über dem historischen steht. kann man Mk
14,32-42 auch als 'Legende' bezeichnen. Aber von dem nicht ganz unproblematischen Sachverhalt einmal ganz abgesehen, daß man hier die Literaturform einer späteren Epoche verwendet, ist gegen diese Formbestimmung einzuwenden, daß in diesem allgemeinen Sinn dann
alle biblischen Geschichten, ja alle Geschichtserzählungen früherer Zeit[44] 'legendari-

---

41 A.FEUILLET: Agonie 79.
42 Nach dem oben Gesagten gehören alle Teile der Passionsgeschichte zur Gattung der
   berichtenden und deutenden Erzählungen. Die Gewichtung von Bericht und Deutung
   kann allerdings in den einzelnen Teilen sehr unterschiedlich sein (wie etwa ein
   Vergleich von Mk 15,20ff mit 15,38f zeigt). Deshalb wird hier die Näherbestimmung
   'vorwiegend deutend' eingeführt, ohne daß damit schon eine Aussage über die Über-
   lieferungsqualität des hier Berichteten gemacht ist.
43 J.LEBRETON: Vie II 312f; vgl. auch J.GUILLET: Jesus 230.
44 Vgl. J.GÖRRES: Volksbücher. GÖRRES (ebd.17) stellt fest, daß frühere Zeitalter
   in ihren Traditionen "die ganze Geschichte zur großen Legende machten", weil in
   ihnen weltliches Geschehen sakral verstanden wurde. Entsprechend bezeichnet auch

schen Charakter' haben, sodaß mit dieser Kategorisierung also nichts gewonnen ist, zumal
der Legende "keine in äußeren stilistischen Merkmalen greifbare Form eigen"[45] ist.
Weiter entspricht unser Text nicht den verschiedenen Näherbestimmungen von 'Legende'.
Weder wird das "Heiligmäßige" an Jesus betont[46] noch die "göttliche Fügung" dargestellt[47] noch läßt sich Mk 14,32-42 als "Erweiterung eines historischen Kerns durch
unhistorische bzw. phantastische Elemente" aufweisen[48]. Dagegen besteht die Gefahr,
mit dieser Formbestimmung vorschnell eine negative historische Wertung zu verbinden[49], weshalb hier die Bezeichnung 'berichtende und deutende Erzählung' als die
umständlichere aber bei weitem präzisere Formbestimmung vorgezogen wird. Das Urteil
R.Bultmanns, Mk 14,32-42 sei eine Einzelgeschichte "ganz legendarischen Charakters"[50]
- womit er wohl meint ungeschichtlich -, wird von ihm formgeschichtlich nicht begründet, wie er überhaupt an einer klaren Begriffsbestimmung jener von ihm nicht selten
bemühten Gattung 'Legende' kaum Interesse zeigt[51]. Nicht haltbar ist die Ableitung
der ganzen Erzählung aus dem 'Weissagungsbeweis' durch M.Dibelius[52]. Nichts einzuwenden ist gegen V.Taylors[53] neutrale Einordnung (zus. mit der Taufe und der Verklärung) unter die 'Stories about Jesus', nur ist auch dies keine Formbestimmung und
sagt im Grunde nichts aus.

6.5.3 Das paränetische Motiv

Neben dem christologischen Bezug zur gesamten Leidensgeschichte hat
- wenn auch in weit geringerem Maß und auf den Mittelteil beschränkt -
ein *paränetisches Motiv* die Gestalt unserer Erzählung bestimmt. Am
deutlichsten zeigt dies Jesu Aufforderung an seine Jünger, zu wachen
und zu beten, um nicht in Versuchung zu kommen (V.38). Der Vers läßt
sich im Zusammenhang verstehen, sticht jedoch durch seine sehr allgemeinen und grundsätzlichen Formulierungen hervor, sodaß seine ursprüng-

---

M.DIBELIUS, Formgeschichte (1929) 206, die ganze Leidens- und Ostergeschichte als
'Kultlegende'.
45 G.IBER: Art. Sagen RGG³ V̱ Sp 1310
46 Dies ist nach M.DIBELIUS, Formgeschichte (1929) 204, ein Charakteristikum der
Legende.
   Das Evangelium als Heilsgeschichte schlechthin, als Geschichte Gottes mit der
Welt durch Jesus Christus, zeigt an einer persönlichen Heiligkeit Jesu überhaupt
kein Interesse. Ein erster Schritt in diese Richtung findet sich erst in der
Kindheitsgeschichte des Lukas mit dem zwölfjährigen Jesus im Tempel (Lk 2,41-52).
Auch die durch V.38 angezeigte paränetische Dimension unserer Perikope darf nicht
zu der falschen Auslegung verleiten, Jesus werde hier in erster Linie als Vorbild
(des Betens, des Gehorsams, des Bestehens in der Versuchung o.ä.) dargestellt.
Diese (u.U. erst sekundär dazugekommene) paränetische Dimension bleibt der christologischen streng untergeordnet: Im Zentrum steht die 'Preisgabe' als ein *Geschehen*
zwischen Vater und Sohn, und diese verweist weder auf eine höhere, 'heilige'
Wirklichkeit, noch soll und kann sie nachgeahmt werden.
47 Dies ist das zweite Kriterium nach M.DIBELIUS: ebd. 204.
48 So der 'wissenschaftliche Begriff der Legende' nach C.-M.EDSMANN: Art. Sagen
   RGG³ V̱ Sp 1301f.
49 Vgl. H.ROSENFELD: Legende 2: "Heute wird das Wort 'Legende' im Alltag gebraucht,
   wenn man einen Bericht über historische Personen oder Tatsachen als freie Erfindung
   bezeichnen will. Es gerät damit vor dem Kriterium der Wahrheit in eine Linie
   mit Lüge, Erdichtung, Fälschung, Märchen".
50 R.BULTMANN: Geschichte 288.
51 Geschichte 260 Anm. 1 schließt sich R.BULTMANN an die Ausführungen von M.DIBELIUS,
   Formgeschichte (1929) 203-209, an, die - wie gezeigt - gerade nicht den legendarischen Charakter der Gethsemaneerzählung erweisen.
52 S.u. S.134-136.
53 V.TAYLOR: Formgeschichte 357f.

liche Zugehörigkeit zur Gethsemaneperikope fraglich ist (s.o. S.97f).
Möglicherweise sind auch die auffälligen Entsprechungen der Vv.37.40
zur Sprache der Parusiegleichnisse (s.u. S.197) sowie die Hervorhebung
des Jüngerunverständnisses (bes. Vv.40b.c.41b) teilweise auf diesen
Einfluß zurückzuführen.

Nun kann man, wie die Auslegungsgeschichte seit Origenes[54] zeigt,
den ganzen Text von V.38 her weitgehend paränetisch deuten. Von einem
zweiten 'Sitz im Leben', wie dies etwa K.G.Kuhn[55] und J.W.Holleran[56]
für ihren zweiten, in V.38 gipfelnden Quellenbericht postulieren, kann
man jedoch schon wegen des sehr begrenzten Einflusses der Paränese auf
die Ausformung des ganzen Berichts nicht sprechen; durch seine Höhepunkte Vv.35f und V.41 bleibt dieser ausschließlich christologisch
orientiert. Dazu kommt, daß über die ursprüngliche Zugehörigkeit des
hier entscheidenden V.38 zur ganzen Erzählung kein sicheres Urteil
möglich ist. Am ehesten wird man deshalb damit rechnen müssen, daß bei
der vorwiegend christologisch orientierten Verkündigung der Leidensgeschichte zunehmend auch deren paränetische Dimension bewußt und entsprechend hervorgehoben wurde. Im Markusevangelium zeigen etwa die
drei Reihen von Nachfolgeworten (8,34-38; 9,36-50; 10,42-45), die jeweils den Leidensweissagungen (8,31; 9,31; 10,32f) und ihrem Mißverständnis (8,32b; 9,33-37; 10,35-40) folgen, jenes Bemühen, das von
den Jüngern geforderte Verhalten aus der Entsprechung zu Jesus und
seinem Weg zu begründen, sowie im Blick auf die Konsequenzen der Nachfolge zu warnen. Eine unserer Perikope verwandte paränetische Tendenz
innerhalb der Leidensgeschichte zeigen auch Mk 14,17ff.27ff.66ff, sodaß eher eine *Erweiterung des 'Sitzes im Leben' der ganzen Passionsgeschichte* zu erwägen ist: Zu der (weiterhin bestimmend bleibenden)
Verkündigung und Unterweisung tritt vor allem an ihrem Beginn die
Ermahnung und Warnung. Diese Tendenz zu paränetischer Erweiterung
unterstreicht auch die weitere Überlieferungsgeschichte unserer Perikope: Vorbildlich ist das bei Matthäus - im Gegensatz zu Markus -
geschilderte schrittweise Sich-Schicken Jesu in den Willen des Vaters.
Ebenso hat Lukas durch die Doppelung der Ermahnung die ganze Erzählung
geradewegs zu einer Veranschaulichung dieser Mahnung umgestaltet.

---

54 ORIGENES: Comm in Mt 89ff; so etwa zu Mt 26,37: "... ut ostendat discipulis suis
   praesentibus (maxime Petro magna de se existimanti) rebus ipsis, quod et postea
   eis dixit, quia 'spiritus promptus est, caro autem infirma', et non est aliquando
   confidendum in ea, sed semper timendum de ea" (ebd.90).
55 K.G.KUHN: Gethsemane 284f.
56 J.W.HOLLERAN: Gethsemane 205f.

Exkurs 5: Zur Historizität der Gethsemaneerzählung

1. Vorbemerkung: Verkündigung und Historizität

Die vielverhandelte Frage nach der Historizität dessen, was uns das Evangelium
von Jesu letztem Gebetskampf in Gethsemane berichtet, wird hier nur in einem Exkurs
behandelt, also der Auslegung des Textes nach- und untergeordnet. Dies hat theologische Gründe. Das Evangelium selbst zeigt, daß seine Wahrheit nicht einfach aus den
geschichtlichen Daten des Lebens Jesu abgeleitet werden kann (von der historischen
Fragwürdigkeit unserer Rekonstruktionsversuche einmal ganz abgesehen). Das Unverständnis aller mit Jesus in Berührung kommenden Menschen durchzieht wie ein roter Faden
die gesamte Darstellung des Markus, und gerade in der Passion ist das Urteil aller
Augenzeugen dem Urteil des Glaubens diametral entgegengesetzt. Denn das Urteil des
Glaubens gründet auf etwas, das in jenem Geschehen verborgen war und erst von Gott
selbst geoffenbart wurde: Daß in diesem gottverlassenen Sterben des Sohnes der Vater
selbst entscheidend zu unseren Gunsten gehandelt hat (sodaß uns bei der Verkündigung
dieses Ereignisses Zuspruch und Anspruch des Evangeliums begegnen). Das aber heißt,
daß *die Wahrheit dieses vergangenen Lebens nur durch Deutung zur Sprache gebracht
werden kann*. Jeder Suche nach dem 'historischen Jesus' als einer norma normans für
die Auslegung der Evangelien sowie für die Christologie - oder gar als Absicherung
der Wahrheit der Verkündigung - ist daher theologisch illegitim.
Daß die Wahrheit des Evangeliums nicht aus den historischen Ereignissen abgeleitet
werden kann impliziert jedoch keineswegs die Umkehrung, daß der Verkündigung diese
Ereignisse gleichgültig seien. Die Evangelien selbst verkündigen ja durch die Erzählung vom Leben des Irdischen und verraten so ein entscheidendes Interesse an dieser
Geschichte. Und wenn sie diese deuten, so doch nur in der Absicht, die Wahrheit dieser
vergangenen, mißverstehbaren und mißverstandenen Wirklichkeit recht zur Sprache zu
bringen.
Eine recht verstandene Rückbesinnung auf die unserer Erzählung vermutlich zugrundeliegenden historischen Begebenheiten kann versuchen, diesen Zusammenhang deutlich
zu machen und so dem Einwand begegnen, daß der Jesus der Evangelien mit dem historischen Jesus nichts gemein habe. Denn in diesem Fall wäre, wie G.Ebeling zurecht bemerkt,
"das Kerygma als Widerspruch in sich selbst erledigt. Denn es will Jesus nicht widersprechen, vielmehr ihm gerade entsprechen; es will ihn nicht übergehen, sondern ihn
allein gelten lassen. Dabei will es behaftet sein".[57]
Hier ist nun allerdings der unausgesprochenen Voraussetzung vieler Auslegungen
zu widersprechen, daß Deutung in erster Linie Umdeutung sei. Wer in lauterer Absicht
deutet, will das Gedeutete eben deutlicher zur Sprache bringen als bloß referierende
Beschreibung dies vermöchte. Das gilt in besonderem Maße dort, wo man sich dem Gegenstand seiner Deutung bindend verpflichtet weiß, wo der Umgang mit der Tradition wesentlich Gottesdienst ist. Dies schließt nicht aus, daß es eine Vielfalt von Deutungs-
möglichkeiten geben kann (wie die vier Evangelien bezeugen), ja, daß solche Deutung
auch einmal Fehldeutung sein kann. Die Auslegung muß jeweils versuchen, diesen Zusammenhang von historischem Geschehen und seiner Deutung sowie deren Berechtigung zu
beleuchten. Die Umdeutung eines Geschehens als den Normalfall anzunehmen ist irre-
führend und verzerrt die Wahrnehmung.

2. Zum eigenen Vorgehen

Die Gethsemaneerzählung gibt sich als Bericht. Nun gibt es ohne Zweifel Erzählungen
wie etwa die Kindheitsgeschichten, die ebenfalls im historischen Gewand einhergehen,
obgleich dieses doch sehr fragwürdig ist. Das mahnt zur Vorsicht. Es heißt
jedoch den Bogen überspannen, wenn man aus solchen Tatsachen folgert, daß nun generell
nicht mehr die Unechtheit, sondern die Echtheit eines Wortes bzw. einer Begebenheit
zu beweisen wäre[58]. Die Beweislast sollte zumindest gleichmäßig verteilt werden (zumal
die Kindheitserzählungen der synoptischen Seitenreferenten nicht mit der Passionsgeschichte eines Markus auf eine Stufe gestellt werden können, weder was den Charakter
ihrer Darstellung noch was den zeitlichen Abstand zum berichteten Geschehen und die
Zeugenschaft betrifft). Hier wird daher so verfahren, daß zunächst die Einwände disku-

---

57 G.EBELING: Theologie 64.
58 So etwa E.KÄSEMANN: Problem 203.

tiert werden, die gegen die Historizität des hier Berichteten angeführt werden. Die Auseinandersetzung erfolgt dabei paradigmatisch anhand einzelner markanter Positionen und Probleme. Im Wesentlichen enthält diese Auseinandersetzung bereits meine eigene Stellungnahme zu den angesprochenen Fragen. Abschließend werden dann noch Indizien angeführt, die auch positiv für den geschichtlichen Kern des hier Erzählten sprechen.

3. Einwände gegen die Historizität und deren Diskussion

(a) Die Bestreitung jeglicher Historizität

Die These, daß Gethsemane ganz auf Gemeindebildung beruhe, hat wenige, allerdings gewichtige Befürworter. Eine ausführlichere Auseinandersetzung ist hier jedoch nur mit M.Dibelius nötig, denn soweit sich die These auf literarkritische und redaktionsgeschichtliche Argumente stützt (wie etwa die Analyse W.H.Kelbers)[59], wurde sie bereits oben zurückgewiesen. Keiner ausführlichen Diskussion bedarf die These R.Bultmanns, es handle sich hier um eine "ursprüngliche Einzelgeschichte ganz legendarischen Charakters"[60], die "das Moment des Christus-Mythos zur Anschauung" bringe, "das Paulus Phil 2,8 formuliert: γενόμενος ὑπήκοος μέχρι θανάτου" und die "im hellenistischen Christentum paulinischer Färbung" entstanden sein dürfte[61]. R.Bultmanns Beobachtungen zur angeblichen Uneinheitlichkeit der Perikope wurden oben schon diskutiert. Der formgeschichtlich problematische Begriff der Legende sagt nichts über die Geschichtlichkeit des Wiedergegebenen aus[62]. Gegen eine Herkunft aus dem hellenistischen Christentum spricht der alttestamentlich-jüdische Hintergrund der gesamten Perikope. Die Beschränkung auf den Aspekt des Gehorsams Jesu ist eine unzulässige Verkürzung dessen, was diese Schilderung der Krise Jesu zum Ausdruck bringt.

Ausführlich hat M.Dibelius[63] die Entstehung der Perikope bis in die Einzelheiten hinein aufzuzeigen versucht. Er interpretierte dabei den ganzen Text unter der Voraussetzung, daß diese Erzählung als Heilsgeschichte aus dem AT herausgelesen worden sein mußte. "Wenn die älteste Gemeinde glaubte, von Jesu Klage und Gebet zu wissen, so erschloß sie ihre Erkenntnis aus dem Alten Testament. Daß Jesus in seinem Ringen gebeten hatte 'mit Schreien und Tränen', war sozusagen die Verwirklichung eines alttestamentlichen Leidensideals und dementsprechend auch die Erfüllung eines messianischen Postulats."[64]

M.Dibelius ist darin Recht zu geben, daß die gesamte Passionsgeschichte als Heilsgeschehen verstanden und daher auch z.T. im Lichte des AT gedeutet wurde. Doch schon die aus diesen allgemeinen Voraussetzungen gezogenen Folgerungen vermögen nicht zu überzeugen:
(a) Es ist eine Sache, vorhandene Traditionen im Lichte des AT zu deuten und auch die Darstellung in einzelnen Zügen davon beeinflußt sein zu lassen, und eine völlig andere, aus dem 'Weissagungsbeweis' eine ganze, zudem ziemlich ausführliche Erzählung herauszuspinnen. Wie oben[65] gezeigt wurde, läßt sich ersteres in der Überlieferungsgeschichte der Synoptiker häufiger zeigen, letzteres dagegen nicht.
(b) Die Rede von einem 'alttestamentlichen Leidensideal' ist problematisch. In den Psalmen ist das Leiden zumeist rein negativ verstanden und Anlaß der Anfechtung, also alles andere als ein Ideal. In den späten Schriften des AT und im Judentum zeigt sich zwar ein theologiegeschichtlicher Umbruch in der Beurteilung des Leidens[66], als Postulat, gar als messianisches Postulat begegnet das Leiden jedoch nicht[67]. Das in der oben gezeigten Weise negativ gedeutete Leiden des Menschensohnes als Gericht und die diesem korrespondierende Anfechtung Jesu entsprechen weder irgendwelchen

---

59 W.H.KELBER: Mark v.a. 169-176.
60 R.BULTMANN: Geschichte 288.
61 Ebd. 333.
62 S.o. 130f.
63 M.DIBELIUS: Gethsemane.
64 Ebd. 266.
65 S.o. Anm. 40.
66 S.u. S.161f.
67 Die Vorstellung eines leidenden Messias taucht im Judentum erst relativ spät als Reaktion auf die Katastrophen von 70, 115-116 und 132-135 n. Chr. auf (vgl. M. HENGEL: Atonement 40). Mit einem 'messianischen Postulat' hat dies nichts zu tun.

jüdischen Messiasvorstellungen[68] noch den in der Überlieferungsgeschichte greifbaren Wünschen und Vorstellungen der christlichen Gemeinde.

Der Zusammenhang von Bericht und Deutung im Lichte des AT wird von M.Dibelius auf den Kopf gestellt[69]. "Es war umgekehrt das unerwartete, anstößige, entsetzliche Schicksal Jesu, das die Gemeinde zwang, den leidenden Messias im Alten Testament zu finden. Die peinlichen Tatsachen sind hier das Erste, die alttestamentlichen Zitate sind die gläubigen Deutungen davon".[70]

Endlich sprechen auch rein geschichtliche Überlegungen gegen die Annahme einer vollständigen Gemeindebildung. Markus dürfte sein Evangelium um das Jahr 70 geschrieben haben[71], also zu einem Zeitpunkt, zu dem einige der Jünger, vielleicht sogar der Zebedaide Johannes noch gelebt haben könnten. Sollte die Erzählung gar, wie M. Dibelius annimmt, schon vor Markus in der Gemeinde gebildet worden sein, so hätte dies bereits zu Lebzeiten des Petrus geschehen müssen. Dies scheint mir schwer vorstellbar, selbst wenn man der auf Papias[72] zurückgehenden Tradition keinen Glauben schenkt, daß sich das Markusevangelium pertrinischer Überlieferung verdanke.

Über diese grundsätzlichen Einwände hinaus ist auch die Argumentation von M.Dibelius im einzelnen zu kritisieren:
(a) Im Blick auf Jesu Klage stellt M.Dibelius fest: "Weiterhin beweist die Wahl dieser biblischen Worte (sc.Ps 42f), daß hier nicht Jesu Verzweiflung über seine Sendung dargestellt werden sollte, denn ein Mann, der im Gebet Bibelworte gebraucht, weiß sich in Frieden mit Gott."[73] Dazu ist zu sagen:
- Es handelt sich hier bei der Klage Jesu V.34 nicht um ein Zitat, sondern um die freie Aufnahme eines Klagewortes (die 1 QH 8,32 eine auffällige Parallele hat). Das weiß zwar auch M.Dibelius; dennoch spricht er ganz unbefangen vom Gebrauch von Bibelworten.
- Während sich der Beter von Ps 42f mit diesen Worten (42,6.12; 43,5) als rhetorische Frage tröstet, drückt Jesus damit sein Leid aus und verstärkt dies noch durch den Zusatz 'bis zum Tod'.
- Jesus gebraucht die Worte des Klagepsalms nicht 'im Gebet', sondern er klagt damit vor seinen Jüngern. So problematisch also schon die Behauptung an sich ist, daß ein Mann, der im Gebet Bibelworte gebraucht, sich schon im Frieden mit Gott wisse (vgl. Ps 39;88), so geht hier die ganze Argumentation fehl, da sich in Jesu *Gebet* keinerlei Anspielung auf ein bestimmtes Bibelwort (geschweige denn ein Zitat) findet.
(b) Eine wesentliche Stütze seiner These glaubt M.Dibelius darin zu finden, daß im Hebräerbrief "ganz unabhängig von der Gethsemaneszene und allein auf das Alte Testament gestützt die Überzeugung bestanden hat, Jesus habe einen derartigen Kampf bestehen müssen"[74]. Die Behauptung, daß Hebr 5,7 'ganz unabhängig von der Gethsemaneszene' sei - ähnlich argumentiert M.Dibelius dann auch im Blick auf Johannes[75] - entbehrt jeder Begründung und hat daher keinerlei Beweiskraft.
(c) Im Blick auf die Ermahnung V.38 stellt Dibelius zunächst fest, daß sie nicht in den Kontext passe und daher ursprünglich selbständig sei. Aus dieser - keineswegs gesicherten[76] - Voraussetzung folgert er nun weiter, daß die Einfügung des isolierten Wortes hier notwendig nach sich zog, daß "die, an die es sich richtete, nun als Schlafende erscheinen"[77], weshalb nun der Jüngerschlaf als notwendiger Hintergrund der Ermahnung eingefügt werden mußte[78]. Dibelius bleibt hier die Antwort schuldig, warum dann überhaupt diese Ermahnung in den angeblich so gar nicht passenden Kontext

---

68 PsSal 17,37f liest sich wie ein direkter Einspruch gegen das Christusbild von Gethsemane.
69 Das ganze Vorgehen von M.DIBELIUS beruht, wie H.LIETZMANN zurecht einwendet, auf der "Übersteigerung einer an sich fruchtbaren und seit langem geübten Methode" (Bemerkungen 266).
70 T.BOMAN: Gebetskampf 263.
71 Zur genaueren Datierung siehe die interessante These von M.HENGEL: Entstehungszeit 43.
72 PAPIAS bei EUSEB: HistEccl 3,39,15. PAPIAS selbst beruft sich dafür auf einen noch älteren Zeugen, den πρεσβύτερος.
73 M.DIBELIUS: Gethsemane 265.
74 Ebd. 262.
75 Ebd. 263.
76 S.o. S.97f.
77 M.DIBELIUS: Gethsemane 263f.
78 Ebd. 264.

eingefügt wurde (sodaß dann dieser Kontext seinerseits auf die Ermahnung ausgerichtet
werden mußte).
(d) Endlich werde Jesus hier - so Dibelius - "nach der Schablone des Märtyrers ge-
zeichnet."[79] Er begründet diese Behauptung damit, daß in Jesu Gebet "das in der
Martyrienliteratur so verbreitete Symbol des Kelches" verwendet werde[80]. Von der
Frage, ob aus einer einzigen Metapher überhaupt eine so weitgehende Folgerung gezogen werden kann, einmal abgesehen, wird unten[81] noch gezeigt, daß die Zuordnung
der Kelchmetapher zur Märtyrerliteratur falsch ist.

(b) Das Problem des jähen Entsetzens

E.Lohmeyer hatte zu diesem jähen 'Stimmungsumschwung' Jesu bemerkt: "Die Erzählung
würde eine besondere Prägnanz gewinnen, wenn sie gleichsam zum ersten Mal berichtete,
wie Jesus sich im Gebet zu dieser Bejahung der Notwendigkeit des Leidensweges durch-
rang"[82]. Was hier von E.Lohmeyer ohne weiteren Kommentar als das leichter Erklärbare
dargestellt wird, hat T.Boman[83] zum Ausgangspunkt seiner Quellenscheidung gemacht.
Darauf wurde oben[84] schon ausführlich eingegangen. Das Problem bleibt jedoch, wie
Jesus, der seit dem Geschick des Täufers und wohl auch im Zusammenhang mit dem wachsenden Widerstand mit einem gewaltsamen Ende rechnen mußte und dabei auch die Konsequenzen für seine Mission nicht übersehen konnte, ja sie nach dem Zeugnis des Evangeliums in den verschiedenen Leidensankündigungen und im Abendmahl sogar positiv zu
deuten vermochte - wie Jesus jetzt plötzlich so scheinbar vollkommen unvorbereitet
von dem Kommenden überwältigt wird. Hier besteht eine Spannung, die man nicht durch
einen vorschnellen Hinweis auf die Tatsache der 'Menschlichkeit' Jesu beseitigen kann.
Dennoch scheinen mir in diesem Zusammenhang einige Punkte bedenkenswert, die jenes
jähe Entsetzen nicht mehr ganz so unverständlich erscheinen lassen:
Man muß sich wohl hüten, Jesu Einheit mit dem Vater in einer supranaturalen Weise
zu interpretieren, die letztlich das vere homo aufhebt. Auch Jesu Leben aus der Gegenwart Gottes, das bisweilen die Unmittelbarkeit von Visionen und Auditionen umfaßt
haben mag, war doch zum größten Teil ein Leben unter menschlichen Bedingungen, und
d.h. ein Leben im Glauben und nicht im Schauen. Das beinhaltet, daß der Wille des
Vaters dem Sohn auch in den Fügungen seines Weges begegnet ist und daß er diesen Willen in Auseinandersetzung mit diesen Ereignissen im Gebet annahm. J.Jeremias[85] hat
wahrscheinlich gemacht, daß Mt 11,25ff par. Lk 10,21f der Reflex einer solchen erfolgten Auseinandersetzung im Gebet ist. Auch die Erkenntnis, daß sein Weg ein Weg ins
Leiden ist, mag Jesus durch den wachsenden Widerstand wie durch das Geschick des
Täufers deutlich geworden sein (erst Lukas führt dieses Wissen 9,31 auf eine himmlische Mitteilung zurück) und von ihm, wohl unter Einbeziehung atl. Traditionen, als
der Wille des Vaters erkannt worden sein. Damit ist aber nicht a priori ausgeschlossen, daß solche Gewißheit nicht auch angefochten werden kann und in Gethsemane auch
angefochten wurde. Der Grund dafür sollte nicht nur in der Tatsache gesehen werden,
daß Gethsemane die Nacht vor Jesu Tod ist. Das ist gewiß nicht belanglos, erklärt aber -
hier hat T.Boman sich zu Recht gewehrt - keineswegs schon eine solche Anfechtung
(als ob Jesus erst jetzt, wo es sozusagen Ernst wird, das Kommende recht realisiert).
Zwei Tatbestände werden im Zusammenhang mit dieser Frage immer übersehen:
(a) Jesu Anfechtung ereignet sich in der Nacht. Die Nacht aber ist ein Chaoselement,
das zeitliche Pendant gewissermaßen zu Wüste und (Ur)Flut. Der Fähigkeit zur Unterscheidung beraubt ist der Mensch dem Unbekannten hilflos ausgeliefert so auch gesteigert
auch gesteigert die Fragwürdigkeit dessen, was am lichten Tag so fest gegründet und
durchschaubar scheint. Solches berührt auch die Gottesbeziehung: Es ist gewiß kein
Zufall, daß Nacht und Finsternis für Unheil und Gottferne stehen, ja sogar zu Synonymen für das Widergöttliche werden (vgl. im NT Lk 22,53; Joh 1,5 u.ö.). Man sollte
daher nicht ausschließen, daß auch Jesu Anfechtung etwas mit diesen 'Grauen der Nacht'
(Ps 91,5) zu tun hat.

---

79 Ebd. 265.
80 Ebd. 265.
81 S.u. S.176ff.
82 E.LOHMEYER: Markus 321.
83 T.BOMAN: Gebetskampf 234.
84 S.o. S.79.
85 J.JEREMIAS: Gebetsleben 133.

(b) Die Nacht von Gethsemane ist nicht nur die Nacht vor Jesu Tod. Sie ist mit großer Wahrscheinlichkeit[86] auch die *Passahnacht*, d.h. die Nacht, in der sich Israel der seine Existenz gründenden Heilstat Gottes , 'der Versöhnung', erinnert, ja diese repräsentiert und dabei auch Gottes rettende Macht in der Aufzählung weiterer Rettungswunder preist. Vielleicht spielt jenes 'alles ist dir möglich' sogar direkt darauf an[87]. Auf dem Hintergrund dieser Feier der göttlichen Rettungstat muß die jetzige Verschlossenheit der Welt umso dunkler herausragen und die Frage aufwerfen, ob dies alles denn wirklich der Wille des Gottes sein kann, der den Würgeengel vorübergehen ließ und sein Volk mit starker Hand und ausgestrecktem Arm herausgeführt hat - und ob denn der, dem doch alles möglich ist, nicht noch das scheinbar Unabwendbare wenden kann, ob er nicht (wie damals) auch in der Ausweglosigkeit noch einen Weg weisen kann.

(c) Jesu Gebet und der Schlaf der Jünger

Es ist ein altes Problem der Auslegung unseres Textes, daß die schlafenden Jünger als Zeugen für den Inhalt von Jesu Gebet entfallen. Antworten wie die, daß wohl der Auferstandene die Apostel nachträglich davon unterichtet habe[88], zeigen die Verlegenheit, die dieser Widerspruch zu allen Zeiten bereitete. Soweit man heute darauf eingeht, erklärt man zumeist - von einigen apologetischen Rückzugsgefechten abgesehen[89] - einen der beiden nicht miteinander vereinbaren Züge für Gemeindebildung. Im Allgemeinen wird dabei die Angabe des Gebetsinhaltes für sekundär gehalten. Doch auch diese auf den ersten Blick einleuchtende Erklärung hat ihre Schwierigkeiten: Es ist ja kaum glaublich, daß nach Jesu Klage und seiner Aufforderung zum Wachen alle (drei) Jünger eingeschlafen sein sollen (von der mehrmaligen Wiederholung eines solchen Vorfalles ganz zu schweigen). Man muß also noch weiter herumbessern, um eine einigermaßen plausible Geschichte zu bekommen, wobei die Entscheidungen im einzelnen mehr oder weniger willkürlich erscheinen. Diese Schwierigkeiten verdeutlichen, daß man dem Problem durch einfache Dekomposition nur gewaltsam beikommen kann. Die Ursache dafür liegt in den unangemessenene Voraussetzungen, die die moderne Kritik mit der alten Apologetik teilt: Man beurteilt, z.T. trotz anderer Einsichten[90], an diesem Punkt die Erzählung, als wäre sie ein historisches Protokoll (um dann aufgrund der Schwierigkeiten festzustellen, daß sie das eben nicht ist). Ist aber, wie oben gezeigt , die ganze Szene bewußt *stilisiert*, so ist dieser Tatsache bei der weiteren Rückfrage Rechnung zu tragen.

Es ist, um einmal andersherum anzufangen und die m.E. nächstliegende Möglichkeit zu durchdenken, nicht unwahrscheinlich, daß Jesus den Jüngern seinen Schmerz offenbart hatte und sich danach zum Gebet zurückzog. Da die Juden im allgemeinen laut beteten und der Abstand zu den Jüngern gering war (μικρόν), besteht kein Grund zu bestreiten, daß die Jünger Jesu Gebet gehört haben können. Es ist weiter gut vorstellbar, daß die Jünger im Laufe der Nachtstunden eingeschlummert sind, zumal wenn sie zuvor das Passahmahl inklusive wenigstens vier Becher Wein genossen haben sollten. Jesus wird sie dann irgendwann geweckt haben, vielleicht zunächst den Petrus mit jenem sehr persönlich klingenden Wort 14,37b. Ob sich dies noch einmal oder gar öfter wiederholt hat, was Jesus alles zu seinen Jüngern gesagt hat und was er alles gebetet hat ist natürlich nicht mehr feststellbar. Worauf es dem oder den Tradenten ankam, war nicht getreue Berichterstattung, sondern die Wiedergabe dessen, was sich in jener Nacht in Wahrheit ereignet hat; es ging nicht um ein Abmalen der Wirklichkeit, sondern um die Darstellung ihres Wesens[91]. Und so wurden Begebenheiten wie das Gebet und der Jüngerschlaf, die historisch zumindest teilweise aufeinander gefolgt sein dürften, als gleichzeitig dargestellt, um in dem so - durch die dreifache Wiederholung vollständig - stilisierten Kontrastbild zur Anschauung zu bringen, was das

---

86 J.JEREMIAS, Abendmahlsworte 35-78, hat mit einleuchtenden Argumenten die Chronologie der Synoptiker gegen die des Johannes verteidigt.
87 Die Passahhaggada verbindet die Aufzählung der Wunder mit einem expliziten Lobpreis der göttlichen Rettungsmacht (vgl. Service).
88 So etwa THEODOR von MOPSUESTIA: Frgm. PG 66,725 BC; ebenso M.LUTHER: WA TR V 255.
89 So etwa die Erklärung von H.J.HOLTZMANN: Synoptiker 175: "Insonderheit hören die Jünger ihn ..., ehe sie vollends einschlummern, rufen: *Abba*".
90 Der Vorwurf ist auch der sonst ausgewogenen Deutung von H.LIETZMANN, Prozess, zu machen, der einerseits erkennt, daß die Darstellung "durchweg stilisiert" ist (ebd.253), im gleichen Atemzug jedoch die Historizität der Gebetsworte unter Hinweis auf den Schlaf der Jünger bestreitet (ebd.).
91 S.o. S.121ff.

Schlußwort die 'Preisgabe des Menschensohnes in die Hände der Sünder' nennt. Die [92]
Frage nach den Zeugen für das Gebet tauchte dabei wohl gar nicht auf [92].

4. Indizien für die Geschichtlichkeit einzelner Züge der Gethsemaneerzählung

(a) Das Gesamtbild

Es ist wohl der Oberflächlichkeit der üblichen Deutung dieser Perikope zu verdanken, daß man ihre Anstößigkeit so selten wahrnimmt. Dabei zeigt schon die Überlieferungsgeschichte innerhalb des NT, daß diese Erzählung "in ihrer Grundhaltung so völlig dem Idealbild widerspricht, das die Gemeindetheologie sich von dem freiwillig leidenden Gottessohn machte". [93] Da die Verwerfung des Messias ebenso der jüdischen Messianologie widerspricht wie die Anfechtung Jesu der heidnischen Vorstellung von einem Gottessohn [94], dürfte das hier gezeichnete Bild nach dem Kriterium der Unableitbarkeit wohl im großen und ganzen auf einem historischen Ereignis beruhen.

Dafür spricht auch die Darstellung der Jünger. Der Versuch, das Unverständnis der Jünger überhaupt als Teil der markinischen Messiasgeheimnistheorie zu erklären [95], überzeugt nicht [96]. Es läßt sich kein überzeugender [97] Grund angeben, warum man später ein derart negatives, auch der Kirche nicht zum Ruhme dienendes Bild von den Aposteln hätte entwerfen sollen [98]. Die Überlieferungsgeschichte (vgl. v.a. Lukas) zeigt auch hier, wie peinlich das Verhalten der Jünger auf die Gemeinde wirkte, und wie man entsprechend bemüht war, die Apostel (und damit auch die von ihnen gegründete Kirche) von solchen Makeln reinzuwaschen.

(b) Einzelne Indizien

Neben der Unableitbarkeit des Gesamtbildes sprechen auch einzelne Indizien (von unterschiedlichem Gewicht) dafür, daß unsere Erzählung in ihrem Grundbestand historisch ist:
(aa) Der aramäische Ortsname 'Gethsemani' läßt sich nur aus alter Tradition erklären.
(bb) Die ungriechisch formulierte Klage Jesu hat eine auffallende Parallele in den Hodayot (1QH 8,32) und ist daher mit an Sicherheit grenzender Wahrscheinlichkeit die Übersetzung einer semitischen Vorlage, somit zumindest sehr alte Tradition.
(cc) In der Literarkritik wurde gezeigt, daß die Aussonderung der Drei mit der Klage und der Wachsamkeitsforderung sich vorzüglich in den Spannungsbogen der Erzählung einfügt, also kein Anlaß besteht, diesen Zug als sekundär aus der Erzählung herauszulösen.

---

92 Wir haben bei Lukas eine interessante Parallele, die zeigt, wie wenig man sich
　　bei der stilisierten Wiedergabe einer Begebenheit um die äußere Stimmigkeit des
　　Erzählten kümmerte. In seiner Version der Verklärungsgeschichte (Lk 9,28-36 par Mk
　　9,2-10) läßt Lukas - im Gegensatz zu Markus und Matthäus - die Jünger beim Auf
　　treten des Mose und Elia schlafen, und das, obgleich er als einziger von einem
　　Gespräch zwischen Jesus und den beiden alttestamentlichen Gottesmännern berichtet.
93 H.LIETZMANN: Prozess 254; vgl. J.SCHNIEWIND: Markus 188; C.E.B.CRANFIELD: Saint
　　Mark 430; A.FEUILLET: Agonie 42ff; M.GALIZZI: Gèsu 175ff.
94 Vgl. die Kritik des CELSUS bei ORIGENES: Cels 2,24.
95 W.WREDE: Messiasgeheimnis 93-114, vgl. v.a. 94f; 103; 114.
96 Siehe die ausführliche Kritik von H.RÄISÄNEN, Messiasgeheimnis, der gezeigt hat,
　　daß die fünf Komplexe, die W.WREDE unter dem Oberbegriff des Messiasgeheimnisses
　　zusammenfaßt, weitgehend heterogen sind. Als 'Messiasgeheimnis' läßt RÄISÄNEN
　　daher nur noch die Schweigegebote an die Dämonen und an die Jünger gelten, da
　　es nur in diesen beiden Fällen um Jesu Wesen geht, und nur hier die Gebote auch
　　eingehalten werden.
97 Die Behauptung von W.H.KELBER, Mark 181-187, Markus stelle eine Reaktion auf eine
　　petrinische Christologie ohne Leiden und Sterben dar, woraus sich dann auch die
　　negative Darstellung der Jünger erkläre, mutet phantastisch an.
98 Die Erzählung verdiene daher, so H.LIETZMANN, "alles geschichtliche Vertrauen ...,
　　weil die Gemeindephantasie ein solches Nachtgemälde von ihres Führers Schande
　　sicher nicht erfunden hat" (Prozeß S.253). LIETZMANN (ebd. 253f) will daher,
　　ebenso wie der Historiker E.MEYER, Ursprung I 149, in Petrus selbst den Tradenten
　　dieser Erzählung sehen.

Es ist hier weiterzufragen, ob es überhaupt wahrscheinlich ist, daß ein solches
Suchen Jesu nach menschlichem Beistand in nachösterlicher Zeit dem erhöhten Kyrios
zugeschrieben wurde[99].

(dd) Die im Judentum nie bezeugte Gottesanrede Abba war ein Charakteristikum der
Gebetssprache Jesu. Mk 14,36 ist die einzige Stelle in den Evangelien, die uns die
invocatio in ihrem aramäischen Wortlaut erhalten hat. Dies spricht für die Ursprünglichkeit des Gebetes[100].

(ee) Wenig wahrscheinlich ist, daß man Jesus die der prophetischen Gerichtsankündigung entstammende Kelchmetapher, die sein Geschick theologisch negativ qualifiziert,
erst sekundär in den Mund gelegt hat.

(ff) Der (durch das 'Simon') persönlich klingende Vorwurf an Petrus V.37b könnte auf
Erinnerung beruhen.

(gg) Die Ermahnung V.38 verweist traditionsgeschichtlich in den Bereich des palästinischen Judentums.

(hh) Ist meine Erklärung des ἀπέχει[101] richtig, so weist auch diese Perfizierungsnotiz traditionsgeschichtlich am ehesten auf die palästinische Überlieferung zurück.

(ii) Es kann hier nicht das Menschensohnproblem verhandelt werden. Es erscheint mir
jedoch kaum glaublich, daß man die atl. Bannformel[102] sekundär auf das Verhältnis
von Vater und Sohn anzuwenden wagte.

6.6 Mk 14,32-42 im Zusammenhang der markinischen Darstellung von Jesu Hoheit und Niedrigkeit

Wie die bisherige Analyse gezeigt hat, rahmt die Gethsemaneerzählung
zusammen mit dem zweiten Teil der Kreuzigungserzählung 15,33-39 die
Markuspassion und deutet sie als ein letztlich auf Gott selbst zurück-
gehendes Geschehen: als die Preisgabe des Sohnes.

Die darin enthaltene theologische Spannung, das scheinbare Paradox,
bringt Markus durch die bewußt stilisierten Gegensätze zum Ausdruck,
die man zu Unrecht literarkritisch als Widersprüche bezeichnet hat.
In seinem gesamten Evangelium verwendet Markus dieses Stilmittel des
(bisweilen schroffsten) Gegensatzes, um diese theologische Paradoxie
deutlich zu machen, daß Gott seinen Sohn preisgibt und daß zugleich
der Preisgegebene sein Sohn bleibt, der als der Preisgegebene, Verwor-
fene das Heil bewirkt. Nach der Taufe treibt der Geist Jesus aus der
Gottesgemeinschaft in die Wüste zur Konfrontation mit dem Satan, auf
das Messiasbekenntnis des Petrus folgt dessen Widerstand gegen das Leiden und dessen Verwerfung als Satan, auf die erste Leidensweissagung

---

99 T.A.MOHR: Passion 230 hat diesen Gedanken entschieden verneint. "Diese Einstellung
   Jesu zu den Jüngern, dass er ihre menschliche Unterstützung, ihren Beistand
   wünscht und erbittet bzw. fordert, ist in der nachösterlichen Zeit undenkbar und
   als Gemeindebildung nicht glaubhaft zu machen. Denn Jesus war der mächtige Herr,
   der umgekehrt der Gemeinde beistand in ihren Bedrängnissen. Entsprechend findet
   sich die bekannte Tendenz, die menschlichen Seiten Jesu mit ihren menschlichen
   Schwächen im Prozess der Ueberlieferung immer stärker zurückzudrängen. Es ist
   umso erstaunlicher, dass uns Mk 14,34 erhalten blieb. Die Auswahl der drei Vertrauten mit dem speziellen Auftrag an sie ist also eine alte, auf Jesus zurückgehende Tradition, die zum Urgestein der Gethsemaneüberlieferung gehört."
100 Vgl. W.MARCHEL: Abba 118.
101 S.u. S.212ff.
102 S.u. S.216ff.

folgt die Bestätigung der Gottessohnschaft in der Verklärung (vgl.
auch Mk 12,1-9 mit Vv.10f). Der Gegensatz der Gethsemaneerzählung zu
den bisherigen Leidensweissagungen, v.a. aber zu der ähnlich aufgebau-
ten Verklärungsgeschichte, bringt das Ungeheuerliche der Preisgabe zum
Ausdruck, die ja nicht ein ertragener Durchgang zur Herrlichkeit ist,
sondern ein in tiefster innerer Not erduldetes Leiden und Sterben,
weil Gott selbst in der Preisgabe des Sohnes mit den Feinden eins
zu werden, sich gegen ihn zu stellen scheint. Zugleich aber zeigt das
Gebet innerhalb unserer Perikope (wie schon die Tatsache, daß die Verklärung der ersten Leidensankündigung folgte), daß Jesus auch als der
von Gott Verlassene der 'Sohn' und Weltvollender ist und bleibt, der
eben durch diesen Tod das Heil aller Menschen wirkt (vgl. Mk 10,45;
14,24). Dies macht Markus dann auch explizit deutlich durch jenes der
tiefsten Anfechtung in Gethsemane folgende Vollmachtswort vor dem
Hohen Rat, das seinerseits wiederum in 'Widerspruch' zu der Niedrigkeit des Verurteilten, zur offenkundigen Ohnmacht Jesu steht.

Am stärksten ist die Darstellung der Kreuzigung Jesu von diesem
Stilmittel der Kontrastierung als Ausdruck einer theologischen Deutung
bestimmt: Auf das - erniedrigender und anstößiger kaum mehr zu schil-
dernde - Sterben Jesu (in dem dieser dennoch an dem ihn verlassenden
Gott als 'mein Gott, mein Gott' festhält), erfolgt unmittelbar auf
den Tod die 'Antwort Gottes' im Zerreißen des Tempelvorhanges und als
Reaktion darauf das zum erstenmal bei Markus von einem Menschen gespro-
chene Bekenntnis zu Jesus als Gottessohn, - gesprochen von dem heidnischen Führer des Hinrichtungskommandos. Gerade dort, wo Jesu Anspruch
nach dem Urteil der Welt (vgl. die Verspottungen) definitiv widerlegt
ist, wird Jesus von Gott selbst unmittelbar bestätigt und daraufhin
durch den Mund des Heiden coram mundo sein vergangenes Leben neu
qualifiziert. Es ist ein Bogen, der im verstärktem Maße seit der ersten
Leidensweissagung und der darauf folgenden Verklärung (und erneuter
Leidensweissagung) 8,31-33; 9,2-8; 9,9-13 - das Evangelium bestimmt:
Eine sich immer mehr erhöhende Spannung zwischen absoluter Gottferne
und nicht zu überbietender Einheit mit Gott, deren Zugleich - in der
Kreuzigung kulminierend - alle Darstellbarkeit sprengt und doch gerade
darin die Passion als Evangelium zu verstehen ermöglicht.

DER TRADITIONSGESCHICHTLICHE HINTERGRUND DER MARKINISCHEN
GETHSEMANEERZÄHLUNG

Die Klage Jesu Mk 14,34 reflektiert deutlich die Sprache alttesta-
mentlicher Psalmen. Die Gottesanrede 'Abba' ist aramäisch. Die im Gebet
absolut gebrauchten Metaphern der 'Stunde' und des 'Kelches' sind -
darüber darf ihre scheinbare Geläufigkeit aufgrund der christlichen
Tradition nicht hinwegtäuschen - für sich genommen keineswegs eindeutig. Vieldeutig ist der Gegensatz 'Geist - Fleisch', rätselhaft die
Selbstbezeichnung 'Menschensohn' und die damit verbundene passivische
Formel, daß er 'preisgegeben wird in die Hände der Sünder'. Dies alles
verweist auf einen Traditionszusammenhang, der dem Text zugrundeliegt
und zumindest den ersten Hörern noch vertraut war. Diesen wieder zu
erschließen ist unabdingbare Voraussetzung einer wissenschaftlichen
Auslegung dieser Erzählung.

Dabei geht es, um einem möglichen Mißverständnis vorzubeugen, nicht
darum, den Text aus den ihm zugrundeliegenden Traditionen sozusagen
abzuleiten[1]. Es wird sich vielmehr zeigen, daß eine derartige Er-
schließung des Hintergrundes die Eigenart und weitgehende Unableitbarkeit des hier Berichteten erst recht zur Geltung bringt.

Gegenstand der Untersuchungen sind die im Text verwendeten Begriffe,
Metaphern, Titel und Formeln, aber auch Anspielungen auf andere Texte
(wie in der Klage Jesu) oder die Erzählung prägende Motive (etwa das
'Schweigen Gottes').

Der Umfang der einzelnen Ausführungen hängt zum einen von der Wich-
tigkeit und Schwierigkeit des jeweiligen Gegenstandes ab, zum anderen
auch von den Vorarbeiten: Wo ich mich zustimmend auf solche beziehen
konnte (wie bei dem 'Abba') habe ich mich kurz gefaßt und in erster
Linie nur die Bedeutung im Kontext herausgestellt. Wo solche Vorarbeiten nicht oder nur ungenügend vorhanden waren (z.B. 'Trauer zum Tod'),
wo ich zu abweichenden Ergebnissen gekommen bin (z.B. 'παραδιδόναι')
oder wo die Bedeutung in der Exegese umstritten ist (z.B. 'ποτήριον'),
waren ausführliche Begründungen und Auseinandersetzungen nötig.

---

1 Ein Beispiel solcher Art von unangemessener biblischer Theologie ist das Buch von
  A.FEUILLET: Agonie, der - apriorisch - fast überall Jes 53 einträgt.

§ 7: JESU TRAUER UND ENTSETZEN (Vv.33b.34)

7.1 Das Problem

Die in den Vv.33b.34 geschilderte Erschütterung Jesu prägt die ganze Erzählung. Die Gemütsbewegung Jesu wird sogar doppelt wiedergegeben, zunächst berichtend aus der Sicht des Betrachters (V.33b), dann im Zitat aus der Perspektive des Betroffenen (V.34), wodurch die Totalität der Bedrängnis zum Ausdruck gebracht wird[1].

Zu Recht hat man in diesen Regungen Jesu schon in der altkirchlichen Exegese einen Ausdruck der Menschlichkeit Jesu gesehen - die Vv. 33f waren dictum probans gegen den Doketismus[2]. Zu Unrecht hat man sich jedoch damit zufriedengegeben und sich so über die mit dieser Schilderung verbundenen Probleme hinweggesetzt:

(1) Markus berichtet selten von Affekten Jesu[3]. An den wenigen Stellen, an denen er dies tut, haben diese immer mehr als nur privaten Charakter: Jesu Unwillen und Zorn über Besessenheit, Verstocktheit und Unverständnis spiegelt den göttlichen Zorn über die Verkehrtheit der Welt[4]; Jesu Erbarmen ist Widerschein des Erbarmens Gottes, der durch ihn die Sünder 'heilen' (Mk 2,17b - Sendungsaussage!), der 'Leben retten und nicht verderben' will (Mk 3,4) usw. Von rein persönlichen Regungen erfahren wir nichts[5]. Umso mehr überrascht nun jene - auch in ihrer Ausführlichkeit einzigartige - Schilderung des Schreckens und der Trauer.

(2) Das jähe[6] Erschrecken und Entsetzen Jesu und das damit verbundene Gebet um das Vorübergehen der 'Stunde' bzw. des 'Kelches' (Vv.35f) stehen in geradezu anstößigem Gegensatz zur bisherigen Leidensbereitschaft, wie sie in den Leidensweissagungen zum Ausdruck kommt - man denke nur an die Auseinandersetzung mit Petrus (8,31-33). Besonders unverständlich ist jenes Entsetzen auf dem Hintergrund der unmittelbar

---

1 Das Gleiche wiederholt sich bei dem Gebet Vv.35f, wo durch die doppelte Wiedergabe die Dringlichkeit der Bitte unterstrichen wird.

2 Vgl. JOHANNES CHRYSOSTOMUS: In illud: Pater, si possibile est, transeat 4; AURELIUS AUGUSTINUS: Enarratio 2 Sermo 1,3.

3 Von einer Äußerung der Trauer hören wir nur hier; vgl. dagegen Joh 11, 33.35; 12,27; 13,21.

4 Vgl. G.STÄHLIN: Art. ὀργή ThWNT V 428-430.

5 Eine Ausnahme stellt vielleicht die Notiz Mk 10,21 dar, daß Jesus den Reichen liebgewann. Möglicherweise bedeutet ἀγαπᾶν hier aber auch 'liebkosen' (vgl. W.BAUER: Wörterbuch Sp.8). In diesem Fall könnte es sich, wie jüdische Parallelen zeigen, um "ein quasi-hoheitliches Tun dessen, der (Rechts-)belehrung und -entscheide gibt" handeln (K.BERGER: Gesetzesauslegung 398).

6 Das ἤρξατο unterstreicht noch die Plötzlichkeit.

vorausgegangenen Abendmahlszene, in der Jesus die Heilsbedeutung
seines Todes in Symbol und Deutewort mitteilt (14,22-25 vgl. 10,45).
(3) Die hier dargestellte Krise Jesu stellt die Markuspassion in
einen deutlichen Gegensatz zur Märtyrerliteratur: Der Skopus solcher
Erzählungen ist die innere Überlegenheit des Protagonisten gegenüber
Leiden und Tod, eine Überlegenheit, in der sich die Weltüberlegenheit
seiner Philosophie, seiner Selbstbestimmung, seines Glaubens o.ä.
spiegelt. Solche dem Bestimmtsein von einer höheren Macht entspringende
Gelassenheit fehlt Jesus hier gänzlich; sein Verhalten verweist auf
keine höhere weltüberlegene, göttliche Wirklichkeit.

"Warum schildern sie (sc. die Evangelisten) ihn schwach in seinem
Todeskampfe? Können sie keinen standhafteren Tod beschreiben? Ja, denn
der gleiche heilige Lukas beschreibt den Tod des heiligen Stephan viel
tapferer als den Tod Jesu Christi".[7]

Wie anstößig dieses 'Zittern und Zagen' Jesu schon von Anfang an empfunden wurde,
zeigt indirekt bereits die johanneische Auslassung bzw. völlige Umarbeitung der Gethsemaneperikope (Joh 12,27ff; vgl. 18,11). Diese Überlieferungstendenz setzt sich
fort: Das Martyrium Polykarps, das in deutlicher Anlehnung an die Passion Jesu nach-
erzählt wird, betont vor dessen Verhaftung (selbst Joh 12,27 korrigierend): οὐκ
ἐταράχθη[8].
Explizit thematisch gemacht wird dieses Ärgernis von dem mittelplatonischen Philo-
sophen Kelsos in seiner Streitschrift gegen das Christentum, dem Ἀληθὴς λόγος[9].
Neben dem Fehlen göttlicher Macht in der gesamten Passionsgeschichte zeige sich hier
noch im besonderen das Fehlen eines das Leiden überwindenden[10] oder es zumindest gelassen ertragenden 'wahrhaft göttlichen Geistes'[11]. Wer so klagt und zittert wie
Jesus, verkörpert nichts von der göttlichen Wirklichkeit jenseits dieser Welt; das
christliche Bekenntnis zum Gottessohn führt sich selbst ad absurdum.

Es geht daher auch nicht an, dieses Geschehen auf seinen paränetischen Aspekt zu beschränken[12] oder die Anfechtung vom 'Ergebnis' her
zu unterschlagen.

Die kaum zu widerlegende[13] Vermutung, daß die Perikope historische
Erinnerung wiedergeben könne, verschärft die aufgeworfenen Fragen noch.
Warum diese plötzliche Angst und das Entsetzen? Zahllose Nachfolger
Jesu haben bis auf den heutigen Tag[14] den Tod nicht gescheut, getragen
von der Gewißheit ihres Glaubens. Sollte die 'Kräftigkeit des Gottes-
bewußtseins', in Jesus geringer sein als bei seinen Nachfolgern? Sollte
Jesus, der doch der 'Sohn Gottes' ist, plötzlich mehr an der Welt hän-
gen als die Märtyrer? Sollte der, der von seinen Jüngern verlangt, ihr

---

7 B.PASCAL: Gedanken 269 Nr. 544 (= ders.: Pensées 700 Nr. 800).
8 MartPol 5 nach H.MUSURILLO: Acts 4 28f.
9 Die Schrift dürfte etwa um 170 n.Chr. entstanden sein. Sie ist nicht mehr erhalten,
  läßt sich jedoch fast vollständig aus der Widerlegung des ORIGENES, Cels, rekonstru-
  ieren.
10 ORIGENES: Cels 2,23f.
11 Ebd. 7,63.
12 Vgl. ORIGENES: Comm in Mt 90ff; JOHANNES CHRYSOSTOMUS: In illud: Pater, si possibile
   est, transeat 4.
13 S.o. S.133-139.
14 Vgl. die Abschiedsbriefe der von den Nationalsozialisten zum Tode Verurteilten in
   H.GOLLWITZER/K.KUHN/R.SCHNEIDER: Heimgesucht.

Leben um seinetwillen hinzugeben (Mk 8,35 par. Mt 16,25, Lk 9,24; Mt
10,38f par. Lk 17,33; Joh 12,25), plötzlich das seine behalten wollen?[15]

Andererseits sprechen auch die in der Literarkritik gewonnenen Einsichten dagegen, die Szene *nur* als Geschichtsbericht zu verstehen. Mk
14,32-42 ist die längste Einzelgeschichte der markinischen Passionserzählung und bis in Einzelheiten hinein aufs sorgfältigste durchgeformt.
Durch die zweifache Wiedergabe der Erschütterung Jesu wird diese in
ihrer Ganzheit - aus der Perspektive des Betrachters wie des Betroffenen - dargestellt. Sie bestimmt so als Grundton das ganze folgende Geschehen. Warum aber diese Ausführlichkeit, diese Steigerung? Warum diese *Stilisierung der Krise*? Hätte es nicht nähergelegen, die 'Schwäche'
des Gottessohnes zumindest abzumildern, etwas weniger ausführlich und
eindringlich davon zu berichten?

Diese Schwierigkeiten führen notwendig zu der Frage, ob es wirklich
'nur' kreatürliche Todesangst ist, die in Gethsemane berichtet wird.
Schildert Gethsemane nicht eine Krise, die tiefer noch geht - und wie
ist diese im Zusammenhang des Evangeliums zu verstehen, welche Konsequenzen ergeben sich daraus für das Verständnis von Jesu Passion?

Eine eindeutige Antwort kann erst nach der Analyse der (das Leiden
deutenden) Metaphern sowie der Leidensweissagung am Ende gegeben werden.
Da jedoch die Klage sich deutlich an die Sprache des Psalters anlehnt
und auch die Situationen, in denen diese Worte gesprochen wurden, Entsprechungen aufweisen, ist zumindest ein Analogieschluß von der Anfechtung des Beters dort zur Ursache der Erschütterung Jesu hier möglich,
dessen Berechtigung dann die weitere Auslegung zu erweisen hat.

7.2 Zur Begrifflichkeit der Vv.33b.34

7.2.1 V.33b: καὶ ἤρξατο ἐκθαμβεῖσθαι καὶ ἀδημονεῖν

Ἀδημονεῖν bedeutet 'in Angst sein', 'schwer beunruhigt sein'[16].
Die Etymologie des Wortes ist unsicher; vielleicht hängt es zusammen
mit ἄδημος = ἀπόδημος 'von zuhause entfernt sein'[17], sodaß der Assoziationshorizont des Wortes das Getrenntsein vom Vertrauten wäre. Das
Bedeutungsspektrum reicht von 'Ratlosigkeit'[18] über 'schwere Sorge'[19]

---

15 Vgl. HILARIUS: De trinitate 10,9-13.
16 H.G.LIDDELL/R.SCOTT: Lexicon 21: "*to be sorely troubled* or *dismayed, be in anguish*"
   ebenso W.BAUER: Wörterbuch 32.
17 Schon PHOTIUS hat in seinem Lexikon unter Berufung auf HOMER festgestellt: ἀδημονεῖ
   κυρίως μέν ἐστι τὸ ἀπορεῖν καὶ ἀμηχανεῖν ἔν τινι δήμῳ ἢ χώρᾳ. Ähnlich äußert sich
   PLUTARCH: De exilo 6: ἀδημονοῦμεν καὶ ξενοπαθοῦμεν.
18 So etwa PLATON: Theaet 175d vgl. ThesSteph I,1 Sp.645.
19 So etwa PLUTARCH: Anton 51 vgl. ThesSteph I,1 Sp.644.

bis zu 'blankem Entsetzen'[20]. In der LXX wird der Begriff nicht verwendet. Erst in späteren Übersetzungen des Alten Testaments erscheint
er gelegentlich[21]. Dort bezeichnet das Wort immer die Empfindung bei
höchster Gefährdung der Existenz, zumindest in der Hälfte der Fälle
verursacht durch ein Gottesgericht[22]. Eine ähnliche Bedeutung hat das
Wort in den Pseudepigraphen[23].

Zum gleichen semantischen Feld wie ἀδημονεῖν gehört auch das ihm
hier parallelisierte ἐκθαμβεῖσθαι[24]. Es bezeichnet ursprünglich das
Erstaunen, dann auch das Erschrecken und Entsetzen[25]. Das Wort ist ausgesprochen selten bezeugt. Die LXX verwendet es nur einmal[26]. Erst in
späten Übersetzungen des Alten Testaments ist es - wie die ganze Wortgruppe θάμβος, θαμβεῖσθαι, ἔκθαμβος κτλ - etwas gebräuchlicher. Ohne
eindeutiges hebräisches Äquivalent[27] kann θάμβος κτλ in verschiedenen
Zusammenhängen verwendet werden, sodaß auch diesem Wort kein spezifischer Vorstellungshorizont zugewiesen werden kann. Außer der Reaktion
auf Todesnot[28] kann damit der Gottesschrecken[29] und davon abhängig der
Schrecken des göttlichen Gerichts[30] bezeichnet werden. Im Zusammenhang

---

20 So etwa XENOPHON: Hist Graec Δ IV 3 Vgl. ThesSteph I,1 Sp.645.

21 Nach E.HATCH/H.A.REDPATH, Concordance, verwendet AQUILA das Verb 1mal, SYMMACHUS
4mal (sowie noch 3mal das Substantiv ἀδημονία). Bei diesen insgesamt 8 Stellen ist
das griechische Wort 6mal die Übersetzung des hebräischen שׁמם 'schauern', 'starr
sein', 'entsetzt sein' bzw. des Substantiv שׁממה 'Entsetzen' (AQUILA: Hi 18,20;
SYMMACHUS: Koh 7,17(16); Ez 3,15; 7,27; 12,19; 23,33). Viermal ist das Entsetzen
die Reaktion auf das göttliche Zorngericht (AQUILA: Hi 18,20; SYMMACHUS: Ez 7,27;
12,19; 23,33). In den gleichen Zusammenhang gehört vermutlich auch die siebentägige
Starre Ezechiels (Ez 3,15) nach seiner Berufung zum Gerichtspropheten (vgl. Ez 3,14:
"... während die Hand Jahwes hart auf mir lag" Übers. W.ZIMMERLI: Ezechiel I 3).
Lediglich Koh 7,17(16) bezeichnet ἀδημονεῖν (hitpol. שׁמם) die Selbstzerstörung.
Zweimal verwendet SYMMACHUS das Verb in den Psalmen zur Beschreibung der Not des
Beters, der nach Gott ruft, weil er sich selbst nicht mehr zu helfen vermag (Ps 60/
61,3 עטף 'schwach, kraftlos sein') oder aufgrund verleumderischer Anklagen und lüg-
nerischer Nachstellungen verzweifelt ist (Ps 115,2/116,11: חפז 'aufgeschreckt, bestürzt werden').

22 Eindeutig auszuschließen ist der Gerichtsgedanke nur Koh 7,17(16). Die in Ps 61(60)
geschilderte Verborgenheit Gottes oder die in Ps 116,3.8 beschriebene Todeserfahrung
werden häufig theologisch negativ qualifiziert, wie im Folgenden gezeigt wird.

23 Im TestAbr A 7 gibt das Verb die Empfindung Isaaks wieder, als ihm im Traum die Sonne
(= sein Vater Abraham) genommen wird; das Substantiv bezeichnet TestHiob 20,7 das
Entsetzen Hiobs, als sich der Satan seines Leibes bemächtigt.

24 Das Bedeutungsspektrum beider Begriffe überschneidet sich. So übersetzt SYMMACHUS
das חפז in Ps 115,2/116,11 mit ἀδημονεῖν, AQUILA mit θαμβεῖσθαι.

25 "Stupore attonito percellor, Pavore attonito exterreor" (ThesSteph III Sp.41b; vgl.
H.G.LIDDEL/R.SCOTT: Lexicon 506; W.BAUER: Wörterbuch 476; G.W.H.LAMPE: PGL 427.

26 In Sir 30,9 bezeichnet es parallel zu λυπεῖν die Not, die ein ungezogener Sohn
seinen Eltern bereitet.

27 Am häufigsten werden חמז (2mal in der LXX, 6mal bei AQUILA, 1mal bei SYMMACHUS)
'aufgeschreckt, bestürzt werden' und בעת nif 'von plötzlichem Schrecken überfallen
werden' (1mal LXX, 4mal AQUILA, 1mal Dan θ) mit θαμβεῖσθαι und seinen Derivaten
wiedergegeben.

28 So II Sam 22,5 in der LXX; bei AQUILA I Sam 23,26; Ps 30(31),23; Ps 115,2 (116,11).

29 So I Sam 14,15; 26,12; II Kön 7,15 in der LXX. Ebenso I Sam 16,14; 23,26; Ps 47
(48),6 bei AQUILA, vielleicht auch noch Hi 26,11 bei SYMMACHUS.

30 Weish 17,3 vgl. Weish 10,19 v.l.S und Ez 7,18 in der LXX; I Sam 16,14 und Hi 15,24
bei AQUILA; Ps 52(53),6 bei SYMMACHUS.

derselben Erfahrung gehört es wohl auch, wenn ἐκθαμβεῖσθαι die Reaktion
auf eine Offenbarung kennzeichnet[31].

In diesem Sinn - das Erschrecken als Reaktion auf eine Berührung mit
der Sphäre Gottes - wird die Wortgruppe θάμβος κτλ auch im Neuen Testament verwendet, und zwar ausschließlich von Markus und Lukas, ἔκθαμβος
und θάμβος nur von Lukas, die Verbformen θαμβεῖσθαι und ἐκθαμβεῖσθαι nur
von Markus[32]. Es ist - darin wird R.Otto rechthaben[33] - die Erfahrung
der Andersartigkeit, Fremdheit Gottes, die jenes Schaudern auslöst.

Zusammen bezeichnen beide Begriffe ein Höchstmaß an Erschütterung[34].
Deren Ursache wird erkennbar in jenem Wort Jesu, das durch V.33b eingeleitet wird:

7.2.2 V.34: περίλυπός ἐστιν ἡ ψυχή μου ἕως θανάτου

Die Klage Jesu ist bestimmt von dem am Anfang stehenden περίλυπος,
'tiefbetrübt', 'sehr traurig'[35]. Im Unterschied zum bloßen περίλυπος
γενέσθαι von Mk 6,26 und Lk 18,23f[36] ist es hier die ψυχή, der diese
Traurigkeit widerfährt und die dadurch auf den Tod (ἕως θανάτου) bezogen ist.

Was dies heißt, ist zu klären; auf jeden Fall ist diese durch
περίλυπος hergestellte Relation zwischen zwei wesensmäßig entgegenge-

---

31 Dan 8,17f θ.
32 Ἐκθαμβεῖσθαι wird von Markus noch 3mal gebraucht. 9,15 bezeichnet es das Erschauern der Menge, als Jesus nach seiner Verklärung zu ihr tritt. Anlaß dieses
   Schauderns dürfte die himmlische Herrlichkeit sein, die Jesus - wie einst Mose
   nach seinem Abstieg vom Gottesberg (vgl. Ex 34,29f) - wiederstrahlt (so J.WELL-
   HAUSEN: Evangelium 73; J.M.NÜTZEL: Verklärungserzählung 160f; W.GRUNDMANN: Markus
   251 u.a.). Ebenso ist das Erschrecken der Frauen am leeren Grab Mk 16,5f durch
   die Begegnung mit dem (der himmlischen Welt entstammenden) Jüngling im weißen
   Gewand veranlaßt.
       Ähnliches gilt auch für die Verwendung von θαμβεῖσθαι, ἔκθαμβος, θάμβος. 'Schre-
   cken' löst der in der Bezwingung der Dämonen und in der Überwindung von Krankheit
   sich offenbarende göttliche Vollmacht Jesu (Mk 1,27 par Lk 4,36) oder seiner Jünger
   (Act 3,10) aus. Schrecken ergreift die Jünger, als sie am Beispiel des reichen
   Jünglings erkennen, wie schwierig, ja unmöglich es für den Menschen ist, den Anforderungen des Reiches Gottes zu entsprechen (Mk 10,34ff). Schrecken ergreift
   auch Petrus nach seinem Fischzug (Lk 5,9), ein Schrecken, der deutlich eine Ge-
   richtserfahrung wiederspiegelt (vgl. 5,8: "Herr, gehe von mir hinaus, denn ich
   bin ein sündiger Mann"). Furcht und Schrecken überfällt die Jünger und Nachfolger
   auch bei der Mk 10,32 erzählerisch dargestellten und 10,33f als Auftakt der Passion
   gedeuteten Anabasis nach Jerusalem angesichts der Unbegreiflichkeit des göttlichen
   Ratschlusses (vgl. H.BALZ: Art. φοβέω ThWNT IX 209 Anm. 106; R.PESCH: Markusevangelium II 148.
33 R.OTTO: Das Heilige 99f.
34 Vgl. E.LOHMEYER: Markus 314: "die griechischen Wörter malen den äußersten Grad
   eines grenzenlosen Entsetzens und Leidens."
35 Vgl. W.BAUER: Wörterbuch 1286; H.G.LIDDEL/R.SCOTT: Lexicon 1378.
36 Im Nt begegnet περίλυπος außer Mk 14,34 par. Mt 26,38 nur noch Mk 6,26 und Lk
   18,38. Mk 6,26 heißt es von Herodes, daß er 'tiefbetrübt wurde', als seine Tochter
   das Haupt des Täufers verlangte; Lk 18,23 wird mit περίλυπος die Reaktion des
   reichen Jünglings wiedergegeben, als er Jesu Forderung hört. Beidesmal bedeutet
   περίλυπος γενέσθαι 'sehr traurig werden'.

setzte Sphären, (individueller) Lebendigkeit und Tod, bei der Interpretation dieser Traurigkeit zu berücksichtigen.

Mk 14,34 ist Übersetzungsgriechisch[37]. Deutlich ist die Anlehnung
an die Sprache der LXX (vgl. Ps 42 ⌈41 LXX⌉, 6.12; 43 ⌈42 LXX⌉,5; Jon
4,9; Sir 37,2; 51,6). Näherhin ist es die Sprache des alttestamentlich-
jüdischen Klageliedes bzw. der Notschilderung im 'Danklied des Einzelnen', deren sich Jesus hier bedient. Weitere (hebräische) Parallelen
bestätigen dies noch (vgl. v.a. Ps 42,7; 44,26; 1 QH 8,32). Auf die
Klagelieder und die Notschilderungen wird daher im folgenden vorwiegend
eingegangen.

(a) ψυχή, ursprüngliche Bedeutung 'Atem', 'Hauch', dann 'Leben',
'Selbst', 'Seele'[38] gibt in der LXX zumeist נפש wieder[39]. Die Grundbedeutung ist hier 'Kehle', 'Schlund', sodann was durch diese strömt,
'Atem', und davon wieder abgeleitet 'Leben', 'Lebendigkeit'[40]. נפש
"bezeichnet das Vitale am Menschen im weitesten Sinn"[41]. Gegenüber der
Allgemeinheit des Begriffes 'Leben' im Deutschen ist jedoch נפש immer
"das an einen Körper gebundene, individuelle Leben"[42], "die Lebenskraft
oder Lebendigkeit eines Individuums"[43]. So kann es dann "nicht nur das
Leben im Individuum, sondern *das lebende Individuum selber*" bezeichnen[44]. Daraus erklärt sich der häufige pronominale Gebrauch von נפש,
wobei die vitale Bedeutung häufig noch mitschwingt und manchmal zwischen beiden gar nicht eindeutig getrennt werden kann[45]. In diesem
Sinne - (lebendes) Individuum - verwendet auch Markus zumeist den Begriff ψυχή (vgl. 3,4; 8,35bis.36.37; 10,45).

Als Zentrum der Vitalität ist die ψυχή/נפש auch der Ort der Gemütsbewegungen, eingeschlossen das Streben auf Gott hin (vgl. Dtn 6,5 = Mk

---

37 Die pronominale Verwendung von ψυχή ist zwar auch im klassischen Griechisch möglich, jedoch ungebräuchlich und spiegelt zumeist semitischen Sprachgebrauch (E.
SCHWYZER: Grammatik II 192 Anm. 1; F.BLASS/A.DEBRUNNER/F.REHKOPF: Grammatik § 284
Anm. 8). Ebenso ist die Voranstellung des Verbums zu dessen Betonung auch im Griechischen möglich, sie ist jedoch ungewöhnlich und besonders dort, wo sich dies -
wie in Mk 14,32-42 - häuft, "der sicherste Semitismus des N.T." (E.NORDEN: Agnostos
Theos 365). Ἕως θανάτου hat im klassischen Griechisch die Bedeutung 'usque ad
mortis tempus' (StephThes III, Sp. 2644). Als Präzisierung einer Gemütsbewegung
ist es nur in der LXX und im NT belegt. Das von STEPHANUS (ebd.) als Parallele
noch genannte Spottgedicht von Lukullus (A Gr III Nr.76) stellt keine Parallele
dar. Wenn es dort heißt καὶ σὺ γὰρ ὡς Νάρκισσος ἰδὼν τὸ πρόσωπον εὐαργές/τεθνήξῃ
μισῶν σαυτὸν ἕως θανάτου so meint dies, wenn auch im Spott, den wirklichen Tod, wie
jenes τεθνήξῃ zeigt.
38 Vgl. H.G.LIDDELL/R.SCOTT: Lexicon 2026f.
39 נפש kommt im AT 754mal vor, ca 680mal übersetzt es die LXX mit ψυχή (vgl. C.WESTER-
MANN: Art. næfæš THAT II Sp.95). Umgekehrt steht ψυχή 2mal für רוח, 1mal für חיים
und 25mal für לב (vgl. E.JACOB: Art. ψυχή ThWNT IX Sp.614.).
40 Vgl. C.WESTERMANN: Art. næfæš THAT II Sp.73f; E.JACOB: Art. ψυχή Sp.641f.
41 G.von RAD: Theologie I 166.
42 W.EICHRODT: Theologie 2/3 89.
43 G.DAUTZENBERG: Leben 18.
44 W.EICHRODT: Theologie 2/3 89.
45 G.DAUTZENBERG: Leben 20-22.

12,30). So bezeichnet נפש dann v.a. die Personen in ihrer Innenseite
und nähert sich der Bedeutung des deutschen 'Seele'.[46]

(b) Der Ausdruck ἕως τοῦ θανάτου findet sich in der LXX 13mal[47]. Verwandt sind Ausdrücke wie ἕως τῶν πυλῶν τοῦ θανάτου (Ps 107 [106 LXX],
18) und ἕως εἰς θάνατον (Jdc 16,16), sowie das weit häufigere εἰς
θάνατον[48].

Hebräische Äquivalente sind למות (Jes 38,1; Sir 51,6; vgl. Jdc 16,16),
עד-מות (Jon 4,9), עד-המות (Sir 4,28), עד-למות (II Chr 32,24)[49].

In zwei Dritteln aller Fälle wird durch ἕως θανάτου ein unmittel-
barer (und keineswegs erwünschter) Bezug zum Tod als Ende des Lebens
hergestellt, sei es durch eine zum Tode führende Krankheit (Jes 38,1;
39,1; II Chr 32,24)[50], durch Todesstrafe (Sach 5,3 LXX bis) und Hinrichtung (IV Makk 1,9), oder durch einen Kampf 'bis zum Tod' (Sir 4,28).
Sir 18,22 bezeichnete einfach das Sterbedatum. Die Wendung meint hier
überall 'zum Tode (führend)', 'bis der Tod (eintritt)', 'tödlich'. Vielleicht muß auch Jdc 16,16 hierzu gerechnet werden[51]. Verwandt ist dem
die Beschreibung der Todesgefahr als κινδυνεύειν ἕως θανάτου (Sir 34,12),
wo auch an den Tod als Lebensende gedacht ist, wenn er auch nicht ein-
getreten ist; der Beter war ihm nur nahegekommen.

Auszuschließen sind damit bereits zwei gängige Deutungen des ἕως θανάτου, die sich
beide auf die alttestamentliche Verwendung des Ausdrucks berufen: Von A.Bengel angedeutet[52] und auch heute noch häufig vertreten[53] ist die Interpretation des ἕως θανάτου als Todeswunsch. Die einzige Stütze dieser Deutung ist Jon 4,9. Dort jedoch legt
sich diese Deutung erst durch den Kontext nahe (s.u.); zudem wird der explizit geäußerte Todeswunsch (למות V.8) ebenso wie in der vermutlichen Vorlage von Jon 4,9 in

---

46 Vgl. W.EICHRODT: Theologie 2/3 90f; C.WESTERMANN: Art. næfæš THAT II Sp.79ff.

47 II Chr 32,24; Jes 38,1; 39,1; Jon 4,9; Sach 5,3 (bis); Sir 4,28; 18,22; 31(34),12;
37,2; 51,6; IV Makk 1,9; 14,19.

48 Vgl. II Kön 20,1; Neh 7,26; II Chr 32,11 u.ö. Ebenso übersetzt SYMMACHUS Jes 38,1
und Jdc 16,16 - die einzigen von ihm zu den unter Anm.47 genannten Stellen erhaltenen Parallelstellen - mit εἰς θάνατον.

49 Aufgrund des verlorengegangenen Textes können die Äquivalente zu Sir 4,28; 18,22
und 31(34),12 nicht mehr festgestellt werden. Sach 5,3 LXX beruht wohl auf einem
Lesefehler (כמוה statt כמוה), IV Makk ist ursprünglich griechisch abgefaßt.

50 Wenn es von der Krankeit Hiskias heißt, daß er erkrankte, so ist das final zu übersetzen: 'um zu sterben', "denn der Mensch muß nicht sterben, weil er von einer
Krankheit befallen ist, sondern er wird krank, weil er sterben soll." (H.GESE:
Tod 40). In unseren Texten wird dies sogar zweimal durch die Worte des Propheten
ausgedrückt, die bestätigen, daß Hiskia nach Gottes Willen sterben soll (Jes 38,
1b; II Kön 20,1b; vgl. auch den 'Psalm des Hiskia' Jes 38,10ff). Daß der Tod dann
doch nicht eintritt, ist nur auf ein außerordentliches göttliches Eingreifen
zurückzuführen.

51 Jenes 'Kurzwerden der Seele' (= Ungeduld so W.GESENIUS: Handwörterbuch 722; C.WESTER-
MANN: Art. næfæš 74 u.a.) zum Sterben' löst ja unmittelbar den Untergang Samsons
aus. Es handelt sich um ein Nachgeben gegenüber der - hinter Delilas Drängen stehenden - tödlichen Bedrohung, und Samson selbst formuliert dann entsprechend Jdc
16,30 תמות נפשי.

52 A.BENGEL, Gnomon 157: "Talis tristitia communem hominem potuisset ad sui necem
adigere".

53 Vgl. J.WELLHAUSEN: Evangelium 120, weiter E.KLOSTERMANN: Markusevangelium 150; E.
LOHMEYER: Markus 314; W.GRUNDMANN: Markus 400; R.BULTMANN: Art. λύπη ThWNT IV 325
Anm. 1; W.BAUER: Wörterbuch 693; J.HÉRING: Probleme 67-69; ders.: Remarques 99ff.

I Kön 19,4 gerade nicht mit ἕως θανάτου wiedergegeben. Auch die von D.W.Thomas[54]
vertretene Deutung der Wendung als bloßer Superlativ ist nur an einer einzigen Stelle
(Jdc 16,16) erwägenswert. Allerdings wäre auch hier eine finale Übersetzung des לָנוּת
möglich[55]; zudem ist Jdc 16,16 erst in zweiter Linie als Parallele zu berücksichtigen,
da es hier ἕως εἰς θανάτου heißt. Generell ist bei D.W.Thomas die Gewaltsamkeit seiner Auslegung und die willkürliche Auswahl der Belege zu kritisieren[56].

Ohne Vorbild im biblischen Schrifttum, aber auch mit der ganzen Erzählung nur
gewaltsam vereinbar und daher wohl ebenfalls auszuschließen ist die v.a. in der Alten
Kirche beliebte zeitliche Deutung: bis zum Eintritt des Todes[57].

(c) Damit verbleiben noch drei bzw. (mit Ps 107 [106 LXX],18) vier
Stellen, an denen ἕως θανάτου nicht den unmittelbaren Bezug zum physischen Ende ausdrückt. Diese Stellen sind auch deshalb von besonderer
Bedeutung, weil das ἕως θανάτου hier entweder auf die ψυχή bezogen oder
durch die λύπη vermittelt ist, die Wendung also mit einem zweiten Ele-
ment der Klage Jesu verbunden ist.

Von diesen verbleibenden drei bzw. vier Stellen wird häufig Jon 4,9 als die direk-
teste Parallele angesehen; daher auch die Deutung der Wendung als Todeswunsch. Nach
dem Jon 4,8 zum zweitenmal geäußerten Todeswunsch fragt Gott Jona, ob er zu Recht
so zürne - so im hebräischen Text (חרה) - , worauf Jona antwortet: 'Zu Recht zürne
ich bis zum Tod'. Die LXX übersetzt: "Σφόδρα λελύπημαι ἐγὼ ἕως θανάτου". Wie schon in
der Frage Jahwes und überhaupt häufiger ersetzt die LXX ein Wort des Zürnens durch
ein Wort der Trauer (vgl. Gen 4,6; Dan 2,12 LXX - anders Dan θ). Es soll wohl dadurch
die anstößige Aussage entschärft werden, daß der Prophet mit Gott zürnt. Die Parallele ist folglich erst durch die LXX-Übersetzung entstanden und besteht nur zur griechischen Fassung der Klage. Ohne jene eigenwillige Übersetzung wäre wohl niemand
auf den Gedanken gekommen, diese so ganz andere Erzählung mit Gethsemane in Verbindung zu bringen[58]. Eine Nachbildung von Mk 14,34 aufgrund des LXX-Textes ist aufgrund
der anderen Parallelen (v.a. I QH 8,32) auszuschließen (s.u.). Zudem besteht zwischen
dem gegen Gottes Güte aufbegehrenden 'tödlich' beleidigten Jona und der Anfechtung
Jesu kurz vor seiner Verhaftung kein Zusammenhang, der eine solche Nachbildung wahrscheinlich machen würde.

Schließt man folglich Jon 4,9 als nähere Parallele aus, so bleiben
noch Sir 37,2; 51,6 und (mit Einschränkung) Ps 107 [106 LXX],18).

(d) Die meisten wörtlichen Übereinstimmungen mit Mk 14,34 weist dabei
Sir 51,6 auf: ἤγγισεν ἕως θανάτου ἡ ψυχή μου. Diese Aussage gehört in
die Klageschilderung des als 'Danklied des Einzelnen' zu klassifizieren-
den Psalms Sir 51,1-12[59], der - relativ selbständig - zusammen mit
einem alphabetischen Akrostichon 51,13-29 das ganze Sirachbuch ab-
schließt[60].

---

54 D.W.THOMAS: Consideration 219ff; ders.: Remarks 123.
55 S.o. Anm. 51.
56 So zieht D.W.THOMAS, Consideration 221, als Beleg Sir 37,2 heran und versucht, es
   in seinem Sinne auszulegen; das aufgrund der hebräischen Vorlage weit interessante-
   re Sir 51,6 übergeht er jedoch, weil dort durch den Kontext wie durch den Parallelismus eine solche Deutung widerlegt würde.
57 Vgl. ORIGNES: Comm in Mt 90f; HILARIUS: De trinitate 1,10.39; HIERONYMUS: In
   Mattheum 1.4 c 26,37; vgl. auch die Übersetzung der Vg: "usque ad mortem".
58 Vgl. auch A.FEUILLET: Agonie 81: "Qu'y a-t-il de commun entre l'irritation
   égoïstement nationaliste de Jonas qui n'admet pas que Yahvé ait fait miséricorde
   à Ninive, et l'agonie du Christ?".
59 Vgl. G.SAUER: Jesus Sirach 634 Anm. 1b.
60 Die Zugehörigkeit zum Ganzen des Sirachbuches ist umstritten. Zur Diskussion der
   hier nicht weiter interessierenden Frage vgl. G.SAUER: Jesus Sirach 488f. Der
   hebräische Text ist nach M.Z.SEGAL, Sefär z.St., zitiert.

Nach dem den Psalm eröffnenden Lobpreis V.1 begründet der Beter
diesen zunächst mit einer ausführlichen Schilderung der Errettung
seines Lebens aus der Todverfallenheit:

כי פדית ממות נפשי

חשכת בשרי משחת

ותיד שאול הצלת רגלי

(V.2ab)

"Denn du hast meine Seele vom Tod befreit,
    du hast mein Fleisch aus der Grube gezogen
    und meinen Fuß aus der Hand der Unterwelt entrissen."

Solche Aussagen, die sich in den Psalmen häufig finden und bis zu
massiven Schilderungen der physischen Auflösung gehen können, dürfen
nicht als hyperbolische oder metaphorische Rede abgetan werden. Wie
auch 'Leben' als Relationsbegriff immer auch qualitativ als erfülltes
Leben verstanden wird und sich nicht mit bloßem Existieren gleichsetzen
läßt, so ist auch 'Tod' nicht identisch mit dem Verlöschen des physischen Lebens; für Israel reicht "die Domäne des Todes viel tiefer in
den Bereich der Lebenden hinein. Schwachheit, Krankheit, Gefangenschaft,
Feindesnot sind schon eine Art von Tod"[61]. Sie sind dies, weil sie das
Leben seiner Zukunft berauben, seine Entfaltung und Erfüllung hindern,
sodaß dieses eigentlich gar nicht mehr 'Leben' ist. Das ist nicht nur
ein psychologisches Phänomen. Für den Menschen des Alten Testaments,
der sich abgesehen von Gott nicht vorstellen läßt[62], ist Erfüllung des
Lebens nur in der Beziehung zu Gott möglich: Gott tut den Weg zum Leben
kund (Ps 16,11), er ist des Lebens Kraft (Ps 27,1), die Quelle des Lebens (Ps 36,10). Ja, ein später Psalm kann in schon fast paradoxer
Weise die Bedeutung der Gottesbeziehung unterstreichen, indem er sagt,
daß Gottes Güte besser als Leben sei (Ps 63,4). Gerade deshalb aber
sind Krankheit und Feindesnot 'Tod' in einem sehr realen Sinn: Der
Israelit erfährt in diesen lebenszerstörenden Mächten zugleich eine
Störung des Gottesverhältnisses, eine Trennung von seinem Gott, der
dieser Bedrängnis nicht mehr wehrt (und als Folge auch die Trennung
von den anderen Menschen, die ihn als Verworfenen ausstoßen). "Krankheit, Feindschaft, Leid und Sterben sind keine nur innerweltlichen
Geschehnisse. Immer wird in ihnen das Handeln oder Nichthandeln Gottes
sichtbar, die Verlassenheit von ihm und sein Zorn".[63] In zahlreichen
Psalmen ist dies derart stark in den Mittelpunkt gerückt, daß der konkreten Not gar nicht mehr oder nur noch am Rande gedacht ist (vgl. Ps 6;
13; 20; 42f; 53; 102 u.ö.).

---

61 G.von RAD: Theologie I 400.
62 Vgl. W.ZIMMERLI: Menschenbild 16.
63 H.SEIDEL: Einsamkeit 121.

Der so in den Psalmen als Unheil beklagte Tod ist daher keineswegs
mit dem physischen Ende gleichzusetzen, - sofern einer alt und lebens-
satt stirbt, ist dies sogar Zeichen eines gesegneten Lebens -, sondern
es ist der *vom Lebenden erfahrene böse Tod, der die Entfaltung seines
Lebens unterbricht, weil er aus der Lebensgemeinschaft mit Gott aus-
schließt*. "Wenn Israel vom Tod redet, so spricht es - jedenfalls in
seiner Kultsprache - nicht von einer natürlichen Wirklichkeit, sondern
überwiegend von Glaubenserfahrungen. Das meinen doch die Klage- und
Danklieder im Psalter: Der Tod beginnt da wirklich zu werden, wo Jahwe
einen Menschen verläßt, wo er schweigt, also da, wo immer sich die
Lebensbeziehung zu Jahwe lockerte".[64]

Der 88. Psalm identifiziert so Tod und Ausschluß aus der Gottesgemeinschaft
(Ps 88,11-13; vgl. Ps 6,6; Jes 38,18f u.ö.); als Verworfener (Ps 88,15) schildert
der Beter sich bereits als Gestorbenen und im Grabe Liegenden (Ps 88,5ff). Seine -
in der Klage zum Urleiden gesteigerte - Bedrängnis ist die Zerstörung eines Lebenszu-
sammenhanges, den er selbst nicht mehr zu heilen vermag, seine Welt ist wirklich
"plane mors et tenebrae".[65] "Im partiellen wird das totale Versinken im Totenreich
erlebt".[66]

Dieser Erfahrung der Abwendung Gottes korrespondiert die eines agres-
siven Eindringens des Todes. Das Totenreich ist zwar ein Raum, in den
der Tote hinabsteigt, aber es beschränkt sich nicht auf einen bestimmten Bereich, es lauert und dringt vor, wo Gott ihm nicht wehrt. "Zu
seinem Wesen gehört ein ständiges über-die-Ufer-treten, ein Bedrohen,
Angreifen und Erobern von Räumen, die eigentlich der Lebenswelt ange-
hören".[67]

Die Erfahrung eines aggressiven Vordringens des Todes spiegelt sich in
Sir 51 schon in der Metapher von der 'Hand' der Unterwelt, die den Fuß
des Beters umklammert hält.[68] Anlaß der Todeserfahrung ist hier die zum
Urleiden gesteigerte Feindbedrängnis, die in den Chaoselementen des
Feuers ('das ohne Kohle brennt', wie der Beter etwas unbeholfen formuliert, um jede Verwechslung mit gewöhnlichem Feuer auszuschließen) und
der Urflut ('die ohne Wasser ist') kulminiert, um dann nochmals zu Be-
trug und Verleumdung zurückzukehren (Sir 51,2b-5).

Die hier beschriebene Erschütterung der 'Seele' (51,2.6) des Beters
hat ihre Entsprechung in der - mit אבי אתה eingeleiteten - Anrufung

---

64 G.von RAD: Theologie I 400f; vgl. H.SEIDEL: Einsamkeit 107: "Als Wesensausdruck
   gibt 'Tod' nicht das Ende der physischen Lebendigkeit an. 'Tod' ist überall dort,
   wo Gott nicht ist bzw. nicht mehr ist. 'Tod' ist alles Übel und Unheil, die ganze
   Pervertierung innerhalb der unheilen Welt. Ein Mensch kann daher trotz physischen
   Lebens schon 'tot' sein".
65 So die der Erfahrung des Psalmbeters entsprechende Aussage M.LUTHERs über eine
   Welt ohne die Rechtfertigung (Promotionsdisputation WA 39,1 205 Z.5).
66 C.BARTH: Errettung 117.
67 Ebd. 89.
68 Ähnlich Ps 49,16; 89,49; 153,3 (= Syr V,3); Dan 3,88b LXX; die gleiche Grunderfah-
   rung drückt der Vergleich des Todes mit einem Ungeheuer aus (vgl. Jes 5,14; Hab
   2,5; Prov 27,20; 30,15f) oder das Bild von den 'Stricken des Todes' (vgl. Ps 18,5;
   116,3).

Gottes mit der Bitte, ihn nicht zu verlassen (רפה hi.) am Tag der
Angst (ביום צרה), am Tag des Verderbens und der Verwüstung (ביום שואה
ומשואה), (15,10b). Eine solche "negative Bitte" erscheint vor allem
im Klagelied des Einzelnen und "enthält jedesmal verborgen oder umschrie-
ben die Anklage Gottes".[69]

Diese Erfahrung des Ausgeliefertseins an eine seine Vernichtung be-
treibende Umwelt und die im Gebet zum Ausdruck kommende Furcht vor der
Gottverlassenheit läßt nun jene Wendung verstehen, mit der der Beter
die Schilderung seiner Not zusammenfaßt:

ותגע למות נפשי וחיתי לשאול תחתיות

ἤγγισεν ἕως θανάτου ἡ ψυχή μου
καὶ ἡ ζωή μου ἦν σύνεγγυς ᾅδου κάτω   (Sir 51,6)

למות/ἕως θανάτου drückt - wie die mehr räumlichen Vorstellungen im
Parallelglied - ein *Gefälle* des Lebens zum Tod aus (vgl. Hi 33,22;
Ps 88,4), dem der Beter aus eigener Kraft nicht mehr begegnen konnte
und gegen das er auch keine Hilfe fand:

ואפנה סביב ואין עוזר לי ואצפה סומך ואין:

"Da blickte ich ringsum - und es war niemand, der mir half,
und ich hielt Ausschau nach einer Stütze - aber es gab keine".

(Sir 51,7)

Erst die Erinnerung an Gottes Heilstaten und sein Erbarmen, wie sie
in der Vertrauensäußerung (51,8 LXX) zum Ausdruck kommt, führt zu der
sich darauf berufenden Bitte (Vv.9f LXX) und durch die antwortende
Hilfe Gottes zur Rettung (Vv.11b.12 Anfang LXX). Gott als die letzte
Instanz, die über Tod und Leben zu entscheiden hat, wird deshalb auch
als 'Hort meines Lebens' (מעון חיי) angerufen (51,2).

(e) Von einer λύπη ἕως θανάτου spricht *Sir 37,2* LXX. Verursacht ist
diese Traurigkeit durch einen sich in einen Feind verwandelnden Freund.
Daß auch hier das 'bis zum Tod' im oben ausgeführten Sinn zu verstehen ist, wird aus der Bedeutung von 'Freund' und 'Feind' für das
'Leben', so wie sie im Psalter dargestellt wird, deutlich.

Wie das soziale Gefüge und hier besonders der Freund zum Leben dazugehört, weil ein einsames und verlassenes Leben gar nicht Leben genannt
zu werden verdient, so wird der 'Feind' als lebensbedrohende und -zer-
störende Chaosmacht empfunden, wie die Klageschilderung des eben ausgelegten Psalmes Sir 51 deutlich gemacht hat. Erst recht aber eignet
solche zerstörerische Macht dem zum Feind gewordenen Freund, in dem
sich das negierte Positive und das Negative gleichsam addieren:

---

69 C.WESTERMANN: Lob 142 vgl. ebd. 139.

"Denn hätte nur mein Feind mich geschmäht,
ich würde es tragen.
Hätte mein Hasser sich großgetan gegen mich,
ich könnte mich bergen vor ihm.
Aber du bist ein Mensch von gleicher Art wie ich,
mein Bekannter und Vertrauter,
die wir zusammen doch die Wonne der Gemeinschaft erlebten
in Jahwes Tempel."   (Ps 55,13ff)

In vielen Psalmen ist diese Verkehrung auch des Freundes zum Teil
der Unheilswelt die tiefste Anfechtung (vgl. Ps 41,10; 88,9; 142,5;
31,12; 38,12; 69,9;)[70] und so "gleichbedeutend mit einem Hineingestoßen-
sein in die 'Sphäre des Todes'"[71]. Eben dies bringt Sir 37,2 zum
Ausdruck, wenn es dort heißt:

οὐχὶ λύπη ἔνι ἕως θανάτου
ἑταῖρος καὶ φίλος τρεπόμενος εἰς ἔχθραν.

הלא דין מגיע אל מות
רע כנפשך נהפך לצר

Der hebräische Text drückt diesen Sachverhalt noch prägnanter aus,
wenn er bei dem Freund כנפש (v.l. כנפשך) '(der so viel wert ist) wie
das/dein Leben bzw. Seele' präzisiert. Auch hier bezeichnet ἕως θανάτου
einen realen Bezug zu der Sphäre des Todes, vermittelt durch die λύπη.
Im hebräischen Urtext finden sich im übrigen das erste Mal alle drei
Elemente der Klage Jesu[72] aufeinander bezogen.

(f) Die räumliche Vorstellung vom Tod als einer eigenen Welt oder
Sphäre bezeugt auch das Bild *Ps 107 (106 LXX),18* wonach die ψυχή an
die Pforten des Todes (ἕως τῶν πυλῶν τοῦ θανάτου) pocht.

Der ganze Psalm gehört zu der Gattung der Dankfestliturgien[73]. In
den Vv.1-32, seinem vermutlich ältesten Teil[74], wird die Danksagung von
vier Gruppen wiedergegeben, die in unterschiedlicher Weise dem Tod
entronnen sind. In unserem (dritten) Teil (Vv.17-22) sprechen die Kran-
ken, wobei die Krankheit von vornherein in einem unlösbaren Zusammenhang mit Schuld gesehen wird (V.17). Der in V.18 als Folge der Krankheit geschilderte Ekel vor jeder Speise läßt "das Erlöschen der Lebenskraft erkennen"[75]. Die 'Pforten des Todes' sind wie die 'Grube', aus

---

70 O.KEEL, Feinde, behandelt die 'treulosen Freunde' als eigenen Topos der Feind-
   schilderung in den Psalmen (vgl. ebd. 132-154).
71 H.-J.KRAUS: Psalmen I 563.
72 Im hebräischen Text des Sirach steht für λύπη דין 'Rechtsstreit'. Wie jedoch auch
   aus anderen Stellen deutlich wird, an denen ebenfalls die hebräische Vorlage für
   λύπη דיו stehen hat, handelt es sich hierbei um eine - für die Geniza-Handschrift
   typische (vgl. A.DI LELLA: Text 73) - Verwechslung von י und ו. Zu lesen ist stattdessen דוו 'Trauer' (vgl. H.P.Rüger: Text 98).
73 H.-J.KRAUS: Psalmen II 910. Der 'Sitz im Leben' des Psalms ist strittig; KRAUS
   sieht in diesem Psalm die kultische Einleitung zu den verschiedenen individuellen
   Danksagungen (ebd. 911).
74 Vgl. H.-J.KRAUS: Psalmen II 909.
75 Ebd. 913.

der sich die Beter durch Gottes Eingreifen gerettet erfahren (V.20),
Ausdruck für die Todessphäre, in der sie sich befunden haben.

7.2.3 Zusammenfassung

An allen Stellen, an denen die LXX die Wendung ἕως θανάτου gebraucht,
wird dadurch ein realer Bezug zum Tod bzw. zur aggressiven, in das Leben hereinragenden und dieses zerstörenden Sphäre des Todes ausgedrückt.
Das gilt gerade auch für die Stellen, an denen 'Tod' nicht das physische
Ende meinte, zumindest nicht im unmittelbaren Sinn. Das Wesen dieses
bösen Todes war die Unterbrechung des auf Entfaltung seiner Möglichkeiten angelegten Lebens durch Krankheit, Feindschaft usw. und dadurch
und dahinter zumindest implizit die Infragestellung der Gottesgemeinschaft als Bedingung eines erfüllten Lebens. Dieses Verständnis von
Leben und Tod findet sich auch im Neuen Testament, wo die von Gott Getrennten als 'Tote' bezeichnet werden, und dies wohl schon im Gleichnis durch Jesus selbst (vgl. Mt 8,22; Lk 15,24.32).

7.3 Ps 42/43 (41/42 LXX) und die Klage Jesu

Περίλυπός ἐστιν ἡ ψυχή μου diesen Ausdruck reflektiert deutlich die
Sprache der LXX-Übersetzung von Ps 42(41 LXX), 6.12; 43(42 LXX),5.

In diesem Psalm[76], der zur Gattung der individuellen Klagelieder gehört[77], bilden die Vv.42(41),6.12; 43(42),5 einen dreimal wiederholten
Refrain, in dem der Beter seine נפש fragt:

מה־תשתוחחי נפשי ותהמי עלי

"Was bist du so aufgelöst/niedergedrückt[78], meine Seele,
und stöhnst auf in mir?"

---

76 Zur Einheit beider Psalmen vgl. H.-J.KRAUS: Psalmen I 472.
77 Vgl. H.GUNKEL/J.BEGRICH: Einleitung 172.
78 Die Ableitung des תשתוחחי ist nicht geklärt. W.GESENIUS, Wörterbuch, behandelt
   die Form als hitpal von שׁיח 'sich auflösen'. L.KÖHLER/W.BAUMGARTNER, Lexicon,
   lassen die Frage offen, führen die Form aber ebenfalls unter שׁיח an. F.BROWN/S.R.
   DRIVER/C.A.BRIGGS, Lexicon, führen das Verb שׁיח überhaupt nicht an; sie leiten die
   Form von שׁחח 'be cast down' hitpa. ab.
     Gespalten sind auch die alten Übersetzungen. Der Targum übersetzt mit dem hitpa.
   von מכך 'niedergebeugt sein', leitet die Form also von שׁחח ab. Dasselbe tun AQUILA
   (κατακύ πτεις) und HIERONYMUS (incurvaris). Merkwürdig inkonsequent ist SYMMACHUS,
   der zunächst (41,6) mit κατακάμπτῃ = שׁחח übersetzt, im weiteren aber die Form mit
   κατατήκεται (41,7), κατατήκη (41,12) und καταρρέεις (42,5) wiedergibt, sie dort
   also offensichtlich von שׁיח ableitet.
     Wie immer man jedoch die Form bestimmt, es ändert sich dadurch nichts Grund-
   sätzliches, denn es handelt sich um sogenannte Reimwurzeln, deren Bedeutungen nahe
   beieinanderliegen und die daher - wie im Falle unseres Wortes im modernen Arabisch -
   auch wechselseitig die Bedeutung des anderen annehmen können. (Diesen Hinweis verdanke ich Herrn Prof. H.P.RÜGER).
     Für unseren Zusammenhang von Bedeutung sind nur die von W.GESENIUS, Wörterbuch,
   unter שׁיח behandelten Stellen (im Qal noch Ps 44,26 und Thr 3,20), da sie und nur

um dann im Sinne einer 'Selbstberuhigung' seine Gottesgewißheit anzu-
führen:

הוחילי לאלהים כי־עוד אודנו

ישועת פני ואלהי

"Harre auf Gott, denn ich werde ihn noch preisen,
die Hilfe meines Antlitzes und meinen Gott".[79]

Die LXX übersetzt die dreimal wiederholte Frage mit den Worten:

ἵνα τί περίλυπος εἶ, ψυχή,

καὶ ἵνα τί συνταράσσεις με;

Da sich das περίλυπος im Bezug auf die ψυχή in den griechischen
Übersetzungen des Alten Testaments nur hier findet[80] - und dies gleich
dreimal - liegt die Vermutung direkter Abhängigkeit nahe. Dies rechtfertigt ein näheres Eingehen auf den ganzen Psalm, der durch diese drei
Strophen gegliedert wird.

Die erste Strophe beginnt mit einem eindrücklichen Vergleich. So
wie der Hirsch über - ausgetrockneten[81] - Wasserbächen lechzt, "so
lechzt meine Seele nach dir, Gott" (42,2).

Nochmals wird das Bild aufgenommen:

"Meine Seele dürstet nach Gott, dem lebendigen Gott" (V.3a)
um dann über die klagende Frage:

"Wann werde ich kommen und das Angesicht Gottes sehen?" (V.3b)
in die eigentliche Notschilderung überzugehen:

"Tränen sind mein Brot geworden Tag und Nacht" (V.4a).

Ursache dieser Trauer ist letztlich Gott selbst, dessen Inaktivität
angesichts einer zunächst gar nicht genannten Bedrängnis des Beters
dessen Feind höhnisch fragen läßt:

איה אלהיך - "Wo (ist denn) dein Gott?" (V.4b).

Aus der Erinnerung an die Geborgenheit in der Festgemeinde V.5 er-
wächst der Zuspruch V.6, dem allerdings sofort in V.7a die - in wörtlicher Entsprechung zum Zuspruch formulierte - Klage entgegengesetzt wird:

צלי נפשי תשתוחח

"Aufgelöst/niedergedrückt ist meine Seele in (wörtl. auf) mir".

---

sie die נפש zum Subjekt haben und hier eine entscheidende Minderung oder Zerstörung ihrer Lebenskraft aussagen.

79 In Ps 42,6 ist mit einigen hebräischen Handschriften, der LXX und der syrischen
Übersetzung gegen den MT wie Ps 42,12 und 43,5 zu lesen.

80 περίλυπος wird in der LXX nur 8mal verwendet, in den Pseudepigraphen scheint es
nicht belegt zu sein (vgl. C.A.WAHL: Clavis 517- 828).
   2mal bezeichnet es im apokryphen I Esra 8,68f (71f) analog Mk 6,26 und Lk
18,23 starke Trauer. Auffällig ist die schon erwähnte Ersetzung von Worten des
Zürnens durch Worte der Trauer: so wird περίλυπος Gen 4,6 (הרה) und Da LXX 2,12
(קצף) verwendet.

81 So H.J.KRAUS: Psalmen I 474.

Angeregt durch die Ortsangabe (V.7b), den Jordanquellen im Hermonge-
birge, bedient sich der Beter ebenfalls (vgl. Sir 51,5)[82] des Bildes
von der Urflut (תחום), um diese Feindbedrängnis als ein Hereinbrechen
der Chaosmächte zu verdeutlichen; die 'Feinde' des Beters sind die übermächtigen Repräsentanten des Todes[83].

Der mit H.J.Kraus[84] korrigierte V.9 beschreibt das unaufhörliche
('Tag und Nacht') Flehen des Beters zum 'Gott meines Lebens' (אל חיי),
das Insistieren auf Gottes lebensspendender Nähe und seinem Schutz, -
um wieder in der Klage zu münden:

> "Warum vergißt du mich?
> Warum muß ich trauernd (קדר) gehen in der Bedrängnis vom Feinde?" (V.10).

Denn eben seine Not, die nun das erste und einzige Mal angedeutet
wird, die 'Zermalmung meines Gebeins', ist für die Feinde wieder Anlaß
für die Frage:

איה אלהיך - "Wo (ist denn) dein Gott?" (V.11b)

Nach dem erneuten Zuspruch V.12 erreicht die Anfechtung und Verzagtheit ihren Höhepunkt in der dritten Strophe, die nach der eindringli-
chen Anrufung Gottes (Ps 43,1) und dem fast beschwörenden
- "denn du bist der Gott meines Schutzes" (V.2a) in den Ruf ausbricht:

למה זנחתני - "Warum hast du mich (denn dann) verworfen?" (V.2b)

um dann im parallelen Glied nochmals auszuführen:

למה־קדר אתהלך בלחץ אויב

"Warum muß ich trauernd gehen in der Bedrängnis vom Feind?" (V.2c).

Der Psalm schließt mit der (einzigen explizit geäußerten) Bitte (V.
3a), einer Vertrauensäußerung (Vv.3b.4) und dem zum dritten Mal wiederholten Zuspruch (V.5).

Auffällig ist das fast völlige Zurücktreten der konkreten Notschilderung. Dies zeigt, daß es um mehr geht als um Verbannung (Ps 42,7),
Krankheit (Ps 42,11) oder was man sonst als konkreten Anlaß aus den
Andeutungen herauslesen zu können glaubte. Dieses 'Mehr' kommt zur
Sprache in den Worten der Feinde, die den Beter angesichts seiner Not
höhnisch fragen: 'Wo ist denn nun dein Gott?'. Die in allen drei Strophen betonte *Traurigkeit* (Ps 42,4.10b; 43,2b), die die nach Gott 'dür-
stende' נפש 'auflöst' und so eine Traurigkeit zum Tode ist[85], hat ihren

---

82 Siehe den hebräischen Text nach M.SEGAL: Sefar, z.St.
83 Sie sind "so übermächtig, daß er mit Leib und Seele mehr auf die Seite des Todes
   als auf diejenige des Lebens gehört... Wiederum ist es der Tod unter seinem bösen
   Aspekt, den er in dieser Situatation erlebt". (BARTH: Errettung 107).
84 H.J.KRAUS: Psalmen I 471.
85 Die Bedeutung des תשתחחי als Ausdruck der Lebensminderung, ja Zerstörung stützt
   auch die im parallelen Glied gemachte Aussage: ותחמי עלי 'und stöhnst in (wörtl.
   auf) mir', 'bist leidenschaftlich erregt'.
   המה ist ein Wort, das zunächst das akustische (und dann auch das optische)
   Durcheinander bezeichnet, das verworrene Brummen und Lärmen. Davon abhängig bezeichnet es dann metaphorisch auch starke innere Erregung und Verwirrung aufgrund
   von Unruhe, Sorge, Angst und Trauer (Jes 16,11; 59,11; Jer 4,19; 48,36; Ps 42;6.12;

eigentlichen Grund in der *Anfechtung*, daß Gott den Beter seinem Geschick überläßt - der Gott, dessentwegen der Beter ja verhöhnt wird,
weil er ja 'sein Gott' ist -, daß er nicht eingreift und der Bedrängnis wehrt. Daher werden die auf die Zerstörung des Gottesverhältnisses
und so auf eine Auflösung der 'Seele' abzielenden Worte der 'Feinde'[86]
vom so gezeichneten Beter selbst aufgenommen und in vier למה-Fragen -
der stärksten Form der im individuellen Klagelied zumeist vermiedenen
Anklage[87] - an Gott selbst weitergegeben: 'Warum hast du mich verges-
sen?' - und in der letzten Steigerung: 'Warum hast du mich verworfen?'.

Über die oben festgestellte wörtliche Abhängigkeit der Klage Jesu
von Ps 41/42 LXX hinaus wird so auch eine Entsprechung zwischen der
Situation des Psalmbeters und der Situation Jesu deutlich: Auch Jesus
wird von 'Männern des Verrats und der Bosheit' (Ps 43,1) bedrängt, die,
von seinem eigenen Gefährten angeführt, schon unterwegs sind, um ihn
zu ergreifen und zu töten, ohne daß jemand sie hindert: Die bisher
Jesus feiernde (Mk 11,1-11), ihn gern hörende Menge (Mk 11,18.32; 12,12;
14,2) läßt sich verführen und wird seine Kreuzigung verlangen (Mk 15,6-
15), die politische Gewalt läßt sich wider besseres Wissen korrumpie-
ren (Mk 15,14) und gibt ihn der sinnlosen Roheit der Soldateska und dem
Tod preis (15,16-19). Selbst die Vertrautesten werden an seinem Geschick
Anstoß nehmen, fliehen und ihn verraten. 'Wo ist denn dein Gott' - diese Frage wird auch Jesus im folgenden explizit oder implizit ständig
vorgehalten werden, um damit seine Ohnmacht und sein Leiden als Verwerfung zu deuten (Mk 15,29-32.35f vgl. 14,65; 15,16-19). Und wie im
Ps 42,8 scheint dies dann auch als Handeln Gottes gegen Jesus, wie

---

43,5; 55,18; 77,4).
   Charakteristisch ist, daß המה das Heranbrausen des Meeres wie der feindlichen
Völker bezeichnen kann; es "dient sogar mehrfach zur Verklammerung beider Erschei-
nungsweisen der Chaosmacht (Ps 46,4.7; 65,8) bzw. der Ansturm feindlicher Völker
wird durch den Vergleich mit dem Meeresbrausen veranschaulicht (Jes 17,12; Jer 6,23
= 50,42; 51,42.55). Das Durcheinander von akustischen und optischen Eindrücken,
das die Wurzel *hāmāh* meint, läßt sie für alles Chaotische als besonders geeignet erscheinen" (A.BAUMANN: Art. hāmāh, ThWAT II 447).
   Die Assoziation des Chaotischen auch im Blick auf innere Vorgänge wird verstärkt durch die enge Verwandschaft der Wurzel המה zu der Wurzel המם, die im Kal
term. tech. für das Hervorrufen panischer Bestürzung beim Gottesschrecken ist,
vgl. H.P.MÜLLER, Art. hmm ThWAT II 450. Bezeichnenderweise übersetzen die LXX und
ORIGENES die Form in Ps 41(42),6.12; 43(42),5 mit συνταράσσεις, Aquila mit ὀχλά-
ζεις. Neben der Tatsache, daß alle von W.GESENIUS: Wörterbuch und L.KÖHLER/W.BAUM-
GARTNER: Lexicon von שיח abgeleiteten Formen und nur sie die נפש zum Subjekt haben,
macht auch dieser Zusammenhang die Ableitung des תשתוחחי von שיח wahrscheinlich:
Zur 'Auflösung' der 'Seele' tritt als zweites ihre Verstörung und Verwirrung hinzu;
in der für das Hebräische typischen Doppelheit wird so die Totalität des sich in
Auflösung und Verwirrung betätigenden Chaos, der tödlichen Bedrohung geschildert.
86 Die 'Feinde' und die ihnen in den Mund gelegten Zitate sind - unbeschadet der Tatsache, daß dergestaltige Anfeindungen möglich waren - zumeist Projektionen der Anfechtung des Beters, wie O.KEEL: Feinde 185ff; v.a. 193f in einer Projektion der Ante
festgestellt hat. In den Feinden verobjektiviert sich die Anfechtung des Beters.
87 C.WESTERMANN: Lob 141. Im individuellen Klagelied finden sich diese anklagenden למה-
Fragen insgesamt nur noch dreimal (Ps 10,1; 22,2; 88,15).

nicht nur das passivum divinum der Leidensankündigungen (9,31; 14,41)
bzw. das δεῖ (Mk 8,31) und das καθὼς γέγραπται (14,21) zeigen, sondern
auch die Metapher des - vom Vater gereichten - 'Kelches' (14,36 vgl.
10,38). Angesichts dieser totalen Verfinsterung wird Jesus mit den
gleichen Worten wie der Psalmist klagen: λεμα σαβαχθανι (Mk 15,34)[88].

Aber auch etwas anderes macht jene Anspielung auf das Klagelied
deutlich: In all seiner Verzweiflung, die in den Worten von Ps 42f sich
ausdrückt, hält der Beter doch an der Gewißheit fest, daß seine 'Seele'
diesen Gott schauen wird: Jede der drei Strophen wird mit dieser Vertrauensäußerung abgeschlossen. Und auch dies ist für Jesu Passion bestimmend: Daß er den fernen Gott als 'lieber Vater' im Gebet anrufen,
ja, daß er selbst in seiner größten Not zu ihm noch als 'mein Gott,
mein Gott' schreien kann.

Es erklärt sich so aus der Entsprechung der Situationen, daß Jesus[89]
seine Klage in Anlehnung an die Worte des Ps 42/43 (41/42 LXX) formuliert. Die sonstige Verwendung der Psalmen in der Passionsgeschichte
zeigt, daß eine solche Entsprechung von den mit den Gebetsliedern des
Alten Testaments vertrauten Hörern des Evangeliums verstanden werden
konnte.

---

88 Die hebräische Fassung dieser Klage Ps 43,2 erinnert sogar sehr viel deutlicher
   an Mk 15,34 als die hebräische Fassung von Ps 22,2 (das 'mein Gott' ausgenommen).
   Bemerkenswert ist in diesem Zusammenhang auch, daß der Targum beidesmal (Ps 22,2
   und 43,2) mit שבקתני übersetzt - dem Klagewort Jesu Mk 15,34 - und daß er das למה
   nur in Ps 43,2 übernimmt. Man wird daher mehr als bisher neben Ps 22 Ps 42f berücksichtigen müssen, zumal 1 QH 8 zeigt, daß Elemente beider Psalmen miteinander verbunden werden konnten.
89 Bis jetzt wurde nur die Abhängigkeit dieser Klage Jesu von der LXX-Übersetzung des
   Psalmes nachgewiesen. Dies könnte zu der - ja auch häufig vertretenen - Folgerung
   führen, daß es sich hier um ein erst im griechischsprechenden Christentum Jesus in
   den Mund gelegtes Psalmzitat handelt.
   Dagegen ist jedoch zu sagen:
   1. Es handelt sich Mk 14,34 nicht um ein Zitat, sondern um eine Anspielung, wie
      wir sie mit einer ganz ähnlichen Ergänzung auch in den Hodayot von Qumran fin-
      den (1 QH 8,32).
   2. Die Klage Jesu spielt (ebenso wie 1 QH 8,32) auf Ps 42(41),7 an, das von der LXX
      gerade nicht mit περίλυπος, sondern mit ἐταράχθη wiedergegeben wird.
   3. Das ψυχή μου entspricht dem נפשי des hebräischen Textes, während die LXX das
      Possessivpronomen Ps 41/42 (42/43),6.12.5 ausläßt.
   Dies legt den Schluß nahe, daß Mk 14,34 auf eine hebräische Form zurückgeht und
   ursprünglich gelautet hat: תשתוחחי נפשי למות. Angesichts von 1 QH 8,32 und Ps Sal
   6,3 kann man erwägen, ob es sich hierbei um einen feststehenden Ausdruck für Trauer
   gehandelt hat (vgl. Anm. 94).
   Daß Mk 14,34 deutlich an die LXX anklingt, erklärt sich wohl daraus, daß diese
   bei Juden und Christen zur damaligen Zeit noch gleichermaßen hochgeschätzte, ja
   als inspiriert geltende (vgl. PHILO: VitMos 2,25-44) Übersetzung auch bei der Übertragung urchristlichen Überlieferungsgutes ins Griechische prägend war, und zwar
   besonders dort, wo eine offenkundige Anspielung an eine atl. Stelle vorlag. (Auch
   ein Paulus, von Hause aus zweisprachig, zitiert zumeist den LXX-Text oder lehnt
   sich doch deutlich an ihn an). Die Anspielung auf eine atl. Stelle aber war hier
   umso offensichtlicher, als jenes in Ps 42f viermal vorkommende (י)תשתוחחו sonst
   nirgends mehr im AT erscheint (und kaum etwas war in der Urgemeinde und im frühen
   Christentum bekannter als die - als Weissagungen verstandenen - Psalmen).

Die freie Aufnahme von Ps 42f zur Wiedergabe der eigenen Not hat eine auffällige
Parallele in der Notschilderung eines Dankliedes des 'Lehrers der Gerechtigkeit'[90]
in Qumran.

In abruptem Gegensatz zu den menschliches Maß übersteigenden Hoheitsaussagen von
1 QH 8,4-26[91] schildert 1 QH 8,27-35 die äußerste Not und Niedrigkeit des Beters.
Das Ganze ist eine Kollation der extremsten Psalmklagen und atmet den Geist völliger
Verlorenheit, ausgedrückt durch Begriffe wie שאול (V.28), שחת (V.29) und die Chaos-
elemente Feuer (V.30) und Wasser (V.31). Ergänzt wird dies durch eine fast akribische
Aufzählung der einzelnen, sich in der Auflösung befindlichen Körperteile (Vv.32b-
35a). Diese Aufzählung aber, die eine umfassende Zerstörung der ganzen Existenz des
Beters ausdrückt, ist die mit explikativem כי eingeleitete Ausführung einer Klage,
die sich fast wie die hebräische Entsprechung zu Mk 14,34 liest:

$$\text{וְנַפְשִׁי עֲלַי וְֿתִשְׁתּוֹחַֽח לִכְלֵה} \quad \text{(V.32a)}$$

"Meine Seele ist aufgelöst[92] in mir bis zur Vernichtung".[93]

Wie immer die Tatsache überlieferungsgeschichtlich[94] zu deuten ist, daß beidesmal
das Psalmzitat durch eine gleichartige Aussage präzisiert wurde, die den lebenszerstörenden Charakter dieser Bedrängnis der Seele unterstreicht - deutlich wird so noch
einmal, daß jene in Ps 42f geschilderte 'Traurigkeit' eine 'Traurigkeit bis zum Tode'
war und daß sie auch zur Zeit Jesu so verstanden und entsprechend ergänzt werden
konnte.

Exkurs 6: Jesus – der leidende Gerechte?

Ausgehend von der Bedeutung der Leidenspsalmen in der Markuspassion wird in vielen
Auslegungen immer wieder die Kategorie des leidenden Gerechten (passio iusti) zu
deren Erklärung bemüht. Ausgangspunkt ist ein theologiegeschichtlicher Umbruch in
der Einstellung des Judentums hinsichtlich des Leidens: War dieses in früherer Zeit
Skandalon und Zeichen der Ungnade Gottes, so haben die dauernden Verfolgungen der

---

Philologisch spricht also nichts gegen eine Zurückführung dieses Wortes auf Jesus.
Und daß es in der aramäisch sprechenden Urgemeinde sekundär Jesus in den Mund gelegt wurde, ist angesichts seiner Anstößigkeit unwahrscheinlich.

90 Zur Urheberschaft des Psalms vgl. G.JEREMIAS: Lehrer 168ff.
91 Vgl. dazu G.JEREMIAS: Lehrer 256-263.
92 K.G.KUHN, Konkordanz 220, leitet die Form (als Hapaxlegomenon) von שיח ab. Unklar
   ist, woher J.MAIER, Texte 96, und E.LOHSE, Texte 145, ihr "verstört" ableiten.
   Gleiches gilt für das "verwirrt" von G.JEREMIAS, Lehrer 254, und das "défaillir"
   von J.CARMIGNAC, Les Hymnes 240, und M.DELCOR, Les Hymnes 210. S.HOLM-NIELSEN,
   Hodayot 144, übersetzt mit "bowed down", M.MANSOOR, Hymns 157, mit "cast down";
   beide leiten die Form also von שחח ab.
93 לכלה bedeutet in den Qumranschriften die vollständige Vernichtung, Ausmerzung,
   zumeist als Gottesgericht (1 QpHab 9,11; 12,5; 1 QS 2,15; 5,13; 1 QM 1,16; 14,5;
   1 QH 6,32; CD 1,5; 8,2; 19,14 vgl. 1 QM 9,5; 13,16; vgl. auch das ולכלות in 1 QH
   5,36; 8,31; 4 Qflor 1,8).
   Lediglich noch zweimal wird der Ausdruck analog 1 QH 8,32 zur Bezeichnung einer
   Situation des Beters verwendet (1 QH 7,5; 9,3). Der Zusammenhang macht an beiden
   Stellen deutlich, daß auch bei den Klagen der volle Bedeutungsgehalt des Wortes
   anzunehmen ist; die Situation des Beters ist beidesmal von vollständiger Auflösung
   bestimmt:
   1 QH 7,4: "Alle Fundamente meines Baues zerbrechen,
            und meine Gebeine fallen auseinander"
   1 QH 9,4: "[Es umgeben mich] Todeswellen
            und die Unterwelt ist an meinem Lager".
   (Übers. J.MAIER: Texte 91-97).
94 G.DAUTZENBERG, Leben 131, vermutet, "daß השתיחח נפשי (sic!) im Laufe der Sprachge-
   schichte immer mehr ein feststehender Ausdruck wurde, der von der Verstörung der
   nefeš durch Not und Trauer sprach, ohne daß die sinnliche Grundbedeutung jedesmal
   voll bewußt wurde, sodaß der Übergang zum griechischen περίλυπος leichter möglich
   war".
   Möglicherweise war auch die Hinzufügung bereits zu einem feststehen Ausdruck
   geworden; dies scheint zumindest wahrscheinlicher als zufällige Analogiebildung
   oder unbeweisbare direkte Abhängigkeit.

Gerechten durch gottlose Machthaber v.a. seit dem zweiten vorchristlichen Jahrhundert
zu einer positiven Bewertung des Leidens als Zeugnis für Gott, als 'Martyrium' geführt[95].

Es ist wohl nicht zu bestreiten, daß dieser theologiegeschichtliche Umbruch auf
das Verständnis der Passion und wohl auch auf Jesu Selbstverständnis Einfluß hatte[96].
Die Kategorie des leidenden Gerechten ist dennoch zur Erklärung der Markuspassion
zumindest ungenügend. Schon daß der Begriff des 'Gerechten' bei Markus keine Rolle
spielt, sollte zu denken geben. Vor allem aber ist der hier Leidende nicht irgendein
Gerechter, sondern der Gottessohn und Messias[97] - und das heißt der, der gerade als
Bringer der Gottesherrschaft die Bedingungen aufhebt, die im Alten Äon für das Leiden
des Gerechten verantwortlich sind. Daß der Messias leidet, daß er seinen Feinden
unterliegt, ist ein Skandalon, das die Anstößigkeit des Leidens, wie sie uns in den
alttestamentlichen Psalmen begegnet, noch in den Schatten stellt. Genauer noch: Auf
ihn allein treffen die zum Urleiden gesteigerten Klageworte der Psalmen in ihrem
Vollsinn zu. Es ist daher nur konsequent, wenn das Leiden und Sterben des Messias
nicht wie beim 'leidenden Gerechten' positiv als Zeichen der Erwählung gedeutet wird,
sondern - v.a. in der Kelchmetapher und in der Bannformel - theologisch negativ als
Gericht und Verwerfung erscheint (so wieder an die theologisch negative Deutung des
Leidens in den Psalmen anknüpft). Dem entsprechend sehen wir Jesus auch nicht seinen
Weg getrost im Bewußtsein kommender Erhöhung gehen und schon gar nicht sehen wir ihn
angesichts seines Leidens frohgemut[98] und siegessicher, sondern im Gegenteil zutiefst
angefochten - auch dies in weit größerer Nähe zum angefochtenen Psalmbeter des AT
als zum 'leidenden Gerechten'.

---

95 Voll ausgebildet begegnet das Motiv zum ersten Mal Weish 2-5; seine Ausprägung
   zu einem 'Dogma' (so L.RUPPERT: Jesus 26) findet es in der zu Beginn des 2.
   nachchristlichen Jahrhunderts geschriebenen syrischen Baruchapokalypse (vgl.
   v.a. 15,7f).
96 Vgl. das δεῖ in Mk 8,31 und v.a. 9,12f.
97 Vgl. M.HENGEL: Atonement 40ff.
98 Dies erwartet die syrische Baruchapokalypse vom leidenden Gerechten (vgl. v.a.
   48,49f; 52,6f).

§ 8: DAS NIEDERFALLEN JESU (V.35a)

(a) Der Klage folgt das Gebet. Jesus geht 'ein kleines' weiter, setzt sich also auch von den drei Vertrautesten nochmals ab, fällt zur Erde und bleibt am Boden liegen[1]. Sofern man in der Auslegung überhaupt auf diesen Auftakt des Gebets achtet, interpretiert man ihn als Ausdruck der Demut und Unterwerfung im Gebet[2] und verweist dabei auf alttestamentliche Stellen wie Gen 17,3 u.ä. Eine solche Deutung trifft fraglos für die Wiedergabe des Gebetsauftaktes durch die synoptische Seitenreferenten zu. Das lukanische θεὶς τὰ γόνατα (Lk 22,41) beschreibt in der Apostelgeschichte auch sonst die demütige Gebetshaltung der Christen (Act. 7,60; 9,40; 20,36; 21,5), und das matthäische ἔπεσεν ἐπὶ πρόσωπον αὐτοῦ προσευχόμενος (Mt 26,39) (hebr. נפל על-פניו o.ä.) ist eine im alttestamentlichen, im apokryphen wie im neutestamentlichen Schrifttum gebräuchliche Formel für die Proskynese, in der Mehrzahl der Fälle vor Gott[3], und von daher v.a. in den jüngeren Schriften des Alten Testaments, den Apokryphen und dem Neuen Testament - ebenso wie das verkürzte πίπτειν[4] - fast schon Synonym für Beten oder Anbetung[5]. In Verbindung mit der Wendung ἐπὶ πρόσωπον kann dann auch das 'Fallen auf die Erde' die Proskynese allgemein[6] und eine Gebetshaltung im besonderen[7] bezeichnen.

Bloßes 'Auf-die-Erde-Fallen' bezeichnet im alttestamentlichen, apokryphen und neutestamentlichen Schrifttum fast ausnahmslos das Zusammenbrechen, Niederstürzen, ja das Sterben[8]. Besonders deutlich zeigt dies die Erzählung von Saul bei der Totenbeschwörerin I Sam 28, die ja

---

1 Es besteht kein zwingender Grund, das Imperfekt hier iterativ zu verstehen (so etwa P.SCHANZ: Commentar 390; B.WEISS: Marcusevangelium 459; J.W.HOLLERAN: Gethsemane 19). "An impf. with a linear *Aktionsart* is used in descriptions in narrative to portray and set in relief the manner of the action" (J.H.MOULTON: Grammar III 65). So gehört auch hier das Imperfekt zu den "vivid details of Gethsemane" (ebd.66).
2 Vgl. E.LOHMEYER: Markus 315: "demütigste Gebärde des Gebetes"; J.W.HOLLERAN: Gethsemane 20:"the most humble and intense supplication"; J.GNILKA: Markus II 260: "unterwürfige Gebetsgebärde"; S.E.JOHNSON: St.Mark 235: " the supreme gesture of supplication" u.a.
3 Gen 17,3.17; Lev 9,24; Num 16,22; I Kön 18,39; Ez 1,28; 9,8; 11,13; 43,3; Dan (LXX und θ) 8,17; 10.9; Tob 12,16; Mt 17,6; Apk 7,11; als Huldigung vor Menschen vgl. II Sam 9,6; 19,18 (LXX: 19,19); I Kön 18,7; Dan 2,46; als Huldigung vor Jesus: Lk 5,12; 17,16.
4 Vgl. I Chr 29,30; Dan 3,5ff; Jdc 6,18; Mt 2,11; 4,9; Apk 4,10; 5,8; 22,8.
5 Vgl. Dan 6,11; I Makk 4,40.55; I Kor 14,25; Apk 11,16.
6 Vor Menschen: Ruth 2,10; I Sam 20,41; II Sam 14,4.22.33; Jdc 10,23. Niederstürzen in Ohnmacht vor der göttlichen Offenbarung: Dan θ 8,18; TestAbr A 9.
7 Jos 7,6; II Chr 7,3; Sir 50,17; TestAbr A 18.
8 S.u. Anm. 16

auch sonst bemerkenswerte Parallelen zur Gethsemaneerzählung aufweist
(s.u. S. 190f). Nachdem Saul seine endgültige Verwerfung aus dem Munde
des heraufbeschworenen Samuel erfährt, überkommt ihn panischer Schrek-
ken und er fällt der Länge nach auf die Erde: καὶ ἔσπευσεν Σαουλ καὶ
ἔπεσεν ἑστηκὼς ἐπὶ τὴν γῆν καὶ ἐφοβήθη σφόδρα (I Sam 28,20). Nur in
einer pseudepigraphischen Schrift wird dieses 'Auf-die-Erde-Fallen'
als eine einfache Gebetshaltung beschrieben[9]. Die Tatsache, daß bei
Markus jenes Niederfallen Jesu - im Gegensatz zu Matthäus und Lukas -
nicht in den sonst im biblischen Schrifttum gebräuchlichen formelhaften
Wendungen beschrieben wird, sollte davor warnen, dieses ἔπιπτεν ἐπὶ τῆς
γῆς hier von vornherein nur als die übliche Demutsgebärde zu verstehen.

(b) Das Niederfallen vor Gott, die Proskynese "ist in ihrer ursprünglichen Gestalt Ausdruck panischen Schreckens. Vor dem übermächtigen Erlebnis des Heiligen flieht der Mensch in den Tod. Das Niederfallen entspricht, so betrachtet, dem aus der Verhaltensforschung bekannten Tot-
stellreflex."[10]

In diesem Sinn zeigen auch alt- und neutestamentliche Stellen wie
Ez 1,28; 43,3; Dan 8,17; 10,9; Mt 17,6; Act 9,4 "die Proskynese des in
seiner irdischen Niedrigkeit von der göttlichen Majestät Überfalle-
nen."[11]

An vielen Stellen aber ist die Proskynese zu einem Gestus der Huldigung verblaßt: Man mindert, demütigt sich selbst gegenüber einem Höheren, dem König oder Gott.

Allein, die Tatsache, daß dieses Niederfallen nun bewußt vollzogen
wird, darf nicht dazu verführen, es immer nur noch als bloßen Akt der
Selbstdemütigung zu verstehen. Die Proskynese konnte nur zum Gestus
werden, weil sie der im Gebet gemachten Erfahrung des Gegensatzes zu
Gott entspricht, und aus der Ritualisierung folgt nicht, daß eine solche Erfahrung gar nicht mehr gemacht wurde. Darüberhinaus zeigt auch
die Parallelität der Demutsgeste zu den Trauerriten, daß der, der eine
solche Demütigung vollzieht, häufig damit zugleich zum Ausdruck bringt,
"daß er *gebeugt ist, eine Minderung erfahren hat*".[12]

Deutlich ist dies etwa in Jos 7,6. Erzürnt über Achans Diebstahl
hat sich Gott von den Israeliten abgewandt (7,1). Die Folge ist die

---

9 ApkMos 27 haben die Engel Adam aufgrund seines Flehens nicht weit genug vom Para-
dies entfernt und werden daraufhin von Gott angeherrscht, ob sie sein Gericht für
ungerecht hielten. Darauf fallen die Engel zur Erde und geben ihm die Ehre (πεσόντες
ἐπὶ τὴν γῆν προσεκύνησαν τῷ κυρίῳ). ApkMos 32 leitet das Niederfallen das Schuldbe-
kenntnis der Eva bei Adams Sterben ein (πεσοῦσα ἐπὶ τὴν γῆν ἔλεγεν). Daß das Niederfallen hier als bloßer Gestus verstanden wird, zeigt die Fortsetzung: ἔτι δὲ
εὐχομένης τῆς Εὔας ἐπὶ τὰ γόνατα αὐτῆς οὔσης (vgl. auch TestHiob 3,4 v.l.).
10 O.KEEL: Bildsymbolik 289.
11 So W.ZIMMERLI: Ezechiel 57 zu Ez 1,28.
12 E.KUTSCH: Trauerbräuche 34 (Hervorhebungen von mir).

Niederlage von Ai, die die auf Gottes Zuwendung gebaute Existenz der
Israeliten in Frage stellt (vgl. die Klage Josuas 7,7ff). "Da verzagte
das Herz des Volkes und wurde wie Wasser" (7,5). In dieser Situation
zerreißt Josua seine Kleider, streut Staub auf sein Haupt, fällt zur
Erde und bleibt auf ihr bis zum Abend liegen (καὶ ἔπεσεν 'Ἰησοῦς ἐπὶ
τὴν γῆν ἐπὶ πρόσωπον ἐναντίον κυρίου ἕως ἑσπέρας/

ויפל על־פניו ארצה לפני ארון יהוה עד־הערב - (Jos 7,6b)

Im Verbund mit anderen typischen Trauergesten drückt die Proskynese
hier "sowohl eine Selbstminderung als auch ein Gemindertsein aus".[13]
Gerade in Trauer und Klage verleihen also solche Gesten "der inneren
Verwüstung und Trostlosigkeit Gestalt"[14]. Sie sind die Entsprechung
zum Klagewort und können dadurch auch zum Anknüpfungs- und Ausgangspunkt der Bitte werden. Nicht selten hat daher das "Auf-dem-Boden-Lie-
gen... als Manifestation des Elends das Ziel, eine Bitte zu begründen".[15]

Metaphorisch kommt derselbe Zusammenhang in der Psalmenklage zur
Sprache:

"Warum verbirgst du dein Angesicht

vergißt unser Elend und unsere Drangsal,

da unsere 'Seele' in den Staub gebeugt/ausgegossen ist

und unser Leib am Boden klebt?

(... כי שחה לעפר נפשנו ...)

Ps 44,25f; vgl. Ps 7,6; 119,25).

(c) Dies legt es nahe, jenes Niederfallen Jesu zur Erde nicht *nur* als
Demütigungsgebärde zu verstehen, zumal πίπτειν ἐπὶ τῆς γῆς / τὴν γῆν
(hebr. נפל ארצה/לארץ) sonst zumeist einen Zusammenbruch, Verwüstung
oder Sterben, also eine radikale Minderung bezeichnet[16].

Vielmehr ist jenes Niederfallen zunächst im Zusammenhang mit der
zuvor geäußerten Klage zu sehen. Es ist gewissermaßen die äußere Entsprechung zu dem Niedergebeugt- und Aufgelöstsein der 'Seele' Jesu[17].
Markus zeigt auch hier die Totalität der Krise. Er schildert Jesus als
von Grund auf erschüttert, "where Matthew and Luke will present him as
much more in command of himself".[18]

---

13 Ebd.35.
14 O.KEEL: Bildsymbolik 298.
15 Ebd.298.
16 Am 3,14 und Ez 38,20 wird damit das Niederstürzen von Dingen (als Folge des göttlichen Gerichtes) bezeichnet, Jdc 3,25; II Chr 20,24; I Makk 6,4 und Mt 10,29 das
(entkräftete) Niedersinken beim Sterben, Mk 9,20 das Niedergeworfenwerden des
Besessenen. I Sam 28,20; II Makk 3,27 und Act 9,4 beschreiben das Niederfallen der
(in ganz unterschiedlicher Weise) mit dem richtenden Gott Konfrontierten (vgl. das
Stürzen der Gestirne oder der wiedergöttlichen Gewalt εἰς γῆν in Apk 6,13; 9,1).
17 So richtig auch A.FEUILLET: Agonie 83: "if faut voir là non pas uniquement l'acte
de quelqu'un qui veut se mettre à prier, mais encore et surtout le signe d'une
détresse sans nom qui enlève toute force et projette sur le sol."
18 D.M.STANLEY: Gethsemane 134.

Zugleich aber macht der auch sonst häufig bezeugte Zusammenhang zwischen dem Niederfallen und dem Gebet deutlich, daß es sich nicht um
ein kraftloses Niedersinken handelt, sondern um eine Beugung vor Gott.
Beides, die Manifestation des (in der Klage zuvor ausgedrückten) Ge-
beugtseins sowie die (im folgenden Gebet gezeigte) Selbstbeugung, gehört
zusammen. Das Niederfallen verbindet Klage und Bitte, ist Darstellung
der Not als Begründung des Gebetes und Geste der Demütigung vor dem
Vater in einem.

§ 9: DAS GEBET JESU (Vv.35b.36)

Es folgt das Gebet. Damit ist die dritte und entscheidende Station erreicht: War die Verborgenheit Gottes Anlaß der Anfechtung, so wendet sich Jesus nun betend dem zu, der allein dieser Anfechtung wehren kann.

Das Gebet selbst wird - wie schon die Klage - als Bericht (indirekte Rede) und als Zitat (direkte Rede) wiedergegeben, also aus der Sicht des Betrachters wie des Betroffenen. Gegen alle literarkritischen Dekompositionsversuche wurde dieser Zug oben als ein auch sonst gebräuchliches stilistisches Mittel der Intensivierung ausgewiesen. Beide Gebete werden daher als Einheit betrachtet, wobei sich das folgende an dem vollständigen Gebet 14,36 orientiert und die in indirekter Rede formulierte Einleitung diesem ergänzend zuordnet.

9.1 Die Anrede Gottes: Αββα ὁ πατήρ

Die Tatsache, daß Jesus das aramäische Wort αββα (אבא) verwendet, das zudem mit der völlig unattischen Übersetzung ὁ πατήρ[1] wiedergegeben wird, verweist bereits deutlich in den Bereich des palästinischen Judentums. Bestätigt wird dies durch ausführliche Untersuchungen von J.Jeremias[2] und W.Marchel[3]. Daran anschließend beschränkt sich das folgende darauf, vor dem Hintergrund der altorientalischen Bezeichnung Gottes als Vater Eigenart und Entwicklung der alttestamentlichen und jüdischen Bezeichnung und Anrufung Gottes als des Vaters zu skizzieren.

9.1.1 Gott als Vater

Die Anrede und Bezeichnung eines Gottes als Vater bringt in der altorientalischen Umwelt nicht nur dessen unbedingte und unverletzliche Autorität zum Ausdruck, sondern es umschließt auch Zuwendung, Bewahrung, Barmherzigkeit, also "etwas von dem, was bei uns die Mutter bedeutet".[4]

---

1 Das Attische kennt den Nominativ mit Artikel "nur in der Anrede an Untergebene" (F.BLASS/A.DEBRUNNER/F.REHKOPF: Grammatik § 147,2).
2 Vgl. J.JEREMIAS: Abba; ders. Gebet.
3 W.MARCHEL: Abba.
4 J.JEREMIAS: Abba 15.

Im AT wird das Wort 'Vater' für Gott nur 15mal, also ausgesprochen
selten verwendet[5]. Dabei wird deutlich an die altorientalischen Vorstellungen angeknüpft, wenn auch mit dem spezifischen Unterschied, daß
an die Stelle natürlicher Abstammung die (geschichtliche) Erwählung
tritt, und damit ist verbunden, "daß im Alten Testament die göttliche
Vaterschaft in völlig singulärer Weise auf Israel bezogen ist".[6] Die
darin begründete Verpflichtung wird in der prophetischen Gerichtspre-
digt hervorgehoben (Jer 3,4f.19f; Dt 32,5f; Mal 1,6; 2,10). Zugleich
wird das אתה (נו)אבי (vgl. Jer 3,4; Ps 89,27; Sir 51,10) zum letzten
Appell an Gottes Erbarmen (bes. Tritojesaja: Jes 63,15f; 64,7f). Gottes
Antwort darauf ist die Vergebung, und dies zeigt, daß mit dem Vater-
begriff v.a. die Zuneigung als ein Wesenszug Gottes ausgedrückt ist:
"Ceci est tellement vrai que, de tous les textes où Yahvé est nommé
Père, deux ou trois seulement nous parlent de domination, alors que
dans tous les autres textes ce titre est l'expression de l'amour et de
la bonté".[7] Dies geht so weit, daß die Propheten Gott selbst vom 'Muß'
seiner Liebe bestimmt sein lassen:

> "Ich war es doch, der Ephraim gehen lehrte,
> der sie auf die Arme genommen hat ...
> Wie könnte ich dich preisgeben, Ephraim,
> dich hingeben, Israel?" (Hos 11,3.8)

> "Ist nicht Ephraim mein teurer Sohn,
> ist er nicht mein Lieblingskind?
> Mein Herz stürmt ihm entgegen,
> ich muß mich seiner erbarmen, spricht der Herr".
>   (Jer 31,20)

Selten ist die Anrede Gottes als Vater auch im palästinischen Judentum zur Zeit Jesu; erst in der rabbinischen Literatur nehmen die Belege zu[8]. Ausgedrückt wird damit v.a. die Verpflichtung zum Gehorsam[9]
und die Gewißheit, daß Gott der einzige Helfer ist, der in der Not
wirklich helfen kann[10]. Neu gegenüber dem AT ist, daß Gott jetzt wiederholt als Vater des Einzelnen verstanden wird, das Gottesverhältnis
also auch individuell-persönlich aufgefaßt werden kann[11]. Erster Beleg ist wohl Sir 51,10; aufs Ganze gesehen bleibt diese Sicht jedoch
die Ausnahme. Eine Folge dieser Vertiefung des Gottesverhältnisses ist
die direkte *Anrede*[12] Gottes als Vater, die sich im palästinischen Raum

---

5 Vgl. ebd. 16 Anm. 4; gezählt sind dabei nur die Stellen, in denen Gott als Vater
  bezeichnet wird, nicht aber diejenigen, wo er damit verglichen wird.
6 Ebd. 16.
7 W.MARCHEL: Abba 59.
8 J.JEREMIAS: Abba 19f.
9 Ebd. 22f.
10 Ebd 23f.
11 Ebd. 26.
12 Das אבי אתה Ps 89,27 (als Vorrecht des Königs) und Sir 51,10 sowie das אבינו אתה
   in der Klage des Volkes kommen der Vateranrede zwar "ganz nahe, aber in allen diesen Fällen handelt es sich um Aussagen, nicht um Vokative" (J.JEREMIAS: Abba 27;
   ebenso W.MARCHEL: Abba 70 für Ps 89,27 und Sir 51,10: "une affirmation de la pater-

allerdings nur in zwei Gebeten, also in liturgischen Texten findet,
wo Gott als 'unser Vater' angerufen wird[13].

9.1.2 Bezeichnung Gottes als 'Vater' im Munde Jesu

Jesus hat mit Sicherheit von Gott als dem Vater gesprochen. Zwar
täuscht die Zahl von ca. 170 Belegen in allen vier Evangelien, da
davon allein 109 auf Johannes und 42 auf Matthäus entfallen[14] und in
vielen Fällen wahrscheinlich gemacht werden kann, daß sich dies der
Redaktion des Evangelisten verdankt. Möglich aber war dies nur, weil
Jesus selbst in neuer und besonderer Weise von Gott als dem Vater gesprochen hat, sowohl in Logien wie in Gleichnissen.

Klammert man die Gebetsanrede zunächst einmal aus, so findet sich
die *Bezeichnung* Gottes als Vater bei Markus 3mal (8,38 par. Mt 16,27;
Lk 9,26; 11,25; 13,32 par. Mt 24,36) und in Q 4mal bzw. 6mal (Mt
5,48 par. Lk 6,36; Mt 6,32 par. Lk 12,30; Mt 7,11 par. Lk 11,13; Mt
11,27 par. Lk 10,22 ter)[15]. Dazu kommen Gleichnisse, in denen Gottes
Verhalten zu den Menschen dem Verhältnis eines Vaters zu seinem Kind
bzw. Kindern verglichen wird (Mt 7,9-11 par. Lk 11,11-13; Lk 15,11-32).

Grundsätzlich ist zu unterscheiden zwischen Worten, in denen Jesus
von Gott als *seinem* Vater spricht, und Worten und Gleichnissen, die
Gottes Verhältnis zu den *Menschen* ausdrücken. Nirgends hat Jesus beides
in einem "*unser* Vater" zusammengefaßt[16].

---

nité divine"). Zu Recht weist J.JEREMIAS darauf hin, daß man mit Rückschlüssen aus
den genannten Texten auf eine Anrede Gottes als Vater schon deshalb vorsichtig sein
müsse, weil diese sich nirgends im Psalter und in keinem Gebet des AT findet. Auch
im rabbinischen Judentum findet sich die Anrede nur in liturgischen Stücken, in
denen die Gemeinde Gott als 'unseren Vater' anruft. "Comme le montre bien la prière
de R.Aqiba, Dieu est encore plus le Maître et le Roi que le Père. Sans doute, c'est
ce manque d'une vraie intimité qui fait comprendre pourquoi on n'y trouve aucun
exemple de l'invocation de Dieu comme Père à titre individuel avant Jésus-Christ
et même au premier siècles de notre ère." (W.MARCHEL: Abba 96).

13 Den wohl ältesten Beleg bietet die zweite der Benediktionen, die am Morgen das
Schemah' einleiten, die mit den Worten beginnt: אבינו מלכנו "Unser Vater, unser
König". Die gleiche Anrede wird in der Neujahrlitanei verwendet (vgl. J.JEREMIAS:
Abba 28f, bei dem sich auch die späteren Belege sowie der Versuch einer näheren
Datierung der angegebenen Stellen finden).

14 Vgl. J.JEREMIAS: Abba 33.

15 Nicht aufgeführt ist das Sondergut der einzelnen Evangelien, bei dem die Frage der
Ursprünglichkeit meist kaum mehr entscheidbar ist. Zwei ursprünglich selbständige
Logien dürften wohl Lk 12,32 und Lk 22,29 vorliegen. Bei Johannes und Matthäus ist
wegen der offenkundigen Tendenz beider Evangelisten, Jesus die Vateranrede bzw.
-bezeichnung in den Mund zu legen, eine Entscheidung noch schwieriger. Das Sondergut
kann hier aber auch unberücksichtigt bleiben, da es im Folgenden nur um die Art
und Weise geht, in der Jesus von Gott als dem Vater gesprochen hat.

16 Die Hinzufügung des Possessivpronomens beim 'Vater-Unser' durch Mt ist sekundär,
wie schon die Lk-Parallele zeigt. Sie entspricht der Tendenz des Matthäus, von
'Eurem (bzw. deinem) Vater (im Himmel)' zu sprechen (insgesamt 19mal, davon allein
in der Bergpredigt 15mal - bei Markus findet sich der Ausdruck insgesamt nur 1mal,
bei Lukas 3mal!). Zudem ist bei diesem 'wir' des 'Vater-Unsers' nicht Jesus und
seine Jünger zusammen gemeint, sondern die Gemeinde, die 'ihren' himmlischen Vater

Da sich die pointierte Rede von Gott als "euer Vater" nur den
Jüngern gegenüber findet[17], hat J.Jeremias[18] dieses als Spezifikum
einer Jüngerdidache nochmals von dem allgemeinen, v.a. in Gleichnissen
zum Ausdruck kommenden Vergleich Gottes mit einem Vater unterschieden.
Ob man dabei von einer "esoterischen Lehre" sprechen muß, scheint mir
jedoch fraglich: die in diesen Worten ausgedrückte Forderung der Entsprechung zu diesem himmlischen Vater ist ja nur in der Nachfolge,
also dort, wo das Wesen dieses Vaters erkannt ist, sinnvoll. An allen
Stellen wird mit der Bezeichnung Gottes als Vater dessen Zuwendung,
Fürsorge und Barmherzigkeit zum Ausdruck gebracht.

Von 'seinem Vater' bzw. dem 'Vater' in absoluter Form hat Jesus im
Markusevangelium in pointierter Weise gesprochen, wenn er die Einzigartigkeit seines Gottesverhältnisses ausdrückte[19].

'Vater' als Gottesbezeichnung im Munde Jesu entspricht in seiner
Exklusivität der Prädikation Jesu als 'Sohn' (Mk 1,1.11; 3,11; 5,7;
9,7; 13,32; 14,61; 15,39 vgl. 1,24; 12,6.35ff).

9.1.3 Die Anrede Gottes als 'Vater' im Munde Jesu

Alle Evangelien und ihre Quellen[20] stimmen darin überein, daß Jesus
Gott als Vater angeredet hat, und "sie stimmen darüber hinaus auch darin
überein, daß sie Jesus diese Anrede in *sämtlichen* Gebeten gebrauchen
lassen - mit einer einzigen Ausnahme, dem Kreuzesschrei Mk 15,34 par.
Mt 27,46 ... wo die Anrede 'mein Gott' durch den Psalmtext vorgegeben
war"[21].

Besonders bedeutsam ist das aramäische אבא, das Jesus in Mk 14,36
verwendet und dessen Gebrauch in der Urkirche - wohl als die christliche Invocatio - Paulus nicht nur für die von ihm gegründeten Gemeinden
(Gal 4,6), sondern auch für die ihm noch unbekannte römische Gemeinde
bezeugt (Röm 8,15), ebenfalls mit der ganz unattischen Übersetzung

---

anruft; es handelt sich um eine liturgisch geprägte, überlieferungsgeschichtlich
sekundäre Form des Herrengebetes.

17 Mk: 11,25; Q: Mt 5,48 par. Lk 6,36; Mt 6,32 par. Lk 12,30; Lk SG: Lk 12,32.
18 J.JEREMIAS: Abba 46.
19 Mk 8,38; 13,32; am deutlichsten wohl in der allegorisierten Parabel 12,1-9, wo er
   von sich als dem 'Sohn' spricht. Markanteste Q-Parallele ist das sog. johanneische
   Logion Mt 11,27 par. Lk 10,22. Ausführlich hat J.JEREMIAS den semitischen Sprach-
   hintergrund dieses Logions aufgezeigt (Abba 47-50) und das umstrittene Mittelstück
   als Bildwort wahrscheinlich gemacht (ebd. 51f).
20 Mk: Mk 14,36 par. Mt 26,39 par. Lk 22,42;
   Q: Mt 6,9 par. Lk 11,2; Mt 11,25f par. Lk 10,21a.b.
   Lk SG: Lk 23,34.46.
   Joh: Joh 11,41; 12,27f; 17,1.5.11.21.24.25;
   vgl. J.JEREMIAS: Abba 56. Gegen JEREMIAS wurde Mt 26,42 hier nicht als SG des
   Matthäus angeführt, da es sich hier wohl um matthäische Redaktion handelt (s.o. S.29f).
21 J.JEREMIAS: Abba 56f.

ὁ πατήρ, die sich auch Mk 14,36 findet[22]. Diese auffällige Benutzung
eines aramäischen Fremdwortes mit semitisierender Übersetzung erklärt
sich nur, wenn dieses Wort auf Jesus zurückgeht und für ihn spezifisch
war.

Ursprünglich eine reine Lallform, hat das 'Abba' das biblisch-hebräische 'abhi'
verdrängt und darüberhinaus auch den nichtvokativischen Gebrauch der Form mit dem
Suffix der 1.Person Singular übernommen[23]. Das Wissen um die Herkunft aus der Sprache
des Kleinkindes geht ihm verloren[24], das Wort weitet sich jedoch aus zur Anrede des
Vaters in der allgemeinen Familiensprache[25]. Gerade deshalb aber hat diese Anrede
als Gebetsanrede in der jüdischen Literatur keine Analogie: Es "wäre für jüdisches
Empfinden unehrerbietig und darum undenkbar gewesen, Gott mit diesem familiären Wort
anzureden".[26]

Auf dem Hintergrund des bisherigen Evangeliums ist dieses 'Abba'
die Entsprechung zu der Jesus als 'Sohn' offenbarenden Himmelsstimme
bei Taufe und Verklärung und so Ausdruck der Einzigartigkeit seines
Gottesverhältnisses. Vor allem aber ist das 'Abba' in solcher Situation der lebenszerstörenden Anfechtung auch äußerste *Vertrauensäußerung*, eine - dem Refrain von Ps 42f verwandte - Hinwendung zum nahen
Vater gegen den fernen, verborgenen Gott.

Die Übersetzung mit ὁ πατήρ, die sich ebenso in Röm 8 und Gal 4 findet, dürfte
auf die Gebetsanrede der zweisprachigen frühen Gemeinde zurückgehen[27]. Wenig überzeugend ist die Zurückführung des ganzen zweisprachigen Ausdrucks auf Jesus selbst[28].

Zugleich aber - auch dies ist in dieser Anrede mitgesetzt - steht
der Vater mit patriarchalischer Macht über dem Sohn[29]. So erkennt
Jesus auch die Autorität des Vaters an, stellt er sich als Sohn unter
den Vater.

---

22 Die griechische Übersetzung von Mk 14,36; Röm 8,15; Gal 4,6 mit ὁ πατήρ mißversteht dies als status emphaticus, das πάτερ von Lk 22 und Mt 26 als Vokativ. (vgl.
   MARCHEL: Abba 113-115, wo die verschiedenen Übersetzungsmöglichkeiten diskutiert
   werden).
23 J.JEREMIAS: Abba 59-61.
24 Ebd. 61.
25 Ebd: 62.
26 Ebd. 63; ebenso G.SCHRENK: Art. πατήρ ThWNT V 985. Im Targum ist sogar ein Zurück-
   drängen der atl. Belege für Gott als Vater festzustellen: "Outre le fait qu' Abba
   n'est pas attesté comme invocation dans le Judaïsme, on peut encore noter dans
   le Targum une réserve non moins significative quant à l'emploi de אבא, même comme
   simple affirmation de la paternité divine" (MARCHEL: Abba 111f; vgl. die Belege
   112). An den wenigen Stellen, an denen אבא für Gott verwendet wird, dient es nur
   der Bezeichnung: "Nous venons de voir maintenant qu'on ne trouve dans le Judaïsme
   palestinien aucun exemple de l'invocation de Dieu comme Père sous le vocable d'Abba"
   (ebd. 113).
27 Vgl. B.WEISS: Marcusevangelium 218.
28 Wenig überzeugend ist auch die These von S.V.McCASLAND, Abba, das 'Abba' habe hier
   nicht mehr die Bedeutung 'Vater', sondern sei in der griechisch sprechenden Gemeinde zum Gottesnamen geworden.
29 Zur patriarchalischen Verfügungsgewalt vgl. G.SCHRENK: Art. πατήρ ThWNT V 983.

9.2 'Alles ist dir möglich'

Zwischen die Anrufung Gottes mit 'Abba' und die eigentliche Bitte
tritt in Jesu Gebet ein Bekenntnis zu Gottes Allmacht.

Im Anschluß an die Bestimmung der Form des griechischen Gebetes
durch C.Ausfeldt[30] hat W.C.van Unnik dies als die zwischen der 'invocatio' und der 'prex ipsa' stehende 'pars epica' bestimmt[31]. In dieser
werden - auf ganz unterschiedliche Weise - göttliche Eigenschaften
gepriesen oder die vergangenen Taten eines Gottes aufgezählt, um an
diese im Blick auf die gegenwärtige Not zu appellieren. Dazu gehört bisweilen auch der Appell an die göttliche Macht; direkte Parallelen zum
Allmachtbekenntnis sind jedoch zu selten, um von einer Gebetsformel zu
sprechen[32].

Weiter verbreitet ist das Bekenntnis zur Allmacht Gottes oder der
Götter überhaupt: W.C.van Unnik verweist auf griechische und lateini-
sche Texte, in denen diese seit Homer immer wieder gepriesen wird[33].
In besonderer Weise aber ist dieses Bekenntnis für Judentum und Chris-
tentum charakteristisch, wie heidnische Zeugnisse[34], aber auch seine
Häufigkeit bei Philo oder im NT bezeugen (vgl. Mk 10,27 par. Lk 1,37).

Dabei sind zwei Beobachtungen für W.C.van Unnik bemerkenswert:
- Ein Vergleich der diesen Gedanken wiedergebenden Passage der LXX
(Gen 18,14; Hi 10,13; 42,2; Sach 8,6) mit dem hebräischen Urtext zeigt,
"daß die LXX-Version dem hebräischen Text nirgends genau entspricht
und daß es eben die LXX-Übersetzer waren, die den Gekanken des (Un-)
Möglichen eingeführt bzw. kräftiger unterstrichen haben!"[35] Insofern
hat dieses Bekenntnis "gewiß alttestamentliche Wurzeln, aber dann doch
vor allem in der griechischen Form der Bibel"[36].
- Zum andern wird diese Formel sowohl im NT wie bei Philo im Zusammen-
hang mit der Hilfe und Errettung verwendet, die nur als Wunder von
Gott gewirkt werden kann[37]. W.C.van Unnik folgert daraus: "Mit den
Worten πάντα δυνατά σοι ist also nicht ein dogmatischer Satz über die
Allmacht als eine der 'Eigenschaften' Gottes ausgesprochen, sondern
das wirkliche *Glaubensbekenntnis* eines Menschen, für den keine einzige
Möglichkeit besteht und der jetzt Gott den Helfer anruft"[38].

---

30 C.AUSFELDT: Quaestiones 514f.
31 W.C.vanUNNIK: "Alles ist dir möglich" 28.
32 Ebd. 28f.
33 Ebd. 32.
34 W.C.vanUNNIK (ebd. 34f) verweist auf GALEN, De usu partium 11,14, und CELSUS (bei
   ORIGENES: Cels 5,14).
35 W.C.vanUNNIK: "Alles ist dir möglich" 31.
36 Ebd. 36.
37 Ebd. 35.
38 Ebd. 36.

Die aufschlußreichen Beobachtungen W.C.van Unniks sind an zwei Punkten zu korrigieren und zu ergänzen:
(a) Gewiß verdanken sich die biblischen Aussagen nicht metaphysischer
Spekulation[39]. Aber ebensowenig steht die Allmachtsaussage in den von
W.C.van Unnik erwähnten atl. Texten im Zusammenhang mit der Anrufung
Gottes in auswegloser Situation. Vielmehr ist es zweimal *Gott selbst*,
der mit dem Hinweis darauf, daß ihm nichts zu wunderbar bzw. unmöglich
sei (פלא ni/LXX: μὴ ἀδυνατεῖ bzw. εἰ ἀδυνατήσει), *seine Zusage gegenüber*
den ihm keinen Glauben schenkenden Menschen begründet (Gen 18,14; Sach
8,6). Ebenso ist Hi 42,2 nicht Vertrauensäußerung im Zusammenhang einer
Bitte, sondern Lobpreis als Reaktion auf Gottes Offenbarung seiner
Macht[40].

Dasselbe zeigt ein Blick auf die neutestamentliche Rede von Gottes
Allmacht. Der Maria erscheinende Engel begründet die Möglichkeit einer
Jungfrauengeburt damit, daß 'für Gott kein Ding unmöglich' sei (ὅτι
οὐκ ἀδυνατήσει παρὰ τοῦ θεοῦ πᾶν ῥῆμα Lk 1,37). Als Begründung der Zusage, daß Gott die dem Menschen aus eigener Kraft nicht mögliche Rettung
bewirken kann, verweist auch Jesus darauf, daß Gott alles möglich sei
(Mk 10,27 par.). Und endlich spricht auch jenes sehr kühne Wort Jesu
πάντα δυνατὰ τῷ πιστεύοντι (Mk 9,23) dem Glaubenden die (durch das
Gebet: 9,29) von Gott verliehene Vollmacht zu und begründet damit die
Möglichkeit, von Gott her auch in diesem ausweglos erscheinenden Fall
von Besessenheit noch Hilfe zu schaffen.

Diese Übersicht zeigt, daß die biblischen Texte es nicht erlauben,
die Rede von Gottes Allmacht nur als ein Bekenntnis in auswegloser
Situation zu verstehen. Die Gewißheit der nicht durch die Wirklichkeit
dieser Welt begrenzten Macht Gottes verdankt sich vielmehr der göttlichen *Offenbarung* in Wort und Tat und begründet - von Hi 42,2 abgesehen -
die Zusage eines menschliche Möglichkeiten überschreitenden göttlichen
Machterweises[41]. Ja, es bezeichnet Gottes Macht im Gegensatz zu menschlichem Vermögen (und dies gerade bei Markus vgl. 9,23; 10,27).
(b) Es war im Blick auf die Frage nach den Wurzeln des Allmachtsbekennt-
nisses ungenügend, daß sich W.C.van Unnik nur über die LXX auf das AT
zurückbezog, d.h. nur solche Stellen berücksichtigt hat, die die Übersetzer der LXX mit δυνατός und seinen Derivaten wiedergegeben haben.
Entgangen ist ihm so der interessanteste Beleg Jer 32,17.27 (Jer LXX 39,

---

39 Dies ist es wohl, was W.C.van UNNIK unter einem 'dogmatischen Satz über die Allmacht
   als eine der göttlichen Eigenschaften' versteht.
40 In Hi 10,13, dem letzten der von W.C.van UNNIK (ebd.) angeführten Belege, ist der
   Gedanke der Allmacht erst von der LXX eingetragen. Aber auch hier ist der Zusammenhang nicht die Anrufung Gottes in auswegloser Situation, sondern bittere
   Anklage.
41 Das gilt im übrigen auch für die meisten der von van UNNIK angeführten philoni-
   schen Texte.

17.27). Dort wird das – Gen 18,14 und Sach 8,6 von der LXX mit ἀδυνα-
τεῖν wiedergegebene – (negierte) פלא mit (negiertem) (ἀπο)κρυβεῖσθαι
übersetzt, also interpretierend von den Übersetzern der Akzent von der
Allmacht Gottes auf seine Allwissenheit verlagert (vgl. jedoch Aquila: οὐκ ἀδυνατήσει ἀπὸ σοῦ πᾶν ῥῆμα; ähnlich Symmachus!).

In diesem Text findet sich diese Aussage das einzige Mal im Zusammenhang einer Bitte als Teil einer (ausführlichen) pars epica:

> "Ach Herr!
> Siehe, du hast Himmel und Erde geschaffen
> durch deine große Kraft und deinen ausgestreckten Arm;
> *für dich ist kein Ding unmöglich*
> (לא־יפלא ממך כל־דבר)   (32,17)

– so betet der Prophet Jeremia im belagerten Jerusalem (32,17), um dann
im Anschluß an einen heilsgeschichtlichen Rückblick mit der Gegenüberstellung von Gottes Zuwendung und der Abwendung des Volkes nach der –
als offene Frage schon gar nicht mehr gewagten – Möglichkeit eines Neu-
anfangs zu fragen (Jer 32,25).

Er erhält darauf die bestätigende Antwort Gottes:

> "Siehe, ich bin der Gott alles Fleisches,
> sollte für mich etwas unmöglich sein?"
> (הממני יפלא כל־דבר)   (32,27).

Zunächst erfolgt auch hier ein Rückblick auf die Sünden des Volkes
und die Prophezeiung der Eroberung Jerusalems (32,28-35). Doch mit einem
deutlichen Neuanfang folgt dann die durch jene Allmachtsaussage vorbereitete Antwort Gottes an Jeremia, die einen Neuanfang der Geschichte
mit seinem Volk jenseits des Gerichtes verheißt (32,36ff).

Dieser Text bestätigt nochmals, daß die Allmachtsaussage von Gott
selbst (bzw. einem Bevollmächtigten) als Begründung einer Zusage verwendet wird.

Er unterscheidet sich nun allerdings von den bisher behandelten Texten darin, daß hier in der Tat Gott von einem Menschen in auswegloser
Situation auf seine Allmacht hin angerufen wird – im Zusammenhang einer
(wenngleich nur implizit ausgesprochenen) Bitte. Da jedoch die Allmachtsaussage in Gottes vorherigem Handeln, v.a. in der Schöpfung
gründet und durch Gott selbst explizit bestätigt wird, erlaubt der Text
es nicht, diese Aussage nur als ein Bekenntnis des Beters zu interpretieren.

Zugleich stellt Jer 32,17 die unmittelbarste Parallele zu Mk 14,36b
dar. Dies erhöht die Wahrscheinlichkeit für die von W.C.van Unnik nur
aufgrund von Hi 42,2 erwogene semitische Vorlage für das Allmachtsbekenntnis in Jesu Gebet[42], zumal Jer 32,17.27 auch ein Gegenbeispiel für
die von W.C.van Unnik behauptete Tendenz ist, daß erst die LXX-Übersetzer den Gedanken des (Un-)Möglichen eingeführt bzw. kräftiger unterstrichen hätten.

---

42 Ebd. 36.

9.3 Der Inhalt der Bitte Jesu: Die Methaphern 'Kelch' und 'Stunde'

Es fällt auf, daß sowohl in der direkten wie in der indirekten
Fassung des Gebetes Jesu das, wovor er bewahrt werden möchte, metapho-
risch ausgedrückt ist: Die 'Stunde' soll an ihm vorübergehen, der
'Kelch' an ihm vorbeigetragen werden.

Dieser Tatbestand verdient besondere Aufmerksamkeit. Denn in ihrer
scheinbaren Uneigentlichkeit weist die Metapher über das Bezeichnete
hinaus, sagt sie in einer spezifischen Weise darüber mehr als das bloße
nomen proprium auszudrücken vermag. Insofern nämlich in der 'Übertragung' an einem fremden Verhältnis das eigene Verhältnis zu dem übertragen Bezeichneten aufblitzt, wird in der Metapher zugleich die *Bedeutung* eines Sachverhaltes für den Erlebenden mitgeteilt. Wenn etwa
der Psalmist Gott als 'mein Fels' anruft, ihn als eine 'Burg' preist,
so wird dadurch in spezifischer Weise auch das Verhältnis Gottes zum
Beter und das Verhältnis des Beters zu Gott zur Sprache gebracht, es
wird gesagt, wer dieser Gott ist: Wie ein Fels in der Brandung festen
Grund bietet, wie eine Burg in der Bedrängnis Ort der Zuflucht ist,
so ist auch Gott in den Erschütterungen des Lebens ein fester Grund;
er vermag zu bergen und zu schützen und wird eben daraufhin angerufen.

Indem Metaphern so die Beziehung des Bezeichneten zum Bezeichnenden mit aussagen, weil an einem fremden Verhältnis das eigene Verhältnis als jenem entspechend aufleuchtet, sind sie in gewisser Weise
sogar eigentlichere Rede als die bloße Benennung eines Sachverhaltes
mit dem nomen proprium.

Wenn Jesus daher hier statt von Leiden und Tod von 'Kelch' und
'Stunde' spricht, so wird die Passion damit zu ihm und dem, was sein
Leben bestimmt hat, in ein spezifisches Verhältnis gesetzt. Die Pas-
sion wird durch Jesus *gedeutet*.

Eine Schwierigkeit besonderer Art besteht hier nun allerdings darin,
daß beide Metaphern nicht eindeutig sind, weil die der Übertragung
zugrundeliegende Entsprechung nicht unmittelbar einsichtig ist.

Zwar ist uns zumindest der 'Kelch' als Bild für Leiden geläufig; allein, solche
Geläufigkeit darf nicht darüber hinwegtäuschen, daß wir diese der christlichen
Tradition und hier wieder besonders einer bestimmten Auslegung der Gethsemaneerzählung verdanken, die auf einer - wohl vor allem durch die christliche Märtyrerliteratur bedingten - Uminterpretation der Kelchmetapher beruht (s.u. S.181).

Zunächst ist daher unter Absehung von der späteren Wirkungsgeschichte
dieser Bilder nach ihren Wurzeln und ihrer Bedeutung zur Zeit Jesu zu
fragen, um dann zu sehen, wie sich dieser Befund in die Gethsemaneerzählung einfügt.

9.3.1 Ποτήριον

(a) In der *griechisch-römischen Antike* war das Becherbild ein be-
liebtes poetisches Motiv. Keineswegs auf den Begriff 'ποτήριον/pocu-
lum' beschränkt konnte es vielfältig verwendet werden. Dabei überwog
die positive Assoziation, wenn es auch bisweilen für Schicksal oder
Tod stehen konnte[43].

Die jeweilige Bedeutung des Bildes mußte in der Regel durch eine
Näherbestimmung angegeben werden; für einen absoluten Gebrauch war
das Bild meist zu unbestimmt[44]. Die Wurzeln der absolut gebrauchten
Kelchmetapher in Jesu Gebet sind daher kaum hier zu suchen.

(b) Sehr viel eindeutiger sowohl im Blick auf die Begrifflichkeit
wie im Blick auf die Eindeutigkeit der damit verbundenen Vorstellung
ist die Verwendung des Kelchbildes im *Alten Testament und im antiken
Judentum*.

In der LXX findet sich ποτήριον 32mal, davon 30mal unmittelbar als
Übersetzung des hebräischen כוס. Sieht man, daß auch Thr 2,13 LXX vermutlich auf eine Verwechslung von כים und כוס beruht, so wird nur ein
einziges Mal (Est 1,7) ein anderes Wort (כלי) mit ποτήριον wiedergegeben.

Ebenso findet sich umgekehrt der Begriff כוס im hebräischen Text
des AT 31mal, und nur ein einziges Mal wird in der LXX, wohl aus ästhetischen Gründen, im Parallelismus membrorum das zweite כוס mit κόνδυ
(Trinkgefäß) übersetzt[45].

Angesichts der Tatsache, daß das AT zumindest noch drei weitere
Worte für Kelch/Becher hat[46] - von der Vielfalt der griechischen Sprache ganz zu schweigen[47] - überrascht diese Eindeutigkeit der Wiedergabe,
die sich, soweit dies heute noch nachprüfbar ist, in den Übersetzungen
von Aquila, Symmachus und Theodotion forsetzt.

Dies ist umso bedeutsamer, als nur für כוס/ποτήριον eine verbreitete metaphorische Verwendung bezeugt ist; zwar hat Deuterojesaja noch
2mal קבעת als Bild für das göttliche Gericht (Jes 51,17.22), dieses

---

43 Vgl. T.KLAUSNER: Art. Becher RAC II 46f.

44 Eine Ausnahme stellt ein Bild bei PLAUTUS, Casina 5,2,933, dar, wo die Wendung
'ut senex hoc eodem poculo, quo ego bibi, biberet' meint: daß ihm dasselbe wie
mir widerfährt (nämlich das eben zuvor geschilderte Mißgeschick). Man wird aus
dieser Wendung kaum auf einen verbreiteten absoluten Gebrauch schließen dürfen.

45 Jes 51,17 wurde - gegen E.HATCH - H.A.REDPATH, Concordance - doppelt gezählt. Zwar
wird jenes zweite כוס eine Glosse sein, doch hat diese der LXX schon vorgelegen,
wie die 3fache Verwendung der Metapher eines Trinkgefäßes zeigt. Dabei dürfte das
κόνδυ dem קבעת entsprechen, da die an das zweite כוס sich anschließende Näherbestimmung התרעלה in der LXX als Näherbestimmung zu ποτήριον (τῆς πτώσεως) erscheint,
während κόνδυ τοῦ θυμοῦ wohl eine (dem ποτήριον τοῦ θυμοῦ entsprechende) Interpretation des durch die Glosse entstellten Satzes ist.

46 גביע, קבעת, כפור.

47 Vgl. die Zusammenstellung der neun wichtigsten Begriffe bei T.KLAUSNER: Art.
Becher RAC II, 38.

Wort steht jedoch beidesmal im Parallelismus membrorum zu כוס und ist somit eindeutig davon abhängig.

Überhaupt überwiegt bei כוס auffällig die metaphorische Verwendung: Nur 12mal[48] bezeichnet es ein Trinkgefäß im unmittelbaren Sinn (davon allein 5mal in Gen 40, der Erzählung von Joseph und dem Mundschenken des Pharao), 19mal dagegen hat das Wort eine übertragene Bedeutung. Und hier fällt wieder auf, daß die Metapher nur zweimal einen positiven Sinn hat, dagegen 17mal *Gottes (Zorn-)Gericht und das daraus resultierende Unheil* ausdrückt: Von Gott selbst zugeteilt (Ps 11,6; 75,8f; Hab 2,16; Jes 51,17.22; Jer 49,12; Ez 23,31) *muß* dieser Kelch getrunken werden, und zwar bis zum bitteren (Hefen-)Ende (Ps 75,8f; Jer 25,28; 49,12; Ez 23,32.34). Er macht die Betroffenen toll und läßt sie taumeln (Jer 25,15f.17; 51,7; Thr 4,21; Hab 2,16), weshalb er auch einfach der 'Taumelbecher' heißen kann (Jes 51,17.22). Verwandt sind die Vorstellungen von 'Taumelwein' (Ps 60,5) oder vom Trunkenmachen überhaupt (Jer 51,39.57) und dem Verlust der Besinnung beim 'Trinken' des Gerichts (Jer 25,27; Ob 16; vgl. Nah 3,11; Thr 4,21). Wer den Kelch trinkt - so läßt sich die Wirkung auf einen Nenner bringen - verliert sich selbst und taumelt besinnungslos in Schmach und Schande (Hab 2,16; Jer 49,12f; Thr 4,21; Ez 23,32), in Untergang und Tod (Jer 25,15f.17. 28f; 51,39; Ps 11,6; Thr 2,13 LXX; Nah 3,11ff u.ö.). Daher wird der 'weite Becher' bezeichnet als der 'Becher des Schaudern und des Entsetzens' (Ez 23,31-33 - Symmachus: (ποτήριον) ἀδημονίας vgl. Mk 14, 33b!), wobei sein Inhalt zwischen Bild (Wein: Jer 25,15; 51,7) und Deutung (Zorn: Jes 51,17.22; Hab 2,15f) schwankt. "Das Bild ist überall in der gleichen großartigen Weise durchgeführt: die strafende Tätigkeit des Gottesrichters erscheint als Herumreichen eines Bechers mit unheimlich wirkendem Wein."[49]

Zweimal wird das Kelchbild positiv im Sinne von Heil verwendet (Ps 16,5; 116,13), wobei Ps 16,5 Gott als der Zuteilende (V.5b) mit dem Zugeteilten als 'mein Besitzteil und mein Kelch' identifiziert wird (V.5a). Der Kontext macht beidesmal deutlich, daß der Kelch auch in seiner positiven Bedeutung das von Gott zugeteilte (positive) *Urteil* ist, das Inkraftsetzen von Heil (wie sonst von Unheil).

---

48 Zumeist wird auch der Becher Ps 23,5 als eine Metapher beurteilt. Nun ist zwar ohne Zweifel der gesamte Zusammenhang metaphorisch; innerhalb dieses Gleichnisses jedoch ist der Kelch, in den Gott voll einschenkt, ebenso wie etwa der Tisch, den er im Angesicht der Feinde bereitet, wieder eigentliche Rede, sodaß man diesen Text schwerlich als Beleg für eine metaphorische Verwendung des 'Kelches' auffassen kann.

49 T.KLAUSNER: Art. Becher RAC II 48; vgl. L.GOPPELT: Art. πίνω ThWNT IV 150.

Die Herkunft des Bildes ist umstritten:

Einer Herleitung aus dem Ordal[50] steht entgegen, daß dort erst durch den Trank Schuld oder Unschuld festgestellt werden, während beim Gerichtsbecher die Folgen von vornherein feststehen.

Nach H.Gressmann kann man "den Todesbecher nicht vom *Lebensbecher* trennen", weshalb er unter Berufung auf babylonische Parallelen den Becher als Rangzeichen des Schicksalsgottes versteht, als ein "mythisches Rangzeichen ... von einer Anschaulichkeit, die" - wie er einräumt - "in dem unmythologischen Israel sehr auffällig ist, noch dazu das Rangzeichen eines Schicksalsgottes, der die Geschicke der Menschen und Völker bestimmt."[51] Beim großen Festmahl werde Jahwe diesen Kelch zum Trinken geben.

Dagegen hat W.Lotz[52] eingewandt, daß von einem Gelage bei den in Frage kommenden Quellen nirgends die Rede sei, und vor allem Jahwe bei den Propheten nicht als Wirt, als Gastgeber erscheine, sondern als "der Richter, welcher Strafe verhängt," oder als "der Herrscher, der gegen Missetäter und Empörer einschreitet"[53]. Zudem sind die von H.Gressmann für seine Deutung herangezogenen babylonischen Parallelen nicht so eindeutig, daß man auf ihnen eine Deutung des alttestamentlichen Bechermotivs aufbauen könnte[54].

H.Gese[55] leitet den Gerichtsbecher vom Segensbecher ab, der etwa am Sabbat den Segen im Haus in Geltung setzt, der beim Hochzeitsmahl das neue Sein der Ehe inauguriert, überhaupt ein Schalomsein in Kraft setzt. "Als furchtbare Umkehrung dieses Ritus ist der Becher des Zorns und Gerichts zu verstehen, als das Unheil-Sein in Geltung setzt."[56] Nicht erklärt wird damit jedoch, warum die Metapher weitgehend negativ ist und zudem eine Umkehrung des positiven Ritus nirgends angedeutet wird. Nicht erklärt wird so auch die zumeist als Trunkenwerden und Taumeln beschriebene Wirkung des Bechers, die ja offensichtlich eine Wirkung des Getränks darstellt, und die nicht selten auch ohne die Metapher des Bechers auftritt (Jes 28ff; 29,9ff).

H.A.Brongers hat vorgeschlagen, von einer direkten Ableitung des Becherbildes aus anderen Vorstellungen oder religionsgeschichtlichen Parallelen abzusehen[57]. Für ihn ist das Bild des Bechers Symbolsprache. Ihm gleichsam über- und vorgeordnet ist die חמה Jahwes, die man sich häufig als eine flüssige Substanz vorstellt, "die entweder auf die Verurteilten ausgeschüttet (*šāfak*, *nātak*) oder ihnen zum Trinken dargereicht wurde (Hi XX 20)"[58]. Gerade im letzteren Fall habe der Gedanke an einen Becher nahegelegen. Auch sei eine Interpretation der beiden Stellen möglich, in denen das Becherbild positiv gemeint ist: Der von Jahwe mit חמה gefüllte Unheilsbecher ist "genau so symbolisch zu interpretieren wie z.B. der mit Wein gefüllte Heilsbecher in Ps XXiii 5"[59]. Diese auf einer dreifachen Übertragung (Gottes Zorn als flüssige Substanz - erste Übertragung; diese wird zum Trinken gegeben - zweite Übertragung; das Gefäß, in dem sie gereicht wird, ist der Becher - dritte Übertragung) beruhende Ableitung des Bildwortes mutet reichlich abstrakt an. Die unbestreitbare Kraft dieses Bildes dürfte sich kaum einer solch komplizierten Ableitung verdanken.

Nicht selten wird eine einheitliche Erklärung des Ursprungs dieser Metapher für unmöglich erklärt[60].

---

50 H.J.KRAUS: Psalmen II 686f; vgl. G.MAYER: Art. כוס ThWAT IV 110f; erwogen von A.WEISER: Psalmen II 342f.

51 H.GRESSMANN: Festbecher 61. H.GRESSMANN hat diese Deutung bereits früher vertreten (Ursprung 133f).

52 W.LOTZ: Sinnbild.

53 Ebd. 404.

54 Vgl. H.A.BRONGERS: Zornesbecher 188f.

55 H.GESE: Herkunft 110.

56 Ebd. 110 Anm.3.

57 H.A.BRONGERS: Zornesbecher 188f.

58 Ebd. 190; vgl. schon J.FICHTNER: Art. ὀργή ThWNT V 399; K.-D.SCHUNCK: Art. hemāh ThWAT II 1035.

59 H.A.BRONGERS: Zornesbecher 190; vgl. schon J.FICHTNER, Art. ὀργή ThWNT V 399f, der allerdings diese Beobachtung nicht zum Ausgangspunkt einer Interpretation des gesamten Kelchbildes benützt.

60 So W.LOTZ: Sinnbild 402; A.WEISER: Propheten 186 (zu Obadja 16); T.KLAUSNER: Art. Becher RAC II 48.

Eine überzeugende Erklärung des Ursprungs der Kelchmetapher scheint
bisher noch nicht gelungen. Die häufig in Analogie zur Trunkenheit
beschriebene Wirkung des 'Bechers' sowie die auch vom 'Becher' unabhängige Verwendung der Begriffe 'taumeln', 'schwanken','verwirrt werden', 'trunken sein' usw. in der Gerichtssprache[61] läßt es als wahrscheinlich erscheinen, daß der (auszutrinkende) Gerichtsbecher *zur
Vorstellung vom Trunkensein gehört, die als Gleichnis für den Verlust
der Besinnung und Selbstbestimmung im göttlichen Zorngericht diente.*
Die Schwierigkeit dieser Erklärung liegt darin, daß sich die positive
Verwendung der Kelchmetapher mit ihr nicht begründen läßt.

Für unseren Zusammenhang ist allerdings die Frage des Ursprungs
der Metapher von untergeordneter Bedeutung, da es in jedem Fall fraglich ist, ob der sich zur Zeit Jesu dieses seit mehr als einem halben
Jahrtausend gebräuchlichen Bildwortes Bedienende seines Ursprungs noch
bewußt war. Aber auch, wenn das Bildwort schon fast zum nomen proprium
erstarrt ist, bleibt doch die durch die Übertragung gewonnene Möglichkeit, mit einem Sachverhalt zugleich das Verhältnis zu ihm auszudrük-
ken, aufgrund der mit dem Bild verbundenen Assoziationen erhalten. Und
diese Assoziationen dürften bei dem absolut gebrauchten Bild des von
Gott gereichten Kelches aufgrund der prophetischen Tradition eindeutig
sein: Das Widerfahrnis des Leidens wird als Gottes Gericht qualifiziert, das vor Schrecken und Entsetzen taumeln läßt, das das Leben
der Macht des bösen, von Gott trennenden Todes ausliefert.

Man wird also nicht unter Berufung auf Ps 11,6 und 16,5 davon reden können, daß
im Alten Testament wenigstens "am Rande" der Becher "lediglich die Bedeutung Geschick" habe[62]. Diese (gern zitierte) Feststellung L.Goppelts, - der im übrigen
daran festhält, daß der 'Becher' im AT das von Gott zugeteilte Urteil, Heil oder
Unheil meine - , widerspricht seiner eigenen Beobachtung, derzufolge sich in den
beiden genannten Psalmen das Becherbild der Bedeutung 'Geschick' nur 'nähert'.[63]

(c) Das Bild lebt im *Judentum* weiter[64]. Auch hier ist die These,
daß das Bild des Bechers für das Geschick[65] stehe, wenig überzeugend.

Die beiden Stellen, auf die man sich dafür zu berufen pflegt, sind MartJes 5,13
und PsPhil, Ant Bibl 50,6. Wenngleich bei beiden Schriften eine hebräische Urform
angenommen wird, die etwa gegen Ende des ersten nachchristlichen Jahrhunderts ver-
faßt worden wäre[66], so sind diese doch nur als lateinische Übersetzung einer griechischen Vorlage erhalten, sodaß ein Rückschluß auf den ursprünglichen Text von
vornherein sehr unsicher ist. Zudem taugt PsPhil 50,6 wenig als Beleg für die
Abschwächung der Kelchmetapher, da jener 'Kelch meines Tränenstroms' ein aus I Sam
1,14 herausgesponnenes, aber typisch hellenistisch geprägtes Bild ist (s.o.).
Lediglich Mart Jes 5,13 kennt die absolut gebrauchte Kelchmetapher, womit im
jetzigen Zusammenhang das bevorstehende Zersägtwerden des Jesaia gemeint ist. Auch
dieses aber ist unmittelbar auf Gott zurückgeführt: *er* hat den Becher gemischt.

---

61 Vgl. Jes 19,14; 24,19f; 29,9f; Jer 23,9; Sach 12,2; Ps 107,27; Hi 12,25 u.ö.
62 L.GOPPELT: Art. πίνω ThWNT VI 152f.
63 Ebd. 150 Anm. 23.
64 Vgl. die Belege bei L.GOPPELT: ebd. 150f und T.KLAUSNER: Art.Becher RAC II 49f.
65 Vgl. T.KLAUSNER: Art.Becher RAC II 49; Bill.I 836ff.
66 Zum MartJes vgl. E.HAMMERSHAIMB: Martyrium Jesaias 19; zum LibAnt vgl. C.DIETZ-
   FELBINGER: Antquitates 92f.

Weiterhin kann nicht ausgeschlossen werden, daß das Bild ursprünglich mehr als
bloßes Leiden und Sterben ausdrücken wollte: Auch die jüdischen Märtyrer verstehen
ihren Tod als Gericht Gottes.[67] Doch davon abgesehen ist die Wendung 'den Becher
mischen' unalttestamentlich und verweist auf eine sekundäre Rationalisierung des
Bildes. Möglicherweise verdankt sich das ganze Wort der auch sonst im Buch häufig
zu findenden christlichen Überarbeitung; bereits L.Goppelt hatte dies erwogen[68]
und O.H.Steck glaubt gerade in der Tötungsszene hagiographische Ausmalung durch das
frühe Christentum zu erkennen[69]. Auf keinen Fall vermag ein derart zweifelhafter
Beleg die bis heute[70] vorgetragene These zu stützen, 'Kelch' sei üblich in der
Märtyrerliteratur zur Bezeichnung von Leiden und Tod.

In jedem Fall bleibt in der jüdischen Tradition die Verbindung
des Kelchs mit dem Gottesgericht bestimmend. Dies gilt besonders für
die in alttestamentlichen Traditionen wurzelnden Schriften wie Ps
Sal 8,14f oder 1 QpHab 11,10.14 (zu Hab 2,15f - hier wird sogar der
'Zorn' ergänzt) und 4 QpNah 4,5f. Gegen die Deutung P.Billerbecks,
der die Kelchmetapher im rabbinischen Judentum als Bild für "Geschick
(Freude oder Leid)" interpretiert[71], zeigt eine Überprüfung der von
ihm dafür beanspruchten Belege deutlich "das Fortleben des Becherbildes im Gerichtskontext im frühen und späten Judentum".[72]

Nun hat R. Le Déaut[73] - und bestätigend und durch weitere Belege
unterstützend S.Speier[74] - darauf hingewiesen, daß sich die Rede vom
'(Kosten des) Todeskelch(es)' (כסא דמותא) mehrmals in den Targumim
findet[75]. R. Le Déaut schließt daraus, daß jener 'Kelch' in der Zebedaidenszene und in Gethsemane "est le calice de sa Passion et de sa
mort (cf. 20,28 et 26,28 [= Mt], et non pas seulement le 'sort' de
Jésus".[76]

Bedeutsam sind insbesondere die Belege des Neophiti I als des
ältesten erhaltenen Targums, der in dem ersten oder zweiten Jahrhundert
entstanden sein dürfte[77]. Man hat also bereits zur Zeit Jesu mit der
Möglichkeit einer abgeschliffenen Verwendung der Kelchmetapher zu
rechnen, wobei sofort hinzuzufügen ist, daß jene Belege alle vom
'Kosten' des Todeskelches (טעם - γεύεσθαι) und nicht vom 'Trinken'
(שתה) wie in der prophetischen Gerichtsankündigung (vgl. Jes 51,17;
Jer 25,16.28; 49,12) und in Mk 10,38 sprechen[78].

Auffällig ist weiter, daß diese Belege den 'Kelch' durch den Zusatz
דמותא präzisieren, während "in der Tradition des prophetischen Ge-

---

67 II Makk 7,18.32f; Sifr Dtn 307 zu Dtn 32,4; vgl. E.LOHSE: Märtyrer 73f.
68 L.GOPPELT: Art. πίνω ThWNT VI 153 Anm. 39.
69 O.H.STECK: Israel 247.
70 Vgl. J.ERNST: Markus 430.
71 Bill I 836.
72 P.WOLF: Logien 88.
73 R.LE DÉAUT: Goûter 82ff.
74 S.SPEIER: Kosten 344ff.
75 Zu den Stellen vgl. S.SPEIER: ebd. Ansonsten findet sich diese Wendung im ganzen
   jüdischen Schrifttum nur noch einmal in dem apokryphen TestAbr A 16.
76 Le DÉAUT: Goûter 86.
77 Vgl. G.STEMBERGER: Geschichte 82f.
78 P.WOLF: Logien 83.

richtsbildes der Kelch auch ohne nähere Kennzeichnung als Gerichtsbecher zu verstehen war."[79]

Daß ungeachtet solcher Ausnahmen die ursprüngliche Bedeutung der
Kelchmetapher in den Targumim bewußt und bestimmend blieb, zeigen die
Interpretationen der oben angeführten alttestamentlichen Stellen,
welche in 2/3 der Fälle (11mal) durch deutende Zusätze erweitert werden: Der Kelch wird näher bestimmt als 'Fluchkelch' (כס דלוט   Ps 75,9;
Thr 4,21; Hab 2,16; כסא דלוטא Jes 51,17.22; Jer 49,12) bzw. 'Kelch
des Fluchweines' (כסא דחמד לוטא Jer 25,15 statt 'Kelch des Zornweines')
oder als 'Strafkelch' (כס פורענותא Jer 51,7; Ez 23,31-33 ter). Dies
bestätigt, daß bei der Kelchmetapher, zumindest wenn sie abolut gebraucht wurde, bis weit in die nachneutestamentliche Zeit hinein
nicht an ein 'Todesgeschick', sondern an ein göttliches Gericht gedacht
wurde.

(d) Nicht zum Vergleich heranziehen sollte man das Martyrium Polykarps, da die christlichen Märtyrerakten überhaupt, und das MartPol besonders, das Martyrium in deutlicher Entsprechung zur Passion Jesu schildern und sich dabei auch an der Begrifflichkeit der Passionsgeschichte orientieren. In diesem Sinn kann dann das Martyrium
Polykarps vom πoτήριον τοῦ Χριστοῦ sprechen[80], ein Sprachgebrauch, der möglicherweise
durch die Ex-eventu-Erweiterung des Zebedaidengesprächs (s.u. Anm. 88) vorbereitet
wurde. Von Bedeutung sind diese nur insofern, als sich hier eindeutig die Gleichsetzung des Kelches mit Leiden und Tod findet, die bis heute wesentlich die Auslegung der Kelchmetapher geprägt hat.[81]

(e) Im *Neuen Testament außerhalb des Markusevangeliums* findet sich eine
Verwendung des Bildwortes vom Kelch - soweit es nicht aus dem Abendmahlskelch abgeleitet ist wie I Kor 10,21 oder von Markus abhängig
ist (wie die entsprechenden Stellen bei Matthäus und Lukas sowie Joh
18,11) - nur in der *Apokalypse*. Und hier sind in eindeutiger Fortsetzung
der oben aufgezeigten atl. Tradition der Becher und die verwandten
Vorstellungen vom Zornwein oder auch den sieben Zornschalen, die Apk
16,1ff über die Erde ausgegossen werden, Ausdruck des göttlichen Zorns
und Gerichts (Apk 14,10; 16,19; 18,6).

Daneben spricht die Apokalypse noch einmal (17,4) vom Becher als dem goldenen
Behälter, der 'Greuel und Unsauberkeiten', den die Hure Babylon in den Händen hält,
der freilich auch als Gericht auf sie zurückfällt: "In den Becher, den sie einge-
schenkt hat, schenkt ihr doppelt ein" (18,6). Der *"Becher... ist ... Bild der richtenden Zornesmacht Gottes* nicht nur, wenn sie unmittelbar in Gottes Hand ruht (Apk
14,10; 16,19), sondern auch wenn sie in mancherlei Brechungen zeit- und stückweise
geschichtlichen Mächten geliehen wird (Apk 17,4; 18,6), selbst wenn sie als Macht
der Verführung zum Götzendienst in Erscheinung tritt (Apk 17,4)".[82]

79 Ebd.
80 MartPol 14 in: H.MUSURILLO: Acts 12. Gerade das MartPol zeigt, wie die Passionsgeschichte bei der Wiedergabe des Martyriums bis in Einzelheiten hinein als Vorlage diente - mit dem entscheidenden Unterschied, daß jetzt das ganze Geschehen
   heroisiert wird.
81 So stellt bereits ORIGENES fest: "Calicem autem hunc qui bibitur passionis in multis
   locis nominat scriptura, praecipue qui a martyribus proprie bibitur, sicut est
   ibi" (Comm in Mt 92).
82 L.GOPPELT: Art. πύνω ThWNT VI 152; zu Apk 17,4 vgl. auch G.STÄHLIN: Art. ὀργή ThWNT
   V.438 Z.25ff: "der Gotteszorn selbst gibt den Becher der Unzucht, dh des Abfalls

(f) Die Traditionsgeschichte legt also für unseren Text Mk 14,36 ein
Verständnis des Kelches als Metapher für das Gerichtshandeln Gottes
nahe. So hat denn auch C.E.B.Cranfield aufgrund des atl. Befundes gerade im Blick auf Mk 14,36 (im Zusammenhang mit der Gottverlassenheit
am Kreuz) behauptet: "His cup is the cup of God's wrath against sin".[83]

Dagegen hat sich M.Black gewandt. Er stimmt zwar mit C.E.B.Cranfield im Blick
auf seine atl. Auslegung ganz überein: "the cup is nowhere in the Old Testament
a metaphor for suffering and death".[84] Dennoch dürfte das AT nicht so einfach als
Schlüssel zum Verständnis ntl. Bergriffe herangezogen werden: "The thought-world
of our Lord included the Old Testament - and much besides".[85] Zunächst führt er dagegen die schon erwähnte Stelle aus dem Fragmententargum zu Gen 40,23 an, wo vom
'Kosten des Todeskelches' gesprochen wird[86].

Vor allem aber, sagt M.Black - und dieser Einwand wird von den meisten Kommenta-
toren übernommen, sofern sie sich überhaupt näher mit der Kelchmetapher beschäfti-
gen[87] - zeige das Zebedaidengespräch Mk 10,35-40 deutlich, daß das Kelchwort im
Markusevangelium nur noch das Todesgeschick bedeute.

Sofern der Ablehnung der Interpretation des Kelches als Metapher
für das Gottesgericht (bewußt oder unbewußt) theologische Einwände
gegen den Zorn oder den Gerichtsgedanken überhaupt zugrunde liegen,
soll hier nicht darauf eingegangen werden. Zu ποτήριον allein ist zu
sagen: Man wird - wie schon betont - mit der Möglichkeit rechnen müssen,
daß auch zur Zeit Jesu bzw. des Markus das Kelchbild in der beschriebenen abgeschliffenen Bedeutung verwendet und verstanden werden konnte,
wenngleich eindeutige Belege fehlen. Daß das tatsächlich auch hier
der Fall ist, folgt daraus noch lange nicht und ist auch nicht wahrscheinlich.

Der Verweis auf die Zebedaidenszene als Beleg für dafür, daß mit dem Becherbild
nur Leiden und Sterben gemeint seien, ist bei näherer Überprüfung keineswegs so
durchschlagend, wie dies häufig behauptet wird: Es gibt Gründe für die Annahme, daß
die ursprüngliche Szene mit V.38 schloß[88]. In diesem Fall wären die Metaphern ur-

---

von Gott, u straft alle, die ihn trinken; die Erläuterung für diesen Satz ist R 1,
18-32." G.STÄHLIN verweist in diesem Zusammenhang auch auf Jer 51,7.
83 C.E.B.CRANFIELD: Cup 137f; ihm folgen V.TAYLOR: St.Mark 554 ("there is no need
    to exclude the thought of the divine judgement on sin") und P.HINNEBUSCH OP:
    Drinking 234f; ähnlich urteilen auch G.BERTRAM: Leidensgeschichte 44; O.PROCKSCH
    (in dem von ihm selbst nicht mehr fertiggestellten) Art.ὀργή ThWNT V.447 vgl. 438
    Anm. 386; J.SCHNIEWIND: Markus 141.187; W.GRUNDMANN: Markus 401; G.DELLING: Βάπτισ-
    μα 238; J.W.HOLLERAN: Gethsemane 28. L.GOPPELT: Art. πίνω ThWNT VI 153 nimmt diese
    Bedeutung des Becherwortes bei Jesus selbst an, jedoch nicht mehr bei Markus.
84 M.BLACK: Cup 195.
85 Ebd. 195.
86 Ebd. 195; bestätigt von R.LE DÉAUT, Goûter 84f, der auf weitere Stellen im Targum
    Neophiti verweist (fol. 424b.425), wo dieses Bild gleich dreimal verwendet wird.
    Zur Authentizität der Lesarten vgl. auch S.SPEIER: Kosten 344f.
87 Anders J.SCHNIEWIND: Markus 141; V.TAYLOR: St.Mark 440f.554; J.GNILKA: Markus II
    102.
88 Schon E.LOHMEYER hatte in der Erzählung selbst Unstimmigkeiten festgestellt: "Was
    bedeutet das 'Könnt ihr' der Frage? Meinte es die Bereitschaft und Entschlossen-
    heit auch zu Leiden und Tod, so wäre der Ausdruck ungenau und ein 'wollt ihr'
    treffender. Es bliebe auch dann noch die Schwierigkeit, daß ein Märtyrertum nicht
    an menschlichem Wollen oder Können hängt, sondern gottgegebene Pflicht und Gnade
    ist. Auch nur die Frage stellen, ob man es tragen wolle oder könne, heißt die
    Möglichkeit setzen, daß man sich wider Gott stelle. Weiter ist die Tatsache dieses

sprünglich auf Jesus allein bezogen und es bestünde kein Grund, hier eine andere
Bedeutung als alttestamentliche anzunehmen. 88a Doch auch in der gesamten Zebedaidenszene[89] läßt sich die Kelchmetapher in der oben ausgeführten Weise verstehen. Es ist
nicht zulässig, den 'Kelch' allein auf das Sterben zu beziehen. Auch im AT kann der
Kelch ein Gottesgericht bezeichnen, ohne daß dies die endgültige Vernichtung ein-
schlösse (vgl. Jes 51,17ff). Eine solche Bedeutung könnte auch für Mk 10,35-40 angenommen werden: "The only contrast between Jesus and the disciples in Mk10:38f lies
in the fact that both πίνω and βαπτίζομαι (Mk 10:38b.39b) are transmitted in the
present tense regarding Jesus, but in the future tense regarding the Sons of Zebedee.
This fact suggests that the cup (and babtism) may refer to a *period* of crisis which
Jesus has already entered and awaits the culmination thereof. Likewise, the Sons
of Zebedee will enter into a *period* of the outpouring of the cup at a future point".
Die Pointe der Kelchmetapher bestehe daher "in the *fact* of judgment rather than
in the *mode* of judgment".[90] Nach G.Delling hat diese Vorstellung mit Mk 9,49 eine
Parallele innerhalb des Markusevangeliums sodaß auch im Blick auf die Jünger "unter
dem Kelch und dem Eingetauchtwerden nicht nur das Sterben gemeint sein" müsse[91].
In ähnlicher Weise wird in I Petr 4,17 das Leiden der Christen als Beginn des gött-

---

Martyriums seltsam ausgedrückt; die Bilder vom Kelchtrinken und der Todestaufe
erscheinen niemals mehr im NT" (E.LOHMEYER: Markus 222; vgl. auch W.GRUNDMANN:
Markus 292; V.TAYLOR: St.Mark 440f). Nach E.LOHMEYER: Markus 222f sind aufgrund
dieser Widersprüche zumindest die Worte von Taufe und Kelch und ihre Anwendung
auf die Zebedaiden ein vaticinium ex eventu.
Dieser Schluß ist nicht zwingend. Die Spannungen lassen sich auch ohne die Heraus-
lösung dieses Wortes lösen: "Der dritte Gesprächsgang mit der Bekräftigung des
Leidensvermögens der Zebedaiden (V 39b) und der Prophetie ihres Martyriums durch
Jesus (V 39d) steht zum ursprünglichen Bittgespräch in Spannung, zumal die Verweigerung der Bitte der Zebedaiden in V 40 jetzt nach der Ankündigung des Eintreffens
der zuvor genannten Bedingung, ihres Martyriums, ausgesprochen ist; die Terminologie wechselt in V 40 von ἐξ ἀριστερῶν (V 37) zu ἐξ εὐωνύμων (vgl. 15,27), auch
die Konstruktion ist geändert ... V 39d scheint ein *vaticinium ex eventu* zu sein,
V 40 eine Abweisung einer Privilegierung der Zebedaiden nach dem Tod des Jakobus"
(R.PESCH: Markusevangelium II 159). Schloß die Szene ursprünglich mit V 38, so
hatte sie auch die im NT wie in der rabbinischen Literatur übliche Form eines rei-
nen Streitgespräches, in dem die Antwort mit einer Gegenfrage formuliert wird
(vgl. Mk 2,25f, 3,4; 11,30).
88a Bestätigt wird diese Deutung noch durch das Mk 10,38 parallel gebrauchte Bildwort
von der 'Taufe'. Für diese Metapher hat G.DELLING: Βάπτισμα 239-250 gezeigt,
daß hier - in Anlehnung an alttestamentliche Vorstellungen - an ein Eingetauchtwerden in die tödlichen Wasserwogen und somit an ein *Gerichtsgeschehen* gedacht ist,
wie auch parallele Formulierungen in Lk 3,16/Mt 3,11 und v.a. Lk 12,49f zeigen,
letzteres ein mit großer Wahrscheinlichkeit ebenfalls aus Q stammender Text vgl.
A.POLAG: Fragmente 64, in dem Jesus mit den Bildern von Feuer und Taufe seinen Tod
als Folge seines Wirkens ausdrückt. Es liegt nahe, "auch bei dem Eingetaucht- bzw.
Überflutetwerden von Mk 10,38f an die Gerichtsflut zu denken" G.DELLING, Βάπτισμα 252. Vgl. G.STÄHLIN: Art.ὀργή ThWNT V 437 Z.20ff 'Bilder für den Zorn': "Wie
gelegentlich schon im AT ist in der Täuferrede mit dem Bild des Feuers das der
Wasserflut (vgl. Hi 40,6) verschmolzen (Ez 21,36; 22,31...)... Das Wasser hat mit
dem - ebenso 'wohltätigen' wie 'furchtbaren' - Feuer u anderen elementaren Kräften
einen zwiespältigen Charakter gemein: es kann ebs Todeswasser wie Lebenswasser
sein... Die Taufe ist eine der zahlreichen Bildhandlungen des Evangeliums, die
nicht nur mehrdeutig sind, sondern tatsächlich oft einen doppelten oder mehrfachen
Sinn haben. Offenbar ist sie schon bei Joh dem Täufer ebenso ein vorauswesendes
Bild der Geistestaufe wie ein vorwegnehmendes Vor-Bild des Vernichtungsgerichtes
am Ende". Ja, die Taufe ist überhaupt nur rettend, "insofern sie das Zorngericht
in einem Bilde vorwegnimmt, das mehr ist als ein Bild, und mit dieser Vorwegnahme
die Abwendung des Gerichts selbst zuspricht" (ebd. S.446). Ähnlich äußert sich
auch J.H.SCHNIEWIND: Markus 141: "getauft werden heißt Untergetauchtwerden, Verur-
teiltwerden, Sterben." Erwogen wird diese Deutung auch von V.TAYLOR: St. Mark S.441
und E.SCHWEIZER: Markus 125f.
89 Die Einheitlichkeit versucht H.F.BAYER: Predictions 97ff zu verteidigen.
90 Ebd. 127-129.
91 G.DELLING: Βάπτισμα 253.

lichen Gerichtes über die ganze Erde gedeutet (vgl. den ganzen Zusammenhang I Petr 4,12ff), wobei dieses Leiden zugleich als 'Teilhaben am Leiden Christi' bestimmt wird (I Petr 4,13).

(g) Die Interpretation des 'Kelches' als Metapher für das göttliche Zorngericht fügt sich zum Ganzen der Perikope, aber auch zum Zeugnis des Markusevangeliums und darüber hinaus zum ganzen NT:

(aa) Die im Evangelium vorliegende Vorstellung von Jesu Auftrag schließt eine Auffassung seines Todes als bloßes Todes*geschick* aus[92].

(bb) Die auffällige Spannung zur bisherigen Gewißheit seines Weges, das jähe Entsetzen zeigt, daß Jesu Passion kein siegesgewisses Martyrium ist; in jener auffälligen, durch Markus in keiner Weise abgeschwächten Krise spiegelt sich, wie eben gezeigt, die Erfahrung der Gottverlassenheit, des Gerichtes[93]. Dem entspricht auch die Tatsache, daß Jesus in markantem Gegensatz zum bisherigen Evangelium nicht mehr Protagonist ist. Gethsemane markiert den endgültigen Umschlag von dem Handeln in Vollmacht zu Leiden und Tod.

(cc) Bereits die bisherige Auslegung konnte wahrscheinlich machen, daß es nicht das physische Leiden und Sterben allein ist, vor dem der markinische Jesus hier zurückschreckt, sondern die darin erfahrene Abkehr Gottes, die Verwerfung seines Weges. Deutlich wird dies weiterhin die parallel zum Kelchwort gebrauchte Metapher 'Stunde' zeigen, deren Inhalt Jesus selbst am Ende seines Gebetsringens als 'Preisgabe in die Hände der Sünder' deutet, ebenso wie das anstößige, die ganze Perikope bestimmende Schweigen Gottes. All dies bestätigt die Deutung des Bechers als Bild des Gerichtes auch noch im Zusammenhang des Markusevangeliums.

(dd) Auch der Kontext der Perikope bestätigt diese Deutung der Kelchmetapher. Jesus zitiert Mk 14,27 ein Gerichtswort aus Sach 13,7, aber er formt den Imperativ dort (sowohl MT als auch LXX) um in ein Futur und wendet so die Gerichtsankündigung Gottes auf sich an.

---

92 Vgl. L.GOPPELT: Art. πίνω ThWNT V 153.

93 Eigenwillig, aber interessant ist die Deutung der Gethsemanegeschichte durch R. OTTO, Das Heilige S.100, da sie von ganz anderen, rein religionsphilosophischen Voraussetzungen her unsere Deutung in gewisser Weise bestätigt. "Im Lichte und auf dem Hintergrunde dieses Numinosen mit seinem mysterium und seinem tremendum muß man endlich auch das Ringen Jesu in der Nacht Gethsemane's sehen um zu begreifen und nachzuerleben, um was es sich hier handelte. Was wirkt dies Zittern und Zagen bis in den Seelengrund, dieses Betrübtsein bis in den Tod und diesen Schweiß der zur Erde rinnt wie Blutstropfen? Gewöhnliche Todesfurcht? Bei dem der dem Tode seit Wochen ins Auge gesehen und der eben klaren Sinnes sein Todesmahl mit seinen Jüngern gehalten hat? Nein, hier ist mehr als Todesfurcht. Hier ist das Erschauern der Kreatur vor dem tremendum mysterium, vor dem Rätsel voller Grauen. Die alten Sagen von dem Jahveh der Mose seinen Diener 'überfällt' bei der Nacht und von Jakob der ringt mit Gott bis an den Morgen kommen uns zu Sinne als deutende Parallele und Weissagung. 'Er hat mit *Gott* gerungen und ist obgelegen', mit dem Gotte des 'Zornes' und des 'Grimmes', mit dem NUMEN, das eben doch selber 'MEIN VATER' ist. - Wahrlich, wer den 'Heiligen Israels' auch sonst nicht wiederzufinden glaubt im Gotte des Evangeliums, hier muß er ihn entdecken wenn er überhaupt zu sehen vermag."

(ee) Dem Verständnis des 'Kelches' als Bild für den Zorn Gottes entsprechen auch die Aussagen des Paulus, daß Christus zur Sünde (II Kor
5,21) bzw. sogar zum Fluch (Gal 3,13) wurde (vgl. auch Röm 8,3).
(ff) Endlich ist es wohl nicht ohne Bedeutung, daß man auch ohne die
hier vorgenommenen traditionsgeschichtlichen Untersuchungen in der
Auslegung immer wieder allein aus der Eigenart des Berichtes 'Gethsemane' als das Erleiden des göttlichen Zorngerichts verstand. Genannt
seien nur M.Luther[94], B.Pascal[95], J.Gerhard[96], J.A.Quenstedt[97], N.Graf
von Zinzendorf[98] und K.Barth[99].

Man hat immer wieder versucht, den 'Kelch' hier mit dem Abendmahlskelch in Verbindung zu bringen, ja, sogar über die Metaphern von Kelch und Taufe 10,38 eine Verbindung zu den Sakramenten Taufe und Abendmahl herzustellen[100]. Doch ein innerer
Zusammenhang zwischen jenem (realen) Passahkelch und der Kelchmetapher konnte nicht
aufgezeigt werden. Man sollte sich hier vor Allegorisierungen hüten, zumal dann
auch jenes Gebet Jesu (samt dem ihm korrespondierenden Schrecken) nicht mehr verständlich ist.

9.3.2 ῟Ωρα

(a) Jesus sagt am Ende, daß die 'Stunde', um deren Vorübergehen
er gebetet hat, gekommen sei. Dabei wird deren Inhalt als 'Preisgabe
in die Hände der Sünder' bestimmt. Was mit jener 'Stunde' inhaltlich
gemeint ist, wird also endgültig erst die Auslegung der Formel zeigen.
Doch auch abgesehen davon verweist jener absolut gebrauchte Zeitbegriff auf einen Vorstellungshorizont, der das über den 'Becher' Gesagte in einer spezifischen Weise zu präzisieren vermag.
(b) Im außerbiblischen Sprachgebrauch steht ὥρα zunächst nur für einen
bestimmten Zeitabschnitt ohne genaue Festlegung seiner Länge[101], und
dann - davon abgeleitet - für die in einer bestimmten Hinsicht günstige
Zeit[102]. Auch bei der uns geläufigen Bedeutung 'Stunde' schwingt immer
noch die Assoziation einer *bestimmten* Stunde mit[103].
Ähnliches findet sich im übrigen auch im Deutschen: Wenn 'jemandes
Stunde schlägt', wenn 'die Stunde kommt' (z.B. des Gebärens oder des
Sterbens), so denkt man nicht an 60 Minuten, sondern an einen ganz
bestimmten Zeitpunkt.

---

94 Vgl. M.LUTHER: Predigten über das erste Buch Mose in: WA 14,447 Z. 3ff; ders.:
   Predigt am Karfreitag 1540 in WA 49,85 v.a. Z.20-27 u.ö.
95 Vgl. B.PASCAL: Gedanken 299 Nr.610.
96 Vgl. J.GERHARD: Erklärung 36ff.
97 Vgl. J.A.QUENSTEDT: Theologia 348f.
98 Vgl. N.L.von ZINZENDORF: Reden in: Hauptschriften 2,91.
99 Vgl. K.BARTH: KD IV/1 290ff v.a. 296.
100 Vgl. D.M .STANLEY: Gethsemane 137ff.
101 Vgl. H.G.LIDDELL/R.H.SCOTT: Lexicon 2035.
102 Vgl. Ebd. 2036; vgl. G.DELLING: Art. ὥρα ThWNT IX 675.
103 Vgl. G.DELLING: Art. ὥρα ThWNT IX 676f; vgl. H.C.HAHN: Art. Zeit/ὥρα TBLNT III
    1471.

(c) Auch die Übersetzer der LXX verstanden ὥρα v.a. als die bestimmte
Zeit; zumeist gibt es das hebräische עת, bei Dan v.a. שעה wieder. שעה
aram. שעתא bezeichnet dann auch im Judentum "die für das Ergehen, das
Tun oder Leiden eines Menschen von Gott festgesetzte Stunde".[104]

   "Insges. gilt ... für das AT, daß der temporale Sinn von ὥρα ...
hinter dem der inhaltlichen, durch Jahwe gewirkten oder im Kult auf
Gott bezogenen Füllung zurücktritt".[105] Wie die übrigen Zeitbegriffe
erhält ὥρα in der Spätzeit eine stark apokalyptische Färbung und verweist
auf Gottes endzeitliches Kommen zum Heil und zum Gericht (ὥρα καιροῦ
Dan 8,17.19 LXX); ὥρα συντελείας Dan 11,40.45 LXX; ὥρα ἐπισκοπῆς
Sir 18,20).

(d) In diesem allgemeinen Sinn bedeutet auch im NT ὥρα vorwiegend die
für etwas bestimmte Zeit, insbesondere *"die von Gott gesetzte Zeit*
der Verwirklichung apokalyptischer Ereignisse ... ἦλθεν ἡ ὥρα ...
meint: nun, jetzt geschieht es... Die Stunde wird durch den ihr gegebenen Inhalt bestimmt. So kann ὥρα geradezu für diesen Inhalt selbst
stehen (Mk 14,35)."[106] Mk 13,11.32 wird in der apokalyptischen Rede
in diesem Sinn von der 'Stunde' gesprochen[107].

(e) Verdeutlicht wird durch die Metapher von der Stunde nochmals, daß
Jesus das ihm widerfahrende Geschick als ein von Gott bestimmtes versteht[108] - ein Gedanke, der sich v.a. im Johannesevangelium wiederfin-
det. Zugleich aber ist dieser Begriff - wie die anderen Zeitbegriffe auch
- apokalyptisch geprägt (vgl. Mt 24,44.50; Lk 12,40; Apk 3,3; 14,7;
18,10.17.19 und v.a. Mk 13,32, wo ebenso absolut von der 'Stunde' -
im Zusammenhang mit der Vollendung der Welt und dem Gericht - gesprochen wird). Mehr noch als das Bildwort vom 'Kelch' bringt ὥρα die universale Dimension zum Ausdruck: So wie Jesu ganzes Auftreten endzeitlichen Charakter hat, so ereignet sich in jener Preisgabe des Menschensohnes, und d.h. des Vollenders der Welt, *das Gericht über die ganze*
Welt. Entsprechend läßt Johannes Jesus in seiner Fassung der Gethsemaneszene sagen: "Jetzt ist die Stunde des Gerichts über die Welt" (Joh
12,31). Johannes bringt hier nur explizit zur Sprache, was sich implizit bereits bei den Synoptikern findet (vgl. auch Lk 22,53 fin).

---

104 Bill II 402.
105 H.C.HAHN: Art. Zeit/ὥρα TBLNT III 1472.
106 G.DELLING: Art. ὥρα ThWNT IX 678 Z. 11ff.
107 Die Herleitung der 'Stunde' aus der Astrologie (so J.WELLHAUSEN: Evangelium 120)
    überzeugt nicht.
108 J.LAGRANGE, Saint Marc 388, meint, die 'Stunde' hier sei vielleicht verbunden
    "avec une nuance de prédétermination divine."

§ 10: DAS SCHWEIGEN GOTTES (Vv.37ff)

Die Fortsetzung dieses Berichts von Jesu Gebet kann eigentlich nur
darin bestehen, daß nun eine Antwort erteilt wird. Doch eben diese
bleibt aus. Es erscheint kein stärkender Engel wie in der Einfügung
in das Lukasevangelium, und erst recht hören wir keine Himmelsstimme
wie bei Johannes. "Und er kommt" - so fährt Markus fort - "und findet
sie schlafend...". Dasselbe wiederholt sich bei den folgenden Gebetsgängen: Gott schweigt. Daß dies in der heutigen Auslegung kaum mehr
wahrgenommen wird, zeigt, wie sehr die Gewöhnung an die Passionsgeschichte es verhindert, deren Anstößigkeit und damit auch deren eigentliche Aussage noch wahrzunehmen. Der Umweg über die Traditionsgeschichte vermag auch hier, den Blick wieder für dieses unsere Erzählung bestimmende Phänomen zu schärfen.

10.1 Allgemeiner religionsgeschichtlicher Hintergrund

Daß das Leben des Einzelnen wie der Gemeinschaft, ja die Schöpfung
insgesamt aus der Zuwendung der Gottheit lebt und Bestand hat, ist
eine Erfahrung, die das AT mit dem gesamten Alten Orient teilt:
>   "Die Erde entsteht auf deinen Wink, wie du sie geschaffen hast:
>   du gehst auf für sie - sie leben,
>   du gehst unter, sie sterben.
>   Du bist die Lebenszeit selbst, man lebt durch dich"[1]

heißt es im Sonnenhymnus des Echnaton, und eine vermutlich gegen Ende
des zweiten Jahrtausends entstandene Gebetsbeschwörung Ischtars bekennt:
>   "Göttin der Männer, Ischtar der Frauen,
>   deren Ratschluß niemand ergründet:
>   Wo du hinblickst, wird der Tote lebendig,
>   steht der Kranke auf,
>   kommt, der nicht in Ordnung ist, zurecht,
>   wenn er dein Antlitz sieht."[2]

---

1 ÄHG Nr. 92 Z.125-128.
2 SAHG akk.Nr.61 Z.39-41; vgl. weiter W.R.MAYER: Gebetsformel 309f; F.NÖTSCHER:
  Angesicht 133.

Ganz analog formuliert auch der Psalmist:
"Du verbirgst dein Angesicht - sie geraten in Schrecken,
  du nimmst ihren Odem - sie vergehen und werden wieder zu Staub;
  Du sendest deinen Geist aus - so werden sie geschaffen,
        und du erneuerst das Angesicht der Erde"   (Ps 104,29f)
Wie der Parallelismus im Sonnenhymnus und im Psalm zeigen, ist es
nur die Kehrseite der durch die Zuwendung Gottes gemachten Heilser-
fahrung, daß die Verborgenheit, das Sich-Abwenden Gottes "im Alten
Testament und im alten Orient die Ursache äußersten Unglücks oder
dieses Unglück selbst" ist[3]. Als "Entzug der Lebenskraft"[4] und "Unterbrechung der zentralen Lebensfunktion menschlicher Existenz"[5] bedeutet
auch im Alten Testament das Sich-Entziehen Gottes die Infragestellung,
gar Vernichtung der individuellen oder nationalen Existenz. "Wenn ich
rufe zu dir, Herr, so schweige doch nicht, daß ich nicht, wenn du
schweigst, gleich werde denen, die in die Grube fahren" - dieser Psalm-
vers (28,1) zeigt: "Das Verhängnis bricht herein, wenn die lebenerhal-
tende Macht ihre Hand zurückzieht"[6].

10.2 Erwählung und Verwerfung

Diese Abwendung Gottes[7] erfährt im AT eine besondere Zuspitzung:
Israel ist das erwählte, durch eine einzigartige Zuwendung Jahwes kon-

---

3 L.PERLITT: Verborgenheit 367.
4 So J.REINDL: Angesicht 104.
5 H.SEIDEL: Einsamkeit 47.
6 C.BARTH: Errettung 90; vgl. H.SEIDEL: Einsamkeit 47: "Wo Gott schweigt, wird der Todesbereich, die unheile Welt, mächtig."
7 Insbesondere wird dies durch die Formel zum Ausdruck gebracht, daß Gott sein Angesicht (פנים) verbirgt (hi. von סתר): So Dtn 31,18; Ps 30,8; 44,25; 104,29; Hi 13,24; 34,29; mit מן Dtn 31,17; 32,20; Jes 8,17; 54,8; 64,6; Jer 33,5; Ez 39,23f.29; Mi 3,4; Ps 13,2; 22,25; 27,9; 69,18; 88,15; 102,3; 143,7; im inf. abs. ohne Objekt Jes 57,17. "Der Ausdruck 'Abwenden des Antlitzes' wird zum stehenden Ausdruck in der gesamten alttestamentlichen Literatur und bezeichnet die Entfremdung zwischen Gott und Mensch" (H.SEIDEL: Einsamkeit 48). Das kann dahingehend präzisiert werden, daß Gott damit Erhörung verweigert (Mi 3,4; Ps 22,25; 69,18; 102,3; 143,7), sich nicht um die Not und das Elend des Einzelnen oder des Volkes kümmert (Dtn 32,20; Ps 13,2; 30,8; 44,25; Jes 8,17; 64,6 vgl. umgekehrt II Chr 29,6), sondern zürnt (Jes 54,8; Ps 27,9; 88,17 u.ö.), den Flehenden sogar als seinen Feind betrachtet (Hi 13,24) und dem Untergang preisgibt (Dtn 31,17f; Jer 33,5; Ez 7,22; 39,23f.29; Ps 104,29; 143,7). Zum ganzen Vorstellungskomplex vgl. F.NÖTSCHER: Angesicht 131-135 und J.REINDL: Angesicht 89ff.
   Derselbe Sprachgebrauch lebt fort in den Apokryphen, wo das ἀποστρέφειν (Tob 4,7; Sir 18,24) oder κρύπτειν (Tob 13,6) des göttlichen Angesichtes den Tag der Rache qualifiziert (Sir 18,24) bzw. in seiner Negation das Heil kennzeichnet (Tob 4,7; 13,6).
   Ebenso bezeugt die pseudepigraphische Literatur die Lebendigkeit dieser Vorstellung:
   "Nach ihren Sünden tat er ihnen (= Israel)
     weil er sie in der Sieger Hände preisgab.
   Er wendete nämlich mitleidlos sein Angesicht von ihnen"   (Ps Sal 2,7f)

stituierte und erhaltene Volk (vgl. Ps 124). Solche Zuwendung verpflichtet, wie vor allem das erste Gebot zeigt. Wo jedoch Israel diesem sich
ihm zuwendenden Gott nicht entspricht, muß es mit der Abkehr Gottes
rechnen. Propheten und prophetische Kreise von den Anfängen der Schrift-
prophetie bis in nachexilische Zeit haben in Gerichtsankündigung und
Geschichtsdeutung diesen Aspekt des sich als Reaktion auf menschlichen
Ungehorsam entziehenden Gottes betont[8]. Als Aufhebung der Erwählung
ist solches Sich-Verbergen und Schweigen Gottes dann *Verwerfung* - des
ganzen Volkes, aber auch des Einzelnen als Glied der Heilsgemeinde[9].

Verwandt damit sind die Aussagen, daß Gott den Betenden nicht ansieht noch
anhört (Jes 1,15), daß er den Sündern den Rücken zeigt und nicht das Angesicht,
wenn sie verderben (Jer 18,17), aber auch die überaus zahlreichen klagenden Bitten,
daß Jahwe sich wieder zuwende (kal von שוב) oder zu sich zurückbringe (hif von שוב),
daß der Beter Gottes Angesicht schauen möge, daß Gott nahekomme und sein Angesicht
leuchten lasse (hif von אור) usw. Häufig ist auch die Bitte, Gott möge nicht
schweigen (vgl. Ps 28,1; 35,22; 39,13; 83,2; 109,1).

8 Vgl. z.B. Am 8,11f; Hos 5,6; Jes 1,15; Micha 3,4; Jer 33,5; Ez 20,3; Dtn 31,16-18;
  Jes 54,8; 64,6; Sach 7,12b.13; IV Esra 1,25f.

9 L.PERLITT, Verborgenheit, möchte die v.a. im individuellen Klagelied zum Ausdruck
  kommende Anfechtung aufgrund der Verborgenheit Gottes in der Situation des
  Einzelnen streng von der Verborgenheit Gottes vor Israel unterschieden wissen.
  Die vom Einzelnen als Taubheit (nicht Hören) und Stummheit (nicht Antworten) erfahrene Gottferne sei "eine religiöse Primärerfahrung, in die auch in Mesopotamien
  der Beter hineingebeugt wird" (ebd. 367). Diese aber sei begründet in der Andersartigkeit, Weltüberlegenheit, Unverfügbarkeit Gottes: "Die Verborgenheit Gottes
  ist eine Möglichkeit seiner Freiheit. Im daraus resultierenden Schmerz des Menschen
  wird sein Angewiesensein ebenso offenbar wie die Hoheit Gottes. Seine Verborgenheit
  ist die andere Seite seines Gottseins". (ebd 373) Durch die Verborgenheit Gottes
  vor Israel dagegen wird die "innergeschichtliche Kontinuität, soweit sie in Israel
  als Jahwes Werk verstanden wurde, ... aufgehoben". (ebd. 378) Unterschiedlich ist
  daher auch die Auswirkung auf den Gottesglauben: "Daß sich Jahwe gegenüber dem
  einzelnen Beter in eine 'undurchdringliche und unerträgliche Verborgenheit' zurück-
  ziehen kann, sprengt ... nicht die Gotteserfahrung Israels; daß sich aber Jahwe
  seinem Volk im ganzen verbirgt, ist eine hoheitliche Möglichkeit, die das Credo
  'Jahwe, der Gott Israels' aufzuheben scheint". (ebd. 374f)
      Daß es sich nicht nur um einen quantitativen Unterschied handelt, ob Gott sich
  vor dem Einzelnen oder seinem ganzen erwählten Volk verbirgt, hat L.PERLITT wohl
  zu Recht betont. Dennoch ist eine so schroffe Unterscheidung nicht möglich:
  - Terminologisch läßt sie sich nicht rechtfertigen.
  - Gerade auf dem Hintergrund der Anfechtungsproblematik spricht G. von RAD von
    einer "fast somatische[n] Verbundenheit des Einzelnen mit der Gemeinschaft" (Theo-
    logie I 399), sodaß eine so strikte Unterscheidung von Einzelnem und Volk nicht
    möglich ist. Trotz der Unterscheidung von individuellem Klagelied und Volksklage-
    lied bilden daher, wie C.BARTH, Errettung 119, gezeigt hat, "die Einzelnen und die
    Gemeinde eine solidarische Einheit", denn "Israelit sein heißt dem Volk angehören,
    das infolge der Heilstat Jahwes unter den Völkern eine besondere Stellung ein-
    nimmt. Es kann darum nicht anders sein, als daß sich im persönlichen Schicksal
    des Einzelnen das Wohl und Wehe Israels spiegelt, wiederholt und unter seinem
    individuellen Aspekt darstellt" (ebd. 120 vgl. 121: "Der Einzelne ist, was er
    ist, als Israelit. Seine Not ist nicht nur je seine eigene, und auch seine Er-
    wählung und Errettung ist nicht auf ihn beschränkt").
  - Endlich ist zu berücksichtigen, daß eine paradigmatische Infragestellung der
    Gotteserfahrung des AT sich gerade am Geschick eines Einzelnen, am Leiden Hiobs
    vollzog. Insofern es hier nicht um die Heilsgeschichte geht - Hiob ist nicht einmal
    Israelit! - sondern um den gerechten Schöpfer geht, gehört das Hiobbuch in die
    Spätzeit. Zu solchen grundsätzlichen Anfechtungen kam es jedoch auch schon früher
    (vgl. die Konfessionen Jeremias); in jedem Fall zeigt dies, daß jene schroffe

Ein für uns besonders interessanter Sonderfall ist das Schweigen
Gottes gegenüber seinem Beauftragten, gar gegenüber seinem 'Gesalbten'.
Sofern sich diese Verweigerung der Erhörung und Antwort allein auf
das Amt des Beauftragten bezieht,[10] trifft diesen die Verwerfung noch
nicht persönlich - wenngleich auch hier die Grenze so scharf nicht
gezogen werden kann[11]. Sehr viel weiter geht Ps 89,12, jene Klage des
Königs auf dem Hintergrund des Davidsbundes (89,20-38): "Aber nun hast
du verstoßen und verworfen und zürnst deinem Gesalbten, du hast zer-
brochen den Bund mit deinem Knecht... Herr, wie lange willst du dich
so verbergen, und deinen Grimm wie Feuer brennen lassen?" (89,39f.47).

Ps 89 läßt noch die Möglichkeit der Wiederherstellung des Gottesverhältnisses offen. Dies ist ausgeschlossen, wenn Gott zu der tödlichen Bedrohung seines Gesalbten endgültig schweigt. "Der Herr ist von
dir gewichen und dein Feind geworden" (I Sam 28,16) - so bringt der
heraufbeschworene Samuel das vom verzweifelten Saul beklagte Schweigen
Gottes (V.15 vgl. V.6) auf den Begriff.

Bereits I Sam 14,37 war diese Möglichkeit angeklungen, als Gott
nicht mehr antwortete, weil Jonathan den Schwur gebrochen hatte. War
hier noch eine Wiederherstellung des Gottesverhältnisses möglich gewesen, so besteht diese Möglichkeit nicht mehr, nachdem Saul den Bann
nicht restlos vollstreckt hatte. "Weil du des Herrn Wort verworfen
hast, hat der Herr dich auch verworfen" (I Sam 15,26). Dieses Verwor-
fensein führt nun "mit fast shakespearischen Farben"[13] jene Szene von
Saul bei der Totenbeschwörerin von Endor vor Augen. Den äußeren Gang
der Handlung unterbrechend[14] offenbart sie die Innenseite des sich bald
darauf vollendenden Geschehens[15]. Beim Herankommen der Philister (I
Sam 28,4) "fürchtete sich Saul und sein Herz verzagte sehr" (28,5). Er
wendet sich an Gott, doch dieser "antwortete ihm nicht mehr, weder
durch Traumoffenbarung noch durch Orakelbescheid noch durch Propheten"
(28,6) - auch hier wird auf dreifache Weise die Verweigerung einer
Antwort geschildert und damit wie in Gethsemane die Endgültigkeit des
Schweigens zum Ausdruck gebracht[16]. Der heraufbeschworene Samuel be-

---

Unterscheidung von Einzelnen und Volk im Blick auf das Gottesverhältnis nicht
gerechtfertigt werden kann.
10 Als Fürsprecher/Mittler (vgl. Jer 7,16; 14,11) oder als Prophet (vgl. Ez 20,3).
11 Vgl. C.WESTERMANN: Boten 154.
12 Zu der äußerst umstrittenen Datierung dieses Psalms vgl. H.J.KRAUS: Psalmen II
781ff.
13 A.GUNNEWEG: Geschichte Israels S.68.
14 Die Unterbrechung läßt sich hier auch literarkritisch als Werk einer bewußten
Redaktion wahrscheinlich machen: I Sam 28,2 hat vermutlich in 29,1ff seine ursprüngliche Fortsetzung (vgl. H.HERTZBERG: Samuelbücher 176; H.J.STOEBE: Samuel 487;
F.STOLZ: Samuel 172 u.a.).
15 Nach C.WESTERMANN, Boten 150, ist die die Geschichte deutende Erzählung (oder der
Bericht) eine der drei Weisen, in denen das AT vom Zorn Gottes redet.
16 Vgl. K.A.D.SMELIK: Saul 197. "Het feit, dat JHWH Saul niet meer antwoordt, is een
duidenlijk teken van verwerping, zoals Saul in v.15 toe zal geven".

stätigt nur noch die im Schweigen Gottes sich manifestierende Verwerfung. Unter Verweis auf Gottes Zorn (Vv.16-18) prophezeit er für Saul
und Israel das 'Preisgegebenwerden in die Hände der Philister' (28,19a.
b.), worauf Saul wie ein gefällter Baum zu Boden stürzt.

Trotz der ganz andersartigen Szenerie sind die Entsprechungen zur
Gethsemaneerzählung auffällig. Das gilt schon im Blick auf einzelne
Züge: Das Entsetzen in der Nacht vor dem gottverlassenen Tod, das drei-
fach entfaltete Schweigen Gottes und die ursprünglich im Heiligen Krieg
beheimatete Bannformel des 'Preisgebens in die Hände' (s.u. S.216ff)
als Besiegelung der Verwerfung. Letzteres deutet bereits auf die beides-
mal gleiche Funktion der Gesamterzählung in ihrem Zusammenhang hin:
Sie zeigt den durch Gottes besondere Zuwendung und Erwählung in seinem
Wesen konstituierten Protagonisten von Gott verlassen und damit dem
Bereich des Todes verfallen, dessen physischer Eintritt nur noch die
Folge dieser in der Gottverlassenheit bereits gegenwärtigen Todessphäre
ist[17].

Zusammenfassend ist daher zu fragen: Versteht man die Markuspassion
nicht nur dann recht, wenn man sie von jenem göttlichen Schweigen her
interpretiert (das dann von Jesus selbst mit der abschließenden Bannformel theologisch auf den Begriff gebracht wird)?

---

17 Vgl. G.v.RAD: Theologie I 401: "Der Tod beginnt da wirklich zu werden, wo Jahwe
   einen Menschen verläßt, wo er schweigt, also da, wo immer sich die Lebensbeziehung
   zu Jahwe lockerte."

§ 11: DIE ERMAHNUNG JESU (V.38)

Dem persönlichen Vorwurf an Petrus folgt V.38 die zweigliedrige, sehr allgemein gehaltene Ermahnung:

Wachet und betet,

damit ihr nicht in Versuchung (Anfechtung) fallt!

Der Geist ist zwar willig,

das Fleisch aber ist schwach

Diese Mahnung läßt sich im Kontext der Erzählung verstehen; die Grundsätzlichkeit ihrer doppelten Begründung und die Allgemeinheit ihrer Form überhaupt weisen jedoch über die konkrete Situation hinaus: Das zur Bewahrung vor dem πειρασμός gebotene, noch durch 'Beten' präzisierte 'Wachen' hat hier zugleich übertragene Bedeutung - und somit auch sein Gegensatz, das Schlafen.

Damit wird eine - bisher höchstens implizit vorhandene - Dimension dieser Erzählung sichtbar: Das Versagen der Jünger gegenüber Jesus bedeutet zugleich ihr Verfallen an den πειρασμός.

Die zum Teil für das Markusevangelium ungewöhnliche Begrifflichkeit sowie die relative Selbstständigkeit der Mahnung, die es fraglich machte, ob sie von Anfang an zu dieser Perikope dazugehörte[1], würde es nahelegen, dieses Wort Jesu zunächst aus sich selbst und den hinter den Begriffen stehenden Traditionen auszulegen, um dann erst nach seiner Bedeutung in der und für die Gethsemaneperikope zu fragen. Das Folgende wird jedoch zeigen, daß dies wegen der Mehrdeutigkeit der verwendeten Begriffe nur bedingt möglich ist; Eindeutigkeit ergibt sich erst durch den (möglicherweise sekundären) Bezug zum Kontext.

11.1 'Schlafen' und 'Wachen' als Metaphern

Im Schlaf sind die Beziehungen des Menschen zur bewußten, mit anderen gemeinsamen Welt unterbrochen[2]. Darin gleicht der Schlaf dem Tod und wurde deshalb auch immer wieder als ein Gleichnis des Todes verstanden, wie man umgekehrt die Toten gern als Schlafende bezeichnet

---

1 S.o. S.98f.

2 Vgl. HERAKLIT: Frgm. 89: τοῖς ἐγρηγορόσιν ἕνα καὶ κοινὸν κόσμον εἶναι, τῶν δὲ κοιμωμένων ἕκαστον εἰς ἴδιον ἀποστρέφεσθαι.

hat. Das Alte[3] und das Neue Testament[4] bilden hier keine Ausnahme.

Daneben aber kann 'Schlaf' im Neuen Testament noch in anderer Weise als Metapher verwendet werden: Im Gleichnis vom Türhüter (Mk 13,33-37) und in der Paränese des ersten Thessalonicherbriefes (I Thess 5,2ff) bezeichnet καθεύδειν - in explizitem Gegensatz zum geforderten γρηγορεῖν - eine Haltung, die nicht von der Erwartung des kommenden Herrn bestimmt ist.

Möglicherweise geht dies, wie H.Balz[5] meint, auf die apokalyptische Vorstellung vom Totenschlaf der Seelen vor dem Endgericht zurück, von dem her der Schlaf dann zum Kennzeichen dieses Äons überhaupt geworden wäre. In diesem Fall hätten wir es hier nur mit einer spezifisch apokalyptischen Variante der Schlafmetapher, wie sie oben vorgestellt wurde, zu tun. Wahrscheinlicher scheint mir, daß dieses Bild in einer Rede vom Tod als Gleichnis des Lebens ohne Gott gründet. In diesem Sinn wenigstens verwendet der in hymnischer Form abgefaßte Weckruf Eph 5,14 beides, 'Tod' und 'Schlaf', parallel als Metapher:

ἔγειρε, ὁ καθεύδων

καὶ ἀνάστα ἐκ τῶν νεκρῶν

καὶ ἐπιφαύσει σοι ὁ Χριστός.

Doch wie immer es sich mit der traditionsgeschichtlichen Herleitung dieser zweiten metaphorischen Rede vom Schlaf verhält - wichtiger für ihr Verständnis ist die Einsicht, daß sie noch einmal in ganz eigenständiger Weise auf die unmittelbare Anschauung des Schlafens als eines Zustandes der Beziehungslosigkeit zurückgeht: So wie der Schlafende - in seine innere Welt versunken - kein Verhältnis zu der ihn umgebenden Wirklichkeit hat, so verfällt der nicht aus der Erwartung auf den kommenden Herrn Lebende dieser Welt und geht so der Beziehung zu der Herrschaft Gottes verlustig, die in Jesus Christus bereits angebrochen ist und sich jäh vollenden wird.

Καθεύδειν bezeichnet also eine Lebenshaltung, die sich der Spannung zwischen dieser, durch das Kommen Jesu Christi als gottfern offenbar gewordenen Welt und der Zukunft Gottes nicht bewußt ist und die deshalb auf das Kommen des Herrn nicht vorbereitet ist.

---

3 Vgl. Ps 13,4; Hi 3,13; Dan 12,2; Jer 51,39.57. Allerdings geschieht dies im AT seltener als zumeist behauptet wird: Meist hat erst die LXX diese Vorstellung eingetragen, indem sie das שכב = sich niederlegen (zum Sterben, zu den Vätern etc.) mit καθεύδειν (ψ 87,6; Jes 51,20) oder - weit häufiger - mit κοιμᾶσθαι (Gen 47,30; Dtn 31,16; II Sam 7,12; I Kön 1,21; 2,10; 11,43(bis); 14,20.31 u.ö.) übersetzt.

4 κοιμᾶσθαι dient auch im NT fast durchweg, bei Paulus sogar immer der Umschreibung des Todes (vgl. M.VÖLKEL: Art. κοιμάομαι EWNT II 746). Auch καθεύδειν wird Eph 5,14 als Metapher für den Tod verwendet. Umstritten ist das Verständnis von I Thess. 5,10 (vgl. dazu ders.: Art. καθεύδω EWNT II 545).

5 H.BALZ: Art. ὕπνος ThWNT VIII 551.

Dieser spezifisch christlichen Prägung einer wohl genuin apokalyp-
tischen Vorstellung[6] entspricht die sich in fast allen Schichten des
NT findende Aufforderung zur *Wachsamkeit*, die gleichsam die menschliche
Entsprechung zum 'Kommen' des Herrn ist, das Ausharren bis zu seiner
Parusie[7].

Bezeichnenderweise wird γρηγορεῖν im NT - außer in unserem Text, wo es einen
Doppelsinn hat - ausschließlich in übertragenem Sinn verwendet, und zwar - von der
umstrittenen Stelle I Thess 5,10 abgesehen - immer im Zusammenhang einer *Paränese*.
Dies kann ohne einen explizit eschatologischen Bezug geschehen (Act. 20,31; I Kor 16,13;
Kol 4,2; I Petr 5,8); häufiger und wohl auch ursprünglicher (s.u. S.196) ist die
Verwendung dieser Metapher im Zusammenhang eines (bisweilen nur angedeuteten) Pa-
rusiegleichnisses (Mt 24,42f; 25,13; Mk 13,33-37; Lk 12,37; I Thess 5,2-8; Apk 3,2f;
(16,15).

Der Assoziationshorizont dieser Metapher ist unterschiedlich, je
nachdem in welcher Weise auf die im Schlaf unterbrochene Beziehung
des Schläfers zur Wirklichkeit als Gleichnis für den Verlust der
Gottesbeziehung Bezug genommen wird. Dabei können sich die verschiedenen, im folgenden einzeln dargestellten Assoziationen gegenseitig
durchdringen und ergänzen, wie besonders I Thess 5,2ff zeigt.

(a) Der (menschliche) Schlaf ist eng verbunden mit der *Nacht*. Und wie
das Licht die Metapher für die Zuwendung Gottes, für Heil ist, so
symbolisieren Finsternis und Nacht die Sphäre der Gottferne, des Widergöttlichen, der Sünde und des Todes[8].

Entsprechend ist für die Christen Berufung und Nachfolge eine Bewegung aus der Finsternis ins Licht (vgl. Eph 5,8; Kol 1,12; I Petr
2,9). Darin gründet dann auch die Forderung, als 'Kinder des Lichtes'
dem Licht entsprechend zu wandeln und selbst licht zu werden (vgl.
Mt 6,22 par. Lk 11,34; Lk 11,36; Joh 12,35ff; Röm 13,12f; Eph 5,9;
I Thess 5,5ff; I Joh 1,7; 2,9f), was Röm 13,11f mit der Forderung
gleichgesetzt werden kann, angesichts des nahenden Tages *aus dem Schlaf
zu erwachen* (ἐξ ὕπνου ἐγερθῆναι). Am deutlichsten drückt Paulus dies
in der Paränese des ersten Thessalonicherbriefes aus, wo dem Gegensatz
Licht - Finsternis/Tag - Nacht gemäß auch 'Schlafen' und 'Wachen' als
das jeweils entsprechende menschliche Verhalten einander gegenübergestellt werden:

"Ihr aber, Brüder, seid nicht in Finsternis,
 daß euch der Tag wie ein Dieb überfällt;
 alle seid ihr nämlich Menschen des Lichtes und des Tages
 (υἱοὶ φωτός ἐστε καὶ υἱοὶ ἡμέρας).
 Wir gehören nicht zu Nacht und Finsternis
 (οὐκ ἐσμὲν νυκτὸς οὐδὲ σκότους) -
 so laßt uns nun nicht schlafen (μὴ καθεύδωμεν) wie die übrigen,

---

6 Vgl. ebd. 550f.
7 Vgl. A.FEUILLET: Agonie 102: "elle (sc. la vigilance) n'est pas seulement un
  état physique, l'absence de sommeil; elle est en même temps un état d'âme; elle
  consiste essentiellement à être attentif à la présence active de Dieu."
8 Vgl. E.LÖVESTAM: Wakefulness 8-24.

sondern wachen und nüchtern sein
(γρηγορῶμεν καὶ νήφωμεν).
Die Schlafenden nämlich schlafen nachts,
und die Betrunkenen sind nachts betrunken.
Wir aber, die wir zum Tag gehören, wollen nüchtern sein."
(I Thess 5,4-8).

Eine ähnliche Begründung der Aufforderung zur Wachsamkeit durch
die Lichtmetapher findet sich Lk 12,35-37 (Q), wenn es heißt, daß man
in Erwartung des Herrn die Lichter brennen lassen soll, und wenn
dann jene, die der Herr wachend vorfindet, seliggepriesen werden. Wie
'Schlafen' das Versinken in die Gottferne ist, so ist 'Wachen' die
bewußte Nachfolge, das Leben aus Gottes kommendem 'Tag'.

(b) Auffällig ist in dem zitierten Paulustext I Thess 5 die Parallelisierung von Wachen und Nüchternheit (I Thess 5,6.8) bzw. Schlaf und
Trunkenheit (I Thess 5,7). Der gleiche Zusammenhang bestimmt die Mahnung I Petr 5,8: νήψατε, γρηγορήσατε. Schlaf und Trunkenheit bzw.
Wachen und Nüchternheit werden jeweils zu Synonymen; die Entsprechung
ist die mit dem Schlaf verbundene *Betäubung*, die im geistlichen Sinn
zu vermeiden die Christen aufgefordert werden[9].

Ein direkter Zusammenhang von Schlaf und Trunkenheit als Metaphern für die Betäubung (als Gottesgericht) findet sich im AT Jes 29,9f vgl. 29,8 und Jes 51,17-23
(v.a. in der Übersetzung der LXX: Jes 51,20 gibt sie das שֵׁנָה mit καθεύδοντες wieder)[10].
Die griechische Philosophie verwendet die Schlafmetapher als Ausdruck der Betäubung
und hat in diesem Sinn auch jüdische Schriften (vgl. TestRub 3,7) und v.a. die Gnosis
beeinflußt[11]. Diese geläufige Vorstellung der 'Schlaftrunkenheit' als Bild für Betäubung und Verwirrung steht wohl auch hinter Mk 14,40 (s.u.).

(c) Mit dieser Betäubung hängt dann auch die Unfähigkeit des Schläfers
zusammen, in angemessener Weise auf die Außenwelt zu reagieren. Er ist
wehrlos. Besonders wurde dies zum Gleichnis für die Gefahr, unvorbereitet von der jäh einbrechenden Endzeit überrascht zu werden. Mk 13,33,
Mt 24,42; 25,13 und Apk 3,3b sprechen diesen Gedanken direkt aus.
Häufiger noch ist die Begründung der Wachsamkeitsforderung durch (verkürzte) Gleichnisse wie das vom Dieb in der Nacht (Mt 24,43; Lk 12,39;
I Thess 5,2.4; Apk 3,3; 16,15) oder vom unvermutet zurückkommenden
Hausherrn (Mk 13,35; Lk 12,37; vgl. Mt 25,1-13).

Neben dieser explizit eschatologisch motivierten Wachsamkeitsforderung finden sich auch solche Mahnungen, die im allgemeinen Sinn zur
Wachsamkeit gegenüber der ständigen Bedrohung durch das Böse aufrufen.
So etwa warnt der Paulus der Apostelgeschichte in seiner Abschiedsrede
in Milet vor den nach ihm kommenden Irrlehrern (Act 20,29f) und mahnt:
διὸ γρηγορεῖτε (Act 20,31). Besonders drastisch begründet I Petr 5,8

---

9 So kann dann POLYKARP, der jene Ermahnung Jesu zitiert, diese anstelle des 'wachet
  und betet' mit den Worten νήφοντες πρὸς τὰς εὐχάς einleiten (Polyk 7,2 nach J.A.
  FISCHER: Polykarp-Briefe 259).
10 Vgl. H.BALZ: Art. ὕπνος ThWNT VIII 547.
11 Bestimmend ist diese Vorstellung im 'Perlenlied' in den Thomasakten, vgl. bes.
   109fin-111.

seine Mahnung zur Nüchternheit und Wachsamkeit mit dem Hinweis auf den
Teufel, "der wie ein brüllender Löwe umhergeht und sucht, wen er ver-
schlingen kann". Daß auch diese allgemeinen Forderungen letztlich in
der eschatologischen Existenz der Gemeinde gründen, zeigt am deutlichsten das Sendschreiben an die Gemeinde zu Sardes (Apk 3,1ff). Der
'toten' Gemeinde soll der Seher befehlen: γίνου γρηγορῶν (3,2). Dieser
allgemein gehaltenen Mahnung schließt sich eine Aufforderung zur Umkehr
an (μετανόησον 3,3), der die Warnung folgt: "wenn du aber nicht wachst,
werde ich kommen wie ein Dieb, und du weißt nicht, zu welcher Stunde
ich kommen werde". Ein Vergleich mit anderen Texten des NT zeigt, daß
die hier geschilderten Gefährdungen zu den endzeitlichen Bedrohungen
der Gemeinde gehören, so daß sämtliche Wachsamkeitsforderungen ursprünglich in der apokalyptischen Ermahnung beheimatet sein dürften (vgl.
Act 20,29-31 mit Mk 13,22f par; I Petr 5,8 mit Apk 2,10). Inwieweit
dieser Hintergrund bei den einzelnen Mahnungen allerdings verblaßt
ist, wäre jeweils an den Texten zu prüfen.

(d) Aus dieser letzten, allgemein gehaltenen Form der Wachsamkeitsforderung leitet sich wohl auch die absolute Aufforderung γρηγορεῖτε ab,
die durch στήκετε ἐν τῇ πίστει (I Kor 16,13) oder τῇ προσευχῇ προσκαρ-
τερεῖτε (Kol 4,2) präzisiert werden. Γρηγορεῖν ist hier schon fast zum
nomen proprium für die um ihre ständige Bedrohung wissende Haltung
des Glaubens geworden. 'Wachen' heißt daher, im Wissen um jene Gefährdung des Glaubens auf der Hut zu sein, und sich immer wieder neu nach
Gott auszurichten. Vor allem in diesem Sinn findet sich die Wachsamkeitsforderung in der Alten Kirche häufig: Γρηγορεῖτε ὑπὲρ τῆς ζωῆς
ὑμῶν (Did 16,1); "Seid weise, erkennt und wacht" (OdSal 3,11).

Für sich genommen ist das allgemein gehaltene 'wachet und betet'
von Mk 14,38 diesen letzten Mahnungen zweifellos am nächsten verwandt.
Aber auch die ganze Erzählung läßt sich aus dieser Perspektive lesen:
In stumpfer, teilnahmsloser Selbstzufriedenheit versunken, lassen
sich die Jünger weder durch Jesu Klage noch durch seine Bitten und
Ermahnungen die Augen öffnen. Und indem sie so - anders als ihr Meister - die Verbindung zu Gott verlieren, taumeln sie besinnungslos
der Passion zu, die sie dann entsprechend unvorbereitet trifft.

Zu erklären ist nunmehr noch, inwieweit hier die ursprüngliche,
eschatologische Dimension der Wachsamkeitsforderung noch (mit)bestim-
mend ist, die Markus - wie seine Redaktion des Türhütergleichnisses
zeigt[12] - nicht nur gekannt, sondern dort sogar unterstrichen hat. Dies

---

12 Vgl. R.PESCH: Markusevangelium II 316f, wo er einleuchtend zwischen Tradition
   und Redaktion scheidet. R.PESCH korrigiert hier zum Teil seine früheren Analysen.
   Das Wachsamkeitsmotiv erschien demzufolge bereits zweimal in der Vorlage des Markus.

geschieht im Rahmen der Gesamtauslegung, wo die eschatologische Dimension des ganzen Geschehens behandelt wird. Vorab sind zwei Beobachtungen hier bemerkenswert.

- Deutlich ist der Schlaf der Jünger wie überhaupt das ganze Geschehen in Gethsemane mit der Nacht verbunden. Nacht und Finsternis aber
haben in der gesamten Passionsgeschichte immer auch symbolische Bedeutung: Sie signalisieren Unheil und Gericht, und zwar als ein die
ganze Welt umspannendes, apokalyptisches Geschehen[13].

- Das 'Schlafen' der Jünger (Mk 14,37.40.41) ist mit dem für die Wachsamkeitsforderung der Parusiegleichnisse so bezeichnenden 'Kommen' des
Herrn verbunden (Mt 24,42.43; Mk 13,35; Lk 12,37; I Thess. 5,2; Apk
3,3; 16,15). Zweimal (Mk 14,37.40) tritt sogar zwischen das 'Kommen'
und das 'Schlafen' ein 'Gefundenwerden' durch den Herrn, und dies entspricht genau dem, wovor Jesus in dem Gleichnis vom Türhüter warnt
(Mk 13,36: μὴ ἐλθὼν ἐξαίφνης εὕρῃ ὑμᾶς καθεύδοντας) bzw. ist die Umkehrung dessen, was Lk 12,37 (vgl. Lk 12,43) im Anschluß an ein anderes
Parusiegleichnis als rechtes Verhalten preist (μακάριοι οἱ δοῦλοι
ἐκεῖνοι, οὓς ἐλθὼν ὁ κύριος εὑρήσει γρηγοροῦντας).

11.2 Πειρασμός

(a) Die Forderung, zu wachen und zu beten, wird ausgeführt mit den
Worten: ἵνα μὴ ἔλθητε εἰς πειρασμόν. Der Satz ist wohl final als
Begründung der Ermahnung zu verstehen: Wachet und betet, *damit* ihr
nicht in den πειρασμός kommt.

ἵνα μή leitet im Neuen Testament zumeist einen negierten Finalsatz ein[14]. Ebenso
wie das ἵνα μὴ πειράζῃ ὑμᾶς ὁ σατανᾶς (I Kor 7,5) oder das ἵνα μὴ ἐκλύπῃ ἡ πίστις σου
(Lk 22,32) kann es als Begründung verstanden werden.
Nicht selten ist jedoch im Neuen Testament der finale Sinn von ἵνα verblaßt,
wie schon Mk 14,35 zeigte. Bei Worten des Bittens kann es an die Stelle des Infini-
tivs treten[15]. V.38b kann so als Angabe des Gebets*inhaltes* verstanden werden[16].
Dafür spräche auch die parallel aufgebaute Aufforderung Mk 13,18, wo der mit ἵνα μή
eingeleitete Nebensatz auch den Inhalt des Gebets wiedergibt: προσεύχεσθε δὲ ἵνα μὴ
γένηται χειμῶνος. Zu übersetzen wäre dann: 'Wachet und betet, nicht in den πειρασμός
zu geraten' bzw. 'wachet und betet (darum), daß ihr nicht in den πειρασμός geratet'.
In diesem Fall wäre Mk 14,38 praktisch die Aufforderung zum Beten der 'sechsten
Bitte' des Vaterunsers, zumal εἰσφέρειν das Kausativum (hi), (εἰσ)έρχεσθαι das Qal
von בוא wiedergeben dürfte[17].

---

13 Mk 15,33; zu unserer Szene vgl. das Wort, das Jesus im Lukasevangelium bei seiner
   Verhaftung spricht: ...αὕτη ἐστὶν ὑμῶν ἡ ὥρα καὶ ἡ ἐξουσία τοῦ σκότους. Lk 22,53
   fin.
14 Vgl. F.BLASS/A.DEBRUNNER/F.REHKOPF: Grammatik § 369.
15 Ebd. § 392,1.
16 So H.G.MEECHAM: Imperatival Use 180; E.KLOSTERMANN: Markusevangelium 151; J.GNILKA:
   Markus II,262; V.TAYLOR: St.Mark 554; C.E.B.CRANFIELD: Saint Mark 434; L.SCHENKE:
   Studien 514f.
17 A.FEUILLET: Agonie 108f.

Der Sprachgebrauch des Markus läßt also beide Möglichkeiten zu; insgesamt scheinen mir die Gründe für ein finales Verständnis des Satzes gewichtiger:
- γρηγορεῖν als eine in fast allen Schichten des NT gebräuchliche Metapher für eine geistliche Haltung kann durchaus der Verhinderung des πειρασμός dienen, der ja (durch Bedrohung oder Verlockung) den Glaubenden von seiner Ausrichtung auf Gottes Zukunft abbringen will[18].
- Die meisten Wachsamkeitsforderungen im NT werden begründet, meist mit dem Hinweis auf die beschriebene Gefährdung des Glaubenden (Mt 24,42f; Mk 13,35f; Act 20,31; I Thess. 5,6; I Petr 5,8; Apk 3,3), zweimal implizit durch eine Seligpreisung (Lk 12,37; Apk 16,15). Sprachlich besonders eng ist die Beziehung zum Türhütergleichnis, wo angesichts der Ungewißheit der Rückkehr des Herrn die warnende Begründung ebenfalls durch einen negierten Satz mit finalem Sinn geschieht: μὴ ἐλθὼν ἐξαίφνης εὕρη ὑμᾶς καθεύδοντας (Mk 13,36).
- Bezieht sich V.38b auf die beiden vorangegangenen Imperative, so ist die Form der Aufforderung ausgewogener als bei einer (nachklappenden) Angabe des Gebetsinhaltes.
- Die Aufforderung, um die Bewahrung vor dem πειρασμός zu bitten, würde im jetzigen Zusammenhang eigenartig unbestimmt wirken, da vom πειρασμός explizit noch nicht die Rede war. Versteht man den Satz dagegen final, so wird ein eindeutigerer Bezug zwischen der bevorstehenden, als πειρασμός bestimmten Gefährdung und der im Blick darauf erfolgenden Mahnung hergestellt.
- Die allgemeinen Ausführungen über die Schwäche des Menschen in der zweiten Hälfte der Ermahnung können zwar auch das Gebet um Bewahrung vor der Versuchung begründen. Näherliegend ist es jedoch, in ihnen eine Begründung für die Gefahr des πειρασμός zu sehen, die die Jünger mit ihrem 'bereitwilligen Geist' (vgl. Mk 14,29.31) verkennen.

Das muß nicht ausschließen, daß auch der Inhalt des Gebetes seinem Zweck entspricht[19]. So hat es schon Lukas verstanden, der dann allerdings unterscheidet und so nochmals die finale Übersetzung bestätigt: Am Anfang wird der Inhalt des Gebetes mit bloßem Infinitiv (μὴ εἰσελθεῖν 22,40), am Ende der Zweck (mit ἵνα μή... 22,46) angegeben.

(b) Πειρασμός bedeutet 'Prüfung', 'Erprobung', dann 'Versuchung', 'Verlockung', 'Anfechtung'[20], das dazugehörige Verb πειράζειν entsprechend 'probieren', 'versuchen', 'auf die Probe stellen'[21]. Neben der profanen Bedeutung des Prüfens und Probierens können die Worte auch in einem ausgesprochen religiösen Sinn die Gefährdung des Gottesverhältnisses umschreiben. Letzteres ist eine Erweiterung des Profangriechischen durch die LXX, die das hebräische נסה pi./נסיון mit πειράζειν/πειρασμός wiedergibt[22]. In diesem Sinn wird dann auch im Neuen Testament πειράζειν[23] vorwiegend[24] und πειρασμός ausschließlich[25] verwendet.

---

18 Die Behauptung, *nur* das Beten könne den πειρασμός verhindern - so L.SCHENKE: Studien 515 -, verkennt die metaphorische Bedeutung von γρηγορεῖν, die auch hier zumindest noch mitschwingt und die - falls das Logion einmal selbständig war - sogar die alleinige war.

19 Vgl. H.J.HOLTZMANN: Synoptiker 175.

20 Vgl. W.BAUER: Wörterbuch Sp.1270f.

21 Vgl. ebd. Sp.1269f.

22 Vgl. H.SEESEMANN: Art. πεῖρα ThWNT VI 24ff (dort auch die Belege): vgl. weiter W.SCHNEIDER: Art. πεῖρα TBLNT II/2 1314; G.GERLEMANN: Art. nsh THAT II Sp.69ff.

23 Mk 1,13 parr. Mt 4,1.3; Lk 4,2. I Kor 7,5; 10,13; Gal 6,1; I Thess 3,5(bis); Hebr 2,18(bis); 4,15; 11,17; Jak 1,13(ter); 1,14; Apk 2,10; 3,10.

24 Daneben kann πειράζειν einfaches 'versuchen (etwas zu tun)' (Act 9,26; 16,7; 24,6) oder 'auf die Probe stellen' bedeuten (Joh 6,6; II Kor 13,5; Apk 2,2; im feindlichen Sinn Mt 16,1; 19,3; 22,18.35; Mk 8,11; 10,2; 12,15; Lk 11,16; Joh 8,6). Bisweilen kann es auch unter Rückgriff auf alttestamentliche Tradition die Herausforderung Gottes durch den Menschen bezeichnen (Act 5,9; I Kor 10,9; Hebr 3,9).

25 Mt 6,13 par. Lk 11,4; Lk 8,13; 22,28; Act 20,19; I Kor 10,13(bis); Gal 4,14;

'Versucht' zu werden - das wird an den meisten Stellen deutlich -
gehört zur ständigen Gefährdung der Gläubigen[26], und zwar dieser
alleine. "Der πειρασμός trifft, schon von seinem Begriff her, immer
nur die Gläubigen... Die Ungläubigen... hat ja der Satan sowieso schon
in der Gewalt"[27].

Diese Gefährdung kann als Möglichkeit der Bwährung sogar *begrüßt*
werden, wie Jak 1,2.12; vielleicht auch I Petr 1,6[28] zeigen; zumeist
hat das Wort jedoch einen ausschließlich negativen Klang. Manche
Stellen betonen explizit die Notwendigkeit göttlicher Hilfe zum Bestehen der Versuchung (vgl. I Kor 10,13; II Petr 2,9; Apk 3,10), und im
Herrengebet findet sich die Bitte (Mt 6,13 par. Lk 11,4): καὶ μὴ εἰσε-
νέγκῃς ἡμᾶς εἰς πειρασμόν[29].

(c) Der *Anlaß* für die 'Versuchung' - sofern nicht einfach absolut von
der Gefahr gesprochen wird[30] - kann Verlockung und Verblendung durch
Begierden verschiedener Art sein[31]; häufiger noch sind es jedoch die
Leiden aufgrund von Verfolgungen, die die Gefahr bergen (bzw. vom
Widersacher mit der Absicht initiiert werden), an Gott Anstoß zu nehmen
und abzufallen[32]. Zur Anfechtung kann aber auch die Niedrigkeit des
Apostels werden, die zu menschlichen Vorstellungen von Offenbarung
im Widerspruch steht[33]. πειράζειν gerät hier in die Nähe von σκανδαλίζεσθαι (vgl. Mk 4,21 mit Lk 8,13).

(d) Für das Logion, wenn man es isoliert nimmt, wären alle Bedeutungen

---

I Tim 6,9; Hebr 3,8; Jak 1,2.12; I Petr 1,6; 4,12; II Petr 2,9; Apk 3,10.

26 Da häufig die Verfolgung der Anlaß für Anfechtung und Versuchung zum Abfall
ist, kann πειρασμός bisweilen fast zu einem Synonym für solche Leiden werden
(Lk 8,13; 22,28; Act 20,19; Jak 1,2.12; I Petr 1,6), ohne daß jedoch der Gedanke
der dadurch bewirkten Anfechtung auszuschließen ist (vgl. I Petr 1,6 mit 4,12).

27 K.G.KUHN: Πειρασμός 202.

28 Anders L.GOPPELT: Petrusbrief z.St., der das ἀγαλλιᾶσθε als futurisches Praesens
verstehen will.

29 Die Frage der Beteiligung Gottes an der Versuchung war bei der Auslegung dieser
Bitte von Anfang an umstritten (vgl. die 'Verbesserung', die MARCION an Lk 11,4
vorgenommen hat: (μη) αφες ημας (εις)ενεχθηναι ...). Auch I Kor 10,13 erscheint
Gott durch das (bedingte) Zulassen des πειρασμός zumindest als Mitbeteiligter
an der Versuchung der Gläubigen (vgl. H.CONZELMANN: Korinther z.St.), ein Gedanke,
der dem AT ja durchaus geläufig ist (vgl. die Belege von H.SEESEMANN: Art. πεῖρα
ThWNT VI 24ff). Lediglich Jak 1,13f schließt dies für Gott eindeutig aus und
nennt stattdessen die ἐπιθυμία (ohne auf deren Herkunft einzugehen). Häufig
wird der Teufel als Versucher genannt (Mk 1,13 parr. Mt 4,1.3; Lk 4,2.13. I Kor
7,5; I Thess 3,5; Apk 2,10).
Wie immer es sich an den einzelnen Stellen mit der Beteiligung Gottes am
πειρασμός verhalten mag - der Gedanke spielt (von Jak 1,13 abgesehen) im NT
keine Rolle. Für Mk 14,38 wird sich zeigen, daß die Frage: 'Gott oder Satan?'
so falsch gestellt ist: Die Versuchung entsteht aus dem Gegensatz von Gottes
Wirklichkeit und der Wirklichkeit nach den Maßstäben dieser Welt; dieser erliegt,
wer nicht immer wieder im Gebet seine Beziehung zu Gott erneuert.

30 Gal 6,1; Jak 1,12; I Thess 3,5.

31 I Kor 7,5; 10,1-13; I Tim 6,9; Jak 1,13f.

32 Lk 8,13; I Petr 1,6f; 4,12; II Petr 2,9; Hebr 2,18; Jak 1,2; Apk 2,10.

33 Gal 4,13f.

denkbar. Im Zusammenhang der Markuspassion kommen nur die letztgenannten Bedeutungen in Frage, (die sich im Blick auf die Kreuzesfolge
nicht ausschließen).

Keinerlei Anlaß gibt der Text, unter πειρασμός hier allein die große endzeitliche
Versuchung (wie in Apk 3,10) zu verstehen[34]. Dabei soll der eschatologische Charakter
der 'Versuchung' im ganzen NT nicht bestritten werden: Ob durch Verlockung oder
Bedrängung - immer ist es der alte Äon, der sich der neuen Heilsgemeinde zu bemächtigen sucht.

K.G.Kuhn hat gezeigt, daß die zahlreichen neutestamentlichen Aussagen, die von einer ständigen Gefährdung des Gläubigen reden, so daß
πειρασμός "geradezu das Charakteristikum seiner Existenz als Gläubiger
in der Welt" ist[35], sehr eng mit den Vorstellungen der Qumrangemeinde
verwandt sind[36]. K.G.Kuhn sah hierin auch die unmittelbare Parallele
zu Mk 14,38[37]. Seine Ausführungen haben in den Kommentaren weitgehend
Zustimmung gefunden; dennoch ist K.G.Kuhn im Blick auf die Bedeutung
von πειρασμός in unserem Text zu widersprechen: Zwar spricht Jesus
hier deutlich von der generellen *Anfechtbarkeit* des Menschen aufgrund
seines 'schwachen Fleisches', aber dies ist nicht identisch mit der
grundsätzlich angefochtenen Situation, wie sie für Qumran, aber auch
für Teile des ntl. Schrifttums charakteristisch ist. Geht es dort um
Bewährung *in* der Versuchung (so daß diese sogar als Möglichkeit zu
solcher Bewährung begrüßt werden kann), so ist es das Ziel des Wachens
und Betens hier, gar nicht erst in Versuchung zu kommen. Andernfalls
müßte es auch heißen: Wachet und betet, damit ihr der Versuchung nicht
erliegt. Die Möglichkeit einer Bewährung in der Versuchung ist Mk 14,
38 überhaupt nicht ins Auge gefaßt; schon gar nicht sind bei Markus
die Jünger "Kämpfer Gottes gegen das Böse[38], "eschatologische Kampf-
gemeinschaft"[39] wie die Gläubigen in Qumran[40]. Solche Prädikate treffen
allein auf Jesus zu[41]; über die menschlichen Möglichkeiten - auch der
Jünger - denkt das Markusevangelium ausgesprochen gering, wie das Gefälle der Antithese V.38b zeigt (vgl. Mk 10,23-27). In Versuchung
geraten heißt deshalb für die Jünger, ihr zu erliegen. Der Anstoß führt
zum Fall. Dies bestätigt auch der Fortgang der Erzählung - zunächst

---

34 So M.DIBELIUS: Gethsemane 263. Für die Vaterunserbitte vgl. J.JEREMIAS: Vater-
   Unser 169f.
35 K.G.KUHN: Πειρασμός 202.
36 Ebd. 204ff.
37 Ders.: Gethsemane 283f; vgl. ders: Πειρασμός 212.
38 Ders.: Πειρασμός 218.
39 Ebd. 219.
40 Solche Gedanken klingen erst in den späteren Großevangelien an, v.a. bei Lukas
   (vgl. 22,28ff im Zusammenhang der Gethsemaneerzählung, aber auch die Aussendung
   und Rückkehr der Siebzig Lk 10,1ff mit dem durch diese bewirkten Satanssturz 10,
   18).
41 Vgl. M.HENGEL: Nachfolge und Charisma 88: "Die Person und das Handeln der Jünger
   im Gefolge ihres Meister besaßen ... keine 'soteriologische' Dignität... Dort,
   wo die Jünger namentlich genannt wurden, überlieferte man in erster Linie ihr
   Nichtverstehen und ihr Versagen."

bei allen Jüngern dann noch einmal im besonderen bei Petrus: Das totale Versagen wirkt wie die unausweichliche Konsequenz ihres bisherigen,
in Gethsemane nochmals besonders deutlichen Unverständnisses gegenüber
Jesus und seinem Weg.

(e) Was immer πειρασμός für sich bedeutet - die Wendung ἔρχεσθαι εἰς
πειρασμόν Mk 14,38 beschreibt offensichtlich bereits das Kommen in
die Gewalt der Versuchung, den Fall. Dies bestätigt ein Wort im jüdischen Abend- und Morgengebet, wo der Beter bittet: "... laß uns nicht
in die Gewalt von Sünde und in die Gewalt von Vergehen und in die
Gewalt von Schuld und in die Gewalt der Versuchung und in die Gewalt
der Schande kommen"

(... ואל תביאנו... ולא לידי נסיון ...)[42].

In Sünde, Schuld und Versuchung kommen, dies steht hier offensichtlich
auf derselben Stufe. Auffallend ist zugleich die Verwandtschaft zur
'sechsten Bitte' des Herrengebetes. Vermutlich gibt das εἰσφέρειν
Mt 6,13 par. Lk 11,4 nun das Kausativum von בוא, das εἰσέρχεσθαι
das Qal wieder[43]. Hinter der Bitte, daß Gott es nicht zulasse, daß der
Beter in Versuchung gerate, steht also dieselbe Vorstellung wie hinter
der Ermahnung Jesu in unserer Perikope (wie auch hinter der Warnung
I Tim 6,9). Das Besondere hier ist nur die Schärfe, mit der gesagt
wird, daß der Mensch von sich aus dem πειρασμός nicht zu widerstehen
vermag, so 'willig' sein Geist auch sei.

Damit muß auch offenbleiben, ob man in Anlehnung an die Terminologie des Hebräerbriefes[44] in Gethsemane von einem πειρασμός Jesu sprechen kann. Zwar kann das
Markusevangelium davon sprechen, daß Jesus vom Satan (1,13) oder von Gegnern
(8,11; 10,2; 12,15) 'versucht' wird - doch was immer unter den einzelnen 'Versuchun-
gen' zu verstehen ist, das Wort kennzeichnet dort eine (erfolglose) Absicht der
Gegner Jesu, während das 'In-Versuchung-Kommen' hier einen Zustand bezeichnet. Auch
daß Jesus hier - wie gezeigt - angefochten ist, erlaubt es nicht, dies im markinischen Sinn als 'In-den-πειρασμός-Gekommen-sein' zu interpretieren.

(f) Ist nicht die Passion an sich schon πειρασμός, sondern geraten
nur jene in die Gewalt der 'Versuchung', die nicht 'wachen und beten',
so ist es offenkundig eine Frage der Gottesbeziehung, ob die Jünger
in Versuchung geraten oder nicht. Dieses In-Versuchung-Geraten der
Jünger wiederum ist hier gleichbedeutend mit dem σκανδαλίζεσθαι, das
Jesus ihnen auf dem Gang zum Ölberg vorausgesagt hatte. Während ihr
betender Meister in der Ausrichtung auf den Vater aus dessen Hand
auch nehmen kann, was ihn anficht und zutiefst erschüttert, werden
die 'Schlafenden' davon überrascht, nehmen verständnislos Anstoß daran
und kommen zu Fall, ja sie erweisen sich im Schlaf als in Wahrheit
bereits Gefallene.

---

42 Vgl. bBer Fol 60b.
43 Vgl. J.JEREMIAS: Vater-Unser 169; A.FEUILLET: Agonie 108f; J.CARMIGNAC: Fais
   225f.
44 Hebr 2,18 und 4,15, kombiniert mit 5,7ff.

Dieses Verständnis von πειρασμός fügt sich ausgezeichnet in die
bisherige Darstellung des Evangeliums ein: schon bei der ersten
Leidensweissagung hat sich das 'menschliche Denken' der Jünger dem
göttlichen Vorhaben entgegengestellt (8,31-33) - ein Vorgang, der
sich bei den folgenden Leidensweissagungen wiederholt: Der Streit
der Jünger τίς μείζων (9,34) und die Zebedaidenbitte (10,38ff) zeugen
von ihrem Unvermögen zur Nachfolge. Charakteristisch für diese Szenen
ist, daß die Jünger sowohl im Blick auf Jesu Weg (8,31-33) als auch
im Blick auf seine Konsequenzen für ihr eigenes Leben (9,34; 10,38ff)
in ihren 'menschlichen' Gedanken, Vorstellungen und Wünschen befangen
sind, daß deshalb der Anstoß geradezu zwangsläufig kommen muß.

Dieser Deutung scheint Mk 14,29-31 entgegenzustehen, wo die Jünger, repräsentiert
durch Petrus (31fin.), auf einmal zum Mitsterben bereit sind.
   Die Überlieferungsgeschichte dieser Szene muß hier nicht erörtert werden.
Deutlich ist, daß sie nicht zu Ehren der Jünger erzählt wurde. Auf dem Hintergrund
ihres hier gezeigten 'willigen Geistes' wird ihr nachmaliges Versagen noch unterstrichen, ihr trotz Jesu Vorhersage unerschütterliches, ja großsprecherisch wirken-
des Vertrauen in die eigenen Möglichkeiten als Illusion entlarvt.
   Man wird deshalb das oben Gesagte im Blick auf diese Szene nur präzisieren müssen:
Das Jesu Weg entgegenstehende 'Menschliche' bie den Jüngern ist nicht nur und
vielleicht nicht einmal primär in einem bewußten Vorbehalt zu sehen (etwa einer
festgeprägten Messiasvorstellung o.ä.), sondern in einem - sich auch gegen einen
'willigen Geist' zur Geltung bringenden - nur allzu menschlichen Streben nach
Selbsterhaltung und Sicherung und darin eingeschlossen einem (dann auch auf Gott
projizierten) Macht- und Geltungstrieb. Niedrigkeit, Elend, Leiden sind dieser
natürlichen Grundhaltung etwas unbedingt zu Vermeidendes, Jesu Weg ins Leiden
etwas Unnatürliches, Abstoßendes und, sofern es nach Gottes Willen geschieht, etwas
zutiefst Anstößiges. Angesichts der Andersartigkeit der göttlichen Offenbarung ent-
springt aus diesem Gegensatz der πειρασμός; der natürliche Mensch wird einfach über-
rumpelt. Daran ändert auch eigene Entschlossenheit, ein 'williger Geist' nichts.
Solche Versuchung und Anfechtung kann nur durch Wachen und Beten, also durch beständige Ausrichtung auf Gott und die aus dieser Gemeinschaft erwachsende Kraft
überwunden werden - letztlich also durch Gott selbst.

11.3 Πνεῦμα πρόθυμον - σάρξ ἀσθενής

Die Begründung für die Aufforderung, zu wachen und zu beten, wird
ihrerseits nocheinmal durch einen antithetischen Parallelismus membrorum begründet, der die anthropologischen Bedingungen für die Gefahr,
an den πειρασμός zu verfallen, angibt.

     τὸ   μὲν πνεῦμα πρόθυμον,
     ἡ δὲ σάρξ ἀσθενής

Der an sich vieldeutige Gegensatz von Geist und Fleisch wird durch
die Prädikate πρόθυμος und ἀσθενής bereits entscheidend präzisiert.
Denn was mit diesem Gegensatz nicht gemeint ist, zeigt eine implizite
Korrektur unseres Wortes durch Tertullian (Pud 22,15), wo er unter
Bezugnahme auf den Ausdruck 'schwaches Fleisch' einschränkt, daß ein
Fleisch, das sich der libido beuge, ausgesprochen stark sei: "Atquin

nulla tam fortis caro quam quae Spiritum elidit". Daß dem Geist im
Widerstreit ein *starkes* Fleisch entgegensteht, ist charakteristisch
für eine Anthropologie, die Geist und Fleisch als zwei entgegengesetzte, in oder um den Menschen streitende Mächte versteht.

Mit dem paulinischen Gegensatz von Geist und Fleisch kann unsere
Ermahnung folglich nicht gleichgesetzt werden. Denn dort ist die σάρξ
eine relativ selbständige, "starke" Macht, die nach Gal 5,17 sogar
explizites Subjekt des dem πνεῦμα entgegengesetzten ἐπιθυμεῖν ist[45].
Auch an anderen Stellen wie Röm 6,17ff; 7,7ff; 8,12 u.ö. beschreibt
Paulus das 'Fleisch' als eine eigenständige, den Menschen versklavende
Größe[46].

Dagegen zeigen die in Mk 14,38 den beiden Begriffen 'Geist' und
'Fleisch' zugeordneten Prädikate 'willig' und 'schwach', daß hier der
Mensch in seinen Bezügen zur Sprache gebracht wird: in seinem Aussein
auf etwas, das seiner Bestimmung entspricht, und in seiner (Fremd)Be-
stimmbarkeit.

11.3.1 Πνεῦμα πρόθυμον

(a) Πνεῦμα, Verbalsubstantiv von πνέω 'wehen, blasen, hauchen' bezeichnet im Profangriechischen ursprünglich den *Lufthauch* des Windes,
dann auch den Hauch des Menschen, den *Atem* und - sofern dieser Bedingung des Lebens ist - das *Leben* selbst. Damit rückt die Bedeutung
von πνεῦμα in die Nähe von ψυχή und kann so auch das Lebensprinzip,
die *Seele* bezeichnen.

Vom Wehen des Windes oder dem Atemhauch ausgehend kann dann πνεῦμα
auch eine entsprechende seelische oder geistige Wirklichkeitserfahrung
ausdrücken und somit das Wehen in übertragenem Sinn bedeuten, den
Geist, der in zwischenmenschlichen Beziehungen oder gesellschaftlichen
Verhältnissen herrscht, auch den Geist, der einen aus dem unsichtbaren
Bereich des Göttlichen 'anweht'. Im Gegensatz zum 'theoretischen' νοῦς
als dem betrachtenden, verstehen wollenden Geist ist πνεῦμα immer
etwas Dynamisches, die Wirklichkeit Durchdringendes und Veränderndes,
etwas Mitreißendes. Daher kann πνεῦμα auch den enthusiastischen Hauch,
die *Inspiration* bezeichnen, die wegen ihrer den Menschen aus sich heraus

---

45 ῾Η γὰρ σάρξ ἐπιθυμεῖ κατὰ τοῦ πνεύματος.
46 Vgl. R.BULTMANN: Theologie 244f; K.G.KUHN: Gethsemane 276. Die Abschwächungen von
   E.SCHWEIZER, Art. σάρξ ThWNT VII 131ff, sind nicht überzeugend, zumal wenn man
   sieht, daß die paulinische Antithese von Geist und Fleisch in dieser Schärfe im
   Judentum analogielos ist.
   Wenn Paulus von der 'Schwäche des Fleisches' spricht, so meint er damit ent-
   weder Krankheit wie Gal 4,13 (vgl. H.SCHLIER: An die Galater z.St; E.SCHWEIZER:
   Art. σάρξ ThWNT VII 124) oder die (intellektuelle) Beschränktheit der Gemeinde
   wie Röm 6,19 (vgl. E.SCHWEIZER: ebd. 125; W.BAUER: Wörterbuch 229; O.MICHEL:
   Römer, z.St. u.a.). Diese Redeweise hat also mit Mk 14,38 nichts zu tun.

und über sich hinaus führenden Wirkmächtigkeit häufig als etwas *Göttliches* verstanden wurde. In der stoischen Religionsphilosophie kann
πνεῦμα dann als kosmisch universale Kraftsubstanz, ja als Erscheinungs-
form der Gottheit selbst begriffen werden[47].

Mit der Bedeutung von πνεῦμα in Mk 14,38 hat dies alles wenig gemein. Denn in allen Modifikationen bleibt es eine durchgehende Grund-
bestimmtheit des profangriechischen πνεῦμα-Begriffs, daß er "*nie etwas
rein Geistiges*" ist, sondern eine "unpersönlich-vitale *Naturkraft*".
Deshalb kann πνεῦμα auch "nicht ... wie ψυχή, φρόνησις, λόγος oder
νοῦς das eigentliche Subjekt der höheren, seelisch-geistigen Funktionen
sein"[48]. Eben dies aber ist der Mk 14,38 dem 'schwachen Fleisch' entgegengesetzte 'willige Geist', weshalb die traditionsgeschichtlichen
Wurzeln von πνεῦμα in Mk 14,38 nicht im Bereich der Profangräzität
zu suchen sind.

(b) Das *hebräische Äquivalent* zu πνεῦμα ist fast ausschließlich רוח[49].
Die Grundbedeutung ist auch hier *Wind, Hauch*, dann *Atem* und von letzte-
rem abgeleitet *Lebenskraft*[50].

Aus der Entsprechung von Atembewegung und Gemütsbewegung wird רוח
nun aber - im Gegensatz zum griechischen πνεῦμα - zum *Sitz der Empfindungen* (entsprechend לב), der geistigen Funktionen überhaupt. Vor allem
in späterer Zeit bezeichnet רוח dann allgemein das *Willens- und
Aktionszentrum des Menschen*[52], wobei - wohl aus der Affinität zur
göttlichen רוח[53] - damit vorzüglich die Ausrichtung auf Gott verbunden
ist (vgl. Ps 51,12.14.19; Jes 26,9 u.ö.).

(c) Das *Markusevanglium* verwendet das Wort πνεῦμα insgesamt 23mal,
davon 13mal von den Dämonen mit der Hinzufügung ἀκάθαρτον o.ä. Ein
weiteres Mal (3,30) wird Jesus der Vorwurf gemacht, einen 'unreinen
Geist' zu haben, also besessen zu sein.

---

47 H.KLEINKNECHT: Art. πνεῦμα ThWNT VI 333-337.
48 Ebd. 355 Z. 16ff.
49 In der LXX gibt πνεῦμα 264mal רוח wieder, 3mal נשׁמה und einmal (Sir 38,23) נפשׁ.
50 F.BAUMGÄRTEL: Art. πνεῦμα ThWNT VI 357f; H.W.WOLFF: Anthropologie 57ff.
51 Vgl. H.W.WOLFF: Anthropologie 63: ähnlich W.EICHRODT: Theologie 2/3 85.
52 Vgl. F.BAUMGÄRTEL: Art. πνεῦμα ThWNT VI 359f; W.EICHRODT: Theologie 2/3 86;
   H.W.WOLFF: Anthropologie 63-67; R.ALBERTZ/C.WESTERMANN: Art. rūah THAT II Sp.740ff.
53 Die enge Verbindung mit Gott ist ein Charakteristikum des hebräischen רוח-Begrif-
   fes. Im Gegensatz zu נפשׁ (selten) und בשׂר (niemals) wird sie in knapp einem Drittel
   aller Vorkommen auf Jahwe selbst bezogen (vgl. H.W.WOLFF: Anthropologie 57) und
   ist auch dort, wo sie vom Menschen ausgesagt wird, häufig von Gott verliehen oder
   durch ihn bestimmt (vgl. Bitten wie Ps 51,12-14 oder Verheißungen wie Ez 11,19;
   18,31). Dieser Zusammenhang mit Gott ist jedoch keineswegs immer gegeben. Besonders in der Spätzeit des Alten Testaments kommt es - wohl durch die Weisheit
   bedingt - zu einer zunehmenden Psychologisierung der רוח: Sie bezeichnet dann
   das persönliche Willenszentrum im Menschen (E.JACOB: Art. ψυχή ThWNT IX 627). So
   ist dann bei Koh LXX πνεῦμα "immer ein anthropologisch-phsychologischer Begriff"
   (W.BIEDER: Art. πνεῦμα ThWNT VI 369). Im rabbinischen Judentum wird die רוח
   sogar zu einem eigenen, dem Leib entgegengesetzten Teil des Menschen (E.SJÖBERG:
   Art. πνεῦμα ThWNT VI 375f).

In der Taufperikope und in der folgenden Versuchungsgeschichte ist
der Geist die schon zu einem selbständigen Wesen hypostasierte Zuwendung
Gottes (1,10.12). Den göttlichen Geist bezeichnet πνεῦμα noch weitere
vier Male, näher bestimmt durch das Prädikat ἅγιον: Es ist die messianische Macht der Endzeit (1,8), ist Synonym für die in Jesu Exorzismen
anbrechende Herrschaft Gottes (3,29), drückt die Inspiration der Schrift
aus (12,36) oder wird der verfolgten Gemeinde als Unterstützung in
den Verfolgungen der Endzeit verheißen (13,11).

Nicht eindeutig entscheidbar ist, ob das πνεῦμα von 2,8 und 8,12
"rein anthropologisch ... als Sitz der Wahrnehmungen und Gemütsempfin-
dungen" zu verstehen ist[54], oder ob die mit der Herzenserkenntnis
(2,8) und einer Prophezeiung (8,12f), also mit etwas Außerordentlichem,
verbundenen Stellen bei jenem πνεῦμα nicht eher an Inspiration denken
lassen[55]. Letzteres scheint mir zumindest im Zusammenhang des Markusevangeliums wahrscheinlicher, weil Jesus ja in der Taufe mit dem
göttlichen Geist begabt wird.

Das πνεῦμα πρόθυμον in Mk 14,38 hat mit der sonstigen Verwendung
des Wortes πνεῦμα bei Markus wenig zu tun. Denn dort wurde unter πνεῦμα eine übermenschliche, meist sogar personifizierte Macht verstanden.
Lediglich 2,8 und 8,12 könnten eine Ausnahme bilden; doch hat auch
dort das Wort nichts mit dem Willen zu tun und ist außerdem ausschließlich auf eine außerordentliche geistige Potenz Jesu bezogen. Der 'Sitz
der Wahrnehmungen und Empfindungen', das wollende und verstehende
(bzw. verstockte) Selbst des Menschen heißt bei Markus καρδία (2,6.8;
3,5; 6,52; 7,6.19.21; 8,17; 11,23; 12,30.33).

(d) *Traditionsgeschichtlich* knüpft der 'willige Geist' an das alttestamentliche und jüdische Verständnis der רוח als Willenszentrum des
Menschen an, und zwar vorzugsweise in seiner Ausrichtung auf Gott[56].

Der Ausdruck erinnert stark an Ps 51,14. Dort bittet der Psalmist:

"Erfreue mich wieder mit deiner Hilfe,

und mit einem willigen Geist (רוח נדיבה) rüste mich aus".

Die Vorstellung des von Gott verliehenen 'willigen Geistes' ist verwandt mit
Verheißungen wie Jer 24,7; 31,33; 32,39; Ez 36,25ff. Man hat daher aufgrund dieser
Parallele geschlossen, daß auch Mk 14,38 mit jenem 'willigen Geist' "der dem Menschen
verliehene Geist Gottes gemeint ist, der gegen die menschliche Schwachheit kämpft."[57]

---

54 E.SCHWEIZER: Art. πνεῦμα ThWNT VI 394; ebenso J.KREMER: Art. πνεῦμα EWNT III
Sp.282.
55 Vgl. R.PESCH: Markusevangelium I z.St.; J.GNILKA: Markus I z.St.
56 πνεῦμα bezeichnet auch im Magnifikat (Lk 1,47) den Menschen in seiner Ausrichtung
auf Gott. Traditionsgeschichtlich ist dies bedeutsam, weil es sich bei diesem
Lied um einen auf jüdische Poesie zurückgehenden Psalm handelt (vgl. I.H.MARSHALL:
Luke 79). Auch bei der Notiz Lk 1,80, daß der heranwachsende Täufer "an Geist
zunahm", ist πνεῦμα eine anthropologische Größe.
57 E.SCHWEIZER: Art. πνεῦμα ThWNT VI 394 Z.26f; vgl. ders.: Art. σάρξ ThWNT VII
123f; ähnlich J.KREMER, Art. πνεῦμα EWNT III Sp.283, der von einer menschlichen

Eine solche Deutung ist jedoch abzulehnen. Denn wäre jenes πνεῦμα πρόθυμον die von Gott verliehene Kraft, so müßte sie auch in der Lage sein, der Schwäche des Fleisches Herr zu werden (vgl. die Macht des verheißenen 'heiligen Geistes' Mk 13,11). Das Gefälle der Antithese zeigt jedoch, daß Jesus vom Gegenteil ausgeht und gerade deshalb die Jünger auffordert, zu wachen und zu beten[58]. Während konsequenterweise in Ps 51,14 Gottes Hilfe und die Ausrüstung mit einem willigen Geist (der dann auch Beständigkeit gewährt, vgl. Vv. 12.15) im parallelismus membrorum identifiziert werden, muß hier trotz des (vorausgesetzten) willigen Geistes Gottes Hilfe zur Überwindung des πειρασμός erst noch erbeten werden; er kann folglich mit dieser nicht identisch sein.

Der Sache nach bezeichnet also dieses πνεῦμα πρόθυμον dasselbe, was Paulus - unter Vermeidung des für ihn in der Entgegensetzung zu σάρξ den 'Geist' bezeichnenden πνεῦμα-Begriffes (vgl. Röm 1,3f; 2,8f; 7,5f; 8,3-14) - über den ἔσω ἄνθρωπος (Röm 7,22) bzw. den νοῦς des Menschen (Röm 7,23.25) sagt: Daß er das Gute will und zu Gottes Gesetz Lust hat, aber eben nicht durchzudringen vermag (vgl. bes. Röm 7,25, wo σάρξ der Gegenbegriff zu νοῦς ist)[59].

K.G.Kuhn glaubte, dieses Verständnis des 'willigen Geistes' als eines besseren Ich im Gegensatz zum schwachen Fleisch unmittelbar in den Anschauungen der Qumrangemeinde wiederzufinden und die hinter dieser Ermahnung stehende Anthropologie von dort ableiten zu können. "Nach der Sektenschrift sind die Menschen geteilt in zwei feindliche Parteien, die Frommen, die Angehörigen der Heilsgemeinde als die 'Söhne des Lichts', und die Leute des Frevels, die der Verdammnis anheimfallen werden, als die 'Söhne der Finsternis'. Die Scheidung beruht auf vorzeitlicher göttlicher Prädestination. Sie besteht darin, daß Gott zwei Geister geschaffen hat, den 'Geist der Wahrheit' und den 'Geist des Frevels', von denen der erstere den Frommen zugehört und ihr Handeln bestimmt, während der letztere die 'Söhne der Finsternis' beherrscht. So hat also der Fromme gemäß göttlicher Prädestination den 'Geist der Wahrheit', der das Gute will. Dieser Geist ist die Triebkraft zum rechten Tun, die sein eigentliches Selbst bestimmt, er kennzeichnet sein 'Aussein auf' das gehorsame Tun des Willens Gottes und seinen Abscheu vor dem Sündetun. In diesen in der Sektenschrift explizit entfalteten Gedanken haben wir den Ausgangspunkt sowohl für das πνεῦμα ὃ κατῴκισεν ἐν ἡμῖν in Jak 4,5 und im Hirten des Hermas, als auch für den 'willigen Geist' der Jünger an unserer Stelle Mark 14,38."[60]

Ich vermag dieser traditionsgeschichtlichen Ableitung nicht zuzustimmen. Schon der Gedanke der Prädestination liegt dem Markusevangelium fern. Mk 13,20, die einzige Stelle, an der der Gedanke der Erwählung anklingt, macht zudem deutlich, daß sich diese Erwählung in einem unmittelbaren Eingreifen Gottes zugunsten seiner Erwählten äußert, die sonst fallen würden, also gerade nicht in einem πνεῦμα als habitus gratia infusus. Weiter findet sich nirgends die Vorstellung einer Teilung der Menschheit in zwei feindliche Parteien dadurch, daß die eine durch vorzeitliche Erwählung sie von der anderen unterscheidende göttliche Kraft besitzt. Dies widerspräche der gesamten Darstellung des Markusevangeliums: Dort steht Jesus in seiner Passion einer ausnahmslos finster gewordenen Welt gegenüber; selbst seine Vertrautesten haben ihn verraten, verleugnet und im Stich gelassen. Da ist zuletzt keiner, der sich durch einen besonderen Geist von dieser vor Gott abgefallenen Welt unterschieden hätte. Und was die Verheißung des heiligen Geistes Mk 13,11 anlangt, so ist es eben die Verheißung einer göttlichen Geistbegabung in den endzeitlichen Wirren und keineswegs etwas, was der Mensch von sich aus hat. Auch wirkt dort der 'heilige Geist' das, wozu er verliehen wurde, während der 'willige Geist' hier sein Vorhaben aus sich gerade nicht zu verwirklichen vermag.

Teilhabe am Geist Gottes spricht, oder J.W.HOLLERAN: Gethsemane 45: "the meaning of Mk 14:38 is that God has gifted the elect with a willing spirit."; vgl. auch A. FEUILLET: Agonie 113; D.M.STANLEY: Gethsemane 142; V.TAYLOR: St.Mark 555 u.a.

58 Auch von einem Kampf des Geistes gegen das Fleisch ist bei den Jüngern in der Passion nichts zu sehen.

59 Vgl. K.G.KUHN: Gethsemane 275; ders.: Πειρασμός 214.

60 K.G.KUHN: Gethsemane 280.

Damit ist noch ein weiterer wichtiger Unterschied zur Qumrangemeinde genannt. Auch hier spricht man von der 'Willigkeit' des Menschen (נדיב bzw. נדב als hebräisches Äquivalent für πρόθυμος[61]). Dort jedoch schließt die 'Willigkeit' das entsprechende Tun fraglos mit ein (vgl. 1 QS 5, 1.6.8.10.21f; 6,13). הנדבים kann deshalb in der Sektenregel geradezu zur Selbstbezeichnung der Gemeinde werden (1 QS 1,7.11). Daher bestimmt jener von Gott verliehene Geist auch, wie K.G.Kuhn unterstrichen hat (s.o.), das Handeln der Frommen, er ist Triebkraft zum rechten Tun. Gerade dies ist der 'willige Geist' Mk 14,38 nicht. Wie in Röm 7 - oder begrifflich noch näher II Kor 8,11f - zeigt sich hier eine eigentümliche Gebrochenheit zwischen Willen und Tun, die den Texten der Qumrangemeinde fremd ist.

11.3.2 Σάρξ ἀσθενής

(a) Seiner *Grundbedeutung* nach ist σάρξ der muskulöse Teil des tierischen oder menschlichen Körpers. Da sich Erregungen hier auswirken, kann σάρξ dann auch den Sitz der Empfindungen bezeichnen. Im Besonderen ist die σάρξ (seit Epikur) Sitz der ἡδονή[62]. Einzelheiten interessieren hier nicht, da die übertragen verstandene σάρξ durchweg als eigenes Antriebszentrum, als eine 'starke' Macht verstanden wird. Die Rede vom 'schwachen Fleisch' wird von hier aus nicht verständlich.

(b) Das *hebräische Äquivalent* zu σάρξ ist in der LXX fast ausschließlich בשר[63]. Auch hier bezeichnet das Wort zunächst das Fleisch im eigentlichen Sinn, sodann erweitert den ganzen Körper des Menschen und schließlich übertragen - mein Gebein und mein Fleisch - die Verwandtschaft.

Aufgrund der auf dem 'Fleisch' beruhenden Wesensgleichheit aller Menschen[64] kann בשר dann auch einfach den Menschen bezeichnen. Häufig findet sich der Ausdruck כל־בשר für alle Menschen, bisweilen auch für alles Lebendige.

Kennzeichnend für die בשר ist ihre Geschöpflichkeit und unbedingte Abhängigkeit von Gott. Fleisch bezeichnet daher zugleich die menschliche Schwäche, Begrenztheit und Vergänglichkeit. Zu dieser kreatürlichen Hinfälligkeit kommt die ethische Unzulänglichkeit und Sündenanfälligkeit. "So meint schon innerhalb des Alten Testaments *b.* nicht nur die Kraftlosigkeit des sterblichen Geschöpfs, sondern auch seine *Schwäche in der Treue und im Gehorsam gegenüber dem Willen Gottes.*"[65]

Die Verbindung von בשר und Sündhaftigkeit wird in Qumran noch unterstrichen[66]. Es zeigt sich eine "starke Ausweitung der Kreatürlichkeitsaussagen in solche der Unrein-

---

61 Vgl. K.H.RENGSTORF: Art. πρόθυμος ThWNT VI 694.
62 Vgl. E.SCHWEIZER: Art. σάρξ ThWNT VII 99-104.
63 273mal im MT.
64 Vgl. N.P.BRATSIOTIS: Art. בשר ThWAT I Sp.860.
65 H.W.WOLFF: Anthropologie 56 (Hervorhebungen z.T. von mir). Die einzigen Ausnahmen sind Ez 11,19; 36,26.
66 Vgl. 1 QH 4,29; 1 QS 11,9.12. Die im Zusammenhang der Auslegung von Mk 14,38 aufgestellte These K.G.KUHNs (Πειρασμός 205f), daß in Qumran unter iranischem Einfluß die σάρξ als die Gegenmacht zum πνεῦμα, als Verkörperung der widergöttlichen Welt verstanden wurde, ist im Blick auf das gesamte Schrifttum nicht halt-

heit und Sündhaftigkeit."[67] An einigen Stellen wird geradezu "das 'Fleisch' des Menschen zum Haftpunkt für den Frevelgeist"[68] Allerdings findet sich dort weder der Ausdruck 'schwaches Fleisch' noch die Antithese Geist – Fleisch, was wohl damit zusammenhängt, daß 'Fleisch' eher zu einer 'starken Größe' wird in jenem dualistisch geprägten Denken[69], sodaß man sich auch hier vor allzu weitgehenden Ableitungen hüten muß.

Zusammenfassend läßt sich sagen, daß in der alttestamentlich-jüdischen Tradition der Mensch in seinen natürlichen Abhängigkeiten und Begrenztheiten, in seinen Bedürfnissen und Wünschen wie in seiner Verletzbarkeit, eben als 'Fleisch' beeinflußbar und verführbar ist. So kann er vom Bösen (fremd)bestimmt werden. Als σάρξ ist er schwach. (c) Mk 14,38 erklärt sich ganz aus dieser alttestamentlich-jüdischen Tradition. Die σάρξ ἀσθενής meint den Menschen in seiner Unfähigkeit zur Nachfolge, sein Verfallensein an die Sünde.

Dies bestätigt schon der sonstige Gebrauch des Wortes bei Markus. Außer 10,8, wo Gen 2,24 zitiert wird, erscheint der Begriff nur noch 13,20, wo typisch alttestamentlich von πᾶσα σάρξ = כל-בשר gesprochen wird, die (eben in ihrer Schwäche) zum Abfall bestimmt ist, wenn Gott ihr nicht zu Hilfe kommt.

Die ganze Antithese verrät eine Anthropologie, die auch sonst für das Markusevangelium typisch ist. Besonders deutlich wird diese im Schulgespräch mit dem Reichen sowie in dem daran anschließenden Jüngergespräch Mk 10,17-27. Auch die Gethsemaneszene und die Verleugnung des Petrus lassen sich v.a. auf dem Hintergrund von Mk 14,27-31 als eine Veranschaulichung des Wortes 14,38 lesen.

---

bar (vgl. die Kritik von R.MEYER: Art. σάρξ ThWNT VII 111-113; H.LICHTENBERGER: Studien 49f), wie überhaupt ein durchweg dualistisches Menschenbild in Qumran nicht vorhanden ist: H.LICHTENBERGER (ebd. 174f) hat gezeigt, daß sich dieser Dualismus – und auch dann in unterschiedlicher Ausprägung – nur in der Gemeinderegel und in der Kriegsrolle findet, während er z.B. gerade in den Lehrerliedern fehlt (vgl. auch H.HUPPENBAUER: Fleisch 298-300).

67 H.LICHTENBERGER: Studien 183.
68 Ebd. 210.
69 Vgl. K.G.KUHN: Gethsemane 282.

§ 12: 'ΑΠΕΧΕΙ (V.41a)

Der letzten Feststellung des Schlafes folgt ein Wort, das seiner Kürze wie seiner Stellung nach eine Perfizierungsnotiz zu sein scheint: ἀπέχει. Was sie bedeutet und worauf sie sich bezieht ist jedoch umstritten.

(1.) In seiner Grundbedeutung kann ἀπέχειν a) 'entfernt sein' (medial: 'sich fernhalten von') und b) 'empfangen haben', 'empfangen', 'voll empfangen' ausdrücken. Beachtenswert ist, daß ἀπέχειν sehr häufig in den Quittungen der Papyri vorkommt und dort im Anschluß an Bedeutung b) 'quittieren' bedeutet[1].

Unmittelbar scheint keine der oben genannten Übersetzungsmöglichkeiten einen Sinn zu ergeben. Hinzu kommt die textkritische Unsicherheit dieser Stelle:

- Die Auslassung des ἀπέχει (απεχε Δ, απεχη Θ, επεχει 106) durch Ψ, durch die Minuskeln 50 und 892, k sowie durch einige bohairische Übersetzungen erklärt sich leicht als lectio facilior, die - trotz des relativ hohen Wertes von Ψ für Mk 9-16 - auch von der äußeren Bezeugung her eindeutig sekundär ist.

- Besser bezeugt ist dagegen die Erweiterung des ἀπέχει um ein τὸ τέλος bei Θ, f[13], W(+ιδου), D(απεχει το τελος και), a (consummatus est finis), c ff (adest enim consummacio), d q (sufficit finis), f r[1] (adest finis) sowie 543. 47. 56. 61. 472. 565. 1071.

(2.) Letztere Variante wird von einigen Exegeten für ursprünglich gehalten; sie versuchen von hier aus das rätselhafte Wort zu deuten:

(a) P.-L.Couchoud[2] hält im Anschluß an die altlateinische Hs.k das Ganze für die Randbemerkung eines Kopisten, der dadurch das Überspringen einer Zeile korrigieren wollte.

(b) Eine originelle und auf den ersten Blick nicht unattraktive Lösung schlägt M.Black[3] vor: Bei der Rückübersetzung ins Aramäische setzt er für ἀπέχει רחיק (procul abest) ein. Für dieses Wort nimmt er eine Verwechslung von ר und ד an, sodaß das Wort ursprünglich דחיק = bedrängen (θλίβειν) bedeutet hätte; die Übersetzung müßte folglich lauten: "The end and the hour *are pressing*".[4] Dafür führt M.Black noch eine direkte

---

1 Vgl. G.A.DEISSMANN: Bibelstudien 56.
2 P.-L.COUCHOUD: Notes 113ff.
3 M.BLACK: Approach 225f.
4 Ebd. 226.

Parallele aus dem Babylonischen Talmud (bBer Fol.64a) an und verweist auf weitere Texte, die wahrscheinlichmachen, daß jenes העת דחיק eine hebräische Redewendung ist.

(c) Im Anschluß an die Grundbedeutung a) versteht J.T.Hudson[5] den Satz als ironische Frage: "the end is far away? the hour has come!" V.Taylor[6] entscheidet sich ebenfalls für die Langform und hält dabei sowohl (b) wie (c) für möglich.

Gegen alle drei Lösungsversuche ist einzuwenden, daß der ihnen zugrundegelegte Langtext mit einiger Wahrscheinlichkeit sekundär ist:

- Schon das Gewicht der einhelligen Bezeugung der kürzeren Lesart durch die Vertreter der alexandrinischen Textform spricht gegen den längeren Text.

- Zudem ist die Kurzform nicht nur lectio brevior, sondern auch lectio difficilior: Ihre Übersetzung ist noch strittiger.

- Endlich läßt sich das τὸ τέλος mit einiger Wahrscheinlichkeit auf den Einfluß von Lk 22,37 zurückführen[7]. Hier wird daher von der Kurzform als der mit großer Wahrscheinlichkeit ursprünglichen Textform ausgegangen.

(3) Bei dieser scheint noch weniger als bei der Langform eine befriedigende Übersetzung möglich. Die Schwierigkeiten beginnen schon mit der Frage, ob ἀπέχει unpersönlich zu verstehen sei (a) oder ob ihm ein persönliches Subjekt zukomme (b).

(a) Im ersten Fall, d.h. bei einem unpersönlichen Verständnis von ἀπέχει, folgt die große Mehrzahl der Exegeten der Übersetzung der Vulgata (sufficit) und übersetzt ἀπέχει mit 'es ist genug'. Jedoch: Wessen genug? Genug des Betens und Wachens der Jünger, wie M.-J.Lagrange[8] und A.Loisy[9] meinen? Genug des Schlafens der Jünger?[10] Genug der Ironie?[11] oder drückt es Jesu nunmehrige Überlegenheit aus: "Jesus hat gesiegt und bedarf der Jünger nicht mehr"?[12]

Zu den Interpretationsschwierigkeiten kommen schwerwiegende philologische Bedenken gegen diese Übersetzung. Die für eine solche Bedeutung des ἀπέχει meist angeführten Belegstellen[13] sind sehr umstritten[14]. Es scheint lediglich eine Stelle in den 'Greek Papyri in the

---

5 J.T.HUDSON: Irony 382; ihm folgt A.M.B.HUNTER: Saint Mark 135.
6 V.TAYLOR: St.Mark 557.
7 Vgl. B.M.METZGER: Commentary 114.
8 M.-J.LAGRANGE: Saint Marc 391f.
9 A.LOISY: Évangiles synoptiques II 569f.
10 Vgl. J.WELLHAUSEN: Evangelium 121; E.KLOSTERMANN: Markusevangelium 151; A.E.J. RAWLINSON: St.Mark z.St.; F.HAUCK: Lukas z.St.; C.E.B.CRANFIELD: Saint Mark z.St.; D.E.NINEHAM: St. Mark z.St. u.a.
11 Vgl. H.B.SWETE: Mark 348: "the Lord breaks off the momentary play of irony".
12 B.WEISS: Marcusevangelium 463; vgl. P.SCHANZ: Commentar 92.
13 Vgl. H.G.LIDDELL/R.SCOTT: Lexicon 188.
14 Zur Kritik der Stellen vgl. A.PALLIS, Notes 47, dessen eigene Konjektur, die von

British Museum', London 1343,38[15] als Beleg für ein solches Verständnis von ἀπέχει in Betracht zu kommen. Doch diese einzige, zudem auch
von F.Preisigke[16] nur mit Fragezeichen in dieser Übersetzung gebotene
Stelle stützt das 'sufficit' der Vulgata "nur schwach"[17]. Dazu kommt,
wie A.Pallis zu Recht betont: "This dearth in the case of an expression
in such frequent use as *enough* is extraordinary, seeing that it cannot
be urged in this instance that a word belonging to vulgar Greek must
have been constantly tampered with in our Mss".[18]

Andere Wege, ἀπέχει unpersönlich zu verstehen, geht W.Bauer[19]. Er
geht einmal aus von dem nicht selten bezeugten οὐδὲν ἀπέχει = 'nichts
hält ab' und übersetzt ἀπέχει mit 'es stört', 'es hält ab'. ἀπέχει
bezieht sich hier auf die "unüberwindliche Schlafsucht d. Jünger im
Augenblick der Entscheidung".[20] Dasselbe erwägt F.Rehkopf[21]. In dieser
Bedeutung ist das ἀπέχει jedoch nicht belegt. Auch mutet ein solcher
Tadel vor den folgenden Sätzen deplaziert an.

Eine zweite Möglichkeit, die ebenfalls von W.Bauer[22] und F.Rehkopf[23]
erwogen wird, geht aus von der umgangsprachlichen Bedeutung 'quittieren'. ἀπέχει wäre dann mit 'es ist quittiert', 'die Rechnung ist abgeschlossen' zu übersetzen.[24]

Ein Beleg für eine derartige unpersönliche Verwendung von ἀπέχει
fehlt. Auch wirkt die Übersetzung künstlich, - was sollte empfangen
worden sein, daß es hier quittiert wird?[25]

(b) Angesichts der Schwierigkeiten, ἀπέχει unpersönlich zu übersetzen,
ja überhaupt einen unpersönlichen Gebrauch dieses Wortes nachzuweisen,
versuchen einige Auslegungen, für das ἀπέχει ein Subjekt zu finden.
J.W.Holleran[26] verweist auf den Artikel eines Anonymus aus dem Jahr
1843, der - an die Grundbedeutung (a) anknüpfend - übersetzt: 'Er
(Judas) ist weit entfernt'. Dagegen spricht jedoch, daß Jesus gleich
darauf das Gegenteil sagt; die Annahmen, daß der Verräter jäh auftaucht, hat im Text keinen Anhalt[27].

Ausgehend von der von A.Deissmann nachgewiesenen Verwendung des
Verbs ἀπέχει als terminus technicus in Kaufverträgen hat J. de Zwaan

---

einer Verfälschung von ἐπέστη ausgeht, freilich höchst zweifelhaft ist.
15 Angabe nach F.PREISIGKE: Art. ἀπέχω.
16 F.PREISICKE: ebd. Sp. 163.
17 W.BAUER: Wörterbuch Sp.168.
18 A.PALLIS: Notes 47.
19 W.BAUER: Wörterbuch Sp.168.
20 Ebd.
21 F.BLASS/A.DEBRUNNER/F.REHKOPF: Grammatik § 129.
22 W.BAUER: Wörterbuch Sp.168.
23 F.BLASS/A.DEBRUNNER/F.REHKOPF: Grammatik § 129.
24 Vgl. auch E.LINNEMANN: Studien 26.
25 Vgl. T.A.MOHR: Passion 236 Anm. 43.
26 J.W.HOLLERAN: Gethsemane 54f.
27 Vgl. ebd 55.

ebenfalls Judas zum Subjekt des rätselhaften Wortes bestimmt und
V.41 übersetzt: "(Judas) did receive (the promised money). The hour
is come, the Son of Man is betrayed into the hands of sinners".[28]
In modifizierter Weise folgte ihm G.H.Boobyer[29]. Auch er hält im
Anschluß an W.Bauer und J.de Zwaan Grundbedeutung (b) für den Schlüssel des rechten Verständnisses, und zwar, wie J.de Zwaan, mit Judas
als Subjekt. Im Gegensatz zu J.de Zwaan ist für ihn jedoch ἀπέχει
"logically connected with the immediatly following words" und bedeutet hier, "that Judas with the help of the accompanying ὄχλος
is about to take possession of the Lord in order to hand him over
to the Sanhedrin whose members will then transfer him to the Genti-
les".[30] Zu übersetzen wäre dann: "You are still asleep? Still resting?
He is taking possession of (me)! The hour has come! Behold, the Son
of Man is being delivered into the hands of sinners. Arise! Let us
go! Behold, the one who hands me over is near".[31]

Gegen beide Übersetzungsvorschläge spricht schon, daß ἀπέχει hier
Präsens ist, vor allem aber, daß sich ein Bezug auf Judas vom Text
her nicht nahelegt. Wenn V.41ef vom Gekommensein der Stunde und von
der Preisgabe des Menschensohnes spricht, so ist hier allein der
Sohn mit seinem vom Vater bestimmten Geschick im Blick.

Abwegig ist aber auch der Erklärungsversuch, der davon ausgeht,
Gott habe Jesu Gebet empfangen[32]. Auch hiergegen spricht schon das
Präsens. Auch wird diese These durch nichts in der Erzählung gestützt;
eine nicht erhörte Bitte wird nicht 'empfangen'.

Angesichts dieser Schwierigkeiten hat man das ἀπέχει für unüber-
setzbar erklärt und entweder auf eine Wiedergabe ganz verzichtet[33],
oder diese im Blick auf den Kontext frei formuliert[34].

(4) Demgegenüber soll hier eine Vermutung geäußert werden, die
sich durch die bisherige Auslegung nahelegte. Denn Mk 14,32-42 erwies sich als durchgängig von alttestamentlichen und jüdischen Vorstellungen geprägt, insbesondere von Klagepsalmen und Gerichtsworten.
Dies läßt es als sinnvoll erscheinen, auch bei dem ἀπέχει zu fragen,
ob es sich auf dem alttestamentlichen Hintergrund verstehen läßt.

In der LXX erscheint ἀπέχει 39mal, zumeist in der Bedeutung
'fern sein'. Häufig wird damit eine nur lokal verstandene Distanz
ausgedrückt, dann aber auch ein Abstandnehmen (von einer schlechten

28 J.de ZWAAN: Text 466-471.
29 G.H.BOOBYER: 'ΑΠΕΧΕΙ.
30 Ebd. 47.
31 Ebd. 48.
32 Vgl. D.DORMEYER: Passion 132.
33 So E.LOHMEYER: Markus z.St.; K.G.KUHN: Gethsemane 267 Anm. 16.
34 Vgl. S.E.JOHNSON: St.Mark 236 *"It is all over"*; E.LOHSE: Geschichte 64: "zu spät".

Sache, von bösen Menschen etc.) und darüberhinaus dann auch *die
Entfremdung von Gott und Mensch* , und zwar in zweierlei Hinsicht:
- Zum einen kann sich der Mensch von Gott entfernt haben. So klagt
etwa Gott bei Jesaja sein Volk mit den auch im NT von Jesus aufgenommenen Worten (Mk 7,6f par. Mt 15,8f) an: "Weil dieses Volk mir
nur mit seinem Munde naht und mich nur mit seinen Lippen ehrt, sein
Herz aber fern von mir bliebt (Pi.רחק LXX: πόρρω ἀπέχει).." (Jes 29,13
vgl. weiter Ez 8,6 LXX, Ez 11,15).
- Zum andern kann damit aber auch die Fremdheit Gottes bezeichnet
werden:

> "Denn meine Gedanken sind nicht eure Gedanken,
>   und eure Wege sind nicht meine Wege, spricht Jahwe,
>   sondern soviel der Himmel höher ist (ὡς ἀπέχει) als die Erde,
>   so sind auch meine Wege höher (οὕτως ἀπέχει) als eure Wege,
>   und meine Gedanken als eure Gedanken." (Jes 55,8f)

Ist dort die Ferne Gottes den Menschen heilsam, weil Jahwe nicht
an ihren verkehrten Wegen teilhat, so ist im allgemeinen Gottes
Fernsein Zeichen des Unheils. So setzt Prov 15,29 die Gebetserhörung
bei den Gerechten dem Fernsein Gottes von den Gottlosen antithetisch
gegenüber:

> μακρὰν ἀπέχει (רחוק) ὁ θεὸς ἀπὸ ἀσεβῶν,
> εὐχαῖς δὲ δικαίων ἐπακούει.

In anderer Begrifflichkeit findet sich dieselbe Aussage häufig
im AT: Das Fernsein Gottes ist geradezu Synonym für das Unheil.
Besondere Aufmerksamkeit verdienen dabei die Klage über die Ferne
Gottes in den Psalmen (vgl Ps 10,1; 22,2; Thr 1,16 u.ö.) sowie die
entsprechende Bitte um seine Nähe (Ps 22,12.20; 35,22; 38,22;
71,12). Ein eindeutiges hebräisches Äquivalent für ἀπέχειν findet
sich nicht. Am häufigsten (13mal) gibt ἀπέχειν das hebräische
רחק   bzw. רחוק wieder.

Die räumlichen Metaphern 'Nähe' und 'Ferne' bringen also eine *Grund-
erfahrung des Betens* zum Ausdruck, die Israel mit dem Alten Orient
teilt, wie etwa babylonische Gebetsformeln[36] zeigen.

(5.) Das ἀπέχει läßt sich auf diese Weise nicht nur (ohne umstrittene
exegetische und philologische Operationen) in seiner einfachsten und
häufigsten Grundbedeutung verstehen; die Perfizierungsnotiz ' Gott
ist fern, die Stunde gekommen' fügte sich auch vorzüglich in die ganze
Erzählung ein, die nichts anderes als einen schweigenden, 'fernen' Gott
und die Verwerfung von Jesu Gebet gezeigt hat. So wäre das ἀπέχει

---

36 Vgl. W.R.MAYER: Ich rufe 311-317.

ὁ θεός die genaue Entsprechung zu dem folgenden ἦλθεν ἡ ὥρα: Der
Ferne Gottes korrespondiert das Gekommensein der Stunde. Damit erwiese
sich der Ausdruck als die Umkehrung dessen, was die erste Hälfte der
Erzählung bestimmt hatte, der Hinwendung zum Vater mit der Bitte ἵνα
... παρέλθῃ ... ἡ ὥρα. In Form einer inclusio wird so das 'Ergebnis'
des dreimaligen vergeblichen Gebets gezeigt.

(6.) Auch diese Hypothese hat ihre Schwierigkeiten. Die größte
ist wohl die, daß Gott nicht explicit als Subjekt genannt wird, und
eine entsprechende absolute Verwendung von ἀπέχει sich nicht belegen läßt. Nun teilt sie diese Schwierigkeit mit allen Erklärungs-
versuchen, die ἀπέχει nicht unpersönlich deuten. Unter allen diesen
hat die vorgetragene Deutung jedoch den Vorzug, daß Gott als Subjekt
zumindest mittelbar im Kontext zur Sprache kommt: Die (von ihm gesetzte) Stunde ist gekommen, der Menschensohn wird (von ihm - pass.
div.) in die Hände der Sünder preisgegeben. Möglicherweise hat man
sich gescheut, Jesus so direkt die Ferne Gottes aussprechen zu lassen,
und deshalb im Griechischen bewußt diesen dunklen Ausdruck gewählt.
Doch bleibt dies Vermutung.

Befremden könnte auch , daß Jesus mit dem ἀπέχει den Jüngern
Mitteilung über das 'Ergebnis' seines dreimaligen Betens macht.
Dieses Befremden müßte sich aber dann auf den ganzen Vers 41b beziehen, in dem ja Jesus nichts anderes tut, als 'Gethsemane'
sozusagen theologisch auf den Begriff zu bringen. Dies geschieht
vor allem durch das Wort von der Preisgabe des Menschensohnes, das
durch jenes ἀπέχει· ἦλθεν ἡ ὥρα eingeleitet wird. Innerhalb der
Erzählung an die verständnislosen Jünger adressiert, soll mit
jenem ganzen Schlußwort wohl auch für den Hörer 'Gethsemane' und
darüberhinaus die ganze Passion gedeutet werden. In diesem Zusammenhang hätte dann das ἀπέχει seine unmittelbarste Parallele in
Mk 15,34, der Klage Jesu über den verborgenen Gott.

(7.) So verstanden, steht das ἀπέχει auch in einer auffälligen Ent-
sprechung zu dem Jesu Worte abschließenden ἤγγικεν des Überlieferers.
Der Ferne Gottes korrespondiert das Nahegekommensein des (bösen) Todes.
Beide Begriffe muten wie eine inclusio des Abschlußwortes an.

Vielleicht darf man hier sogar noch weiter gehen: Jenes perfektische
ἤγγικεν findet sich nur noch einmal, am Anfang des Evangeliums, in der
programmatischen Zusammenfassung des Auftretens Jesu: ἤγγικεν ἡ βασιλεία (1,15). War dort der Himmel geöffnet, Gott in seinem Geist dem
Sohne und deshalb (in Jesu Auftreten) Gottes Herrschaft der Welt nahe
gewesen, während die Versuchung durch den Satan überwunden ist und
seine Dämonen im folgenden von Jesus vernichtet werden, so ist hier de-

finitiv die Wende vollzogen: der Himmel ist geschlossen, der Vater
fern - nahegekommen aber sind die Funktionäre des Bösen, um sich des
'Sohnes' zu bemächtigen.

§ 13: DIE PREISGABE (V.41fin)

13.1 Παραδιδόναι εἰς τὰς χείρας

Was Inhalt der 'Stunde' ist, um deren Vorübergehen Jesus gebetet
hatte und die nun nach dem dreimaligen Schweigen Gottes und dem Schlafen der Jünger gekommen ist, wird von Jesus selbst (14,41) formelhaft
expliziert: "Preisgegeben wird der Menschensohn in die Hände der Sünder".

(a) das griechische παραδιδόναι hat einen dem deutschen 'überliefern',
'übergeben' (lat. tradere) entsprechenden Bedeutungsumfang: Es reicht
vom einfachen 'Weiterreichen' bis zur 'Auslieferung'[1]. Im kanonischen
Teil der LXX kommt das Wort 208mal vor, überwiegend (161mal) als Übersetzung des hebräischen נתן. Auch hier hat das Wort keine spezifisch
theologische Bedeutung.

(b) Ganz im Gegensatz zu dieser Unbestimmtheit hat die formelhafte
Wendung παραδιδόναι εἰς τὰς χείρας einen sehr präzisen Sinn und verweist
auf einen ganz bestimmten Traditionshintergrund. Die Wendung begegnet
nur im Übersetzungsgriechisch[2]; näherhin handelt es sich um einen auf
die LXX zurückgehenden Hebraismus[3], der sich - zumeist als Übersetzung
des hebräischen (י)ד בי נתן - in deren kanonischen Teil 122mal findet
(28mal in der Bedeutung 'in die Hand'), wozu noch 8mal 'durch/unter die
Hand' zu rechnen ist[4]. Subjekt der Dahingabe ist zumeist Gott, wobei
zwei Motivkreise spezifisch heraustreten:

- Die perfektische Zusage 'Gott hat die Feinde in eure Hand gegeben'
gehört als Bannformel zum *heiligen Krieg*[5]. Von den ca 64 Belegen (die
genaue Zahl ist schwer festzulegen, da unsicher ist, inwieweit man
etwa Davids Eroberungen noch zum heiligen Krieg rechnen darf) finden
sich allein 57 in den Geschichtsbüchern Dtn-II Sam. Die Auslieferung
der Feinde ist Erweis der Zuwendung Gottes zu seinem Volk.

- Da diese Zuwendung ein Verhältnis zu dem durch sie konstituierten
und erhaltenen Volk setzt, wird verständlich, daß der beständige Bruch
dieses Gesetzten, der Bruch des Bundes, zur Abwendung Gottes führt.

---

1 Vgl. H.G.LIDDELL/R.SCOTT: Lexicon 1308.
2 Vgl. H.BÜCHSEL: Art. δίδωμι ThWNT II 172.
3 Vgl. F.BLASS/A.DEBRUNNER/F.REHKOPF: Grammatik § 217,2.
4 Vgl. W.POPKES: Christus 13.
5 Vgl. G.von RAD: Krieg 7.

Die Heiligkeit Gottes richtet sich nun nicht mehr nur gegen die Heiden,
sondern auch gegen das eigene unheilige Volk. Von daher wird auch
verständlich, daß diese Formel in die *Gerichtssprache* übergeht[6]. Besonders ist dies bei den Propheten Jeremia (14mal) und Ezechiel (8mal,
dazu noch 4mal in verwandter Sprache 16,27; 21,20.32.34) der Fall;
aber auch bei den anderen Propheten, in den Psalmen und im deutero-
mistischen Geschichtswerk findet sich die Umkehrung dieser Formel
des Heiligen Kriegs zum Ausdruck des göttlichen Zorngerichts:

> "... *ich habe mein Angesicht gegen diese Stadt gerichtet*
> *zum Bösen* und nicht zum Guten.
> Spruch Jahwes.
> Sie wird *übergeben in die Hand* des Königs von Babel,
> daß er sie mit Feuer verbrenne."   (Jer 21,10)

> "Ich will euch aus der Stadt hinaustreiben
> und euch *geben in die Hand* der Fremden,
> und will an euch Strafgerichte (שפטים) tun."   (Ez 11,9)

Der Grundsinn von παραδιδόναι εἰς τὰς χεῖρας ist:
- Die Übergabe in die Verfügungsgewalt eines anderen, was zumeist
"die Vernichtung oder zumindest die Bedrückung des Betroffenen impliziert... Das Geschehen ist im umfassenden Sinne als Gerichtsakt zu
charakterisieren."[7]
- Dazu tritt "als weitere Dominante hinzu, dass es sich (in erstaunlich
vielen Fällen) um ein Gottesgericht handelt. Inhaltlich ist die *Da-*
hingabe das genaue Gegenteil von Heil... Der so Dahingegebene ist im
wahrsten Sinne des Wortes gottverlassen; Gott hat ihn aus seinem
Schutz herausgestellt in die Gewalt feindlicher Mächte."[8] Göttliches
Gericht und weltliches Geschehen sind dabei nicht etwas grundsätzlich
Verschiedenes, sondern bilden häufig eine Einheit: "Die feindliche
Hand des Gegners, der diejenigen unter seine Herrschaft erhält, die
ihm zum Gericht überstellt sind, kann als Mittler der göttlichen Absicht gesehen werden. Der häufigste Ausdruck hierfür ist nātan bejād."[9]
(c) Auch in den *Apokryphen und Pseudepigraphen* werden - wenn auch in
recht unterschiedlicher Häufigkeit - Dahingabeaussagen im oben charakte-
risierten Sinn verwendet[10], wobei bemerkenswert ist, daß sich jenes
charakteristische 'Dahingeben *in die Hände*' "ausnahmslos in original
semitischen Schriften" findet[11]. Hier bleibt dann auch der Aussagege-
halt weitgehend dem des AT gleich: "Wie im AT und anderwärts im jüdischen Schrifttum nehmen auch in den Apokryphen und Pseudepigraphen die

---

6 Vgl. J.A.SOGGIN: Krieg 79-83; H.WEIPPERT: Jahwekrieg 396ff.
7 W.POPKES: Christus 25.
8 Ebd. 25 (Hervorhebungen von mir).
9 P.ACKROYD: Art. jād ThWAT III Sp 451; vgl. Jub 1,13.19; 21,22; 23,22; 24,28; 30,6.
   17; äthHen 38,5; 48,9; 63,1; 89,55.56.58.60; 90,22; 91,9.12; 95,3.7; 97,10; 98,12.
10 Vgl. W.POPKES: Christus 37ff.
11 Ebd. 44.

Aussagen über das Gerichtshandeln Gottes... einen breiten Raum ein...
Die Apokalypsen verwenden diesen Topos mit besonderer Vorliebe."[12]

Neu tritt dann auch der Gedanke der Selbsthingabe der Märtyrer
hinzu, ein Gedanke, der auch im *Rabbinat* wesentlich bleibt. Daß man
den Gedanken der Selbsthingabe vom Gedanken des Gottesgerichts nicht
vollständig trennen kann zeigen die häufigen Deutungen des Märtyrer-
todes als Sühne für eigene und fremde Schuld vgl. II Makk 7,18.31f.
Doch abgesehen davon bleibt bei den Rabbinen "das atl. Erbe der domi-
nierende Faktor... Immer noch sehr bedeutsam ist die atl. Linie der
Dahingabe durch Gott als Gericht über die Sünde."[13]

Endlich bezeugt die auffällig häufige Verwendung des Wortes 'Übergeben' (aramäisch: מסר oder נתן) in Verbindung mit 'dem Schwert' und
'in die Hand' in *Qumran*, daß jenes 'Preisgeben in die Hand/Hände'
als Ausdruck des göttlichen Zorngerichts eine in ntl. Zeit lebendige
Vorstellung war.

Dabei fällt im besonderen auf, daß die formelhafte Wendung נתן
ביד[14] in Qumran, soweit die Texte veröffentlicht sind und ein Zusammenhang erkennbar ist[15], ausschließlich ein Handeln Gottes wiedergibt,
und zwar näherhin - von zwei Stellen in der Tempelrolle (62,9; 63,10)[16]
abgesehen - im Kontext von Strafe für begangene Sünden, von Gottes
Zorn und seinem Gericht. So heißt es 4 Q 171 (pPs 37[a]) 1-2, II 19, daß
die Bösen von Ephraim und Manasse "in die Hand der gewalttätigen
Heiden gegeben werden *zum Gericht*" (ינתנו ביד עריצי גואים למשפט)[17]
(ähnlich 4 Q 171 (pPs 37[a]) 3-10, IV 9f vgl. weiter 1 QpHab 4,8; 5,4;
9,6.10; CD 1,6). Zumindest in Qumran scheint die Formel נתן ביד - noch
eindeutiger als im AT - durchweg das göttliche Gerichtshandeln bezeichnet zu haben.

(d) Im *Markusevangelium* hat παραδιδόναι ein der sonstigen Verwendung
dieses Wortes analoges Bedeutungsspektrum, die vom bloßen Geben und
Bringen (4,29) über die Überlieferung von Tradition (7,13) bis zur
Auslieferung mit dem Zwecke der Verurteilung und meist auch Hinrichtung
reicht. Letztere Verwendung ist die bei weitem vorherrschende; sie
erscheint im Evangelium 18mal (1,14; 3,19; 9,31; 10,33a.b; 13,9.11.12;
14,10.11.18.21.41.42.44; 15,1.10.15). Dabei ist zu unterscheiden zwi-

---

12 Ebd. 45.
13 Ebd. 65.
14 מסר ביד erscheint, soweit ich sehen konnte, nicht; vgl. aber verwandte Formulierungen wie מסר לחרב CD 19,10.
15 Unverständlich ist das Fragment 6Q9, 33,2. Für sich genommen ist auch 4Q161 (4Qp
JesA), 8-10,8 nicht eindeutig, wenn es dort heißt, daß die Kittim 'in die Hand
seines Großen gegeben werden' (נת(נו) ביד גדולו). Versteht man jedoch den Kommentar im Zusammenhang mit der ausgelegten Bibelstelle Jes 10,34, so ist dies wohl
als die Ausführung des göttlichen Zorngerichts (vgl. Jes 10,24ff) durch den Messias (?) zu deuten.
16 Vgl. Y.YADIN: Temple Scroll Bd.2 z.St.

schen Aussagen, die sich auf Jésus beziehen, und solchen, die sich
auf den Täufer und die Jünger Jesu beziehen. Und auch bei den auf
Jesus bezogenen Dahingabeaussagen - mit 14 bilden diese wiederum deutlich die Überzahl - ist zu unterscheiden zwischen solchen, die (passivisch umschreibend) Gott zum Subjekt der Dahingabe machen, und solchen,
bei denen Menschen Jesus ausliefern (Judas, die Hohepriester, Pilatus;
insbesondere Judas in seiner Bezeichnung als ὁ παραδιδούς vgl. 14,42
ist von Interesse im Zusammenhang mit der Frage, wie sich hier menschliches und göttliches Handeln zueinander verhalten).

Die Verwendung des Wortes παραδιδόναι für das (vergangene) Geschick
des Täufers (1,14) und für das (zukünftige) Geschick der Jünger (13,9.
11.12) erklärt sich wohl aus der jeweiligen Entsprechung ihres Ge-
schicks zur Passion Jesu. Besonders deutlich ist dies durch die - den
Leidensweissagungen 9,31; 10,33 und 14,41 analoge - passive Formulierung beim Täufer, der zudem durch Jesus selbst in ein direktes Verhältnis zu seinem eigenen Geschick gesetzt wird (9,12f vgl. auch Mk 6,14-
29). Doch auch das Geschick der Jünger in der Nachfolge wird von Jesus
mit seinem Geschick zusammengebunden - bis hin zu der anstößigen Formulierung vom 'Kreuz-auf-sich-Nehmen' (8,34). Und umgekehrt bestand
die Tendenz, das eigene Geschick bis in die Terminologie hinein dem
Geschick Jesu entsprechen zu lassen[18]. Anders als bei der 'Auslieferung'
des Täufers (Mk 1,14) könnte das παραδιδόναι der Jünger in Mk 13,9ff
jedoch auch durch die allgemeine Prozeßsprache (mit)bedingt sein.

(e) 3mal wird παραδιδόναι mit Gott als passivisch umschriebenem Subjekt der Preisgabe verwendet (9,31; 10,33a; 14,41), jedesmal im Munde
Jesu und in Verbindung mit dem Titel Menschensohn. Nur hier[19] taucht
auch 2mal jene so charakteristische Wendung παραδιδόναι εἰς τὰς χεῖρας
auf[20].

---

17 Vgl. J.M.ALLEGRO: 4 QpPs[a] z.St.
18 Vgl. MartPol 1,2: "ἵνα παραδοθῇ, ὡς καὶ ὁ κύριος" (H.MUSURILLO: Acts 2 Z.11f.
19 Unabhängig von Mk 9,31 und Mk 14,41 (Lk 24,7 dürfte von Mk 14,41 abhängig sein -
   s.o. S. 37) erscheint das π. εἰς τὰς χεῖρας im ganzen NT nur zweimal in der Apostelgeschichte für das Geschick des Paulus (Act 21,11; 28,17). In Act 28,17 weicht
   der Bericht des Paulus von seiner Gefangennahme deutlich von den Act 21,31-33 geschilderten Ereignissen ab, und zwar offensichtlich aus dem Bestreben, seine
   Gefangennahme der Passion Jesu anzugleichen (vgl. E.HAENCHEN: Apostelgeschichte
   644; G.SCHNEIDER: Apostelgeschichte II 414). So dürfte auch die Formulierung der
   'Übergabe' aus der Angleichung an die Leidensweissagungen zu verstehen sein.
   Gleiches gilt für act 21,11 zu vermuten (vgl. J.ROLOFF: Apostelgeschichte 310;
   E.HAENCHEN: Apostelgeschichte 533). Lukas benützte diese Wendung, ohne daß noch
   etwas von ihrem ursprünglichen Sinn erkennbar wird. Dasselbe zeigte sich bei der
   Übertragung der Kelchmetapher im MartPol.
20 9,31; 14,41 - beim dritten Mal, 10,33, ist der Sinn der gleiche, nur wird der
   Empfänger gut griechisch im Dativ angeben, was schon sprachlich den aus anderen
   Gründen festgestellten sekundären Charakter dieser dritten Leidensweissagung be-
   stätigt; vgl. R.PESCH: Markusevangelium II 147; J.GNILKA: Markus II 95f; E.SCHWEI-
   ZER: Markus 123; E.LOHSE: Geschichte 18ff u.a.

Für unseren Zusammenhang ist vor allem die zweite Leidensweissagung
9,31 interessant, die bis auf ein Wort mit Mk 14,41 identisch ist:
Statt 'Sünder' steht hier 'Menschen', was freilich bei Markus - wenn
es in Gegensatz zu Gott gesetzt wird - das gleiche bedeutet (vgl.
8,33). Für diesen Vers 9,31 hat J.Jeremias nachgewiesen, daß er
vermutlich auf ein aramäisches Wortspiel zurückgeht: "Gott wird (bald)
den Menschen (sing.) den Menschen (plur.) ausliefern"[21], und daß dieser
Vers daher sehr alt sein muß. Für eine Rückführung auf Jesus selbst
spräche, "daß er in seiner Unbestimmtheit nicht nach einer *ex eventu*
Formulierung aussieht, und daß er, so kurz er ist, drei Stilformen
aufweist, die Jesus bevorzugt hat: 1. den *Mašal*charakter, 2. das
Passivum divinum, 3. die Paronomasie"[22].

Dazu kommt noch die rein semitische Formulierung des Preisgebens
in die Hände, die bezeichnenderweise schon in der späteren Leidensweissagung 10,33 ebenso fehlt wie in allen jüdischen Schriften, die
nicht ursprünglich in semitischer Sprache abgefaßt wurden[23].

Wenn wir es aber mit einer sehr alten, unter Umständen sogar auf
Jesus selbst zurückgehenden und auf jeden Fall semitischen Wurzeln
entstammenden Formulierung zu tun haben, so besteht kein Grund, für
diese Dahingabeaussage nicht denselben Bedeutungsgehalt anzunehmen,
den diese formelhafte Wendung aus dem AT in der intertestamentarischen
Literatur, in Qumran und im Rabbinat hat: Jenes 'Preisgeben in die
Hände' ist Ausdruck des *göttlichen Zorngerichts*.

Schon für die Dahingabeaussagen im NT überhaupt urteilt W.Popkes, daß das Motiv
des göttlichen Gerichts "mit Sicherheit" dahinterstehe: "es spielt ja im atl.-jü-
dischen Schrifttum eine geradezu überragende Rolle und erscheint ebenfalls im NT...
Liegt es sehr fern anzunehmen, dass dem Pls Röm 8,32 das, was er 1,24ff schrieb,
noch in den Ohren klang? In der Tiefe besteht wahrscheinlich ein nicht zu unter-
schätzender theologischer Gedankenzusammenhang. Besonders auffällig ist es dort,
wo gesagt ist, dass Christus für uns, die Sünder, starb; damit nahm er den göttlichen Fluch auf sich (vgl. auch Röm 8,3; 2 Kor 5,21; Gal 3,13), an ihm vollzieht sich
das Gottesgericht über die Sünde. Aber auch da, wo nur von Jesu Dahingabe durch
Gott die Rede ist, musste bei einem, dem die atl.-jüdische Tradition vertraut war,
der Gedanke mitschwingen, dass dieser göttliche Akt nicht ohne eine bestimmte Motivation geschehen konnte; und am nächsten lag fraglos der Gedanke, dass sich hier
eine unerhörte Manifestation des göttlichen Zornes vollzog. In diesem Verstehens-
horizont behielt der Sinngehalt von *paradidonai* zugleich seine scharfe Akzentuierung,
nämlich die einer völligen Preisgabe (so wie Gott den Sünder preisgibt)."[24]

Diese allgemein für die Dahingabeaussagen getroffene Feststellung gilt natürlich
umso mehr für die beiden Stellen Mk 9,31 und 14,41, wo die in der ganzen atl. und
jüdischen Tradition zumeist auf ein göttliches Zorngericht verweisende Formel des
Preisgebens *in die Hände* (נתן ביד) verwendet wird. Auch die sonstige Begrifflichkeit (vgl. vor allem ποτήριον), das die ganze Erzählung bestimmende Entsetzen Jesu
und das Schweigen Gottes, sowie die Spannung zur bisherigen Einheit mit dem Vater
und der daraus fließenden Vollmacht Jesu bestätigen diese Deutung.

---

21 J.JEREMIAS: Theologie 268.
22 Ebd.
23 Dies spricht auch gegen J.GNILKA, Markus II 53, der den Satz aus dem hellenistischen Judenchristentum ableiten möchte.
24 W.POPKES: Christus 236.

Zu klären bleibt noch die Frage nach dem Verhältnis der Auslieferung durch Menschen (insbesondere durch Judas) zu jener göttlichen Preisgabe.

Im Evangelium selbst wird beides als Einheit gesehen: Das Fallengelassenwerden durch den Vater ermöglicht und bedingt zugleich Jesu Auslieferung an die Hohenpriester und Schriftgelehrten durch Judas (14,21.42.44; vgl. 3,19; 14,10f.18) und in ihrem Gefolge die Auslieferung an Pilatus durch die Synhedristen (10,33; 15,1.10) und an die Kriegsknechte durch Pilatus (15,15). Beides sind nur zwei Seiten ein und derselben Sache[25]. Entsprechend wird auch beides aufeinander bezogen, das Ineinander von göttlicher Preisgabe und menschlicher Auslieferung festgestellt:

"Der Menschensohn *wird* den Hohepriestern und Schriftgelehrten *ausgeliefert werden* und *sie werden* ihn zum Tod verurteilen und den Heiden *ausliefern*" (10,33)

"Einer von euch, der mit mir ist, *wird mich ausliefern*..., denn der Menschensohn *geht zwar dahin, wie über ihn geschrieben steht*, wehe aber jenem Menschen, durch welchen der Menschensohn *ausgeliefert wird*" (14,18.21).

Diese Verwendung ist typisch atl.: "Was in all diesen Wendungen für die Macht Gottes - sei es Gottes Hand, die seine Stärke zeigt, oder die Auslieferung Israels in die Gewalt des Feindes als Instrument des göttlichen Gerichts ausdrückt - offensichtlich wird, ist die Tatsache, daß dieselben Wendungen für göttliches wie auch für menschliches Handeln gebraucht werden. Es gibt hier keine charakteristische Terminologie für das Handeln Gottes."[26]

Dennoch wurde und wird immer wieder behauptet, daß beides zwei völlig verschiedene Vorgänge seien, die erst sekundär miteinander verbunden worden seien (und daraus dann auch, wie bereits gezeigt, für das Verhältnis der Verse Mk 14,41 und 42 zueinander literarkritische Schlüsse gezogen): "So stehen denn im heutigen Bericht (sc. Gethsemane) das theologisch gewichtige 'Kommen' der Stunde und das banal zu verstehende 'Herankommen' des Judas, das theologisch gewichtige 'Ausgeliefertwerden' an die Sünder und das banal zu verstehende 'Ausliefern' an die jüdischen Behörden hart nebeneinander"[27]. Eine Begründung hierfür wird meistens nicht versucht; einige verweisen auf die Monographie

---

25 Vgl. auch J.L.CHORDAT: Jésus 88f: "Nous croyons... que 'l'emploi réservé' de cette formule trouve ici son origine, à la voix passive - expression traditionelle de l'action divine... C'est seulement en dépendance de cette volonté éternelle que des hommes, instruments de ce dessein de Dieu, pourront 'livrer' Jésus."
26 P.ACKROYD: Art. jād ThWAT III 451.
27 E.SCHWEIZER: Markus 179; ähnlich K.G.KUHN: Gethsemane 226; R.BULTMANN: Geschichte 288; W.H.KELBER: Mark 173; E.LINNEMANN: Studien 54; J.W.HOLLERAN: Gethsemane 107f; W.MOHN: Gethsemane 202.

von W.Popkes: 'Christus traditus', mit deren Thesen sich das Folgende
in der Hauptsache auseinandersetzt.

Zuvor ist freilich noch etwas zu dem Aufsatz von N.Perrin zu sagen "The Use of
(παρα)διδόναι in Connection with the Passion of Jesus in the New Testament".
N.Perrin nimmt an, daß παραδιδόναι zunächst als ein terminus technicus für
Prozeß und Passion verwendet wurde[28] , um dann in einem zweiten Schritt im Anklang
an das AT apologetisch für die Gottgewolltheit und Gottbestimmtheit des Kreuzesge-
schehens umgeformt zu werden. Bereits im Blick auf unsere bisherigen traditionsgeschichtlichen Ergebnisse ist diese These nicht haltbar, da
- sich die Aussage, daß der Gottgefällige von Gott preisgegeben wird im AT und im
Judentum gerade *nicht* findet, v.a. wenn man Jes 53 wie N.Perrin ausklammert (er kann
bezeichnenderweise dafür auch keinen Beleg bringen und weicht auf das ἀποδοκιμασθῆ-
ναι·von Mk 8,31 aus, dessen Subjekt gerade nicht Gott ist);
- die Behauptung der Preisgabe Jesu durch den Vater als Ausdruck des göttlichen
Zorns und der Verwerfung am allerwenigsten zur *Verteidigung* der Passion taugt. Bezeichnenderweise beziehen sich auch weder 9,31 noch 14,41 zu ihrer Rechtfertigung
auf die Schrift.

W.Popkes geht davon aus, daß παραδιδόναι auch sonst ein geläufiger terminus
technicus der Prozeßsprache ist, so geläufig, daß er aus diesem Grunde bei der
Aufzeichnung der Passionsgeschichte, die "von einem Grundgerüst historischer Notizen
getragen wird,... notgedrungen mit in die Feder floss"[29].

Letzteres ist zumindest eine Übertreibung: in den jüdischen Märtyrerberichten II
Makk 6f findet sich das Wort überhaupt nicht; auch in den christlichen Märtyrerakten
mit ihren Prozeßszenen habe ich es als terminus technicus der Prozeßsprache entweder
überhaupt nicht gefunden, oder es wurde dort nur verwendet, wo man explizit auf
Jesu Passion anspielte[30]. So einfach und "notgedrungen" läßt sich also der Gebrauch
von παραδιδόναι in der Passionsgeschichte nicht erklären, schon gar nicht die Häufigkeit des Wortes.

Dazu kommt noch ein Weiteres: Selbst wenn παραδιδόναι ein auch sonst geläufiges
Wort der Prozeßsprache ist und in diesem Sinn auch hier verwendet wird (was gar
nicht bestritten werden soll, wenngleich der Großteil der von W.Popkes angeführten
Belege aus dem griechisch-hellenistischen Bereich stammt), so ist damit noch längst
nicht erwiesen, daß es im gleichen Zusammenhang - ebenso wie es im Evangelium auch
dargestellt wird - nicht immer auch schon eine theologische Dimension hatte. Ungewöhnlich wäre dies ja nicht: Schon in unserer Gethsemaneerzählung finden sich noch
andere Begriffe von ähnlicher Doppelbödigkeit (vgl. γρηγορεῖν, καθεύδειν, ὥρα,
ἦλθεν/ἤγγικεν) und die vielleicht berühmteste Parallele ist das johanneische ὑψωθῆναι.
Es geht nicht an, solche Doppelbödigkeit von vornherein als spätere Konstruktion
zu behaupten (wie dies allerdings für das johanneische "Erhöhtwerden" wahrscheinlich
ist): Zeigt doch gerade das atl. Verständnis der Preisgabe, wie göttliches Urteil
und irdische Vollstreckung von vornherein eine Einheit bilden, weil der Abzug des
göttlichen Beistandes zugleich den Sieg der Feinde ermöglicht[31].

So kommt W.Popkes mehrmals sichtlich in Schwierigkeiten, wenn er beide Bedeutungen
von παριδιδόναι (die er beide für ursprünglich hält, da keine auf die andere zurückgeführt werden könne[32]) auseinanderhalten will: Nicht nur, weil es sich beidesmal
um denselben Begriff handelt, sondern weil sich für sie sehr bald ein gemeinsamer
Vorstellungshorizont zeigt. So stellt W.Popkes etwa fest, daß die stereotype Bezeichnung des Judas als 'der Auslieferer' auf einen apokalyptischen Vorstellungshorizont hinweise[33]. "Einen solchen Vorstellungshorizont nehmen wir auch für Mk 9,31
an. Die Vermutung legt sich deshalb nahe, daß die Aussagen über die Dahingabe durch
Judas in dieser Gedankenwelt bald unter den Einfluß der theologischen Sätze gerie-

---

28 Vgl. N.PERRIN: Use 208f.
29 W.POPKES: Christus 243.
30 Vgl. MartPol 1.6 in: H.MUSURILLO: Act 2, Z.11; ebd. 6, Z.10-14.
31 Vgl. J.FICHTNER: Art. ὀργή ThWNT V 400 Z.37f: Der Zorn Gottes wird bei den Propheten *"in konkrete Beziehung zum geschichtlichen Geschehen und seine Größen"*
   gesetzt.
32 W.POPKES: Christus 241ff.
33 Ebd 178ff.

ten"[34]. So muß W.Popkes selbst zugeben:"im einzelnen bleibt uns der Vorgang der
Verknüpfung undurchsichtig; gewisse Anzeichen deuten jedoch darauf hin, dass die
Judastradition relativ bald mit der theologischen Linie verwoben wurde, und es
scheint, dass dabei die Judas-Tat einen theologischen Unterton erhielt"[35].

Spätestens hier drängt sich unabweisbar die Frage auf: Warum mußten die Judas-
Tat und überhaupt das Tun der Feinde Jesu einmal ohne "theologischen Unterton"
erzählt worden sein? Wo man Jesu Passion unter dem Gesichtspunkt seiner Preisgabe
erzählt hat (und vieles spricht dafür, daß dies von Anfang an geschah, vermutlich
sogar aufgrund seiner eigenen Worte), da war in jener Preisgabe - ganz wie im AT -
immer zugleich beides mitgedacht. Es ist schwer vorstellbar, daß - wie W.Popkes
annimmt - es einmal eine theologische Deutung der Passion und daneben und unabhänig
davon einen Bericht von dieser ohne 'theologischen Unterton' gegeben haben sollte,
wobei beide auch noch das Wort παραδιδόναι in verschiedener Bedeutung verwendet
hätten. Daß es eine fortlaufende Durchdringung von Deutung und Bericht gab (der
wir wohl auch jenes fortlaufende 'Preisgeben' durch die ganze Passion hindurch verdanken), sei dabei unumstritten; wesentlich scheint mir nur, daß, wenn man die
Passion im atl. Sinn als Preisgabe (des Messias, Menschensohnes bzw. Gottessohnes)
verstand, man in dieser Auffassung weltliches Geschehen und göttliches Handeln
wohl immer schon in eins sah, letzteres also nur die Voraussetzung und die Tiefen-
dimension des ersteren war.

Schon daß W.Popkes bei der Behandlung der einzelnen Quellen von vornherein jene
beiden Aspekte getrennt behandelt, um sie dann auch als Verschiedenes zu behaupten
und ihr späteres Zusammenwachsen zu postulieren, zeigt, daß seine ganze Trennung
auf einer petitio principii basiert (die ihren Grund wohl in der neuzeitlichen
Trennung von 'weltlichem Geschehen' und 'theologischer Deutung' hat). Dies wird
auch deutlich an der einzigen Stelle, an der er eine Begründung für die grundsätzliche Trennung der beiden Aspekte versucht: Es falle auf, so W.Popkes, daß bei der
Auslieferung durch Judas "als Objekt nahezu ausnahmslos kein christologischer
Titel verwendet wird, sondern zumeist ein bloßes *auton* bzw. *me*... Die Empfängerangaben sind äusserst spärlich"[36].

Dazu ist zu sagen:
- Der christologische Titel (Menschensohn) steht nur dreimal zusammen mit παραδιδόναι (9,31; 10,33a; 14,41), was an sich schon etwas zu spärlich ist, um vom Charakteristikum einer Gattung zu sprechen. Nimmt man dazu aber noch W.Popkes' eigene
Einsicht, daß zum "eisernen Grundbestand" der Leidensweissagungen im markinischen
Stadium zwar der Menschensohntitel, *nicht* aber (vgl. Mk 8,31; 9,12) das Verb
παραδιδόναι[37] gehört, so wird man schließen müssen, daß *die Verwendung des christo-*
logischen Titels bei diesen Stellen gerade nicht durch die *besondere Bedeutung*
des παραδιδόναι, sondern durch die Form der Leidensweissagung bedingt ist.
- Dazu kommt weiter, daß bereits in 10,33 die Aussage 'der Menschensohn wird den
Hohenpriestern und Schriftgelehrten *ausgeliefert werden*' offenbar bruchlos der
Aussage 'und sie werden ihn zum Tode verurteilen und den Heiden *ausliefern*' paral-
lelisiert wird, so daß also das göttliche Preisgeben und die menschliche Ausführung
keineswegs als etwas so Unterschiedliches betrachtet werden. Daß zwischen beiden
Versteilen "ein deutlicher Unterschied in der Sache" bestehe[38], leuchtet ebenfalls
nur ein, wenn man beides schon als etwas ganz Verschiedenes voraussetzt. Da dies
aber zunächst begründet werden müßte, ist die Behauptung von W.Popkes hinfällig.
- Auch bei der sogenannten 'Verratsansage' wird παραδιδόναι für beide Vorgänge,
für die göttliche und die menschliche 'Preisgabe', parallel verwendet. Selbst wenn,
wie W.Popkes annimmt, dieser Vers redaktionell sein sollte, beweist dies nicht,
daß hier grundsätzlich Verschiedenes verbunden wurde. Im Gegenteil: Bis zur Widerlegung hat man davon auszugehen, daß ein Redaktor, falls ein solcher den Vers gebildet hat, dies in Übereinstimmung mit seiner Tradition und nicht im Gegensatz
zu ihr getan hat.
- Was die 'äußerst spärlichen Empfängerangaben' angeht, die die Auslieferung durch
Judas von den 'theologischen Dahingabesätzen' unterscheiden sollen, so ist festzu-

---

34 Ebd. 268; ähnlich 245.
35 Ebd. 268f.
36 Ebd. 174.
37 Ebd. 154; vgl. 161f.
38 Ebd. 160.

stellen, daß bei dem siebenmaligen Vorkommen des Wortes im Blick auf die Tat des
Judas einmal (14,10; vgl. 10,33b) eine solche Empfängerangabe vorhanden ist, wodurch
sie ein zweites Mal (14,11) überflüssig wird, zumal es dort um die Modalitäten
geht. Drei weitere Male geht es nicht um einen Vorgang, sondern um eine Näherbestimmung des Judas mittels Partizip oder Relativsatz, so daß sich die Auslassung
der Adressaten zwanglos erklärt. Bleibt noch die Verratsansage, deren Interesse
vordringlich an dem Fluchwürdigen der Tat als solcher haftet und schon daher die
Adressaten in den Hintergrund treten läßt. Wichtiger aber noch ist, daß hier die
Ankündigung nur als angefügter Wehespruch zur Leidensweissagung erfolgt, in dem sich
eine Empfängerangabe sonderbar ausnehmen würde. Endlich: Nach W.Popkes trägt die
ganze Perikope 14,17-21 "deutlich sekundären Charakter"[39]. In diesem Fall darf er
sie aber auch nicht als Beleg für die ursprüngliche Verwendung des παραδιδόναι
im Blick auf die Tat des Judas heranziehen. Umgekehrt kann man schlecht die
atl. Wendung 'preisgeben in die Hände' aufnehmen, ohne zu sagen, in wessen Hände
diese Auslieferung erfolgt[40].

Zusammenfassend läßt sich feststellen, daß die Auslieferung durch
Judas nichts anderes als die Folge der göttlichen Preisgabe ist: Wo
Gott seine bewahrende und erhaltende Hand von seinem Sohn abzieht,
fällt dieser den (schon die ganze Zeit in zunehmender Intensität ihn
verfolgenden) 'Sündern' anheim. Es besteht kein Grund, dies für eine
sekundäre 'Rationalisierung' (W.Popkes) zu halten, zumal ein solcher
Zusammenhang schon im AT üblich ist (vgl. Ps 71,10f). Terminologisch
bestätigt sich durch diese Parallelität, was schon die bisherige Auslegung zeigte: Daß jenes böse Handeln des Menschen zugleich dem Willen
Gottes entspricht, daß gerade in diesem und durch dieses universale
Schuldigwerden aller Beteiligten Gott selbst handelt. Bemerkenswert
ist auch, daß in vermutlich vorpaulinischen Wendungen ohne jede Näherbestimmung die Passion absolut mit dem Passiv von παραδιδόναι wiedergegeben werden kann (Röm 4,25; I Kor 11,24). Ja, Paulus nennt Gott
explizit als Subjekt der Preisgabe in der liturgischen Charakter ver-
ratenden Wendung Röm 8,32: "(Gott) hat seinen eigenen Sohn für uns
alle dahingegeben"[41].

Ob hinter der Bezeichnung ὁ παραδιδούς der v.a. aus der Apokalyptik bekannte
Brauch steht, gewissen Gestalten typisierende Bezeichnungen (wie 'der Prophet',
'der Vorläufer', 'der Engel', 'der Kommende', 'der Feind', 'der Böse', 'der Ver-
kläger') zuzulegen[42], so daß damit Judas "zu einer bestimmten Figur im endzeitlichen
Drama" würde[43], vermag ich nicht zu entscheiden. Speziell in unserer Perikope
würde dies gut mit der auch sonst feststellbaren apokalyptischen Färbung der verwendeten Begriffe (ὥρα, πειρασμός, γρηγορεῖν, καθεύδειν κτλ) zusammenstimmen.

---

39 Ebd. 180.
40 10,33 dürfte in Anlehnung an 9,31 formuliert worden sein; außerdem handelt es
   sich hier vermutlich um eine bekenntnisartige Zusammenfassung des Passions- und
   Auferstehungsgeschehens, so daß die Empfängerangaben hier wieder eher an der
   Form des 'geschichtlichen Credos' als an der speziellen Bedeutung des Wortes
   παραδιδόναι hängen.
41 Vgl. E.KÄSEMANN: Römer 239.
42 Vgl. W.POPKES: Christus 178f.
43 Ebd. 179.

13.2 Die Preisgabe des *Menschensohnes*

(1.) Trotz zahlreicher Veröffentlichungen zum Thema 'Menschensohn'[44]
ist die Frage der Herkunft der Menschensohnworte und ihrer ursprünglichen Bedeutung bis heute umstritten. Sie kann auch im Rahmen dieser
Arbeit nicht geklärt werden. Das Folgende beschränkt sich daher darauf,
die Bedeutung des Titels 'Menschensohn' im Markusevangelium auf dem
Hintergrund der aufgenommenen Traditionen zu skizzieren.

(2.) υἱὸς τοῦ ἀνθρώπου ist die wörtliche Übersetzung des aramäischen
בר אנש (hebr. בן אדם), das zunächst einfach die Zugehörigkeit zum Men-
schengeschlecht ausdrückt und so die Bedeutung 'ein Mensch' hat.

In einzelnen, jüdisch-apokalyptischen Texten begegnet der Ausdruck
dann aber auch als Umschreibung eines himmlischen Wesens und erhält von
daher - spätestens in den Evangelien - titulare Bedeutung.

In der Vision Dan 7 tritt eine Gestalt כבר אנש/ὡς υἱὸς ἀνθρώπου auf, die 'auf
den Wolken des Himmels' von Gott kommt (Dan 7,13) und von diesem die ewige Herrschaft über die Erde erhält (7,14). Nach der Deutung 7,27 ist dieser 'Menschenähn-
liche' Symbol für die Herrschaft der 'Heiligen des Höchsten'[45] und steht so im bewußten
Kontrast zu den vier Tieren, den Symbolen der vier bisherigen Weltreiche. Der
'Menschensohn' ist hier noch gar keine individuelle Gestalt; ihm wird auch keine
messianische Deutung gegeben[46].
Der 'Menschensohn' erscheint dann häufiger in den Bilderreden des äthiopischen
Henoch (äthHen 37-71) und als 'Mensch' im sechsten Gesicht des IV Esra (IV Esr 13)
- beides Schriften aus früher nachchristlicher Zeit. Die Datierungsfrage
kann jedoch hier unerörtert bleiben, da der christliche Ursprung beider Schriften
zumeist ausgeschlossen wird und auch die ntl. Menschensohnanschauung nicht unmittelbar daraus abzuleiten ist[47], sodaß es hier nur darum geht, den Vorstellungshorizont
aufzuzeigen, dem auch die ntl. Menschensohnworte z.T. entspringen.
In den beiden Apokalypsen tritt gegenüber Daniel das Moment des Vergleichs zurück;
hier ist der Menschensohn bereits eine individuelle Gestalt, deren Auftreten aufs
engste mit dem Kommen der neuen Welt Gottes zusammengehört. In Gottes Auftrag führt
dieser Menschensohn das Gericht aus (vgl. äthHen 49,4; 55,4; 61,8f; 62,3; 69,27;
IV Esr 13,5ff.37f) und sammelt und rettet die Gerechten (äthHen 48,7; 62,13f; IV Esr
13,12f.39f.49). Nach den Bilderreden sitzt er auf Gottes Thron (51,3; 61,8; 62,2.5
u.ö.) und empfängt selbst Preis und Anbetung (48,7; 62,6.9).
(3.) Diese apokalyptischen Vorstellungen vom Menschensohn als einer
transzendenten Gestalt, die als Gottes Beauftragter den neuen Äon
herbeiführt, spiegeln sich am unmittelbarsten in den drei Worten vom
kommenden Menschensohn (Mk 8,38; 13,26; 14,62), denen noch verwandte
Worte der synoptischen Seitenreferenten zur Seite gestellt werden können (Mt 13,41; 16,27; 19,28; 25,31ff; Lk 12,40; 17,24; 21,36). Der

---

44 Eine umfassende Zusammenstellung wichtiger Literatur zum Thema 'Menschensohn'
   bis zum Jahr 1970 gibt J.W.HOLLERAN: Gethsemane 57-59 Anm. 339.
   Zur neuesten Literatur vgl. weiter H.BIETENHARD: Menschensohn 346ff.
45 Umstritten ist, ob dieser Ausdruck immer das Volk Israel meinte (wie das jetzt
   v.a. V.25b nahelegt), oder ob die 'Heiligen des Höchsten' ursprünglich himmlische
   Wesen waren (so M.NOTH: Die Heiligen).
46 C.COLPE, Art. υἱός ThWNT VIII 424 Z.9f merkt jedoch an, daß dieser danielische
   Menschensohn als "Symbol der endzeitlichen, von Gott verliehenen Herrschaft...
   zu messianischen Vorstellungen hin" tendiert.
47 Vgl. dazu C.COLPE: Art. υἱός ThWNT VIII 431f; L.GOPPELT: Theologie I 231ff;
   H.E.TÖDT: Menschensohn 30ff.

'Menschensohn' 'sitzt zur Rechten Gottes' (Mk 14,62 par. vgl. Mt 19,
28; 25,31), 'kommt auf den Wolken des Himmels' (Mk 14,62 par. vgl.
13,26 par.), er sitzt zu Gericht (Mt 13,41f; 16,27; 19,28; 25,31ff)
oder hat doch im Gericht entscheidenden Einfluß (Mk 8,38 par.) und
sammelt und rettet die Auserwählten (Mk 13,26f par.)

(4.) Daneben wird der Titel 'Menschensohn' bei Markus wie bei seinen
Seitenreferenten auch auf den irdischen Jesus bezogen, wobei nochmals
zu unterscheiden ist zwischen den v.a. auch in Q nicht seltenen Worten
über das *Erdenwirken des Menschensohnes* (bei Mk nur 2,10.28; eine
Mittelstellung nimmt 10,45 ein) und den Worten vom *leidenden/aufer-
stehenden Menschensohn*, die nur bei Markus und den von ihm abhängigen
Texten der synoptischen Seitenreferenten erscheinen und mit 8 (bzw.
9, wenn man Mk 10,45 dazuzählt) Belegstellen (8,31; 9,9.12.31; 10,33.45;
14,21a.b.41) im Markusevangelium mit Abstand am häufigsten sind.

Ob diese Worte vom gegenwärtigen Menschensohn im Widerspruch zur
transzendenten Gestalt des kommenden Menschensohnes stehen und daher
als spätere Gemeindebildung zur beurteilen sind[48] oder ob sich beide
Spruchreihen als ursprüngliche Einheit verstehen lassen[49] kann hier
dahingestellt bleiben, ebenso die Frage, ob sich die verschiedenen
Menschensohnworte bei Markus restlos auf einen Nenner bringen lassen[50].
Für Mk 14,41 ist entscheidend, daß auch die Worte vom 'gegenwärtigen
Menschensohn' die eschatologische Bedeutung des Auftretens Jesu zum
Ausdruck bringen. Bei den Worten vom 'vollmächtigen Menschensohn'
spiegelt sich dies im neuen, souveränen Umgang mit dem Sünder und dem
Gesetz wieder,wo Jesus sogar an Gottes Stelle handelt (wie die Schriftgelehrten Mk 2,7 ganz richtig feststellen). Die Worte vom leidenden
Menschensohn sind geprägt vom Gegensatz des 'Menschensohnes' zu den
'Menschen' (9,31), die sich im Widerspruch zu dem befinden, 'was Gottes
ist' (8,33) und deshalb auch einfach als 'Sünder' bezeichnet werden
(14,41). Insofern sich dieser Widerspruch gerade an der Vollmacht
entzündet, die Jesus in Rede, Tat und Verhalten aufgrund des Nahege-
kommenseins der Herrschaft Gottes in Anspruch nimmt (vgl. die programm-
matische Darstellung Mk 2,1-3,6 mit den Worten der Festfreude in der
Gegenwart des 'Bräutigams 2,19 und vom neuen Wein, der nicht in alte
Schläuche paßt 2,21f),gehören der Widerspruch und das daraus geradezu
notwendig folgende Leiden[51] wesentlich zu diesen Endereignissen dazu.

---

48 Vgl. R.BULTMANN: Echtheit 275f; C.COLPE: Art. υἱός ThWNT VIII 444f; H.E.TÖDT:
   Menschensohn 133f; F.HAHN: Hoheitstitel 23ff u.a. Den entgegengesetzten Weg
   geht E.SCHWEIZER: Menschensohn 205ff. Andere wie P.VIELHAUER, Menschensohn,
   wollen sämtliche Worte auf die Gemeinde zurückführen.
49 Vgl. R.OTTO: Reich 132; O.CULLMANN: Christologie 138ff; A.SCHWEITZER: Leidensgeheimnis 67; L.GOPPELT: Theologie I 226ff.
50 Vgl. J.ERNST: Markus 240-242.
51 Mk 8,31: δεῖ; vgl. auch den Verweis auf die Schrift 9,12 und 14,21.

In Jesu Passion findet die Auseinandersetzung zwischen dem seine Herrschaft aufrichtenden Gott und der sich dagegen mit allen Mitteln
wehrenden Macht der Sünde statt. Diesen Charakter der Passion als des
entscheidenden endzeitlichen Geschehens unterstreicht die scheinbar
paradoxe Verbindung des Hoheitstitels 'Menschensohn' mit der atl.
Bannformel (9,31; 14,41): Sie besagt ja, daß Gottes endzeitlicher
Bevollmächtigter der Macht des Widergöttlichen ausgeliefert wird,
daß er verworfen wird, zugleich aber auch, daß gerade dieser Verworfe-
ne der Menschensohn ist und bleibt, daß sich das Kommen der Herrschaft
Gottes gerade durch dieses Gericht an seinem Bevollmächtigten vollzieht.

13.3 Die Preisgabe des Menschensohnes *in die Hände der Sünder*

(1.) Adressaten der Auslieferung des Menschensohnes sind die ἁμαρ-
τωλοί. Aus dem Markusevangelium wird nicht unmittelbar deutlich, wer
diese Sünder sind: der Begriff ἁμαρτωλός erscheint nur noch viermal
im 'Zöllnergastmahl' Mk 2,15-17, dabei dreimal in der formelhaften
Wendung 'Sünder und Zöllner' sowie einmal im abschließenden Wort Jesu.
Beides trägt für das Verständnis hier nichts aus. Der absolute Gebrauch des Begriffes legt jedoch nahe, daß hier eine geprägte Vorstellung zugrunde liegt. Daher soll zunächst die Bedeutung dieses
Begriffes und der damit verbundenen Vorstellungen im AT und im Judentum untersucht werden, um dann zu klären, inwieweit dieser Hintergrund auch für Markus angenommen werden kann und zur Erhellung unseres
Textes beiträgt.

(2.) In der LXX begegnet ἁμαρτωλός ca. 150mal, und zwar fast ausschließlich in den Psalmen und in der Weisheitsliteratur (Sirach).
94mal hat ἁμαρτωλός ein hebräisches Äquivalent im MT, zumeist (72mal)
ein Derivat von רשע 'frevelhaft sein'[52]. Hiervon entfällt der größte
Teil auf die Psalmen: Während in der Spruchliteratur רשע kaum mit
ἁμαρτωλός übersetzt wird, begegnet der Begriff in den Psalmen 69mal,
davon 62mal als Übersetzung von רשע sowie zweimal als Übersetzung
des verwandten רֶשַׁע.

(3.) רשע bezeichnet dabei zunächst den Menschen, der das Leben seiner Volksgenossen bedroht, wobei insbesondere die 'Armen' (vgl. Ps
37,14; 82,4) oder 'Gerechten' (Ps 11,2; 37,12.32 u.ö) Opfer der 'Frevler' sind. V.a. in den späteren Psalmen werden aber dann die רשעים
immer deutlicher als Feinde Jahwes dargestellt. "Dieses zunehmend

---

52 Vgl. H.C.van LEEUWEN: Art. rš' THAT Sp. 814; Gegenbegriff ist über 80mal צדיק.

intensive Bestreben, das Problem von Jahwe her in den Blick zu bekommen
mag anfänglich rein zweckgebunden gewesen und dem Bemühen entsprungen
sein, die eigene Not für Jahwe zum Problem zu machen. Aber nach und
nach hat dieses Bestreben dazu geführt, es wirklich von Jahwe her
zu sehen und zu einer eigentlich religiös-theologischen Fragestellung
zu gelangen"[53]. Diese Tendenz, in den Frevlern Repräsentanten des
Bösen überhaupt zu sehen[54], verstärkt sich in der Folgezeit noch.

Dabei sind zwei (häufig ineinander verschränkte) Entwicklungslinien
zu erkennen:
- Zum einen verstärkt sich die Tendenz zur Entgegensetzung von 'Gerechten' und 'Frevlern'. Ihren Höhepunkt findet diese sich schon in den
PsSal abzeichnende Polarisierung in den Hodayot von Qumran, wo den
Söhnen des Lichts bzw. der Wahrheit die Söhne der Finsternis, des
Frevels, die Söhne Belials in unversöhnlichem Gegensatz gegenüberste-
hen[55] (vgl. für das Anwachsen des Bösen auch IV Esra 5 (3),1ff).
- Andererseits spielt auch die Sünde der Frommen gerade in Qumran
eine große Rolle; in den Formulierungen bisweilen an Paulus erinnernd,
wird die allgemeine Sündhaftigkeit des Menschen betont: "Denn niemand
ist gerecht in deinem Ge⌊richt⌋ , und niemand un⌊schuldig in⌋ deinem
Prozeß"[56].

Ähnliches findet sich auch in anderen Schriften dieser Zeit, v.a.
in Schriften mit apokalyptischer Prägung[57].

Gemeinsam ist allen diesen späteren, v.a. apokalyptischen Ausprägun-
gen, daß der schon im AT vorhandene und besonders in den Pslamen und
in der Weisheitsliteratur betonte Gegensatz zwischen Gott und den
Frevlern vertieft und zum Gegensatz zwischen Gott und dem Bösen
schlechthin, teilweise bis zum Dualismus gesteigert wird. Dabei stehen
sich nicht nur Gerechte und Frevler gegenüber, sondern öfters wird
auch der Gerechte selbst noch einmal als Kampfplatz zwischen Gut und
Böse dargestellt.

(4.)   Das Markusevangelium verschärft diese Tradition noch. Es weiß
um die allgemeine Sündhaftigkeit des Menschen (vgl. 10,18.26f) sowie
um ein Überhandnehmen des Bösen, dem kein Mensch gewachsen ist und dem
nur durch Gottes Eingreifen gewehrt werden kann (13,20).

Die generelle Gottferne der Menschenwelt zeigt sich am umfassendsten in der
Passion, bei der alle Beteiligten schuldig werden: Da sind an erster Stelle die sich
Gottes Wort verschließenden religiösen Führer. Ihr Werkzeug ist der ihnen wider
besseres Wissen nachgebende korrumpierte römische Statthalter und das Volk, das

---

53 O.KEEL: Feinde 126.
54 Vgl. H.-J.KRAUS: Psalmen I 115f.
55 Vgl. 1 QS 1,9f; 3,24f; 1 QM 1ff; 9f; 11; 14-16; 4Qflor 1,8f u.ö.
56 1 QH 9,14f (dt. E.LOHSE: Texte 147); vgl. 1 QH 1,21b-23a.25ff; 3,24ff; 4,29ff;
   7,17; 1 QS 11,9f u.ö.
57 Vgl. IV Esr 3,21; 7,46-48.68; 8,32-35; slHen 39,8.

sich verführen läßt. Sichtbar wird das Böse auch in der sinnlosen Grausamkeit der
Soldaten und in der Verspottung des Gekreuzigten. Schuldig werden aber ebenso Jesu
Jünger in ihrem Unverständnis und ihrer Verstocktheit, deren Früchte Verrat, Flucht
und Verleumdung sind. Ja, es ist geradezu eine Pointe der Passionsgeschichte, daß
diejenigen, die am engsten zu Jesus gehören, am tiefsten fallen: Die vertrautesten
Drei schlafen trotz Jesu Aufforderung in Gethsemane, und von diesen wieder der
Vertrauteste, Petrus, verleugnet ihn anschließend noch dreimal. Zu erwägen wäre,
ob nicht die Abschlußnotiz des Markusevangeliums Mk 16,8, die eindeutig zeigt, daß
die Frauen dem Gebot des Engels nicht gehorchen, das Schuldigwerden auch dieser
letzten und treuesten (Mk 15,40f) Anhängerinnen Jesu darstellen soll[58].

'Gedanken der Menschen' werden nach 8,33 als Gegensatz zu den Gedanken Gottes verstanden. Der diese Gedanken vertretende Petrus wird
als Satan bezeichnet. Die gleiche Antithese findet sich noch häufiger:
Die 'Überlieferung der Menschen' steht im Gegensatz zu Gottes Gebot
(7,7f). Ebenso deutlich wird beides in der Vollmachtsfrage Mk 11,27-33
gegenübergestellt: Da eine Taufe zur Sündenvergebung ohne göttliche
Vollmacht ('vom Himmel') Gotteslästerung wäre, ist 'von den Menschen'
gleichbedeutend mit 'vom Satan'. Von diesem schroffen Gegensatz zwischen Gott und den Menschen her wird verständlich, daß Jesus gleichbedeutend von der Preisgabe des Menschensohnes 'in die Hände der Menschen' (9,31) und 'in die Hände der Sünder' (14,41) reden kann. Die
'Sünder' sind also nicht nur die unmittelbar Handelnden, die Volks-
führer und die Römer. Diese sind zugleich Repräsentanten einer von
Gott abgefallenen, sich seinem Ruf verschließenden und seinen Boten
beseitigenden Welt. Positiv entspricht dem die Deutung des Todes
Jesu als Sühne für alle[59] in Mk 10,45 und 14,24.

---

58 Vgl. M.HENGEL: Maria Magdalena.
59 Zum Verständnis von πολλοί Mk 10,45 als Übersetzung von רבים siehe J.JEREMIAS:
   Abendmahlsworte 171-173.

VIERTER HAUPTTEIL

ZUSAMMENFASSENDE AUSLEGUNG

§ 14: DER ORT DER PERIKOPE IM EVANGELIUM

"Evangelium von Jesus Christus, dem Gottessohn" - so hatte Markus
sein Werk überschrieben, und jener bereits in der Überschrift genannte
christologische Titel[1] ist es auoh, der Jesu wahres Wesen am präzises-
ten wiedergibt. Zu Jesu Lebzeiten ist diese Würde nur Gott und den
Dämonen - also Mächten mit übermenschlichem Wissen - bekannt[2]. Erst
der Gekreuzigte wird auch vor der Welt - als erstes vom heidnischen
Führer des Hinrichtungskommandos - als Gottessohn bekannt (15,39).

Inhaltlich ist dieser Titel Ausdruck einer einzigartigen Erwählung,
die Jesus in der Taufe von Gott geoffenbart wird[3] und in der Gott
selbst seine Verbundenheit mit diesem Menschen als seinem 'geliebten
Sohn', an dem er Wohlgefallen hat, zum Ausdruck bringt. Diese - vom
endzeitlichen Zerreissen der Himmel und von der Herabkunft des Geistes
begleitete - Identifizierung Gottes mit diesem Menschen läßt erst
Jesu 'vollmächtiges' Auftreten verstehen, das von der Gewißheit der
in ihm anbrechenden Gottesherrschaft bestimmt ist:

πεπλήρωται ὁ καιρὸς

καὶ ἤγγικεν ἡ βασιλεία τοῦ θεοῦ

heißt es in der programmatischen Überschrift über Jesu Wirken Mk 1,15,
und in diesem Sinn wird im folgenden Jesus als der aus göttlicher
Vollmacht Handelnde gezeigt - sowohl in seinen Exorzismen und Heilun-
gen wie in seinem Umgang mit den Sündern und dem Gesetz.

Daß diese einzigartige Beziehung von Vater und Sohn gleichwohl kein
'Privatverhältnis' ist, wird schon daran deutlich, daß Jesus nach
der Offenbarung seiner Sohnschaft nicht (wie weiland der Gott wohl-
gefällige Henoch) in den Himmel entrückt wird, sondern im Gegenteil
vom Geist in die Wüste getrieben wird (ἐκβάλλει αὐτόν! 1,12), in die
Konfrontation mit dem Satan, der gottfeindlichen Macht schlechthin.
Das Verhältnis von Vater und Sohn - das zeigt bereits dieser Zug

---

1 Zur Ursprünglichkeit des υἱοῦ θεοῦ Mk 1,1 vgl. B.M.METZGER: Commentary 73.
2 Die Frage des Hohenpriesters, die indirekt den Gottessohntitel enthält, widerspricht dem nicht. Denn hier geht es nicht um die Offenbarung von Jesu Würde,
  sondern um die Widerlegung seines Anspruchs: Der Hohepriester ist ja davon überzeugt, daß Jesus nicht der Gottessohn ist. Erwogen kann allerdings werden, ob
  die Möglichkeit dieser Frage schon auf ein - jetzt allerdings verkehrtes - über-
  menschliches Vermögen des Hohenpriesters zurückgeht, wie es Johannes darstellt
  (Joh 11,49-53).
3 F.LENTZEN-DEIS, Taufe 195ff, hat aufgrund von Parallelen aus den Targumim die
  Taufe der Gattung *Deutevision* zugeordnet.

paradigmatisch - *schließt wesenhaft den Bezug zu der von Gott getrennten Welt mit ein.* Jesu Sein ist zugleich sein Auftrag, der ihn an diese Welt weist. Sein Reden, Tun und Verhalten zielt auf Umkehr, auf die Entsprechung zu der in ihm nahegekommenen Herrschaft des Vaters:

μετανοεῖτε καὶ πιστεύετε ἐν τῷ εὐαγγελίῳ   (Mk 1,15fin).

Doch diese Umkehr erfolgt nicht. Das Nahegekommensein des Vaters deckt nur die Gottferne der Welt auf, den Gegensatz von 'Menschensohn' und Menschen (9,31; vgl. 8,33; 14,41).
Dabei sind es nicht in erster Linie die eo ipso Gottfernen, an denen dieses Scheitern offenbar wird. Und auch der ὄχλος zeigt bis zuletzt oftmals Sympathien für Jesus und hört ihn gerne, auch wenn er ihn nicht wirklich versteht und deshalb ganz am Ende sich von Jesus abwendet, ja sich zum Teil gegen ihn wendet (vgl. 15,11ff.29f).

Der *aktive* Widerstand geht von den religiösen Autoritäten des Gottesvolkes aus, die auf Jesu vollmächtige Vergegenwärtigung des Gottes, der die Sünden vergeben (2,5), die Sünder rufen (2,17), Leben retten und nicht zerstören will (3,4), mit wachsender Ablehnung reagieren und Jesu Tod betreiben (3,6; 12,12; 14,1f u.ö.).

Parallel dazu ist es das Unverständnis seiner eigenen Jünger, an denen Jesus zunehmend die Unfähigkeit des Menschen deutlich wird, dem in ihm nahegekommenen Gott zu entsprechen. In der ersten Hälfte des Evangeliums äußert sich dies darin, daß sie weder Jesu Worte verstehen (4,13; 7,17f) noch sich über seine Macht im klaren sind (4,41; 6,50.52; 8,16-21). Das ändert sich zwar in der zweiten Hälfte des Evangeliums mit dem Petrusbekenntnis von Caesarea Philippi (8,27ff), doch nur, um einem noch tieferen Mißverständnis zu weichen, wie die Fortsetzung sofort zeigt: Auf Jesu Leidensankündigung hin (8,31) bedroht ihn Petrus (8,32), worauf Jesus ihn anfährt: "Weiche hinter mich, Satan, denn du denkst nicht die Gedanken Gottes, sondern die Gedanken der Menschen" (8,33). Der harte Vorwurf zeigt, daß Jesus hier auch im engsten Vertrauten, der ihn eben als erster (und einziger) Mensch zu seinen Lebzeiten als Messias *bekannt* hat, der den Menschen beherrschende und ihn in einen Gegensatz zu Gott stellende Satan begegnet. Deutlich wird dies gerade an der Frage des Leidens, und das heißt letztlich an der Frage des Verhältnisses von Macht und Liebe. Darin berührt sich der Widerstand des Petrus mit jenem Eifern der Schriftgelehrten für Gottes Ehre seit den ersten Streitgesprächen, und darum geht es ja letztlich auch bei der Verurteilung des Gekreuzigten durch die Spötter.

Es ist bezeichnend, daß auf die folgenden Leidensweissagungen (9,31; 10,32ff) wieder Unverständnis folgt (vgl. 9,32), und zwar gerade im Blick auf dieses Verhältnis von Macht und Liebe: In 9,33f streiten sich die Jünger, wer der Größte unter ihnen sei, und Jesus muß ihnen

sagen, daß sich in der Nachfolge die Herrschaft im Dienen äußert
(9,35). Und nach der letzten und ausführlichsten Leidensweissagung
10,32-34 haben die Zebedaiden nichts Besseres zu tun, als ihn um eine
besondere Machtstellung in der himmlischen Herrlichkeit zu bitten
(10,35ff), worauf Jesus wieder - diesmal unter Bezug auf seine eigene
Lebenshingabe - die Andersartigkeit der Herrschaft in der Nachfolge
als Dienst und Hingabe für andere deutlich macht (10,42-45).

Die Jünger nehmen die Andersartigkeit Jesu gar nicht wahr. Fixiert
auf ihre 'Menschengedanken' sind auch sie Teil der gegen Jesus gerichteten gottlosen Welt und nehmen (entsprechend Jesu Ankündigung
14,27ff) dann an seinem Leiden Anstoß und lassen ihn im Stich.

Ja, es ist das Erschreckende, daß die Jünger umso gründlicher versagen, je näher sie Jesus stehen: Die drei durch besondere Nähe Aus-
gezeichneten (5,37; 9,2; vgl. 13,3) versagen in Gethsemane, und von
diesen noch einmal Petrus, im Evangelium Jesu markantestes Gegenüber,
im Hof des Hohenpriesters. In seinen Vertrautesten, den Hörern aller
seiner Worte und Zeugen aller seiner Taten erfährt Jesus die Verschlossenheit der ganzen Welt für die in seinem Reden, Tun und Verhalten nahegekommene Herrschaft Gottes.

Im Widerstand der Frommen wie im Unverständnis der Nachfolgenden
zeigt sich also gerade an denen, die der Bestimmung des Menschen zum
Gottesdienst am ernsthaftesten nachkommen, die Unfähigkeit des Menschen
überhaupt, umzukehren und dem in Jesus nahekommenden Gott zu entsprechen[4].

In dieser 'Versteinerung des Herzens' sowohl bei seinen Gegnern
(3,5) wie bei seinen Jüngern (6,52; 8,17) erfährt Jesus von Anfang
an, was sich in der eigentlichen Passion nur vollendet: Sein Verworfen-
werden (8,31; 9,12), sein Preisgegebensein in die Hände des gottfernen
Menschen. Der Schatten des Kreuzes liegt so von Anfang an über Jesu
Weg. Von der Mitte des Evangeliums an (8,31) spricht Jesus deshalb
offen von seinem bevorstehenden Leiden und stellt es zugleich unter
ein göttliches 'Muß'.

Die Anstößigkeit der Passion wird dadurch nur verstärkt: Gottes
Gesalbter soll die Welt vollenden, er kann folglich nicht von ihrem
Widerstand überwunden den Tod erleiden, - so die Logik jenes 'menschlichen Denkens', nach dem der leidende Jesus vom 'Drohen' des Petrus
(8,32) bis zu seiner Verhöhnung am Kreuz (15,29-32) beurteilt und
verurteilt wird.

Doch sehen wir Jesus von dieser Anstößigkeit seines Leidensweges
scheinbar unangefochten weiter nach Jerusalem hinaufziehen, an den

---

4 Daraus erklärt sich auch die in ihrer Negativität mit Paulus und Johannes ver-
gleichbare Anthropologie des Markus (s.o. S.228f).

Ort seines Leidens, sehen ihn weiter sein Leiden vorhersagen, auch
wenn er - begreiflicherweise - damit auf dasselbe Unverständnis stößt
wie beim ersten Mal.

Auf einmal jedoch hält dieses unaufhaltsame Schreiten inne, wird
der bisher so geradlinige Weg in die Passion unterbrochen: Im Grundstück Gethsemane, unmittelbar vor Jesu Verhaftung, bietet sich ein
unerwartetes Bild, das bei näherem Zusehen eine ungeheure Spannung
birgt, weil hier nun Jesus - selbst von seinem bevorstehenden Geschick
zutiefst angefochten - die Frage nach dem 'Muß' seines Leidens vor
dem Vater zur Sprache bringt.

§ 15: DIE KRISIS DES GOTTESSOHNES – THEOLOGISCHE DEUTUNG VON MK 14,32–42

15.1 Der Auftakt (V.32)

V.32: "Und sie kommen zu einem Grundstück
mit Namen 'Gethsemani'.

Und er sagt zu seinen Jüngern:
Setzt euch hierhin, bis ich gebetet habe." [5]

Nach der Deutung seines Sterbens im Abendmahl und der – von den Jüngern und insbesondere von Petrus heftig widersprochenen – Vorhersage der Jüngerflucht und der Verleugnung kommt Jesus zu einem Grundstück, das den aramäischen Namen גת-שמני = Ölpresse, Ölkelter, trägt[6]. Die Ortsangabe präzisiert die allgemeine Angabe 14,26, daß Jesus mit seinen Jüngern 'zum Ölberg' (aus Jerusalem) hinausging. Diese Angabe bestätigt auch die synoptische Chronologie: Jesus ging nicht nach Bethanien zurück, sondern blieb, der Vorschrift für die Passahnacht entsprechend, im (erweiterten) Stadtbezirk Jerusalems[7].

Dort heißt Jesus den Großteil seiner Jünger sich setzen, *bis er gebetet hat!* Diese Ankündigung des Gebets ist ungewöhnlich – Markus berichtet nur in zwei kurzen Notizen von Jesu Gebet in der Einsamkeit (1,25; 6,46) – und deutet schon das Besondere des Kommenden an.

Vv.33f:"Und er nimmt den Petrus und Jakobus und
Johannes mit sich,
und er fing an,
sich zu entsetzen und in Angst zu geraten,
und sagt zu ihnen:
Ganz voll Trauer ist meine Seele bis an den Tod.
Bleibt hier und seid wachsam."

---

5 Zur Übersetzung s.o. S.61 Anm.1
6 Vgl. dazu G.DALMAN: Grammatik 340; dort auch nähere Angaben zur Lage des Ortes. Zur philologischen und geographischen Diskussion vgl. auch E.POWER: Art. Gethsémani DBS 3 Sp.632f.
7 Vgl. J.JEREMIAS: Abendmahlsworte 49f.

15.2 Die Klage (Vv.33b.34)

Die hier geschilderte Erschütterung Jesu - einzigartig im Evangelium - prägt die ganze Erzählung. Die Not wird sogar doppelt wiedergegeben, zunächst berichtend aus der Sicht des Betrachters, dann im
Zitat aus der Perspektive des Betroffenen. Eindrücklich wird so die
Totalität der Bedrängnis zum Ausdruck gebracht.

Die in wörtlicher Rede zitierte Klage Jesu ist in Anlehnung an die
Notschilderung atl. und jüdischer Psalmen formuliert (v.a. Ps 42f;
1 QH 8). Zum Ausdruck gebracht wird eine Lebenswillen und Lebenskraft
zersetzende Traurigkeit, ein nur noch durch Gottes Eingreifen zu unter-
brechendes Gefälle des Lebens zum Tod hin.

Solche Traurigkeit steht in unmittelbarem Zusammenhang mit erfahre-
nen (bzw. im Fall Jesu bevorstehenden) Leiden, ihr eigentlicher Grund
liegt jedoch tiefer. Dies zeigte schon das auffällige Zurücktreten
der konkreten Notschilderung in den ausgelegten Psalmen, dem die
Metaphern in Jesu Gebet entsprechen: Auch sie machen in ihrer scheinbaren Uneigentlichkeit deutlich, daß es bei jener Passion um mehr
geht als 'nur' um ein physisches Leiden und Sterben.

Dieses 'Mehr' klang an in den höhnischen Fragen der Feinde des
Psalmisten (Ps 42,4.11), die sich bei Jesu Prozess und unter dem
Kreuz implizit (14,65; 15,16-19) oder explizit (15,29-32) wiederfinden:
'Wo ist nun dein Gott?'. Solche Fragen kann auch der so Angefochtene
nur an Gott selbst weitergeben: "Warum hast du mich verlassen (verges-
sen, verworfen)?" (Ps 22,2 par. Mk 15,34; Ps 42,10; 43,2). Das - an
sich schon bittere - Geschick wird theologisch negativ qualifiziert:
Im Widerfahrnis des Leidens werden Gottes Abwesenheit und die eigene
Verwerfung erfahren. Diese Anfechtung ist der Grund jener verzehrenden
Traurigkeit[8], deren lebenszerstörender Charakter noch durch den Zusatz
ἕως θανάτου (vgl. 1 QH 8,32: לכלה) unterstrichen ist[9]. Es ist der
böse Tod, der sich in jener Traurigkeit der ψυχή bemächtigt, der Tod
als Abbruch der Beziehungen, als Auslieferung an eine heillose Welt
ohne Gott. Auch jenes 'Sich-Entsetzen' und 'In-Angst-Sein' von V.33b

---

8 Deutlich zeigt dies etwa ein Wort Hiobs. Inmitten seiner wahrhaft nicht zu ver-
  achtenden Bedrängnis klagt der angefochtene Beter geradezu antithetisch:
      "Gott ists, der mein Herz mutlos gemacht hat,
      und der Allmächtige, der mich erschreckt hat.
      Denn nicht der Finsternis wegen muß ich schweigen,
      und nicht weil Dunkel mein Angesicht deckt."
      (Hi 23,16f).
9 Interessant ist Ps 116,11 (115,2 LXX), wo dieses 'Zagen' (חפז) von SYMMACHUS mit
  ἀδημονεῖν, von AQUILA mit θαμβεῖσθαι wiedergegeben wird, also beide in Mk 14,33b
  verwendeten Wortstämme in diesem Zusammenhang erscheinen.

wird so als Reflex auf diese Überwältigung durch die Todessphäre deutlich, weil Gott fremd, fern geworden ist.

> "Gott, höre mein Gebet
> und verbirg dich nicht vor meinem Flehen.
> Merke auf mich und erhöre mich,
> wenn ich ruhelos klage und heule,
> da der Feind mich bedroht
> und der Gottlose mich bedrängt;
> denn sie wollen Unheil auf mich bringen
> und verfolgen mich mit wütendem Haß.
> *Mein Herz ängstigt sich (יחיל) in meinem Leibe*
> *und Todesfurcht (ואימות מות) ist auf mich gefallen.*
> *Furcht und Zittern (יראה ורעד) sind über mich gekommen,*
> *und Grauen (כלצות) hat mich überfallen.*
>
> (Ps 55,2-6)[10].

Die letzte Tiefe dieser Anfechtung aber wird erst deutlich, wenn
man sich vergegenwärtigt, daß diese Gottverlassenheit hier dem widerfährt, dessen ganzes Leben ein Leben aus Gottes Gegenwart für diese
Welt war, durch dessen Verhalten, Worte und Werke der Vater selbst
seine Herrschaft in dieser Welt aufzurichten begonnen hat.

Dies scheint hier durch die Sprache der Tatsachen widerlegt. Die
'Menschen', auf deren Seite der 'Menschensohn' getreten war, um sie
zur Umkehr und zur Heimkehr zum Vater zu rufen, triumphieren als seine
Feinde über ihn, und der Vater läßt sie gewähren. Wohl hatte Jesus
dieses schon vorausgesagt, als Gottes Willen gedeutet und angenommen.
Aber hier wird deutlich, daß dieser Weg in keiner Weise dem gemeinanti-
ken Ideal des 'per aspera ad astra' entspricht. Es ist das Erleiden
eines Widerspruchs, der nicht sein dürfte: der Widerstand des Menschen
gegen (den ihm in Jesus nahegekommenen) Gott, der Widerstand, der den
'Menschensohn', welcher nicht ohne die Menschen bei Gott sein will, nun
vom Vater trennt. Weil er aus einer einzigartigen Einheit mit dem
Vater kommt, erfährt der 'Sohn' hier am furchtbarsten die Verborgenheit
Gottes in einer von ihrem Schöpfer losgerissenen Welt.

Aber es darf auch nicht übersehen werden, daß jener Psalm, auf den
Jesu Klage anspielt, in der dreimal wiederholten Vertrauensäußerung
gipfelt, wonach der jetzt verborgene Gott nicht für immer verborgen
bleiben wird, daß der Beter auch in der gegenwärtigen Anfechtung der
Treue Gottes gewiß sein darf. Aus solch einem Vertrauen wächst auch
das folgende Gebet Jesu.

---

10 Vgl. C.BARTH: Errettung 67: "... wie die Freude als Symptom des Lebens bei den
   Israeliten einen besonderen Grund hat, so auch die Traurigkeit. Die hat bei
   ihnen darin ihren Grund, daß die Toten von Jahwe verstoßen und *'von seiner Hand
   geschieden sind'* (Ps 88,6)".

15.3 Die Aussonderung der Drei und die Wachsamkeitsforderung (V.33a.34fin)

Im Verhältnis zu seinen Jüngern war Jesus bisher ausschließlich der Gebende. Der Dämonen und Krankheiten, Naturgewalten und Schrift-gelehrten überlegene 'Lehrer in Vollmacht' hatte die Jünger durch sein vollmächtiges Wort berufen, sie belehrt und ermahnt, ihnen Vollmacht verliehen und sie ausgesandt, sie zurecht gewiesen und ihnen die Teilhabe an Gottes Zukunft verheißen. Wenn Jesus jetzt die drei engsten Vertrauten aussondert, ihnen seinen Schmerz offenbart und sie zum Wachen anhält, wenn er jetzt mit einemmal der unverständigen und un-beständigen Menschen bedarf, da er vor seinen Vater tritt, so wird auch darin etwas von jener unfaßlichen Entfremdung zwischen Vater und Sohn erahnbar, jener lebenzerstörenden Krise, die sich in den Worten von Jesu Klage spiegelt.

Daß die Jünger hier nur um ihrer selbst willen wachen sollen, wie gerne behauptet wird[11], erscheint wenig plausibel. Daß das matthäische μετ'ἐμοῦ 'fehlt', beweist nichts: Markus hat es ja nicht ausgelassen, sondern Matthäus hat es eingefügt, um den Gedanken der Nachfolge zu unterstreichen. Wesentlich für das Verständnis der Wachsamkeitsforderung ist der unmittelbare Zusammenhang mit der Klage Jesu, und das bedeutet zunächst, daß Jesus in seiner Not und Anfechtung die Gemeinschaft der Jünger sucht. Das bestätigt auch seine erste Reaktion auf den Schlaf der Jünger V.37b, die persönliches Getroffensein verrät.

Die Aufforderung zu 'wachen' aber bedeutet - zumal auf dem Hinter-grund der zuvor geäußerten Klage - nicht bloß das Vermeiden von Schlaf, sondern Teilnahme an der Not des Meisters[12]. Solche Teilnahme ist sicher auch "Liebesdienst"[13], aber sie ist mehr als das. Jesus hatte ja die drei Jünger nach der Ankündigung seines *Gebets* mitgenommen. Auch dies ist ungewöhnlich - Jesus pflegte sich zum Gebet in die Ein-samkeit zurückzuziehen. Daß er hier die drei Vertrautesten zumindest bis zur Hälfte des Weges hin zu der Begegnung mit dem Vater mitnimmt zeigt, daß er ihre Gemeinschaft im Blick auf sein Gebet sucht, und zwar im Blick auf eine (wenn auch distanzierte) Gebetsgemeinschaft in einer Anfechtung, die sich auf den Inhalt von Jesu Leben und damit auf das Verhältnis Gottes zur Welt bezieht. Die Aufforderung zu wachen bedeutet so teilzunehmen an Jesu messianischem Leiden, mitzukämpfen in der Stunde der Entscheidung, auszuharren in der Ausrichtung auf den

---

11 So etwa E.LINNEMANN: Studien 33.
12 Für ein solches 'aktives' Verständnis des γρηγορεῖτε spricht auch die gegenüber dem aoristischen μείνατε auffällige präsentische Form des Imperativs. Vgl. dazu S.67 Anm.4.
13 L.SCHENKE: Studien 514.

Vater auch in der Finsternis eines verborgenen Gottes und des triumphierenden Bösen. Die Krise Jesu wäre dann auch die Krise der Jünger. Daß
sie es jetzt noch nicht ist, liegt an deren Unverständnis, das sie
dann, wenn die Krise der Passion sie einholt, darauf unvorbereitet
zu Fall kommen läßt. Von daher erweist sich auch die geläufige Entgegensetzung eines Wachens um Jesu willen und eines Wachens der Jünger
um ihrer selbst willen als unangemessen.

Darin gewinnt die Wachsamkeitsforderung von Gethsemane auch über
die unmittelbare Situation hinaus an Bedeutung. Trotz der veränderten
Situation nach jenem Ostern, das Gottes definitives Eingreifen zu
unseren Gunsten jenseits und gegen die Möglichkeiten unserer Wirklichkeit offenbarte, bleibt doch bis zur Vollendung der Welt die mit der
Offenbarung Gottes sub contrario gegebene Gefahr, sich über die Gottferne dieser Welt immer wieder hinwegzutäuschen, in falscher Sicherheit
'einzuschlafen' und deshalb in Anfechtungen unvorbereitet zu Fall zu
kommen. Deshalb konnte dann auch - wenn sie nicht schon ursprünglich
in den Zusammenhang der Gethsemaneerzählung gehörte - hier die allgemeine Ermahnung V.38 eingefügt werden. Das Wort entfaltet gewissermaßen, was in jenem 'wachet' von V.34 implizit schon enthalten ist,
wobei allerdings der Akzent nun gänzlich auf die 'Anfechtung' der
Jünger (bzw. der Gemeinde) verlagert ist[14]. Unabhängig von V.38 aber
zeigt auch der Zusammenhang der wiederholten Wachsamkeitsforderung
mit dem Motiv der Nacht[15] ebenso wie die aus den eschatologischen
Gleichnissen vertraute Metaphorik (vgl. Mk 13,33-37) dem Hörer den
tieferen Sinn dieser Wachsamkeitsforderung.

15.4 Das Gebet (Vv.35f)

Vv.35f: "Und er ging ein kleines Stück weiter,
          fiel auf die Erde
          und betete [langanhaltend],
          daß - wenn möglich - diese Stunde
          an ihm vorüberginge.

---

14 Daraus dann allerdings zu folgern, V.38a hätte ursprünglich gelautet: Wachet
   und betet, damit *ich* nicht in Anfechtung falle (so etwa A.LOISY: Marc 415; wieder-
   aufgegriffen von J.HERING: Probleme 64f; ders.: Remarques 97f) ist eine in keiner
   Weise zwingende Vermutung. In diesem Fall hätte auch V.38b wohl weniger allgemein
   gelautet. Im übrigen beruht auch diese Hypothese auf einer unzulässigen Entgegensetzung von Jesu Anfechtung und der der Jünger.
15 Vgl. weiter E.LÖVESTAM: Wakefulness 138 Anm. 2: "In the concrete situation in
   the Gethsemane scene, γρηγορεῖν refers to wakefulness in its real meaning. Against
   the background of Jesus' repeated admonition to keep awake in connection with
   the night motif, which is testified in the Gospels, it can be presumed that the
   exhortation to keep awake in the Gethsemane night has a symbolic content also.
   Thus it has apparently been understood in the Primitive Chruch."

Und sprach:

'Abba, Vater,
alles ist dir möglich!
Laß diesen Kelch an mir vorübergehen.
Aber nicht [entscheidet], was ich will,
sondern, was du [willst]'."

Auch die drei Gefährten werden zurückgelassen. Jesus geht 'ein
kleines' weiter, fällt zur Erde und bleibt auf ihr liegen - Manifestation des Elends, des tödlichen Schreckens und der Beugung vor Gott
in einem. Damit ist die dritte und letzte Station erreicht: War Gottes
Verborgenheit der wahre Grund jenes Entsetzens und jener Todtraurig-
keit, so wendet sich Jesus jetzt an den Vater selbst als den Einzigen,
der dieser Not wehren kann.

Das Gebet wird - wie schon die Klage - als Bericht (indirekte Rede)
und Zitat (direkte Rede) wiedergeben, also aus der Sicht des Betrachters wie des Betroffenen - ein auch sonst im AT und in der jüdischen
Literatur gebräuchliches stilistisches Mittel der Intensivierung.

Auffällig ist die aramäische Gottesanrede 'Abba'. Ursprünglich
eine reine Lallform weitet sie sich zwar - unserem Papa vergleichbar -
zur Anrede des Vaters in der allgemeinen Familiensprache aus, ohne
daß jedoch das Wissen um die Herkunft aus der Sprache des Kleinkindes
verloren ging. Eben darum hat diese Anrede als Gebetsanrede in der
jüdischen Literatur keine Analogie: Es war unehrerbietig, ja geradezu
zudringlich und darum undenkbar, Gott mit diesem familiären Wort anzureden. Wenn Jesus dies hier tut, so ist dies Ausdruck der einzigartigen Intimität seines Gottesverhältnisses. Das Abba ist die Entsprechung
zu seiner Gottessohnschaft. Zugleich aber ist es bezeichnend, daß
diese so vertraute Anrede Gottes uns gerade dort und nur dort überliefert ist, wo dieses Verhältnis zum Vater so radikal in Frage gestellt
ist.

Das verbindet Jesus zunächst mit den angefochtenen Betern des AT.
Auch sie haben den Gott, der sie verlassen zu haben schien, als 'mein
Gott' angerufen, als 'mein Fels', 'Gott meines Lebens', 'mein Retter'
usw. und so gegen die Erfahrung seiner Verborgenheit die in der Verheißung gründende Gewißheit seiner Nähe gestellt. Der Beter insistiert
so auf der Nähe Gottes, wobei dieser Gegensatz von Glaubensgewißheit
und gegenwärtiger Erfahrung schon an Dualismus grenzen kann. Das
zeigen die Klagen Hiobs (Hi 19,6ff), wo Gott gegen Gott ausgespielt
wird.

Darin wird nun aber auch der Unterschied zwischen dem angefochtenen
Beter des Psalms und dem angefochtenen Gottessohn in Gethsemane deutlich: 'Mein Gott', 'Gott meines Lebens', 'mein Retter' usw. ist Gott
im Psalm nur *gegen* die gegenwärtige Erfahrung. Bleibt die Antwort aus,
so ist nur noch Finsternis und Tod (Ps 88).

Jesus hält jedoch in seinem Gebet nicht an der Nähe Gottes gegen den
sich verbergenden Gott fest, sondern hält in allem Ringen an Gott als
seinem Vater *bedingungslos* fest. Der (viel beachteten) Analogielosig-
keit des Gebetsanfangs 'Abba' entspricht die (kaum beachtete) Analogie-
losigkeit seines Schlusses. Jenes 'aber nicht was ich will, sondern
was du' wird gerne ergänzt: 'Aber nicht soll geschehen, was ich will,
sondern was du willst'. Jesus würde also in einer Art Ergebungsschluß
seine Bereitschaft ausdrücken, seinen Eigenwillen dem Willen des Vaters
unterzuordnen. Eine solche finale Übersetzung ist jedoch falsch. Sie
würde im Griechischen die Negation μή (hebr. אל) verlangen. Hier hingegen steht die objektive Negation οὐ (hebr. לא), und das heißt, Jesus
bringt einen *Tatbestand* zum Ausdruck. Daß Gottes Wille geschieht - dazu
muß sich Jesus nicht durchringen, sondern dies ist die selbstverständ-
liche Voraussetzung des ganzen Gebetes[16]. Auf dem Hintergrund dieser
selbstverständlichen Voraussetzung geht es im Gebetsringen darum, ob
Gott, dem alles möglich ist, nicht auch noch andere Möglichkeiten hat,
seinen Willen durchzusetzen, als über den Weg der Passion.

Daß man diesen offenkundigen Tatbestand so oft übersieht liegt daran,
daß man Gottes Willen gern mit Gottes Heilsplan umschreibt (wozu das
Mk-Evang., anders als etwa Lk, keinen Anlaß gibt) und diesen 'Heilsplan' dann vom Ausgang der Passion her als eine Art feststehenden
'Erlösungsfahrplan' versteht, dessen Funktionär Jesus hier wäre. Solche
Auslegung verkennt, daß das Verhältnis Vater - Sohn in seinem Bezug
zur Welt *eine persönliche Beziehung* ist, und daß es gerade *die darin
begründete Freiheit* ist, die Jesus in seiner Bitte, den Kelch vorüber-
zutragen, in Anspruch nimmt.

Allerdings nimmt Jesus - und damit kommen wir zum zweiten wesentlichen Punkt - diese Freiheit so in Anspruch, daß er zugleich ganz und
gar Gottes Souveränität wahrt, und das heißt: Gott ist und bleibt in
jedem Fall sein Vater - nicht nur unter der Bedingung, daß er die
Bitte seines Sohnes erhört[17]. Darin wird festgehalten, daß *in allem*, was
mit Jesus geschieht, *der Wille des Vaters geschieht*, mag dies den Sohn
auch noch so erschrecken. In diesem Rahmen ist auch Jesu Bitte zu verstehen, daß der Gerichtskelch an ihm vorübergehen möge.

Der Gedanke, die Passion als Gottesgericht zu verstehen, ist befremd-
lich. Verstehen läßt sich dies nur aus dem Geheimnis der Gottessohn-

---

16 Hüten muß man sich daher vor einer (durch Mt 26,42 suggerierten) vorschnellen
   Gleichsetzung dieser Einschränkung mit der 'dritten Bitte' des Herrengebets,
   die - wie die Bitte um die Heiligung des Namens und um das Kommen des Reiches -
   um die endzeitliche *Durchsetzung* des göttlichen Willens im Himmel und auf Erden
   bittet. Hier dagegen wird Gottes Wille als das allein *Entscheidende festgestellt*.
17 Vgl. E.LOHMEYER: Markus 316: "Es scheint, als solle hier nicht menschliche Willkür
   dem göttlichen Willen entgegengesetzt werden, sondern als spräche einer, der
   auch Gott gegenüber das besondere Recht hat, von 'Seinem Willen' zu sprechen
   und gerade deswegen sich dem höheren Willen Gottes beugt."

schaft, wie es oben schon angedeutet wurde: Jesus ist der aus der Beziehung zum Vater heraus ganz für diese Welt Existierende.

Man kann sich diesem Geheimnis vielleicht am besten durch das Beispiel zweier biblischer Gestalten nähern:
Als das Volk in der Wüste von Gott abgefallen ist und ein goldenes
Stierbild verehrt, will Gott das Volk vertilgen und allein mit Mose
und dessen Nachkommen seine Heilsgeschichte fortsetzen. Doch Mose ent-
gegnet: "Vergib ihnen doch ihre Sünde; *wenn nicht, so tilge mich aus
dem Buch des Lebens, das du geschrieben hast"* (Ex 32,32). Mose identifiziert sich so mit dem Volk, daß er ohne es nicht mehr leben möchte,
ja nicht einmal mehr bei Gott sein möchte. Ein ähnliches Wort findet
sich bei Paulus Röm 9,3 in Bezug auf Israel: *"Ich selbst möchte ver-
flucht und von Christus geschieden sein meinen Brüdern zugut, die meine
Stammverwandten sind nach dem Fleisch"*. Beiden Gestalten ist gemeinsam, daß es für sie etwas wichtigeres gibt als sie selbst, etwas Wichtigeres sogar als ihre eigene Seligkeit: Das Heil des von Gott getrennten Volkes Israel. Darin sind sie Gleichnisse für das Verhältnis Jesu
zur gefallenen Welt.

Die zeichenhafte Selbsthingabe beim Abendmahl und Worte wie Mk 10,45
zeigen dieses Geheimnis der unergründlichen Liebe des Gottessohnes,
der nichts für sich sein wollte, der als der 'Menschensohn' restlos
auf die Seite der Sünder getreten ist, um sie zu Gott zurückzuführen,
der sich so mit ihnen identifiziert hat, daß ihr Schicksal auch das
seine ist. Gerade deshalb ist ihre Verlorenheit auch seine Verlorenheit[18]. Weil er nur mit ihnen zu Gott gehören will, weil sein Geschick
als Menschensohn untrennbar in das Geschick der zu heilenden Welt verwoben ist, erleidet Jesus in ihrem definitiven Abfall ihre Gottferne
und ihr Gericht. Ja, er allein erleidet dies jetzt, weil die Menschen,
unverständig oder verstockt, nicht wissen was sie tun , weil sie noch
gar nicht begreifen, daß die von ihnen verschuldete Verwerfung Jesu
zugleich ihre eigene Verdamnis ist.

Dies ist der Kelch des göttlichen Zorns, um dessen Vorübergehen
Jesus hier bittet. Deshalb wird auch verständlich, daß Jesus ausgerechnet hier an Gottes *Allmacht* appelliert. Ginge es nur um die Verhinderung des Leidens und des Todes, so hätte Jesus sich in dieser Nacht
nur in die Büsche, bzw. in die Ölbäume, schlagen müssen, und die

---

18 Sehr schön hat C.E.B.CRANFIELD (Saint Mark 458 zu Mk 15,34 unter Verweis auf Mk
14,36 sowie II Kor 5,21 und Gal 3,13) in diesem Sinn Gethsemane und Golgatha
zusammen interpretiert: "The burden of the world's sin, his complet self-identi-
fication with the sinners, involved not merely a felt, but a real, abondonment
by his Father. It is in the cry of dereliction that the full horror of man's sin
stands revealed." (Vgl. auch P.GLORIEUX: Mystère 637f).

Häscher wären leer ausgegangen. Dies hätte an die göttliche Allmacht keinerlei Anforderungen gestellt.

Wenn Jesus hier um das Vorübergehen des göttlichen Zorneskelches bittet, weil Gott alles möglich ist, so wendet er sich an den Vater als an den, dessen Macht auch an dem - in der Verschlossenheit dieser Welt triumphierenden - Bösen keine Grenze hat, der auch das Wunder der Umkehr vollbringen und so den Kelch der Passion auch von Jesus nehmen kann. "Diese Macht ist stärker als alles, was Menschen unmöglich scheint, sie kennt kein Hindernis, auch nicht die Schranken eines göttlichen 'Muß'; so vermag sie auch hier nicht nur das menschlich, sondern auch das göttlich Unabwendbare zu wenden"[19]. In dieser Gewißheit bittet Jesus[20], und doch steht diese Bitte - noch einmal sei daran erinnert - unter dem expliziten Vorbehalt, daß der Vater dies auch *will*.

Was dieser Vorbehalt bedeutet, kann erst jetzt voll erkannt werden: Jesus ist also bereit, selbst die letzte Entfremdung, diese von Gott nicht gewehrte Widerlegung seines Lebens, das Gericht noch als Gottes Wille anzuerkennen und aus der Hand des Vaters zu nehmen. In einer Anfechtung, die noch unbegreiflicher ist als die eines Hiob, weil Gott im Gewährenlassen des Bösen mit Jesus die Welt preiszugeben und sich selbst untreu zu werden scheint, hält Jesus - in Angst und Zittern - daran fest, daß in alledem Gottes Wille geschieht und daß dieser Wille als Wille des *Vaters* ein guter Wille ist, dem auch jener unbegreifliche Triumph des Bösen schließlich zum Guten dienen muß. In diesem selbstverständlichen Gehorsam, in dieser Gottesgewißheit wider allen Augenschein, bewährt sich Jesus gerade in seiner ohnmächtigen Stunde am vollkommensten als der 'Sohn'[21].

15.5 Das Schweigen Gottes und die schlafenden Jünger (V.37)

V.37: "Und er kommt und findet sie schlafend
       und sagt zu Petrus:
       Simon, du schläfst?
       Vermochtest du nicht eine Stunde zu wachen?"

---

19 E.LOHMEYER: Markus 315.
20 Vielleicht muß man diese Bitte auch im Zusammenhang des Passahhallels verstehen, das Gott als den preist, der aus dem Tode rettet (Ps 116,3ff; 118,5ff), der den vor der Welt Verworfenen rechtfertigt (118,22f). Ihn, dessen Errettung des Volkes als das 'Evangelium' des Alten Bundes (Ps 136) beim Passah vergegenwärtigt wird, dessen *wunderbare Macht* gerade die Passahhaggada preist und dabei seine nächtlichen Heilstaten aufzählt, - ihn ruft Jesus hier an als den, dem alles möglich ist.
21 Die seit der Alten Kirche bis auf den heutigen Tag ständig wiederholte These, Gethsemane zeige am reinsten den vere homo (während etwa die Verklärung den

Liest man nur die Vv. 32-36, so kann die Fortsetzung eigentlich nur
darin bestehen, daß nun - so oder so - eine Antwort erteilt wird. Doch
eben diese Antwort bleibt aus: Berichtet werden nur Jesu Rückkehr zu
den schlafenden Jüngern und die vorwurfsvolle Frage an Petrus.

In jener einfachen Fortsetzung vollzieht sich ein entscheidender
Umbruch, der auch das ganze bisherige Geschehen neu qualifiziert: Was -
wenn auch mit Angst und Entsetzen - als Rückzug zum immer Vertrauteren
begann, entpuppt sich nun jäh als Weg in eine Verlassenheit, deren
Trostlosigkeit und Endgültigkeit durch das folgende Hin und Her
zwischen zwei Mauern des Schweigens noch unterstrichen wird.

Auf eine spezifische Weise ist jedoch dies, daß keine Antwort erfolgt, schon Antwort genug. Denn auf dem Hintergrund der bisherigen
einzigartigen Zuwendung Gottes zu diesem Menschen als seinem 'geliebten
Sohn' (Mk 1,11; 9,6) ist solches Schweigen ein *Verstummen* und somit ein
sehr *beredtes Schweigen*, ist *als Negation der Erwählung Verwerfung*.

Dreimal bleibt Jesu Gebet ohne Antwort. Dadurch wird - wie oben gezeigt - die
Definitivität der Abweisung dargestellt. Sie stellt sich sozusagen im Verlauf der
Geschichte immer unabweisbarer ein. Der Einwand, daß Jesu fortgesetztes Gebet "nicht
dringlicher, sondern nur eine Wiederholung" sei, weshalb ihm keine eigene Bedeutung
zukomme[22], ist falsch: Wenn das gleiche Gebet wiederholt wird, so ist es doch nicht
dasselbe; es wird gesprochen unter den - aufgrund des vorangegangenen Gebets und
dessen Nichterhörung - *veränderten Bedingungen* und wird so selbst etwas anderes.

Dies bestätigt und präzisiert das von den Jüngern Berichtete: Jesus
kommt und findet seine Jünger schlafend - ein Vorgang, der sich noch
zwei weitere Male wiederholt. Dabei vollzieht sich deutlich eine Wand-
lung. Beim ersten Mal schildert das Evangelium noch eine Reaktion
tiefster Enttäuschung: "Simon, (auch) du schläfst?" Das erinnert an
das "καὶ σὺ τέκνον" Caesars, als er auch den engsten Vertrauten unter
den Verschwörern erblickt[23].

Dennoch nimmt die folgende Mahnung (V.38) nochmals das γρηγορεῖτε
von V.34 auf und eröffnet erneut die Möglichkeit zur Bewährung. Ist
diese persönliche Reaktion und die nochmals die Hoffnung auf Bewährung
ausdrückende Mahnung noch Ausdruck eines - wenn auch verletzten - Verhältnisses Jesu zu seinen Jüngern, so greift bei der zweiten Rückkehr
bereits trostlose Entfremdung um sich: Es heißt nur noch, daß die wieder schlafend Angetroffenen nicht wußten, was sie antworten sollten.
Beim dritten Mal endlich stellt Jesus einfach ihr Versagen fest und
macht zugleich deutlich, daß seine Stunde gekommen ist und er der

---

vere deus vor Augen male), ist zumindest fragwürdig; orientiert sie sich doch
an einem Gottesbegriff, dessen Inhalt in erster Linie Macht und Herrlichkeit
sind, während die - der Liebe zu den Menschen entspringende! - Erniedrigung
fatalerweise ausgeschlossen wird.
22 W.MOHN: Gethsemane 201.
23 SUETON: Caes 1,82,3 (vgl. oben S.94).

Jünger nicht mehr bedarf. Diese Worte sind dann auch die letzten, die
der Irdische zu ihnen spricht.

Solche Unempfänglichkeit der engsten Vertrauten verweist - gleich
einem Schluß a minore ad maius - über sich hinaus: Wenn selbst diejeni-
nigen, die Jesus als erste nachgefolgt sind (Mk 1,16-20), die alleine
Zeugen seines größten Wunders (Mk 5,37ff) und seiner himmlischen Herrlichkeit (Mk 9,2ff) waren, die als einzige Jünger im Evangelium auch
als individuelle Gegenüber aufgetreten und Empfänger seines Vermächt-
nisses geworden sind (Mk 13,3ff), wenn selbst diese in einem so entscheidenden Moment vollkommen teilnahmslos schlafen - wer sollte dann
überhaupt noch für Jesu Wort und Wirken empfänglich sein? In dieser
unglaublichen Teilnahmslosigkeit, in dieser schon unterirdischen
Schläfrigkeit *verdichtet sich* daher *gleichnishaft die Verschlossenheit
der ganzen Welt*. Für Jesus ist dieser Schlaf, der dreifache, trotz
seiner Klage, seiner Bitte und seinen Ermahnungen wiederholte Schlaf,
Ausdruck des Verlustes aller Beziehungen und daher *ein Gleichnis des
Todes*, der sich zunehmend des Menschensohnes bemächtigt.

So ist jener Schlaf zugleich die *Präzisierung* des göttlichen Schweigens: Das Wunder einer sich Jesu Botschaft doch noch öffnenden Welt
bleibt aus; der Vater ist fern und die '*Stunde*', um deren Vorübergehen
Jesus gebetet hat, kommt und *ist* am Ende dieses Gebetsringens *gekommen*.
"Der Schlaf der Jünger, der das Zeichen menschlicher Treulosigkeit und
sündiger Verfehlung ist, er ist auch die rätselhaft verhüllte und dennoch offenbare Antwort Gottes auf das Gebet des Menschensohnes. *Darum
kann Gott schweigen, weil Er durch das Geschehen der Stunde um so klarer redet*" [24].

15.6 Die Ermahnung der Jünger (V.38)

V.38: "Wachet und betet,
       damit ihr nicht in Versuchung fallt!
       Der Geist ist zwar willig,
       das Fleisch aber ist schwach."

Die Wachsamkeitsforderung wird wiederholt, durch die Aufforderung
zum Gebet präzisiert und durch einen Finalsatz begründet, der seinerseits nochmals durch eine zweigliedrige, grundsätzliche Aussage begründet wird.

In ihrem jetzigen Kontext steht die ganze Ermahnung in einem direkten Zusammenhang mit der Nachfolge. 'Willig' zeigt sich der Geist der Jünger ja gerade in dem Vorsatz, Jesus auch auf seinem Leidensweg zu folgen

---

24 E.LOHMEYER: Markus 320 (Hervorhebungen von mir).

(14,29.31). Daß diese Bereitwilligkeit nicht den geringsten Erfolg hat,
zeigt nochmals, wie wenig jener 'willige Geist' mit einer Geistbegabung wie in Mk 13,11 verwechselt werden darf. Wohl aber ist der Zusammenhang mit der Nachfolge nicht nur für das Verständnis der Ermahnung,
sondern auch für das der ganzen Perikope bedeutsam.

Oben wurde gezeigt, daß das Versagen der Jünger über sich hinaus
auf die Verschlossenheit der ganzen Welt weist. Es ist von daher zumindest überlegenswert, inwieweit die (ja auffällig allgemein gehaltene) Begründung jenes Mahnwortes auch eine allgemeine Aussage über den
Menschen machen will, der - von Gottes Wort angesprochen - zu einem
entsprechenden Leben ebenso willig wie unfähig ist. Denn das Versagen
der Jünger allgemein wie das des Petrus nochmals im besonderen will auf
dem Hintergrund der ihm unmittelbar vorangehenden und im Evangelium
einzigartigen Bereitschaft der Jünger zum Mitleiden gesehen werden.
Ohne 'Wachen und Beten' jedoch, - d.h. ohne die beständige Ausrichtung
auf Gott in der Gemeinschaft mit Christus - erweist sich diese Bereitschaft als Selbsttäuschung. Gerade dort, wo die Jünger selbstgewiß
(14,31) am stärksten zu sein scheinen, wo auch ihr den zweiten Teil
des Evangeliums beherrschendes Mißverständnis im Blick auf Jesu Passion
ausgeräumt scheint, erfahren sie ihr definitives Scheitern.

Damit zeigt Mk 14,38 dieselbe Anschauung vom Menschen, die in dem
Schulgespräch im Anschluß an die Szene vom 'reichen Jüngling' zum
Ausdruck kommt: Daß es dem Menschen von sich aus unmöglich sei, gerettet zu werden (Mk 10,27). Gezeigt wird dies hier in prägnanter Zuspitzung auf die Situation des bereitwilligen Nachfolgers (dem deshalb
auch im Herrengebet die tägliche Bitte um das Bewahrtwerden vor dem
'In-die-Versuchung-Fallen' aufgetragen ist). *Gleichnishaft* warnt so
das Geschehen in der letzten Nacht Jesu vor jedem Vertrauen in den
eigenen 'willigen Geist' und mahnt zur Wachsamkeit und zum Gebet, weil
nur Gott selbst der Anfechtung und dem Fall zu wehren vermag.

Dieses Wort ist Jesu letzte Ermahnung an seine Jünger. Auffällig ist die Parallelität zum Abschlußgleichnis der apokalyptischen Rede (Mk 13,33-37), das ebenfalls dreimal zur Wachsamkeit aufruft. Diese Rede ist Jesu Vermächtnis an die Jünger (und darüber hinaus an die ganze Gemeinde). Die abschließende Wachsamkeitsforderung ist gesprochen im Blick auf die mit seiner Passion anhebenden endzeitlichen Wehen, in denen
die Jünger Jesus nicht mehr unmittelbar gegenwärtig haben. Es ist vielleicht kein
Zufall, daß diese Mahnung zur Wachsamkeit im Evangelium hier nochmals aufgenommen wird.

15.7 Das endgültige Versagen der Jünger (V.39-41b)

V.39-41b: "Und er ging wieder weg und betete mit denselben
           Worten. Und er kam wieder und fand sie schlafend -
           ihre Augen waren nämlich beschwert,
           und sie wußten nicht, was sie ihm erwidern sollten.

> und er kommt das dritte Mal und sagt zu ihnen:
>   'Ihr schlaft weiter und ruht! (?)'."

Knapp wird von Jesu erneutem Gebet und dem Schlafen der Jünger berichtet. Und noch ein letztes Mal wird indirekt ein Gebet angedeutet,
wenn der Text sagt, daß Jesus ein drittes Mal kommt und resignierend
feststellt: Ihr schlaft noch immer und ruht?

Über die Struktur der Erzählung mit der sich verkürzenden Darstellung des Betens wurde oben[25] schon das Nötige gesagt, ebenso über die
Dreizahl bei Jesu Gebet und dem Schlaf der Jünger: In jenem dreifachen
Schlafen vollendet sich das im ganzen Evangelium und im besonderen bei
der Reaktion der Jünger auf die drei Leidensweissagungen (8,32f; 9,32ff;
10,35ff) gezeigte Jüngerunverständnis.

Für die Jünger bedeutet dies ihren endgültigen Abfall von Jesus:
Flucht und Verleugnung sind nur Folge ihrer im Schlaf offenbar gewordenen Weltverfallenheit, der zerstörten Beziehung zu ihrem Herrn. Hier
wird auch ganz deutlich, daß die Jünger keine 'eschatologische Kampf-
gemeinschaft' sind, sondern mit Haut und Haaren dem alten Äon verfallen.
Der entscheidende Kampf bleibt allein Jesu Sache - seine 'Knechte'
(vgl. 13,33-37) verschlafen ihn, sie sind unfähig zur Wachsamkeit[26].
Die in ihrer Formulierung vielleicht auf Markus zurückgehende Parenthese
V.40b kommentiert das in diesem Sinn als Ausdruck völligen Unverständnisses, als eine gewissermaßen schon unterirdische Schläfrigkeit[27].

Für den Hörer kommt damit eine neue Dimension der Erzählung in den
Blick. Die hier Versagenden sind - dies darf nicht übersehen werden -
Jünger, und das heißt Menschen, die in Jesu Nachfolge stehen. Ihnen
hatte Jesus im Anschluß an seine Leidensweissagungen immer wieder den
Ernst und die Konsequenzen der Nachfolge vor Augen geführt:

> "Wenn einer mir nachfolgen will,
>   so verleugne er sich selbst,
>   und nehme sein Kreuz
>   und folge mir nach.
>   Denn wer sein Leben retten will,
>   wird es zugrunderichten,
>   wer aber sein Leben zugrunde richtet um meinetwillen und wegen
>   des Evangeliums,
>   der wird es retten."   (Mk 8,34f).

---

25 S.o. S.121-125.
26 Vgl. H.J.EBELING: Messiasgeheimnis 175f: "Wir begreifen, warum der Evangelist
    die menschliche Ohnmacht selbst der Getreuesten Jesu so intensiv und demonstra-
    tiv malt: selbst das höchste Menschentum versagt angesichts dieses 'letzten
    Feindes'. Von dem, was Christus für uns tat, was er für uns durchlitt und uns
    erstritt, davon will der urchristliche Zeuge künden."
27 G.BERTRAM: Leidensgeschichte 45, will hier das Motiv des vom Satan gewirkten
    Zauberschlafes finden und verweist zur Stützung dieser Hypothese auf entspre-
    chende Ausdeutungen von Jüngerschlaf und Jüngerversagen in der apokryphen
    Literatur. Zurecht warnt er in diesem Zusammenhang vor allzu platter rationa-
    listischer Kritik.

"Wer sich meiner und meiner Worte schämt in diesem ehebrecherischen
                                         und sündigen Geschlecht,
      dessen wird sich auch der Menschensohn schämen,
      wenn er kommt in der Herrlichkeit des Vaters mit den heiligen Engeln."
                              (Mk 8,38; vgl. 9,43-48).

Von alledem haben die Jünger das Gegenteil getan: Sie haben sich
nicht selbst verleugnet und ihr Kreuz genommen, sondern ihren Meister
allein den Leidensweg gehen lassen. Sie wollten ihr Leben retten und
sind geflohen. Im besonderen hat sich noch einmal ihr Repräsentant,
Petrus, im Hof des Hohenpriesters Jesu geschämt und ihn verleugnet.
In ihrer – durch den Schlaf symbolisierten – Weltverfallenheit haben
sie in allem versagt, was Jesus von seinen Nachfolgern verlangt hat.
Sie haben folglich ihr Leben verwirkt (8,35), haben sich aus der Gottesgemeinschaft ausgeschlossen (8,38), sie können kein ἀντάλλαγμα für
ihr Leben geben (8,37) und sind der ewigen Verdammnis verfallen (9,43.
45.47f).

Der Hörer des Evangeliums aber weiß, daß diese Verurteilung nicht
das letzte Wort bleibt. Am Ostermorgen erhalten die Frauen den Befehl,
'seinen Jüngern und dem Petrus' zu verkünden, daß ihnen der Auferstandene in Galiläa begegnen wird (16,7) – nicht als der sie verdammende
Richter, sondern als der sie von neuem in die Nachfolge rufende und
aussendende Meister.

Die Jünger werden damit zu den Begründern der neuen Heilsgemeinde.
Jenseits ihres in Jesu Tod besiegelten und nach weltlichen Maßstäben
nicht mehr gutzumachenden Versagens wird ihnen so durch Gottes Eingreifen die Möglichkeit neuen Lebens eröffnet, ja mehr als das: Sie
werden zu Gottes Boten, gerade in diesen Schwachen wird Gottes Kraft
mächtig.

Angedeutet wird dies in gewisser Weise schon am Schluß unserer Szene, wo Jesus
auch diejenigen, die ihn im Stich gelassen haben, nicht einfach liegenläßt. Mit
jenem ἄγωμεν hatte er sie schon bei jenem Mißverständnis Mk 1,36f in seine Gemeinschaft genommen (1,38), und so zeigt auch hier jene Aufforderung, daß Jesus sich
seinerseits nicht von ihnen abwendet – "... and when the unity is broken 14,50, it
is not by *his* act or whish."[28]

An den Jüngern wird so exemplarisch das den Menschen von der heil-
losen Wirklichkeit seiner Taten unterscheidende und ihn in einen neuen
Lebenszusammenhang stellende neuschaffende Handeln Gottes offenbar.
Im Licht von Ostern ist so Mk 14,32-42 auch Zueignung des von Jesus
für uns stellvertretend ausgestandenen Kampfes, Zuspruch der Treue
des im Sohn gekommenen Gottes zu seinen Erwählten auch in deren Versagen und darin letztlich Ausdruck der Rechtfertigung allein aus Gna-
den. Die Begründung aber liegt darin, daß der Sohn an sich selbst er-
tragen hat, was den Jüngern, was allen Menschen hätte zukommen müssen.

---

28 R.H.LIGHTFOOT: Consideration 114.

15.8 Die Preisgabe (V.41fin)

V.41fin: "Er (sc. Gott) ist fern –
         die Stunde ist gekommen.
         Siehe,
         der Menschensohn wird preisgegeben
         in die Hände der Sünder."

'Fern ist Gott, gekommen ist die Stunde' – mit diesen Worten faßt
Jesus zusammen, was die ganze Erzählung gezeigt hat: Der in der Taufe
über dem Sohn zerrissene Himmel ist geschlossen, der nahegekommene Gott
ist ferne, die Stunde, um deren Vorübergehen er bat, ist gekommen.

Und er deutet dies in den Worten der atl. Bannformel als seine Verwerfung: 'Preisgegeben wird der Menschensohn in die Hände der Sünder'.
Das Wort entspricht der zweiten Leidensweissagung, ist jedoch durch
die Aussage 'Sünder' gesteigert. Es bringt, indem es die 'Menschen'
durch die 'Sünder' ersetzt, auf den Begriff, was der 'Mensch' im Gegensatz zu der im 'Menschensohn' nahegekommenen Gottesherrschaft in Wahrheit ist. Die Preisgabe bestimmt das ganze folgende Geschehen, und der
Text des Evangeliums erlaubt es uns nicht, diese Aussage abzumildern.
Das Bekenntnis des Hauptmannes und das Zerreißen des Tempelvorhanges
erfolgen erst *nach* dem Ende des irdischen Leben Jesu, erst mit dem Tod
des Gottessohnes weicht die Finsternis, die sein Sterben beschattete.
Dem Leidenden bleibt der Himmel stumm, er stirbt mit dem Schrei der
Gottverlassenheit.

Nur wenn man diese Spannung wahrnimmt, kann man die Ungeheuerlichkeit
dessen erahnen, daß Jesus seine Preisgabe – und der Titel Menschensohn
steht ja für sein Amt als Gottes Bevollmächtigter bei der Vollendung
der Welt – daß Jesus diesen Bann über sich und sein Amt als eine von
ihm anerkannte Entscheidung Gottes zum Ausdruck bringt. Es ist die
Voraussetzung seines ganzen Daseins, wie er sie im Gebet nochmals
deutlich gemacht hat: Daß nicht nur in allem, was durch ihn geschieht,
sondern auch in allem, was an und mit ihm geschieht, Gottes Wille geschieht, und daß dieser als der Wille des Vaters ein guter Wille ist.

Und wiederum erklärt sich nur aus dieser Gewißheit, daß Jesus auch
in seiner Preisgabe von sich als dem Menschensohn, als dem von Gott
mit der Vollendung der Welt Beauftragten sprechen kann. Deshalb kann
er dann vor seinen Richtern, vor dem Synhedrium wie vor Pilatus (14,61f;
15,2) die spöttische Frage, ob er – ausgerechnet *er* (vorangestelltes
σύ) – der Messias und Gottessohn bzw. der König der Juden sei, bejahen
und dies vor dem jüdischen Gericht sogar noch mit einer Prophezeiung
vom kommenden und richtenden Menschensohn ausführen. Dies muß weder zu
Gethsemane noch zum Verlassenheitsschrei auf Golgatha im Widerspruch
stehen: Wird hier die ganze Anfechtung und damit die Tiefe des Leidens

vor Gott laut, so hält Jesus *vor der Welt* daran fest, daß sich durch ihn Gottes Kommen vollendet. Der Vater bleibt "mein Gott, mein Gott" selbst dort, wo er ihn - im Gegensatz zu Ps 22,2 und 43,2 - definitiv verlassen zu haben scheint.

In dieser Hingabe an den Vater selbst dort, wo dieser sich selbst zu widersprechen scheint, in Jesu bedingungslosem Ja zu Gottes Willen auch dann, wenn dieser nach dem Urteil des 'schwachen' Fleisches mit dem Widerstand des Bösen identisch wird, leuchtet eine Einheit von Vater und Sohn auf, deren Kraft und Gewißheit stärker ist als die scheinbar eindeutige Sprache der Tatsachen.

Darin aber weist 'Gethsemane' zugleich über sich hinaus auf die Antwort Gottes, - nicht als Korrektur der Leidensgeschichte, sondern als deren Bestätigung und Neuqualifizierung. Die Ferne Gottes in der Passion kann nicht die Widerlegung seines Kommens in Jesus, sondern muß dessen Vollendung sein. Das *Unheilsgeschehen selbst muß* - wenn es nach dem guten Willen des Vaters geschehen ist - *Heilsgeschehen für diese Welt,* εὐαγγέλιον *sein.*

15.9 Der Schluß (V.42)

V.42: "Steht auf, laßt uns gehen.
    Siehe,
    der mich ausliefert ist nahe."

Mit diesen Worten ist die Szene am Ölberg beendet. Jesus geht dem herannahenden 'Verräter' entgegen - die eigentliche Passion beginnt. Schien es bei jenem Gebetsringen mit dem Vater, als ob alles noch einmal stillstünde und gleichsam den Atem anhielte, so belebt sich jetzt die erstarrte Szenerie: Beginnend mit der Verhaftung reihen sich im raschen Wechsel die Stationen der Leidensgeschichte aneinander. Und doch sind all diese wechselnden Szenen - das lehrt 'Gethsemane' sehen - nur die Durchführung des einen Themas, das in jenem 'praeludium mortis' am unmittelbarsten vor Augen geführt wurde und das am Ende der Passion nochmals deutlich hervortritt: Die Preisgabe des Sohnes durch den Vater in die Hände der Menschen.

LITERATURVERZEICHNIS

1. Quellen

1.1 Bibel

Die Bibel. Altes und Neues Testament. Einheitsübersetzung. Freiburg/Basel/Wien 1980.

Die Bibel. Die Heilige Schrift des Alten und Neuen Bundes.
Deutsche Ausgabe mit den Erläuterungen der Jerusalemer Bibel. (Hg.) D.Arenhofel/
A.Deissler/A.Vögtle. Freiburg/Basel/Wien 1968.

Die Bibel oder die ganze Heilige Schrift des Alten und Neuen Testaments nach der
deutschen Übersetzung D. Martin Luthers. Witten 1970.

Die Heilige Schrift des Alten und des Neuen Testaments (1942). Stuttgart 1967
(Züricher Bibel).

K.Aland/E.Nestle u.a. (Hg.): Novum Testamentum Graece. Stuttgart [26]1979.

K.Aland (Hg.): Synopsis Quattuor Evangeliorum. Stuttgart 1976.

M.-E.Boismard (Hg.): Synopse des quatre Evangiles en Francais. Bd. 2: Commentaire.
Paris 1972.

K.Elliger/W.Rudolph (Hg.): Biblia Hebraica Stuttgartensia. Stuttgart 1977.

F.Field (Hg.): Origenis Hexapla. 2 Bde. (1875). Nachdruck Hildesheim 1964.

A.Jülicher (Hg.): Itala. Das Neue Testament in altlateinischer Überlieferung. Nach
den Handschriften herausgegeben. 2 Bde. Berlin/New York [2]1970-1972.

A. Rahlfs (Hg.): Septuaginta. Id est Vetus Testamentum graece iuxta LXX interpretes.
Stuttgart [8]1965.

Septuaginta. Vetus Testamentum Graecum. Auctoritate Academiae Litterarum Gottingen-
sis editum. Göttingen 1931ff.

B.Walton: Biblia Sacra Polyglotta. 6 Bde (1657), Nachdruck Graz 1963-1965.

R.Weber (Hg): Biblia sacra iuxta vulgatam versionem. 2 Bde. Stuttgart [3]1983.

1.2 Altorientalische Texte, Pseudepigraphen und jüdisch-hellenistische Literatur

Achilles Tatius   in: Achilles Tatius with an English Translation by S.Gaselee
(LCL) London/Cambridge/Massachusetts 1969

J.Assmann (Hg.): Ägyptische Hymnen und Gebete. Eingeleitet, übersetzt und erläutert
(BAW.AO). Zürich/München 1975.

A.Falkenstein/W.v.Soden (Hg.): Sumerische und akkadische Hymnen und Gebete. Eingeleitet und übertragen (BAW.AO). Zürich/Stuttgart 1953.

D.Georgi (Hg.): Weisheit Salomos (JSHRZ III/4). Gütersloh 1980.

E. Hammershaimb (Hg.): Das Martyrium Jesajas, in: ders./N.Meisner: Unterweisung in
erzählender Form 1 (JSHRZ 2/1). Gütersloh [2]1977, S.15-34.

S. Holm-Nielsen (Hg.): Die Psalmen Salomos (JSHRZ IV/2). Gütersloh 1977.

M.R.James (Hg.): The Testament of Abraham. The Greek Text now First Edited with an
    Introduction and Notes. With an Appendix Containing Abstracts from the Arabic
    Version of The Testament of Abraham, Isaac and Jacob by W.E.Barnes (TaS 2/2).
    Cambridge 1892.

Jesus Sirach (Ben Sira), (Hg.) G.Sauer (JSHRZ III/5). Gütersloh 1981.

Flavius Josephus, Jewish Antiquities V-VIII, (Hg.) H.S.J.Thackeray/R.Markus, in:
    Josephus in Nine Volumes V with an English Translation by H.S.J.Thackeray (LCL).
    Cambridge/London ⁴1985.

E.Kautzsch: Die Apokrypten und Pseudepigraphen des Alten Testaments (1900), 2 Bde.
    Nachdruck Darmstadt 1975.

R.Kittel: Die Psalmen Salomos, in: E.Kautzsch (s. dort) 127-148.

A.F.J.Klijn (Hg.): Die syrische Baruch-Apokalypse, in: E.Brandenburger/U.B.Müller/
    A.F.J.Klijn (Hg.): Apokalypsen 2 (JSHRZ V/2). Gütersoh 1976, 103-191.

Longos, Hirtengeschichten von Daphnis und Chloe . Griechisch und deutsch
    von O.Schönberger SQAW 6 Berlin 1960

Philo von Alexandrien., Moses II, in: F.H.Colson (Hg.): Philo with an English Trans-
    lation (LCL), Bd. 6 (¹1935). London/Cambridge ³1959, 450-595.

B.Philonenko-Sayar/M.Philonenko (Hg.): Die Apokalypse Abrahams (JSHRZ V/5). Güters-
    loh 1982.

Pseudo-Philo, Antiquitates Biblicae (Liber Antiquitatum Biblicarum), (Hg.) C.Dietz-
    felbinger (JSHRZ II/2). Gütersloh ²1979.

P.Riessler: Altjüdisches Schrifttum außerhalb der Bibel. Übersetzt und erläutert
    (1928). Darmstadt ⁴1979.

B.Schaller(Hg.): Das Testament Hiobs (JSHRZ III/3). Gütersloh 1979.

J.Schreiner (Hg.): Das 4. Buch Esra (JSHRZ V/4). Gütersloh 1981.

K.v.Tischendorf: Apocalypses Apocryphae. Mosis, Esdrae, Pauli, Johannis item Mariae
    dormitio, additis Evangeliorum et actum Apocryphorum supplementis (1866). Nachdruck
    Hildesheim 1966.

F.Vattioni (Hg.): Ecclesiastico. Testo ebraico con apparato critico e versioni
    greca, latina e siriaca. Neapel 1968. (Publicazioni del seminario di semitistica).

1.3 Qumran-Schriften

J.M.Allegro (Hg.): 4Qflor, in: ders. (Hg.): Qumran Cave 4, I (4Q 158-4Q 186) (DJD 5).
    Oxford 1968, 53-57.
    -: 4QpIsa, in: ebd. 11-30.
    -: 4QPsᵃ, in: ebd. 42-50.

M.Baillet (Hg.): Textes des Grottes 2Q, 3Q, 6Q, 7Q à 10Q. in: ders. u.a. (Hg.):
    Les 'petites grottes' de Qumran (DJD 3). Oxford 1962, 45-164.

D.Barthélemy/J.T.Milk (Hg.): Qûmran Cave I (DJD 1) (1953). Nachdruck Oxford 1956,
    136-138.

M.Burrows (Hg.): The Dead Sea Scrolls of St. Mark's Monastery, 2 Bde. New Haven
    1950/1951.

J.Carmignac (Hg.): Les Hymnes, in: ders./P.Guilbert (Hg.): Les Textes de Qumran I.
Traduits et annotés. La Règle de la Commanté. La Règle de la Guerre. Les Hymnes
(Autour de la Bible). Paris 1961, 127-282.

M.Delcor (Hg.): Les Hymnes de Qumran (Hodayot). Texte hébreu, introduction, traduc-
tion, commentair (Autour de la Bible). Paris 1962.

S. Holm-Nielsen (Hg.): Hodayot. Psalms from Qumran (AThD 2). Aarhus 1960.

E.Lohse (Hg.): Die Texte aus Qumran. Hebräisch und Deutsch. Mit masoretischer
Punktation, Übersetzung, Einführung und Anmerkungen. Darmstadt 1971.

M.Mansoor (Hg.): The Thanksgiving Hymns Translated and Annotated with an Introduction
(STDJ 3). Leiden 1961.

J.Maier (Hg.): Die Tempelrolle vom Toten Meer. Übersetzt und erläutert. München/
Basel 1978.
 - (Hg.): Die Texte vom Toten Meer, 2 Bde. München/Basel 1960.

C.Rabin (Hg.): The Zadokite Documents. Oxford [2]1958.

L.Rost (Hg.): Die Damaskusschrift (KlT 167). Berlin 1933.

S.Schechter (Hg.): Documents of Jewish Sectaries, Bd. 1. Fragments of a Zadokite
Work (1910). Nachdruck New York 1970.

E.L.Sukenik (Hg.): The Dead Sea Scrolls of the Hebrew University. Jerusalem 1955.

Y.Yadin (Hg.): Megillat ham-Migdaš. The Temple Scroll. Hebrew Edition, Bd. 1-3a.
Jerusalem 1977.

S. Zeitlin (Hg.): The Zadokite Fragments. Facsimile of the Manuscripts in the Cairo
Genizah Collection (JQR.MS 1). Philadelphia 1952.

    1.4 Rabbinische Texte

I.S.Baer (Hg.): Seder Avodat Yisrael. Rödelheim 1868.

A.Díez Macho (Hg.): Nephyti 1, Targum Palestinense, 6 Bde. MS De La Biblioteca Vati-
cana (Textos y Estudios 7-11.20). Madrid 1968/1970/1971/1974/1978/1979.

L.Finkelstein (Hg.): Siphre ad Deuteronomium (Corpus Tannaiticum 3,3,2). Berlin 1939.

L.Goldschmidt (Hg.): Der babylonische Talmud. Editio maior, Bd. 1, Berakhoth, Mišnah
Zeraim, Sabbath. Berlin/Wien 1952.

M.L.Klein (Hg.): The Fragment-Targums of the Pentateuch. According to their Extant
Sources, 2 Bde. (AnBib 76). Rom 1980.

P.de Lagarde (Hg.): Hagiographa Chaldaice (1873). Nachdruck Osnabrück 1976.

Miqrā'ōt gedōlōt: ketubīm. Nachdruck Tel Aviv 1958.

M.Z.Segal (Hg.): Sefär Bän Sirā haš-šalem. Jerusalem 1958.

Service of the Synagogue. A New Edition of the Festival Prayers with an English
Translation in Prose and Verse. London [15]1954.

W.Staerk (Hg.): Altjüdische Gebete. Ausgewählt und mit Einleitungen (KlT 58). Berlin
[2]1930.

Targum Jerušalmi, Editio princeps Venedig 1523/24. Neudruck Berlin 1925.

1.5 Christliche Quellen

Augustinus, Aurelius: Enarrationes in Psalmos I-L, in: E.Dekkers/J.Fraipont (Hg.):
Aurelii Augustini Opera, Bd. X/1 (CChr. SL 38), Turnholt 1956.

Clemens Alexandrinus, Protrepticus, Paedagogus, Stromata, Excerpta ex Theodoto,
Eclogae propheticae, Quis dives salvetur, Fragmente, Register, 4 Bde. (Hg.) O.
Stählin/L.Früchtel/U.Treu (GCS). Berlin [3]1972/[3]1960/[2]1970 Leipzig 1936.

Epiphanius Constantiensis, Ancoratus und Panarion, (Hg.) K.Holl. Bd. 1 (GCS 25)
Leipzig 1915.
-: Ancoratus, in: PG 43, Sp. 11-236.

Eusebius Caesariensis, The Ecclesiastical History, (Hg.) K.Lake 2 Bde. (LCL) London
1964/65.

J.A.Fischer (Hg.): Der Klemens-Brief, in: ders. (Hg.): Die Apostolischen Väter.
Eingeleitet, übertragen und erläutert (SUC 1) ([1]1956). Darmstadt [5]1966.

Hieronymus, (Hg.) D.Hurst/M.Adriaen: S.Hieronymi Presbyteri Opera, Bd. 1/7: Commentariorum in Matheum libri IV (CChr.SL 77). Turnholt 1969.

Hilarius Pictavensis, (Hg.) P.Smulders: Sancti Hilarii Pictavensis episcopi opera,
Bd. 2/1: De trinitate libri VIII-XII. Indices (CChr.SL 62a). Turnholt 1980.

Irenaeus Lugdunensis, (Hg.) A.Rousseau/L.Doutreleau: Contre les Hérésies. Livre III.
2 Bde. (SC 210.211). Paris 1974.

Johannes Chrysostomus: In illud: Pater, si possibile est, transeat, in: PG 51, Sp.
31-40.

Justinus Martyr.,(Hg.) J.Goodspeed: Die ältesten Apologeten (1915). Nachdruck Göttingen 1984, S.50-265.

A.F.Klijn: The Acts of Thomas. Introduction - Text - Commentary (Nt. S.5). Leiden
1962.

H.Musurillo(Hg.): The Acts of the Christian Martyrs. Introduction, Text and Translation (OECT). Oxford 1972.

Origenes, Commentariorum series (in Mt 22,34-27,63) in: (Hg.) E.Klostermann/E.Benz:
Origenes Werke, Bd. 11: Origenes Matthäuserklärung II. Die lateinische Übersetzung
der Commentariorum series (GCS 38). Berlin [2]1976.
-: Contra Celsum. in: M.Borret (Hg.): Origène. Contre Celse. 5 Bde. (SChr 132.136.
147.150.227). Paris 1967-1976.
-: Buch I-IV gegen Celsus, in: P.Koetschau (Hg.): Origenes Werke. Bd. 1 (GCS 1).
Leipzig 1899, S.49-374.
-: Contra Celsum, Translated with an Introduction and Notes by H.Chadwick, Cam-
bridge 1980.

Papias Hierapolitanus, Explanatio sermonum Domini, in: F.X.Funk/K.Bihlmeyer (Hg.):
Die apostolischen Väter. Tübingen [3]1970, S.133-140.

Photii Patriarchae Lecicon, (Hg.) C.Theodoridis Bd. 1. Berlin/New York 1982.

Polykarpus Smyrnensis, (Hg.) J.A.Fischer: Die beiden Polykarp-Briefe, in: ders. (Hg.):
Die Apostolischen Väter. Eingeleitet, herausgegeben, übertragen und erläutert
(SUC 1). Darmstadt [5]1966, S.227-265.

Porphyrius, (Hg.) A.v.Harnack: Gegen die Christen. 15 Bücher, Zeugnisse, Fragmente
und Referate (APAW.PH 1). Berlin 1916.

M.Schmidt (Hg.): Cyrilli Glossarium. Jena 1862.

Tertullianus, De pudicicia, in: E.Dekkers (Hg.): Q.S.Fl. Tertulliani Opera, Bd. 2: Opera Monastica (CChr.SL 2). Turnholt 1954, S.1279-1330.

Theodorus Mopsuestenus, In Evangelium Lucae commentarii fragmenta, in: PG 66, Sp. 715-723.

K.Wengst (Hg.): Barnabasbrief, in: ders. (Hg.): Didache (Apostellehre, Barnabasbrief, Zweiter Klemensbrief, Schrift an Diognet. Eingeleitet, herausgegeben, übertragen und erläutert (SUC 2). Darmstadt 1984, S.103-202.

1.6 Griechische und römische Autoren

Aristoteles, Poetik, (Hg.) M.Fuhrmann (Dialog mit der Antike 7) München 1976.
  -: Poetics, (Hg.) D.W.Lucas. Oxford 1968.
  -: De caelo libri quattuor, (Hg.) D.J.Allen. Oxford 1955.

H.Beckby (Hg.): Anthologia Graeca. 4 Bde. München [2]1965-1967.

G.Helmreich (Hg.): Galeni de usu partium libri XVII. 2 Bde. Leipzig 1907.1909.

Heraklit, Fragment 89, in: H.Diels/W.Kranz (Hg.): Fragmente der Vorsokratiker. 3 Bde. Zürich/Berlin [11]1964.

Homer, Ilias, (Hg.) J.H.Voss. Text der ersten Ausgabe. Stuttgart 1968.

Plato, Theaetetus - Sophist, (Hg.) H.N.Fowler (LCL). London/Cambridge 1961.

Plautus, Casina, (Hg.) W.T.MacCary/N.M.Willcock (Cambridge Greek and Latin Classics). Cambridge 1976.

Plutarch,Lives in eleven Volumes, (Hg.) B.Perrin, Bd. 9: Demetrius and Antony,Pyrrhus and Caius Maius (LCL). London 1968.
  -: Moralia in fifteen Volumes, (Hg.): P.H.de Lacy/B.Einarson, Bd. 7 (LCL). London/ Cambridge 1972.

Suetonius, De vita Caesarum - De viris illustribus (Auszug), 2 Bde (Hg.) J.C.Rolfe (LCL). London 1964.1979.

Xenophon, Ellenika. Historia Graeca, (Hg.) C. Hude (BSGRT). Nachdruck Stuttgart 1969.

2. Kommentare

W.Bauer: Das Johannesevangelium (HNT.NA 6). Tübingen [3]1933.

J.A.Bengel: Gnomon Novi Testamenti in quo ex nativa verborum, vi simplicitas, profunditas, concinnitas, salubritas sensacum coelestium indicatur. Stuttgart [8]1891.

H.L.Billerbeck: Kommentar zum Neuen Testament aus Talmud und Midrasch. 6 Bde. München [8]1982/[8]1983/[7]1979/[7]1978/[5]1979/[5]1979 .

R.Bultmann: Das Evangelium des Johannes (KEK 2). Göttingen [20]1978.

H.Conzelmann: Der erste Brief an die Korinther (KEK 5). Göttingen [12]1981.

C.E.B.Cranfield: The Gospel According to Saint Mark. Cambridge 1959.

J.Ernst: Das Evangelium nach Markus (RNT). Regensburg 1981.

J.Gnilka: Das Evangelium nach Markus (EKK 2). 2 Bde. Neukirchen u.a. 1979.

L.Goppelt: Der Erste Petrusbrief (KEK 12/1), Göttingen [8]1978.

W. Grundmann: Das Evangelium nach Lukas (ThHK 3). Berlin [9]1981.
-: Das Evangelium nach Markus (ThHK 2). Berlin [8]1980.

E.Haenchen: Die Apostelgeschichte (KEK 3). Göttingen [15]1968.

F.Hauck: Das Evangelium des Lukas (Synoptiker 2) (ThHK 3). Leipzig 1934.

H.W.Hertzberg: Die Samuelbücher (ATD 10). Göttingen [6]1982.

A.M.Hunter: The Gospel According to Saint Mark (TBC). London [11]1974.

S.E.Johnson: A Commentary on the Gospel According to St. Mark (BNTC). London 1960.

E.Käsemann: An die Römer (HNT. NA 8a). Tübingen [4]1980.

J.A.Kleist: The Gospel of Saint Mark. New York/Milwaukee/Chicago 1936.

E.Klostermann: Das Markusevangelium (HNT. NA 3). Tübingen [5]1971.

H.-J.Kraus: Psalmen (BK. AT 15). 2 Bde. Neukirchen [5]1978.

M.J.Lagrange: Evangile selon Saint Luc (EtB 6). Paris 1972.
-: Evangile selon Saint Marc (EtB). Paris 1911.

E. Lohmeyer: Das Evangelium des Markus (KEK 1/2). Göttingen [17]1967.
-/W.Schmauch: Das Evangelium des Matthäus (KEK Sonderband). Göttingen [4]1967.

A.F.Loisy: L'Evangile selon Marc. Paris 1912.
-: Les Evangiles synoptiques. 2 Bde. Ceffonds 1907/1908.

J.H.Marshall: The Gospel of Luke. A Commentary on the Greek Text. (The New Interna-
tional Greek Commentary). Exeter 1978.

B.M.Metzger: A Textual Commentary on the Greek New Testament. London/New York 1975.

O.Michel: Der Brief an die Hebräer. (KEK 13). Göttingen [12]1966.
-: Der Brief an die Römer (KEK 4). Göttingen [14]1978.

D.E. Nineham: The Gospel of St. Mark (PGC.A 489). Harmondsworth 1963.

R.Pesch: Das Markusevangelium (HThK 2). 2 Bde. Freiburg/Basel/Wien [3]1980/[2]1980.

A.E.J.Rawlinson: St. Mark with Introduction, Commentary and Additional Notes (West-
minster Commentaries). London 1925.

E.Riggenbach: Der Brief an die Hebräer (KNT 14). Leipzig 1913.

J.Roloff: Die Apostelgeschichte (NTD 5). Göttingen [17]1981.

P.Schanz: Commentar über das Evangelium des heiligen Marcus. Freiburg 1881.

A.Schlatter: Der Evangelist Matthäus. Seine Sprache, sein Ziel, seine Selbständig-
keit. Ein Kommentar zum ersten Evangelium. Stuttgart [6]1963.
-: Das Evangelium des Lukas. Aus seinen Quellen erklärt. Stuttgart [3]1975.
-: Markus. Der Evangelist für die Griechen. Stuttgart 1935.

H.Schlier: Der Brief an die Galater (KEK 7). Göttingen [14]1971.

W.Schmithals: Das Evangelium nach Markus (ÖTK 2). 2 Bde. Gütersloh/Würzburg 1979.

R.Schnackenburg: Das Johannesevangelium (HThK 4). 3 Bde. und Ergänzungsband. Frei-
burg/Basel/Wien [5]1981/[3]1980/[3]1979/1984.

G.Schneider: Die Apostelgeschichte (HThK 5). 2 Bde. Freiburg/Basel/Wien 1980.1982.

J.Schneider: Das Evangelium nach Johannes (ThHK Sonderband). Berlin [2]1978.

J.Schniewind: Das Evangelium nach Markus. (NTD 1) Göttingen [12]1977.
   -: Das Evangelium nach Matthäus (NTD 2). Göttingen [13]1984.

E.Schweizer: Das Evangelium nach Markus (NTD 1). Göttingen [13]1973.
   -: Das Evangelium nach Matthäus (NTD 2). Göttingen [13]1973.

H.J.Stoebe: Das erste Buch Samuelis (KAT 8/1). Gütersloh 1973.

F.Stolz: Das erste und zweite Buch Samuel (ZBK 9). Zürich 1981.

H.Strathmann: Der Brief an die Hebräer, in: J.Jeremias/H.Strathmann: Die Briefe
   an Timotheus und Titus. Der Brief an die Hebräer (NTD 9). Göttingen [8]1963.

H.B.Swete: Commentary on Mark (1913). Nachdruck Grand Rapids 1977.

V.Taylor: The Gospel According to St. Mark. New York [2]1966.

F.M.Uricchio/G.M.Stano: Vangelo secondo san Marco (SB(T) 25). Rom/Turin 1966.

A.Weiser: Die Psalmen (ATD 14.15). 2 Bde. Göttingen [8]1973.
   -: Das Buch der zwölf Kleinen Propheten. Bd. 1: Die Propheten Hosea, Joel, Amos,
      Obadja, Jona, Micha (ATD 24). Göttingen 1949.

B.Weiß: Das Marcusevangelium und seine synoptischen Parallelen. Berlin 1872.

J.Weiß: Das älteste Evangelium. Ein Beitrag zum Verständnis des Markus-Evangeliums
   und der ältesten evangelischen Überlieferung. Göttingen 1903.
   -: Der erste Korintherbrief (KEK 5). Göttingen [9]1970.

J.Wellhausen: Das Evangelium Marci. Berlin [2]1909.

H.Windisch: Der Hebräerbrief (HNT 14). Tübingen [2]1931.

T.Zahn: Das Evangelium des Lucas (KNT 3). Leipzig [1,2]1913.

W.Zimmerli: Ezechiel (BK.AT 13), Bd. 1. Neukirchen [2]1979.

3. Hilfsmittel

H.R.Balz/G.Schneider (Hg.): Exegetisches Wörterbuch zum Neuen Testament. Stuttgart u.a.
   1980ff.

W.Bauer: Griechisch-deutsches Wörterbuch zu den Schriften des Neuen Testaments und
   der übrigen urchristlichen Literatur. Berlin/New York [5]1971.

W.Baumgartner (Hg.): Hebräisches und Aramäisches Lexikon zum Alten Testament. 3 Bde.
   Leiden [3]1967/[3]1974/[3]1983.

F.Blass/A.Debrunner/F.Rehkopf: Grammatik des neutestamentlichen Griechisch. Göttingen
   [15]1979.

G.J.Botterweck/H.Ringgren (Hg.): Theologisches Wörterbuch zum Alten Testament. Stuttgart u.a. 1973ff.

F.Brown/S.R.Driver/C.A.Briggs: A Hebrew and English Lexicon of the Old Testament.
   Oxford 1906.

L.Coenen/E.Beyreuther/H.Bietenhard (Hg.): Theologisches Begriffslexikon zum Neuen
    Testament. 3 Bde. Wuppertal [3]1972.

G.Dalman: Grammatik des jüdisch-palästinischen Aramäisch. Nach den Idiomen des palä-
    stinensichen Talmud und Midrasch, des Onkelostargum und der jerusalemischen Targu-
    me. Aramäische Dialektproben. Nachdruck Darmstadt [2]1960.

K.Galling u.a. (Hg.): Die Religion in Geschichte und Gegenwart. 6 Bde. und Register-
    band. Tübingen 1957-1965.

W.Gesenius: Hebräisches und Aramäisches Handwörterbuch über das Alte Testament. Be-
    arbeiter F.Buhl u.a. Nachdruck Berlin/Göttingen/Heidelberg [17]1962.

E.Hatch/H.A.Redpath (Hg.): A Concordance to the Septuagint and the other Greek
    Versions of the Old Testament. 2 Bde. (1897) Nachdruck Graz 1954.

E.Jenni/C.Westermann (Hg.): Theologisches Handwörterbuch zum Alten Testament. 2 Bde.
    München/ Zürich [3]1979/[2]1979.

G.Kittel/G.Friedrich u.a. (Hg.): Theologisches Wörterbuch zum Neuen Testament. 10 Bde.
    Stuttgart u.a. 1933-1979.

T.Klauser u.a. (Hg.): Reallexikon für Antike und Christentum. Stuttgart 1950ff.

L.Köhler/W.Baumgartner (Hg.): Lexicon in Veteris Testamenti Libros. 1 Bd. und Supple-
    mentband. Leiden [2]1958.

H.Kraft: Clavis patrum apostolicorum. Catalogum vocum in libris patrum, qui dicuntur
    apostolici non raro occurrentium. Darmstadt 1963.

K.-G.Kuhn (Hg.): Konkordanz zu den Qumrantexten. Göttingen 1960.

G.W.H.Lampe (Hg.): A Patristic Greek Lexicon. Oxford 1961.

H.G.Liddell/R.Scott (Hg.): A Greek-English Lexicon. Nachdruck Oxford [9]1968.

J.H.Moulton (Hg.): A Grammar of New Testament Greek. 4 Bde. Edinburgh 1978-1980.

L.Pirot/A.Robert u.a. (Hg.): Dictionnaire de la Bible. Supplêment. Paris 1926ff.

F.Preisigke: Wörterbuch der griechischen Papyrusurkunden mit Einschluß der griechi-
    schen Inschriften, Aufschriften, Ostraka, Mumienschilder usw. aus Ägypten, Bd. 1.
    Berlin 1925.

E.Schwyzer: Griechische Grammatik. Auf der Grundlage von K.Brugmanns Griechischer
    Grammatik. 3 Bde. (HAW 2/1). München [2]1953/[2]1950 /1953.

H.Stephanus (Hg.): Thesaurus Graecae linguae. Bd 1.3. Paris o.J.

A.Vacault/E.Magenot u.a. (Hg.): Dictionnaire de Théologie Catholique. Paris 1923ff.

C.A.Wahl (Hg.): Clavis librorum Veteris Testamenti apocryphorum philologica. Indicem
    verborum in libris pseudepigraphis usurpatorum. Adiecit J.B.Bauer (1853). Nach-
    druck Graz 1972.

4. Monographien und Sonstiges

P.Ackroyd: Art. יד jād II., in: ThWAT III (1982), Sp.425-455.

B.Aland/K.Aland: Der Text des Neuen Testaments. Einführung in die wissenschaftlichen
    Ausgaben sowie in Theorie und Praxis der modernen Textkritik. Stuttgart 1982.

K.Aland: Die Bedeutung des P^{75} für den Text des Neuen Testaments. Ein Beitrag zur
Frage der "Western non-interpolations", in: ders.: Studien zur Überlieferung des
Neuen Testaments und seines Textes (ANTT 2). Berlin 1967, 155-172.

R.Albertz/C.Westermann: Art. רוח ru^{a}ḥ Geist, in: THAT II(^{2}1979), Sp.726-753.

H.Aschermann: Zum Agoniegebet Jesu, Luk. 22,43-44, in: ThViat 5(1953/1954) 143-149.

C.Ausfeld: De Graecorum praedicationibus quaestiones, in: JCPh.S 28 (1903), 504-547.

H.Balz: Art. ὕπνος κτλ in: ThWNT VIII (1969), 545-556.
 -: Art. φοβέω κτλ C.-E. in: ThWNT IX (1973), 201-216.

C.Barth: Die Errettung vom Tode in den individuellen Klage- und Dankliedern des
Alten Testaments. Zollikon 1947.

G.Barth: Das Gesetzesverständnis des Evangelisten Matthäus, in: G.Bornkamm/G.Barth/
H.-J.Held: Überlieferung und Auslegung im Matthäusevangelium (WMANT 1). Neukirchen
^{7}1975, 54-151.

K.Barth: Die Kirchliche Dogmatik. Bd. 4/1, Zollikon ^{4}1982.

M.Bastin: Jésus devant sa Passion (Lectio Divina 92). Paris 1976.

A.Baumann: Art. המה hāmāh, in: ThWAT II (^{2}1979), Sp.444-449.

F.Baumgärtel: Art. πνεῦμα κτλ B.C., in: ThWNT VI (1959), 357-366.

H.F.Bayer: Synoptic Predictions of the Vindication and Resurrection of Jesus: Their
Provenance, Meaning and Correlation. Ph.D.University of Aberdeen 1984.

G.Benn: Gesammelte Werke in acht Bänden. Hg. D.Wellershoff. Bd. 1.2, Wiesbaden 1968.

P.Benoit: Passion et résurrection du Seigneur (Lire la Bible 6). Paris 1966.

K.Berger: Die Gesetzesauslegung Jesu. Ihr historischer Hintergrund im Judentum und
im Alten Testament, Teil I: Markus und die Parallelen (WMANT 40). Neukirchen 1972.

G.Bertram: Die Leidensgeschichte Jesu und der Christuskult (FRLANT NS 15). Göttingen
1922.

W.Bieder: Art. πνεῦμα κτλ I.2-II, in: ThWNT VI (1959), 367-373.

H.Bietenhard: "Der Menschensohn" - ὁ υἱὸς τοῦ ἀνθρώπου. Sprachliche und religions-
geschichtliche Untersuchungen zu einem Begriff der synoptischen Evangelien.
in: ANRW II.25.1, 265-350   Berlin/New York 1982

M.Black: An Aramaic Approach to the Gospels and Acts. Oxford ^{3}1967.
 -: The Cup Metaphor in Mark xiv.36, in: ET 59(1947/1948) 195.

R.Blank: Analyse und Kritik der formgeschichtlichen Arbeiten von Martin Dibelius
und Rudolf Bultmann (ThDiss 16). Basel 1981.

T.Boman: Der Gebetskampf Jesu, in: NTS 10 (1963/1964) 261-273.

G.H.Boobyer: ΑΠΕΧΕΙ IN MARK XIV.41, in: NTS 2 (1955/1956) 44-48.

G.Bornkamm: Das Bekenntnis im Hebräerbrief, in: ders.: Studien zu Antike und Urchristentum. Gesammelte Aufsätze, Bd 2 (BEvTh 28). München 1959, S.188-203.
 -: Enderwartung und Kirche im Matthäusevangelium in: ders./G.Barth/H.-J.Held:
Überlieferung und Auslegung im Matthäusevangelium (WMANT 1). Neukirchen ^{7}1975,
13-47.

E.Brandenburger: Text und Vorlagen von Hebr. V 7-10. Ein Beitrag zur Christologie
des Hebräerbriefs, in: NT 11 (1969) 190-224.

N.P.Bratsiotis: Art. בשר, in: ThWAT I (1973), Sp.850-867.

G.Braumann: Leidenskelch und Todestaufe (Mc 10, 38f.), in ZNW 56 (1965), 178-183.

H.A.Brongers: Der Zornesbecher, in: OTS 15 (1969), 177-192.

L.Brun: Engel und Blutschweiß Lc 22, 43-44, in: ZNW 32 (1933), 265-276.

H.Büchsel: Art. δίδωμι κτλ, in: ThWNT II (1935), 168-175.

R.Bultmann: Art. εὐλαβής κτλ, in: ThWNT II (1935), 749-751.
  -: Die Frage nach der Echtheit von Mt 16, 17-19 (1941), in: ders.: Exegetica.
     Aufsätze zur Erforschung des Neuen Testaments, (Hg.) E.Dinkler. Tübingen
     1967, S.255-277.
  -: Geschichte der synoptischen Tradition. Göttingen ⁹1979.
  -: Art. λύπη κτλ, in: ThWNT IV (1943), 314-325.
  -: Theologie des Neuen Testaments. (Hg.) O.Merk. Tübingen ⁸1980.

W.Bussmann: Synoptische Studien. 3 Bde. Halle 1925-1931.

J.Carmignac: "Fais que nous n'entrions pas dans la tentation". La portée d'une
  négation devant un verbe au causatif, in: RB NS 72 (1969), 218-226.

E.Cassirer: Philosophie der symbolischen Formen. Bd. 2. Das mythische Denken (²1954).
  Unv. Nachdruck Darmstadt ⁴1964.

E.Charpentier (Hg.): Lecture de L'Evangile selon saint Matthieu (travail collectif)
  (CEv 9). Paris 1974.

J.-L.Chordat: Jésus devant sa mort dans l'évangile de Marc. Paris 1970.

C.Colpe: Art. ὁ υἱὸς τοῦ ἀνθρώπου, in: ThWNT VIII (1969), 403-481.

H.Conzelmann: Die Mitte der Zeit. Studien zur Theologie des Lukas (BHTh 17). Tübingen
  ²1957.

P.-L.Couchoud: Notes critique verbale sur St Marc et St Matthieu, in: JThS 34 (1933),
  113-138.

E.B.Cranfield: The Cup Metaphor in Mark xiv.36 and Parallels, in: ET 59 (1947/1948),
  137f.

O.Cullmann: Die Christologie des Neuen Testaments. Tübingen ⁵1975.
  -: Petrus. Jünger, Apostel, Märtyrer. Das historische und das theologische Petrus-
     problem. Zürich/Stuttgart ²1960.

G.Dalman: Orte und Wege Jesu (BFChTh.M 1a). Gütersloh ³1924.
  -: Die Worte Jesu mit Berücksichtigung des nachkanonischen jüdischen Schrifttums
     und der aramäischen Sprache. Leipzig ²1930.

G.Dautzenberg: Sein Leben bewahren. ψυχή in den Herrenworten der Evangelien (StANT
  14). München 1966.

G.A.Deißmann: Neue Bibelstudien. Marburg 1897.

G.Delling: βάπτισμα βαπτισθῆναι, in: ders.: Studien zum Neuen Testament und zum
  hellenistischen Judentum. Gesammelte Aufsätze 1950-1968. Göttingen 1970, 236-256.
  -: Art. τέλος κτλ, in: ThWNT VIII (1969), 50-88.
  -: Art. τρεῖς κτλ, in: ThWNT VIII (1969), 215-225.
  -: Art. ὥρα, in: ThWNT IX (1973), 675-681.

M.Dibelius: Die Formgeschichte des Evangeliums. (Hg.): G.Bornkamm. Tübingen ⁵1966.
  (Zitiert Formgeschichte (1966)).
  -:Zur Formgeschichte der Evangelien, in: ThR. NS 1 (1929) 185-216. (Zitiert Form-
     geschichte (1929)).

-: Gethsemane (1935), in: ders.: Botschaft und Geschichte. Gesammelte Aufsätze, Bd. 1: Zur Evangelienforschung, (Hg.): G.Bornkamm. Tübingen 1953, 258-271.
-: Geschichte der urchristlichen Literatur, (Hg.): F.Hahn (TB 58). Nachdruck München 1975.

D.Dormeyer: Die Passion Jesu als Verhaltensmodell. Literarische und theologische Analyse der Traditions- und Redaktionsgeschichte der Markuspassion (NTA NS 11). Münster 1974.

A.Durand: Agonie du Christ. Authenticité du récit (Luc. XXII, 43.44), in: DThC 1 (1923), Sp.615-619.

G.Ebeling: Theologie und Verkündigung. Ein Gespräch mit Rudolf Bultmann (HUTh 1). Tübingen ^{2}1963.

H.J.Ebeling: Das Messiasgeheimnis und die Botschaft des Marcus-Evangelisten (BZNW 19). Berlin 1939.

C.-M.Edsman: Art. Sagen und Legenden. I. Allgemeines, in: RGG V (^{3}1959), Sp.1300-1302.

W.Eichrodt: Theologie des Alten Testaments. 3 Bde. Stuttgart/Göttingen ^{8}1968/^{6}1974.

R.Feldmeier: Die Darstellung des Petrus in den synoptischen Evangelien, in: P.Stuhlmacher (Hg.): Das Evangelium und die Evangelien. Vorträge vom Tübinger Symposion 1982 (WUNT 1/28). Tübingen 1983, 267-271.

A.Feuillet: L'agonie de Gethsémani. Enquête exégétique et théologique suivie d'une étude du "Mystère de Jésus" de Pascal. Paris 1977.

J.Fichtner: Art. ὀργή κτλ B, in ThWNT V (1954), 392-410.

L.Fonck: Passio SS. Cordis in horto Gethsemani (1), in: VD 8 (1928) 161-170.

G.Friedrich: Das Lied vom Hohenpriester im Zusammenhang von Hebr. 4,1-5,10, in: ThZ 18 (1962), 95-115.

M.Galizzi: Gesù nel Gethsemani (Mc 14,32-42; Mt 26,36-46; Lc 22,39-46). Zürich/Rom 1972.

J.Gerhard: Erklärung der Historie des Leidens und Sterbens unseres HErrn Christi Jesu. (1663). Nachdruck Berlin 1868.

G.Gerleman: Art. נסה nsh pi. versuchen, in: THAT II (^{2}1979), Sp. 69-71.

H.Gese: Die Herkunft des Herrenmahles, in: ders.: Zur biblischen Theologie. Alttestamentliche Vorträge. München ^{2}1983, 107-127.
-: Der Tod im Alten Testament, ebd., 31-54.

P.Glorieux: Le Mystère de l'Agonie, in: VSAM 19/114 (1928/1929), 601-641.

J.Görres: Die teutschen Volksbücher, mit einem Nachwort (Hg.) L.Mackensen (Kleine volkskundliche Bücherei 2). Berlin 1925.

H.Gollwitzer/K.Kuhn/R.Schneider (Hg.): Du hast mich heimgesucht bei Nacht. Abschiedsbriefe und Aufzeichnungen des Widerstandes 1933-1945. Gütersloh ^{6}1980.

L.Goppelt: Art. πίνω κτλ, in: ThWNT VI (1959), 135-160.

    - : Theologie des Neuen Testaments, (Hg) J.Roloff. Göttingen ^{3}1981.

E.Gräßer: Der historische Jesus im Hebräerbrief, in: ZNW 56 (1965), 63-91.

H.Greßmann: Der Festbecher, in: FS G.Sellin zum 60. Geburtstag. Leipzig 1927, S.
55-62.
-: Der Ursprung der israelitisch-jüdischen Eschatologie (FRLANT NS 6). Göttingen
1905.

E.Güttgemanns: Einleitende Bemerkungen zur strukturalen Erzählforschung, in: Ling
Bibl 23/24 (1973), 2-47.

J.Guillet: Jesus vor seinem Leben und Tod. Übertragen von H.U.v.Balthasar (Theologia
Romanica 2). Einsiedeln 1973.

H.Gunkel/J.Begrich: Einleitung in die Psalmen. Die Gattungen der religiösen Lyrik
Israels. Göttingen ⁴1984.

A.H.J.Gunneweg: Geschichte Israels bis Bar Kochba (THW 2). Stuttgart u.a. ⁴1982.

F.Hahn: Christologische Hoheitstitel. Ihre Geschichte im frühen Christentum (FRLANT
NS 83). Göttingen ⁴1974.

H.-C.Hahn: Art. ὥρα (hora) Zeit, Zeitpunkt, Stunde, ὡραῖος (horaios) rechtzeitig,
in: TBLNT III (³1972), 1471-1478.

R.Hamann: Geschichte der Kunst von der altchristlichen Zeit bis zur Gengenwart.
Berlin 1955.

A.v.Harnack: Zwei alte dogmatische Korrekturen im Hebräerbrief, in: SPAW.PH 5 (1929),
62-73.
-: Probleme im Texte der Leidensgeschichte Jesu (1901), in: ders.: Studien zur
Geschichte des Neuen Testaments und der Alten Kirche, Bd. 1. Zur neutestamentlichen Textkritik (AKG 19). Berlin/Leipzig 1931, 86-104.

J.C.Hawkins: Horae Synopticae. Contributions to the Study of the Synoptic Problem.
Oxford ²1968.

M.Hengel: The Atonement. A Study of the Origins of the Doctrine in the New Testa-
ment. London 1981.
-: Entstehungszeit und Situation des Markusevangeliums, in: H.Cancik (Hg.): Markus-
Philologie. Historische, literargeschichtliche und stilistische Untersuchungen
zum zweiten Enangelium (WUNT 1/33), Tübingen 1984, 1-15.
-: Maria Magdalena und die Frauen als Zeugen, in: FS O.Michel zum 60. Geburtstag.
Leiden 1963, 243-256.
-: Nachfolge und Charisma. Eine exegetisch-religionsgeschichtliche Studie zu Mt
8,21f. und Jesu Ruf in die Nachfolge (BZNW 34). Berlin 1968.

J.Hêring: Zwei exegetische Probleme in der Perikope von Jesus in Gethsemane (Markus
XIV 32-42; Matthäus XXVI 36-46; Lukas XXII 40-46), in: FS O.Cullmann zum 60. Geburtstag (NT.S 6). Leiden 1962, 64-69.
-: Simples remarques sur la prière à Gethsêmanê. Matthieu 26,36-46; Marc 14,
32-42; Luc 22,40-46, in RHPhR 39 (1959) 97-102.

H.Hesse: Gedanken zu Dostojewskis "Idiot" (1919/1920), in: V.Michels (Hg.): Materialien
zu Hermann Hesses "Der Steppenwolf". Frankfurt 1972, S.217-224.

P.Hinnebusch: "Drinking the Lord's Cup", in: CrCr (1976), 229-240.

P.Hinz: Deus Homo: Das Christusbild von seinen Ursrpüngen bis zur Gegenwart, Bd. 2.
Von der Romanik bis zum Ausgang der Renaissance. Berlin 1981.

E.Hirsch: Die Frühgeschichte des Evangeliums. Das Werden des Markusevangeliums.
Tübingen 1941.

O.Hofius: Art. καταπέτασμα, ατος, τό katapetasma Vorhang, in: EWNT II (1981), Sp.
656f.

J.W.Holleran: The Synoptic Gethsemane. A Critical Study (AnGr 191 SFT Sectio B n. 61). Rom 1973.

H.J.Holtzmann: Die Synoptiker (HC 1). Tübingen/Leipzig [3]1901.

J.T.Hudson: Irony in Gethsemane? (Marc xiv.41), in: ET 46 (1934/1935), 382.

H.Huppenbauer: בשר "Fleisch" in den Texten von Qumran (Höhle I), in: ThZ 13 (1957), 298-300.

G.Iber: Art. Sagen und Legenden III. Im NT, in: RGG V ([3]1961), Sp.1308-1312.

J.H.H.A.Indemans: Das Lukas-Evangelium XXII₄₅, in: So 32 (1956) 81-83.

E.Jacob: Art. ψυχή κτλ B., in: ThWNT IX (1973), 614-629.

G.Jeremias: Der Lehrer der Gerechtigkeit (StUNT 2). Göttingen 1963.

J.Jeremias: Abba, in: ders.: Abba. Studien zur neutestamentlichen Theologie und Zeitgeschichte. Göttingen 1966, 15-67.
   -: Die Abendmahlsworte Jesu. Göttingen [4]1967.
   -: Das tägliche Gebet im Leben Jesu und in der ältesten Kirche, in: ders.: Abba (s. dort) 67-80.
   -: Das Gebetsleben Jesu, in: ZNW 25 (1926) 123-140.
   -: Die Gleichnisse Jesu. Göttingen [9]1977.
   -: Art. Ήλ(ε)ίας. in: ThWNT II (1935), 930-943.
   -: Hebräer 5,7-10 (1952), in: ders.: Abba (s. dort) 319-323.
   -: Neutestamentliche Theologie. Erster Teil. Die Verkündigung Jesu. Gütersloh [3]1979.
   -: Die Sprache des Lukasevangeliums. Redaktion und Tradition im Nicht-Markusstoff des dritten Evangeliums (KEK Sonderband). Göttingen 1980.
   -: Das Vater-Unser im Lichte der neueren Forschung (1962), in: ders.: Abba (s. dort) 152-171.

E.Käsemann: Das Problem des historischen Jesus (1954), in: ders.: Exegetische Versuche und Besinnungen Bd. 1. Göttingen [6]1970, 187-214.

O.Keel: Feinde und Gottesleugner. Studien zum Image der Widersacher in den Individualpsalmen (SBM 7). Stuttgart 1969.
   -: Die Welt der altorientalischen Bildsymbolik und das Alte Testament. Am Beispiel der Psalmen. Zürich/Neukirchen [3]1980.

W.H.Kelber: The Hour of the Son of Man and the Temptation of the Disciples (Mark 14:32-42), in: ders. (Hg.): Passion in Mark. Studies on Mark 14-16. Philadelphia 1976, 41-60.
   -: Mark 14,32-42: Gethsemane. Passion Christology and Discipleship Failure, in: ZNW 63 (1972), 166-187.

A.Kenny: The Transfiguration and the Agony in the Garden, in: CBQ 19 (1957), 444-452.

T.Klausner/S.Grün: Art. Becher, in: RAC II (1954), Sp.37-62.

H.M.Kleinknecht: Art. πνεῦμα A., in: ThWNT VI (1959), 330-357.

K.T.Kleinknecht: Der leidende Gerechtfertigte. Die alttestamentlich-jüdische Tradition vom 'leidenden Gerechten' und ihre Rezeption bei Paulus (WUNT 2/13). Tübingen 1984.

J.Kremer: Art. πνεῦμα, ατος, τό pneuma Hauch, Atem, Wind, in: EWNT III (1983), Sp. 279-291.

W.G.Kümmel: Einleitung in das Neue Testament. Heidelberg [21]1983.
   -: Jesus, der Menschensohn? Stuttgart 1984.

K.G.Kuhn: Jesus in Gethsemane, in: EvTh NS 6 (1952/1953), 260-285.
 -: πειρασμός-άμαρτΐα-σάρξ im Neuen Testament und die damit zusammenhängenden Vorstellungen, in: ZThK 49 (1952), 200-222.

E.Kutsch: "Trauerbräuche" und "Selbstminderungsriten" im Alten Testament, in: K.
 Lüthi/E.Kutsch/W.Dantine: Drei Wiener Antrittsreden (ThSt(B) 78). Zürich 1965,
 25-42.

E.B.Lease: The Number Three: Mysterious, Mystic, Magic, in: CP 14 (1919), 56-73.

J.Lebreton: La Vie et l'Enseignement de Jésus-Christ Notre Seigneur, 2 Bde. (VSal).
 Paris 1935.

R.Le Déaut: Goûter la calice de la mort, in: Bib. 43 (1962), 82-86.

A.Di Lella: The Hebrew Text of Sirach. A text-critical and historical Study (Studies
 in Classical Literature 1). London/Den Haag/Paris 1966.

F.Lentzen-Deis: Die Taufe Jesu nach den Synoptikern. Literarkritische und gattungs-
 geschichtliche Untersuchungen (FTS 4). Frankfurt 1970.

X.Léon-Dufour: Art. Passion (récits de la), in: DBS 6 (1960), Sp.1419-1492.

T.Lescow: Jesus in Gethsemane bei Lukas und im Hebräerbrief, in: ZNW 58 (1967),
 215-239.

C.van Leeuwen: Art. רשע rš‘ frevelhaft/schuldig sein, in: THAT II (^{2}1979), Sp.813-818.

H.Lichtenberger: Studien zum Menschenbild in den Texten der Qumrangemeinde (StUNT
 15). Göttingen 1980.

H.Lietzmann: Bemerkungen zum Prozeß Jesu. I, in: ders.: Kleine Schriften Bd. 2.
 Studien zum Neuen Testament, (Hg.) K.Aland (TU 5 Ser. 13). Berlin 1958, 264-268.
 -: Der Prozeß Jesu, in: ebd. 251-263.

R.H.Lightfoot: A Consideration of Three Passages in St. Mark's Gospel, in: W.Schmauch
 (Hg.): In memoriam Ernst Lohmeyer. Stuttgart 1951, 110-115.

E.Linnemann: Studien zur Passionsgeschichte (FRLANT NS 102). Göttingen 1970.

W.R.G.Loader: Sohn und Hoherpriester. Eine tradtionsgeschichtliche Untersuchung
 zur Christologie des Hebäerbriefes (WMANT 53). Neukirchen 1981.

E.Lövestam: Spiritual Wakefulness in the New Testament, in: AUL.T 55 (1962/1963)
 Nr.3.

E.Lohse: Die Geschichte des Leidens und Sterbens unseres Herrn Jesu Christi. Güters-
 loh 1979.
 -: Märtyrer und Gottesknecht. Untersuchungen zur urchristlichen Verkündigung vom
 Sühnetod Jesu Christi (Habil.Schr. Mainz 1953) (FRLANT NS 64). Göttingen ^{2}1963.

W.Lotz: Das Sinnbild des Bechers, in: NKZ 28 (1917), 396-407.

M.Lüthi: Drei, Dreizahl. in: EdM 3, 851-868.
 -: Dreigliedrigkeit. in: EdM 3, 879-886.

M.Luther: Genesis-Vorlesung 3. Juni 1535 - 17. November 1545, in: WA 42-44.
 -: Predigten über das erste Buch Mose, gehalten 1523/24, in WA 14,92-488.
 -: Predigt am Karfreitag 1540, in: WA 49, 84-86.
 -: Die Promotionsdisputation von Palladius und Tilemann. 1. Juni 1537, in: WA
 39/1, 198-257.
 -: Tischreden Bd. 5, in: WA TR 5.

S.McCasland: "Abba, Father", in: JBL 72 (1953) 79-91.

W.Marchel: Abba, Père! La prière du Christ et des Chrétiens. Etude éxégétique sur les origines et la signification de l'invocation à la divinité comme père, avant et dans le Nouveau Testament. (AnBib 19 A) Rom ²1971.

W.Marxsen: Der Evangelist Markus. Studien zur Redaktionsgeschichte des Evangeliums. Göttingen 1959².

C.Maurer: "Erhört wegen seiner Gottesfurcht", Hebr 5,7, in: FS O.Cullmann zum 70. Geburtstag. Tübingen/Zürich 1972, 275-284.

G.Mayer: Art. כוס ThWAT IV (1982), 107-111.

W.R.Mayer: "Ich rufe dich von ferne, höre mich von nahe!" Zu einer babylonischen Gebetsformel, in: FS C.Westermann zum 70. Geburtstag. Göttingen 1980, 302-317.

H.G.Meecham: The Imperatival Use of ἵνα in the New Testament, in: JThS 43 (1942) 179f.

C.F.Meyer: Huttens letzte Tage. Eine Dichtung, (Hg.) A.Zäch: Sämtliche Werke Bd. 8. Bern 1970.

E.Meyer: Ursprung und Anfänge des Christentums, 3 Bde. (‴⁵1924). Nachdruck Darmstadt 1962.

R.Meyer: Art. σάρξ κτλ C.I.-III., in: ThWNT VII (1964), 109-118.

W.Mohn: Gethsemane (Mk 14,32-42), in: ZNW 64 (1973), 194-208.

T.A.Mohr: Markus- und Johannespassion. Redaktions- und traditionsgeschichtliche Untersuchung der Markinischen und Johanneischen Passionstradition (AThANT 70). Zürich 1982.

H.-P.Müller Art. המם hmm, in: ThWAT II (1977), Sp. 449-454.

W.Nauck: Zum Aufbau des Hebräerbriefes, in: FS J. Jeremias (BZNW 26). Berlin 1964, 199-208.

F.Neirynck (Hg.): The Minor Agreements of Matthew and Luke against Mark. With a Cummulative List (BEThL 37). Löwen 1974.
  -: Duality in Mark. Contributions to the Study of the Markan Redaction (BEThL 31). Löwen 1972.

F.Nötscher: "Das Angesicht Gottes schauen" nach biblischer und babylonischer Auffassung. Würzburg 1924.

E.Norden: Agnostos Theos. Untersuchungen zur Formengeschichte religiöser Rede. Leipzig/Berlin 1913.

M.Noth: "Die Heiligen des Höchsten" (1955), in: ders.: Gesammelte Studien zum Alten Testament (TB 6). München ³1966, 274-290.

J.M. Nützel: Die Verklärungserzählung im Markusevangelium. Eine redaktionsgeschichtliche Untersuchung (FzB 6). Würzburg 1973.

A.Olrik: Epische Gesetze der Volksdichtung, in: ZDA NS 39 (1909), 1-12.

R.Otto: Das Heilige. Über das Irrationale in der Idee des Göttlichen und sein Verhältnis zum Rationalen. München ²⁶⁻²⁸1947.
  -: Reich Gottes und Menschensohn. Ein religionsgeschichtlicher Versuch. München ²1940.

A.Pallis: Notes on St. Mark and St. Matthew. Oxford 1932.

B.Pascal: Gedanken, (Übers.) W.Hüttenauer: Nach der endgültigen Ausgabe übertragen. Mit einer Einführung von R.Guardini (Sammlung Dietrich 7). Wiesbaden o.J.
-: Pensées et opuscules, (Hg.) L.Brunschvicg: Avec une introduction, des notices, des notes. Paris 1946.

L. Perlitt: Die Verborgenheit Gottes, in: Fs G.v.Rad. München 1971, 367-382.

N.Perrin: The Use of (παρα)διδόναι in Connection with the Passion of Jesus in the New Testament, in: FS J.Jeremias zum 70. Geburtstag. Göttingen 1970, 204-212.

R.Pesch: Naherwartungen. Tradition und Redaktion in Mk 13 (KBANT). Düsseldorf 1968.
-: Die Überlieferung der Passion Jesu, in: K.Kertelge (Hg.): Rückfrage nach Jesus (QD 63). Freiburg/Basel/Wien [2]1977, 143-173.

A.Polag: Fragmenta Q. Textheft zur Logienquelle. Neukirchen 1979.

W.Popkes: Christus traditus. Eine Untersuchung zum Begriff der Dahingabe im Neuen Testament (AThANT 49). Zürich/Stuttgart 1967.

E.Power: Art. Gehtsêmani, in: DBS 3 (1938), Sp.632-659.

F.Preisigke: Art. ἀπέχω, in: WGPU I (1925), Sp.162f.

O.Procksch: ὀργή κτλ D.IV., in: ThWNT V (1954), 418f.
-: Petrus und Johannes bei Marcus und Matthäus. Gütersloh 1920.

V.J.Propp: Morphologie des Märchens, (Hg.): K.Eimermacher (stw 131). Frankfurt 1975.

J.A.Quenstedt: Theologia didacticopolemica, sive systema theologicum. Wittenberg 1696.

G.v.Rad: Der heilge Krieg im alten Israel (AThANT 20). Zürich 1951.
-: Theologie des Alten Testaments, 2 Bde. (EETh 1). München [8]1982/[7]1980.

H.Räisänen: Das "Messiasgeheimnis" im Markusevangelium. Ein redaktionskritischer Versuch (Schriften der Finnischen Exegetischen Gesellschaft 28). Helsinki 1976.

F.Rehkopf: Die lukanische Sonderquelle. Ihr Umfang und ihr Sprachgebrauch (WUNT 1/5). Tübingen 1959.

J.Reindl: Das Angesicht Gottes im Sprachgebrauch des Alten Testaments (ETh 25). Leipzig 1970.

M.Reiser: Syntax und Stil des Markusevangeliums im Licht der hellenistischen Volksliteratur (WUNT 2/11). Tübingen 1984.

K.H.Rengstorf: Art. πρόθυμος κτλ, in: ThWNT VI (1959), 694-700.

W.W.Richter: Exegese als Literaturwissenschaft. Entwurf einer alttestamentlichen Literaturtheorie und Methodolgoie. Göttingen 1971.

M.Rissi: Die Menschlichkeit Jesu nach Hebr. 5,7-8, in: ThZ 11 (1955), 28-45.

B.P.Robinson: Gethsemane: The Synoptic and the Johannine Viewpoints, in: CQR 167 (1966), 4-11.

J.Roloff: Der mitleidende Hohepriester. Zur Frage nach der Bedeutung des irdischen Jesus für die Christologie des Hebräerbriefes, in: FS H.Conzelmann zum 60. Geburtstag. Tübingen 1975, 143-166.

H.Rosenfeld: Legende (Realienbücher für Germanisten. Abteilung: Poetik). Stuttgart 1961.

H.P.Rüger: Text und Textform im hebräischen Sirach. Untersuchungen zur Textgeschichte der hebräischen Sirachfragmente aus der Kairoer Geniza (BZAW 112). Berlin 1970.

L.Ruppert: Jesus als der leidende Gerechte? Der Weg Jesu im Lichte eines alt- und zwischentestamentlichen Motivs (SBS 59). Stuttgart 1972.

E.P.Sanders: The Tendencies of the Synoptic Traditon (MSS NTS 9). Cambridge 1969.

F.Scheidweiler: ΚΑΙΠΕΡ nebst einem Exkurs zum Hebräerbrief, in: Hermes 83 (1955), 220-230.

W.Schenk: Der Passionsbericht nach Markus. Untersuchungen zur Überlieferungsge- schichte der Passionstradition. Gütersloh 1974.

L.Schenke: Studien zur Passionsgeschichte des Markus. Tradition und Redaktion in Markus 14,1-42 (fzb 4). Würzburg 1971.

G.Schille: Erwägungen zur Hohepriesterlehre des Hebräerbriefes, in: ZNW 46 (1955), 81-109.

J.Schmid: Matthäus und Lukas. Eine Untersuchung des Verhältnisses ihrer Evangelien (BSt(F) 23,2/4). Freiburg 1930.

C.Schneider: Art. καταπέτασμα, in: ThWNT III (1938), 630-632.

G.Schneider: Engel und Blutschweiß (Lk 22,43-44). "Redaktiongeschichte" im Dienste der Textkritik, in: BZ.NS 20 (1976), 112-116.
-: Die Passion Jesu nach den drei älteren Evangelien (BiH 11). München 1973.

W.Schneider: Art. πεῖρα (peira) Versuch, Probe πειρασμός (peirasmos) Prüfung, Versuchung, das Versuchtwerden, Anfechtung κτλ, in: TBLNT II (²1972), 1314-1316.

J.Schreiber: Die Markuspassion. Wege zur Erforschung der Leidensgeschichte Jesu. Hamburg 1969.
-: Theologie des Vertrauens. Eine redaktionsgeschichtliche Untersuchung des Mar- kusevangeliums. Hamburg 1967.

G.Schrenk: Art. βούλομαι κτλ in: ThWNT I (1933), 628-636.
-: Art. πατήρ κτλ D., in: ThWNT V (1954), 981-1024.

H.Schürmann: Lk 22,24a das älteste Zeugnis für Lk 22,20, in: MThZ 3 (1952), 185-188.

K.-D.Schunck: Art. המה hemah, in: ThWAT II (1977), Sp.1032-1036.

A.Schweitzer: Das Messianitäts- und Leidensgeheimnis. Ein Skizze des Lebens Jesu. Tübingen ³1956.

E.Schweizer: Der Menschensohn (Zur eschatologischen Erwartung Jesu), in: ZNW 50 (1959), 185-209.
-: Art. πνεῦμα κτλ E.-F., in: ThWNT VI (1959), 387-453.
-: Art. σάρξ κτλ C.IV.-F., in: ThWNT VII (1964), 118-151.

H.Seesemann: Art. πεῖρα κτλ, in: ThWNT VI (1959), 23-37.

H.Seidel: Das Erlebnis der Einsamkeit im Alten Testament. Berlin 1969.

E.Sjöberg: Der verborgene Menschensohn in den Evangelien (SHVL 53). Lund 1955.
-: Art. πνεῦμα κτλ C.III., in: ThWNT VI (1959), 373-387.

K.A.D.Smelik: Saul. De voorstelling van Israëls eerste koning in de Masoretische tekst van het Oude Testament (Diss.). Amsterdam 1977.

J.A.Soggin: Der prophetische Gedanke über den Heiligen Krieg, als Gericht gegen Israel, in: VT 10 (1960), 79-83.

S.Speier: "Das Kosten des Todeskelches" im Targum, in VT 13 (1963), 344f.

G.Stählin: Art. ὀργή κτλ E., in: ThWNT V (1954), 419-448.

D.M.Stanley: Jesus in Gethsemane. The Early Church Reflects on the Suffering of Jesus. New York/Ramsey 1979.

O.H.Steck: Israel und das gewaltsame Geschick der Propheten. Untersuchungen zur Überlieferung des deuteronomistischen Geschichtsbildes im Alten Testament, Spät- judentum und Urchristentum (WMANT 23). Neukirchen 1967.

G.Stemberger: Geschichte der jüdischen Literatur. Eine Einführung. München 1977.

A.Stobel: Die Psalmengrundlage der Gethsemane-Parallele Hbr 5,7ff, in ZNW 45 (1954), 252-266.

H.-W.Surkau: Martyrien in jüdischer und frühchristlicher Zeit (FRLANT NS 36). Göt- tingen 1938.

V.Taylor: Second Thoughts VI. Formgeschichte, in: ET 75 (1963/1964), 356-358.

D.W.Thomas: A Consideration of Some Unusual Ways of Expressing the Superlative in Hebrew, in: VT 3 (1953) 209-224.
-: Some Further Remarks on Unusual Ways of Expressing the Superlative in Hebrew, in: VT 18 (1968), 120-124.

G.M.de Tillesse: Le secret messianique dans l'évangile de Marc. Paris 1968.

H.E.Tödt: Der Menschensohn in der synoptischen Überlieferung. Gütersloh [2]1963.

W.C.van Unnik: "Alles ist dir möglich" (Mk 14,36), in: FS G.Stählin zum 70. Geburts- tag. Wuppertal 1970, 27-36.

H.Usener: Dreiheit, in: RMP 3 Ser. 58 (1903), 1-47.161-208.321-362.

D.O.Via: Parable and Example Story: A Literary-structuralist Approach, in: Ling Bibl 25/26 (1973), 21-30.

P.Vielhauer: Geschichte der urchristlichen Literatur. Einleitung in das Neue Testa- ment, die Apokryphen und die Apostolischen Väter. Berlin/New York [3]1981.
-: Jesus und der Menschensohn. Zur Diskussion mit Heinz Erhardt Tödt und Eduard Schweizer, in: ZThK 60 (1963), 133-177.

M.Völkel: Art. καθεύδω katheudo schlafen, in: EWNT II (1981), 544f.
-: Art. κοιμάομαι koimaomai schlafen, entschlafen, in: EWNT II (1981), 745f.

L.Wächter: Der Tod im Alten Testament (AzTh 2/8) (= Habil.Schr. Rostock 1964). Stuttgart 1967.

H.Weippert: Jahwekrieg und Bundesfluch in Jer 21,1-7, in: ZAW 82 (1970), 369-409.

E.Wendling: Die Entstehung des Marcus-Evangeliums. Tübingen 1908.

C.Westermann: Boten des Zorns. Der Begriff des Zornes Gottes in der Prophetie, in: FS H.W.Wolff zum 70. Geburtstag, Neukirchen 1981, 147-156.
-: Lob und Klage in den Psalmen, Göttingen [6]1983.
-: Art. שׁפנ næfæš Seele, in: THAT II ([2]1979), Sp. 71-96.

A.van der Weyden: De doodsangst von Jezus in Gethsemani. Theologische Studie over het inwendig lijden van Christus (= Hab.Schr.Pont. Institutum "Angelicum" te Rome). Amsterdam 1947.

P.Wolf: Liegt in den Logien von der "Todestaufe" (Mk 10,38f, Lk 12,49f.) eine Spur des Todesverständnisses Jesu vor? (Diss. Masch.). Freiburg 1973.

H.W.Wolff: Anthropologie des Alten Testaments. München [4]1984.

W.Wrede: Das Messiasgeheimnis in den Evangelien. Zugleich ein Beitrag zum Verständnis des Markusevangeliums. Göttingen [3]1963.

W.Zimmerli: Das Menschenbild im Alten Testament (TEH NS 14). München 1949.

H.Zimmermann: Neutestamentliche Methodenlehre. Darstellung der historisch-kritischen Methode. Stuttgart [6]1978.

N.L.v.Zinzendorf: Pennsylvanische Reden, Vierte Rede, in: E.Beyreuther/G.Meyer (Hg.): Hauptschriften, Bd. 2 Reden in und von Amerika. Hildesheim 1963.

J.de Zwaan: The Text an Exegesis of Mark XIV.41, and the Papyri, in: Expositor 6, London 1905.

Bibelstellenregister

Die atl. Bücher werden in der Reihenfolge der LXX zitiert. Die Apokryphen sind in das Register mitaufgenommen. Wo die Zählung der LXX vom MT abweicht, bin ich im allgemeinen dem MT gefolgt; Ausnahmen sind kenntlich gemacht. *Kursiv* gesetzte Zahlen zeigen eine nähere Beschäftigung mit dem jeweiligen Text oder Textabschitt an.

Altes Testament

Genesis

2,24	208
4,6	151.157
6,10	123
12,1	123
12,7	15
17,1	15
17,3	163
17,17	163
18,1	15
18,14	172.173.174
22,5	28
22,7	28
22,14	15
26,2	15
26,24	15
35,9	15
37,18-20	86
40	177
40,23	182
47,30	193

Exodus

3,2	15
16,10	15
24,9-18	77
32,32	244
34,29f	148

Leviticus

9,23	15
9,24	163

Numeri

14,10	15
16,19	15
16,22	163
24,10	123

Deuteronomium

6,5	149
31,16-18	189
31,16	193

31,17f	188
31,17	188
31,18	188
32,5f	168
32,20	188
32,43	16

Josua

7,1	164
7,5	165
7,6	163.164
7,6b	165
7,7ff	165

Richter

3,25	165
6,12	15
6,18	163
10,23	163
13,13	15
16,16	150.151
16,30	150

Ruth

2,10	163

I. Samuel

1,14	179
3,18	25
14,15	147
14,37	190
15,26	190
16,14	147
20,41	163
23,26	147
26,12	147
28	163
28,2	190
28,4	190
28,5	190
28,6	124.190
28,15	190
28,16-18	191

Neues Testament

2,8	106.205		6,46	82.237
2,10	226		6,50	234
2,12	106		6,52	205.234.235
2,14	105		6,53-56	105
2,15-3,6	106		7,6f	213
2,15-17	227		7,6	205
2,16f	106		7,7f	229
2,17	234		7,13	218
2,17b	144		7,14	105.106
2,19-28	105		7,17	86.234
2,19	226		7,19	205
2,21f	226		7,21	205
2,25f	183		7,31	106
2,28	226		8,1	105
3,4	30.144.149.183.234		8,6	86
3,5	106.205.235		8,10	106
3,6	106.234		8,11	15.198.201
3,7	33		8,12f	205
3,11	170		8,12	205
3,13-19	105		8,13	106
3,16	94		8,16-21	234
3,19	118.218.221		8,17ff	30
3,20	110		8,17	205.235
3,23-27	105		8,27ff	234
3,29	205		8,29ff	93
3,30	204		8,31ff	130
3,31	106		8,31-33	130.144.202
3,32-34	105		8,31	88.90.132.160.222.
3,35	105			223.226.234.235
4	106		8,32f	249
4,3-9	105		8,32	234.235
4,3	110		8,32b	132
4,10	86		8,33	34.220.226.229.
4,11	26			234
4,13-20	105		8,34-38	105.132
4,13	30.234		8,34b-38	106
4,21-25	105		8,34f	249
4,21	30.199		8,34	105.219
4,23	31		8,35	146.149.250
4,26-29	105		8,36	149
4,29	218		8,37	149.250
4,30-32	105		8,38	169.170.225.
4,30	30			226.250
4,35-41	105		9-16	209
4,40	30		9,2ff	14.247
4,41	234		9,2-10	137
5,7	170		9,2-8	140
5,25-43	105		9,2	35.37.67.77.
5,30	106			78.235
5,37ff	247		9,4	15
5,37	67.77.78.235		9,5	93
6,4	123		9,6	30.103.104.107.
6,14-29	219			246
6,25	106		9,6a	37
6,26	29.148.157		9,7	118.170
6,27a	106		9,8	106
6,32	45		9,9-13	140
6,33	67.91.92		9,9	226
6,35	106		9,12f	219
6,39	35		9,12	88.223.226.235
6,41	86		9,15	29.80.106.148
6,44	35		9,20	165
6,45	86		9,23	173

17,22	25	22,53fin	186.197
17,24	225	22,54	26
17,29	15	22,59	35
17,33	146	22,69	35
18,1-8	18	22,71	36
18,9-14	18	23,6-16	129
18,23f	148	23,17	13
18,23	148.157	23,27ff	129
18,26	34	23,27-32	33
18,28-3o	34	23,27-31	129
18,38	148	23,33	33
19,28	45.48	23,34	13.16.17o
19,36	26	23,35ff	47
19,38	33	23,35-38	33
19,41	13.14.17	23,38	13
2o,1	45	23,29-43	33
2o,2	36	23,44	35
2o,22	36	23,46	33.35.45.48.17o
21,7	36	23,48	16
21,11	15	23,49	18.36
21,36	225	23,52	16
21,37	32.33.46	23,56	16
22	171	24,5	16
22,4	163	24,7	37.219
22,6	46	24,23	15
22,14-2o	11	24,37	16
22,2o	35	24,4o	48
22,21-38	31.32	24,41	36
22,21-23	11		
22,22	90	*Johannes*	
22,24ff	17	1,5	136
22,24-38	16	1,39	98
22,24-27	12	2,2	45
22,28ff	2oo	2,4	39
22,28-3o	12	2,12	45
22,28	17.96.198.199	3,22	45
22,29	23.17o	3,35	47
22,31ff	17	4,6	98
22,31f	12	4,23	39
22,32	197	4,52f	98
22,35ff	17	5,21	6o
22,35-38	17	5,24	6o
22,37	21o	5,25	39
22,38	12	5,28	39
22,39-46	*20-26.31-38.43-50*	6,1f	45
22,39f	13.17	6,3	45
22,39	17.41.42.46.127	6,6	198
22,39a	19	6,31	46
22,4o	17.198	6,38	15
22,41f	13	6,42	46
22,42	12.63.68.17o	6,45	46
22,43ff	13	7,9	48
22,43f	12.13.14.15.17	7,30	39
22,43	13,14,15,16	7,53-8,11	17
22,44	13.14.16.	8,6	198
22,45f	13.17	8,2o	39
22,45	12	9,6	48
22,46	17.198	9,21	46
22,47	37	1o,17	47
22,48	37	1o,3o	39
22,49	23	11,8	46
22,53	136	11,9	98
22,53b	37	11,22	46

STICHWORTREGISTER

In Klammern gesetzte Zahlen verweisen auf Seiten, in denen der
jeweilige Begriff zwar nicht explizit genannt wird, jedoch auf den
durch ihn bezeichneten Sachverhalt Bezug genommen wird.
Wo es sinnvoll erschien, wurden einem Stichwort semantisch verwandte
Worte zugeordnet.
Kursiv gesetzte Zahlen kennzeichnen Ausführungen zum jeweiligen
Sichwort.

- Vorwurf an Petrus 229. 234.

Schlaf
- der Jünger 11. 37. 78. 83.
97. 241. 247. 250.
als Kontrastbild zum wachen-
den Meister 103. 124.
- die Frage nach den Zeugen
von Jesu Gebet 124. *137f.*
- als Metapher *192ff.*

Schmerz Jesu s. Leiden, Klage

Schöpfung 187.
- neuschaffendes Handeln
Gottes 250.
- Geschöpflichkeit des Menschen
207.

Seele s. ψυχή

semitisch, Semitismus
s. aramäisch

Septuaginta
- Anlehnung an die Sprache
der - 15. 149.

'Sitz im Leben' der Gethsemane-
erzählung *126ff.*
- Erweiterung des - der ganzen
Passionsgeschichte 132.

Sohn, Jesus als (geliebter) Sohn
s. Gottessohn

Sondergut des Lk 16f. (19).

Sonderstellung
- des Petrus 28. 78. *93f.*
- der Drei 78.

Spannung in Mk 14,32-42
s. Widersprüche
- gewollte - als Stilmittel 89.

Stilisierung der Gethsemaneerzählung 122. *124f. 127f.*
137.

Struktur der Gethsemaneerzählung, Strukturierung 30.
121f.

Stunde (vgl. ὥρα) 10f. 39. 87f.
98. *175. 185f.* 246.
- bei Joh 46.

Sühne
- Tod Jesu als - 229.
- Tod des Märtyrers als - für
eigene und fremde Schuld
218.

Sünde
- Macht der - 227.
- Strafe für die - 218.
- Sündenanfälligkeit, Sünd-
haftigkeit des Menschen
207f. 228.

- Sünder (vgl. Mensch) 220. 224.
226. *227-229.* 251.
- Jesu Umgang mit den Sündern
226. 233f.
- Sündenvergebung 229. 234.
- Sündlosigkeit Jesu 55f.

Taufe 29.

Taumeln im Gottesgericht/Trunken-
sein durch den Zornesbecher
(vgl. Kelch) 177ff.

Tempelvorhang, Zerreißen des -
140.

Teufel s. Satan

Textkohärenz 113.

Textkritik
- Mk 14,32-42 *67-69.*
- Mk 14,41 209f.
- Lk 22,43f *12-17.*
- Hebr 5,7 51f.

Tiefentext s. Erzähltextanalyse

Tod (vgl. θάνατος)
- im biblischen Verständnis 60.
152f. 156. 238f. 242.
Tod als Totenreich, Sphäre des
Todes *153.* 155f. 191. 239.
Eindringen in das Leben 153.
156. 214 238f. 247.
Todeserfahrung 153.
Todverfallenheit 152. 179.
'bis an den Tod' (vgl. ἕως
θανάτου, Trauer) *148ff.* (238f).
Todeswunsch 150f.
Errettung aus dem Tod 52f. 56.
60f. 152.
Tod als Metapher 156, 193.
- Tod Jesu s. Leiden, Gottverlas-
senheit
- Betreiben der Tötung Jesu durch
die Gegner 234.

Trauer, Traurigkeit
- im Psalter *157ff.*
- Jesu (vgl. bis an den Tod) 77.
144-146. 148f. (159f). 238. 242.

Typologie, typologisch 55f.

Überarbeitung s. Redaktion

Übereinstimmungen
- aller drei Synoptiker 21.
- Mt - Lk 21ff.
- Mk - Mt 9.
- Mk - Lk 31f.
- Joh - Mk - Lk 44.
- Joh - Lk 44ff.
- Mk - Joh 46ff.

Überlieferung
- mündliche - der Gethsemaneerzählung 122. 125.

Zittern und Zagen Jesu   s. Angst,
   Klage
 - dessen Streichung durck Lk
   33.

Zorn Gottes   s. Gott

Zusage Gottes   s. Verheißung

GRIECHISCHES REGISTER

Angegeben sind die wichtigeren Belegstellen der ausgewählten Begriffe. Kursiv gesetzte Zahlen machen Ausführungen zum jeweiligen
Wort kenntlich. Bei den Stellenangaben wird nicht unterschieden,
ob sich ein Begriff im Text oder in den Anmerkungen findet.